Fundamentals of Economic Law

经济法基础

阮洪 主编

清华大学出版社
北京

内 容 简 介

经济法是我国高职院校经济管理类专业普遍开设的一门必修课程。本书的编写，主要根据高职高专经济管理类专业人才培养目标和岗位需求，并与相关职业资格认定需求相结合，依据国家最新颁布的经济法律、法规，以培养实践应用能力为核心，提高学生实际操作技能，提高学生的综合职业素质。

本书共十四章，分别讲述经济法概论、公司法、合伙企业法与个人独资企业法、外商投资法、破产法、合同法律制度、知识产权法律制度、反不正当竞争法与反垄断法、产品质量法与消费者权益保护法、金融法、税法、会计法与审计法、劳动合同法，以及经济纠纷的解决。全书编排合理、体系完整、内容新颖、详略得当，突出案例教学法和综合练习，辅以相关的理论知识，注重理论与实践相结合，难易程度适中，要点和难点分析详尽。

本书适合高职高专院校师生及自学者使用，也可供其他从事经济管理、法律实务工作的人士参考。

本书封面贴有清华大学出版社防伪标签，无标签者不得销售。
版权所有，侵权必究。举报：010-62782989，beiqinquan@tup.tsinghua.edu.cn。

图书在版编目（CIP）数据

经济法基础/阮洪主编. —北京：清华大学出版社，2020.10（2022.9重印）
高职高专经管类专业核心课程教材
ISBN 978-7-302-54591-0

Ⅰ.①经… Ⅱ.①阮… Ⅲ.①经济法－中国－高等职业教育－教材 Ⅳ.①D922.29

中国版本图书馆 CIP 数据核字（2020）第 002584 号

责任编辑：孙子清
封面设计：李星晨
责任校对：赵琳爽
责任印制：宋　林

出版发行：清华大学出版社
网　　址：http://www.tup.com.cn，http://www.wqbook.com
地　　址：北京清华大学学研大厦 A 座　　邮　编：100084
社 总 机：010-83470000　　邮　购：010-62786544
投稿与读者服务：010-62776969，c-service@tup.tsinghua.edu.cn
质 量 反 馈：010-62772015，zhiliang@tup.tsinghua.edu.cn
课 件 下 载：http://www.tup.com.cn，010-83470410

印 装 者：涿州市京南印刷厂
经　　销：全国新华书店
开　　本：185mm×260mm　　印　张：18.5　　字　数：445 千字
版　　次：2020 年 10 月第 1 版　　印　次：2022 年 9 月第 3 次印刷
定　　价：55.00 元

产品编号：083992-01

前　言

经济法是各高职高专院校经济管理类专业的一门职业能力必修课，在课程体系中占有重要地位。本书依据最新法律法规，系统地介绍了经济法的基础知识。编者结合高职高专教学特点和要求，本着"以岗位为导向，以能力为目标""理论够用，注重培养应用型、技能型人才"的原则，力图提高学生分析问题、解决问题的能力。本书根据经济管理类专业的实际要求，突出介绍了公司法、合同法律制度、知识产权法律制度等内容。本书同时兼顾各专业的需求，注重内容覆盖的全面性。

本书在内容和编写体例上有以下特点。

（1）时效性强。本书吸收了最新的经济法理论研究成果和实践经验，尤其是对近年来新制定、修改的经济法律以及与之相关的新内容进行了全面、系统的呈现，传递经济法的最新信息。

（2）实用性强。本书满足经济管理类专业学生对经济法律法规的学习要求，围绕学生考证、未来就业及创业所面临的经济法律问题，对内容进行取舍，突出知识的实用性。本书通俗易学，在阐述相关经济法律理论的同时，穿插相应的实务案例加以分析和解释，以"案例思考""案例聚焦""练习题"等形式配合案例教学，注重案例与教学目的的结合。

（3）简明性。本书从实际出发，在理论够用基础上，以突出实用为原则，将理论知识和案例教学有机结合，在体例编排及内容组织上力求做到层次清晰、内容新颖、简明实用、详略得当，注重学生法学素养、法律意识以及实务能力的培养。

本书在编写过程中参考了众多专家、学者的书籍和资料，编者将主要参考文献列于书后，在此谨向所有的作者表示衷心的感谢！由于编者的水平有限，虽经反复检查核对，书中的不足及疏漏之处在所难免，欢迎读者批评斧正，以期下次修订时及时更正。

阮　洪

2020 年 7 月

目 录

第一章 经济法概论 … 1
第一节 经济法的产生和发展 … 1
一、现代意义上的经济法的产生 … 1
二、作为独立法律部门的经济法 … 2
第二节 经济法的概念和调整对象 … 3
一、经济法概念的形成 … 3
二、经济法的概念 … 3
三、经济法的调整对象 … 3
第三节 经济法的地位和渊源 … 4
一、经济法的地位 … 4
二、经济法的渊源 … 4
第四节 经济法律关系 … 5
一、经济法律关系的概念 … 5
二、经济法律关系的构成 … 6
三、经济法律关系的运行 … 7

第二章 公司法 … 10
第一节 公司法概述 … 10
一、公司的概念和特征 … 10
二、公司的种类 … 11
三、公司法的概念和原则 … 12
四、公司的主要规定 … 13
第二节 有限责任公司 … 14
一、有限责任公司的概念和特征 … 14
二、有限责任公司的设立 … 14
三、股东出资的转让 … 15

四、有限责任公司的组织机构 …………………………………… 16
　　五、一人有限责任公司 …………………………………………… 18
　　六、国有独资公司 ………………………………………………… 19
第三节　股份有限公司 ………………………………………………… 19
　　一、股份有限公司的概念和特征 ………………………………… 19
　　二、股份有限公司的设立 ………………………………………… 20
　　三、股份有限公司的组织机构 …………………………………… 22
　　四、股份有限公司的股份发行和转让 …………………………… 24
第四节　公司债券与公司财务、会计 ………………………………… 26
　　一、公司债券 ……………………………………………………… 26
　　二、公司财务、会计 ……………………………………………… 27
第五节　公司合并、分立、增资、减资、解散和清算 ……………… 28
　　一、公司合并和分立 ……………………………………………… 28
　　二、公司增资和减资 ……………………………………………… 28
　　三、公司解散和清算 ……………………………………………… 28

第三章　合伙企业法与个人独资企业法 ……………………………… 33
　第一节　合伙企业法 ………………………………………………… 33
　　一、合伙企业概述 ………………………………………………… 33
　　二、合伙企业法的设立 …………………………………………… 35
　　三、普通合伙企业 ………………………………………………… 35
　　四、有限合伙企业 ………………………………………………… 40
　　五、合伙企业的解散和清算 ……………………………………… 42
　第二节　个人独资企业法 …………………………………………… 44
　　一、个人独资企业法概述 ………………………………………… 44
　　二、个人独资企业的设立 ………………………………………… 44
　　三、个人独资企业的投资人及事务管理 ………………………… 46
　　四、个人独资企业的权利和义务 ………………………………… 47
　　五、个人独资企业的解散和清算 ………………………………… 47

第四章　外商投资法 …………………………………………………… 52
　　一、外商投资法概述 ……………………………………………… 52
　　二、外商投资促进 ………………………………………………… 55
　　三、外商投资保护 ………………………………………………… 56
　　四、外商投资管理 ………………………………………………… 56
　　五、其他规定 ……………………………………………………… 58

第五章　破产法 ………………………………………………………… 59
　第一节　破产法概述 ………………………………………………… 59
　　一、破产的概念与特征 …………………………………………… 59
　　二、破产法的概念和适用范围 …………………………………… 60
　　三、破产的界限 …………………………………………………… 60

  第二节 破产申请与受理 61
    一、破产申请 61
    二、破产受理 62
    三、管理人 62
  第三节 债务人财产与破产债权 63
    一、债务人财产 63
    二、破产债权 64
  第四节 重整与和解 66
    一、重整 66
    二、和解 68
  第五节 破产清算 69
    一、破产宣告 69
    二、破产财产的变价和分配 69
    三、破产程序的终结 70
    四、破产法律责任 70

第六章 合同法律制度 73
  第一节 合同和合同法律制度概述 73
    一、合同概述 73
    二、合同法律制度概述 75
  第二节 合同的订立 76
    一、合同订立的程序 76
    二、合同的成立 78
    三、合同的形式与内容 79
    四、缔约过失责任 81
  第三节 合同的效力 82
    一、合同的效力概述 82
    二、合同的生效 82
    三、无效合同 83
    四、可撤销合同 84
    五、效力待定合同 86
  第四节 合同的履行 86
    一、合同履行的概念和原则 86
    二、合同履行的规则 87
    三、双务合同履行中的抗辩权 88
    四、合同的保全 90
  第五节 合同的担保 90
    一、合同担保概述 90
    二、保证 91
    三、抵押 93

四、质押 ··· 95
　　　五、留置 ··· 96
　　　六、定金 ··· 97
　第六节　合同的变更、转让和终止 ··· 97
　　　一、合同的变更 ·· 97
　　　二、合同的转让 ·· 97
　　　三、合同的终止 ·· 98
　第七节　违约责任 ··· 101
　　　一、违约责任的概念 ·· 101
　　　二、违约行为的形态 ·· 102
　　　三、违约责任的归责原则 ·· 102
　　　四、承担违约责任的方式 ·· 102
　　　五、违约责任的免责事由 ·· 105

第七章　知识产权法律制度

　第一节　知识产权法 ·· 111
　　　一、知识产权概述 ··· 111
　　　二、知识产权法概述 ·· 112
　第二节　商标法 ·· 112
　　　一、商标概述 ·· 112
　　　二、商标权 ··· 114
　　　三、商标注册 ·· 118
　　　四、商标的保护 ·· 120
　第三节　专利法 ·· 123
　　　一、专利的概念 ·· 123
　　　二、专利制度的特征 ·· 123
　　　三、专利权 ··· 123
　　　四、专利权的授予 ··· 127
　　　五、专利的申请与审查 ··· 129
　　　六、专利权的期限、终止和无效 ·· 131
　　　七、专利的实施 ·· 131
　　　八、专利权的保护 ··· 133
　第四节　著作权法 ··· 134
　　　一、著作权的概念 ··· 134
　　　二、著作权的主体 ··· 134
　　　三、著作权的客体 ··· 136
　　　四、著作权的内容和保护期限 ··· 136
　　　五、著作权的限制 ··· 138
　　　六、邻接权 ··· 138
　　　七、著作权的保护 ··· 139

第八章 反不正当竞争法与反垄断法 ························· 144
第一节 反不正当竞争法 ····································· 144
一、反不正当竞争法概述 ································· 144
二、不正当竞争行为的种类 ······························· 145
三、违反反不正当竞争法的法律责任 ······················· 150
第二节 反垄断法 ··· 152
一、垄断的概念和类别 ··································· 152
二、反垄断法的适用范围 ································· 152
三、反垄断法的基本内容 ································· 153
四、违反《反垄断法》的法律责任 ························· 158

第九章 产品质量法与消费者权益保护法 ······················· 161
第一节 产品质量法 ··· 161
一、产品质量法概述 ····································· 161
二、产品标准、产品质量与产品质量责任 ··················· 162
三、产品质量的监督 ····································· 163
四、生产者、销售者的产品质量义务 ······················· 165
五、产品质量损害赔偿责任 ······························· 167
第二节 消费者权益保护法 ··································· 169
一、消费者权益保护法概述 ······························· 169
二、消费者的权利 ······································· 172
三、经营者的义务 ······································· 175
四、消费者权益的保护 ··································· 178
五、法律责任 ··· 181

第十章 金融法 ··· 186
第一节 银行法 ··· 186
一、中国人民银行法 ····································· 186
二、商业银行法 ··· 188
第二节 证券法 ··· 191
一、证券法概述 ··· 191
二、证券市场主体 ······································· 193
三、证券的发行 ··· 196
四、证券的交易 ··· 200
五、上市公司的收购 ····································· 204
六、投资者保护 ··· 206
第三节 票据法 ··· 207
一、票据概述 ··· 207
二、票据法律关系 ······································· 210
三、汇票的行为 ··· 211
四、本票行为的特殊规则 ································· 218

五、支票行为的特殊规则 ·· 218

第十一章　税法 ··· 223
第一节　税法概述 ··· 223
　　一、税收的概念和特征 ·· 223
　　二、税收法律关系 ·· 224
　　三、税法要素和税收分类 ·· 224
第二节　税收实体法 ··· 226
　　一、增值税和消费税法 ·· 226
　　二、所得税法 ·· 230
　　三、其他税法 ·· 234
第三节　税收程序法 ··· 237
　　一、税收征收管理 ·· 237
　　二、税务行政处罚、行政复议和行政诉讼 ·· 240
　　三、法律责任 ·· 240

第十二章　会计法与审计法 ··· 243
第一节　会计法 ··· 243
　　一、会计及会计法概述 ·· 243
　　二、会计核算 ·· 244
　　三、会计监督 ·· 246
　　四、违反《会计法》的法律责任 ·· 247
第二节　审计法 ··· 249
　　一、审计法概述 ·· 249
　　二、审计机关和审计人员 ·· 250
　　三、审计机关的职责与权限 ·· 250
　　四、审计程序 ·· 252
　　五、违反《审计法》的法律责任 ·· 253

第十三章　劳动合同法 ··· 255
第一节　劳动合同法概述 ··· 255
　　一、劳动合同 ·· 255
　　二、劳动合同法立法概况 ·· 255
　　三、《劳动合同法》的适用范围 ·· 256
第二节　劳动合同的订立和内容 ··· 256
　　一、劳动合同订立的法律原则 ·· 256
　　二、劳动合同订立的主体 ·· 256
　　三、劳动合同订立的形式 ·· 257
　　四、劳动合同的种类 ·· 258
　　五、劳动合同的内容 ·· 259
第三节　劳动合同的履行、变更、解除和终止 ··· 260
　　一、劳动合同的履行和变更 ·· 260

二、劳动合同的解除和终止 ································· 261
第四节　集体合同、劳务派遣与非全日制用工 ··················· 264
　　一、集体合同 ··· 264
　　二、劳务派遣 ··· 264
　　三、非全日制用工 ··· 265
第五节　劳动争议的解决 ··· 266
　　一、劳动争议解决机制概述 ··································· 266
　　二、劳动争议协商和解制度 ··································· 266
　　三、劳动争议调解制度 ··· 266
　　四、劳动争议仲裁 ··· 267
　　五、劳动争议诉讼 ··· 267
第六节　违反劳动合同的法律责任 ································· 267
　　一、用人单位的法律责任 ······································ 267
　　二、劳动者的法律责任 ··· 268

第十四章　经济纠纷的解决 ··· 271
第一节　经济仲裁 ·· 271
　　一、仲裁法概述 ·· 271
　　二、仲裁协议 ··· 272
　　三、仲裁机构 ··· 273
　　四、仲裁程序 ··· 274
　　五、申请撤销裁决 ··· 276
　　六、仲裁裁决的执行 ·· 276
第二节　经济纠纷诉讼 ·· 276
　　一、经济诉讼的概念 ·· 276
　　二、我国诉讼法的现状 ··· 277
　　三、经济纠纷案件的主管和管辖 ···························· 277
　　四、经济诉讼的程序 ·· 278

参考文献 ·· 282

第一章

经济法概论

 **本章导读**

我国《宪法》在1993年宪法修正案第7条中规定我国"实行社会主义市场经济"。市场经济具有竞争机制、价格机制和供求机制，有其无法克服的缺陷，需要国家的干预与调控。经济法与民商法是调整社会主义市场经济的两个独立的法律部门，考虑到经济管理类专业学生专业知识学习的特殊性，本书不仅包括经济法相关内容，而且还包括民法和商法相关内容。通过本章的学习要了解：经济法产生的背景及其社会原因；经济法与民商法的关系。理解：经济法的调整对象；经济法作为独立的法律部门的产生。掌握：经济法的基本概念；经济法律关系的构成；经济法律关系的产生、变更和终止。

第一节 经济法的产生和发展

一、现代意义上的经济法的产生

现代意义上的经济法是商品经济发展到市场经济阶段的产物。随着商品经济的不断发展，社会分工越来越细，各部门之间的联系越来越紧密，依赖性越强。在商品经济条件下，维持、调节市场供求关系的，首先是市场，即所谓"看不见的手"。市场竞争使生产资料和劳动力不断地从一个企业流向另一个企业，从一个生产部门流向另一个部门，并逐渐出现生产集中，进而使某些商品生产者能够控制价格，控制生产，垄断市场。随着商品经济的发展，特别是商品经济朝着它的高级阶段即市场经济阶段的发展，这种集中、控制和垄断的经济现象越来越严重，出现了个体生产与社会生产失衡、社会生产与社会需求失衡、社会生产与国民经济发展失衡的局面。随着时间的推移，日益成熟的市场经济越来越暴露出它的三大固有缺陷：资源配置的无效率、经济的不稳定和社会的不公平。其中的任何一项都足以置市场经济于死地。人们逐渐认识到，虽然市场能够在微观上以"看不见的手"来配置资源，但是单靠市场的作用显然是不够的。客观要求国家利用价值规律来管理、调控经济生活。在市场经济的基础上，以"看得见的手"来配置资源、维护经济稳定、实现社会公平。现代意义上的经济法正是在这种背景下产生的。

二、作为独立法律部门的经济法

18世纪到19世纪末，资本主义处于自由市场阶段，多数资本主义国家崇尚亚当·斯密古典市场经济理论和理性主义国家职能说。资本主义国家在社会经济领域充当"守夜人"的角色，政治统治成为国家的中心职能。国家虽然也对一些社会经济进行管理，但从属于国家的政治统治。这一时期，西方国家的行政法尤其是民商法得以高度发展，行政法和民商法的发展没有为国家干预意义上的经济法留下多少余地。

1855年，法国小资产阶级思想家蒲鲁东在其《工人阶级的政治能力》一书中使用了"经济法"这一概念。书中是这样说的："经济法是政治法、民法的补充和必然产物。"蒲鲁东实际上看到政治法会造成政府过多限制经济自由的危险，而民法则无法影响经济活动的全部结构，在社会生活中已经出现了一种政治法和民法都调整不了的经济关系。这是历史上最早提出现代意义的经济法理念的学说，自此各国开始进行经济法的立法。

自19世纪末到20世纪70年代，资本主义进入垄断阶段，资本主义国家内部的各种矛盾日益激化，经济危机连续发生，特别是1929—1933年的经济危机，使不少国家遭到重创。各国政府为了解决危机带来的问题，纷纷打破经济生活和政治生活的绝对界限而全面介入经济生活。这时期主流经济学是国家干预主义说，代表人物为凯恩斯。他在1936年发表的《就业信息和货币通论》一书中系统提出了国家干预经济的一系列观点和政策主张。他在书中指出从自由竞争发展到垄断阶段以后，"看不见的手"已不能完全适应市场需要，要解决市场中存在的问题，只能运用国家干预经济的手段。由于政府介入经济生活，打破了传统的市民生活和政治生活的划分界限，在经济生活中出现了单纯的公法和私法手段都不能解决的经济关系。这种经济关系需要一个新的法律部门来调整，这就是经济法。

经济法作为独立的法律部门是在第一次世界大战以后才产生的。"一战"期间，特别是战后，德国颁布了一系列国家干预经济的法规，有些法规直接以经济法命名，例如，1915年发布的《关于限制契约最高价格的公告》，1916年发布的《确保战时国民粮食措施令》，1918年发布的《战时经济复兴令》，1919年颁布的《煤炭经济法》《钾盐经济法》等。这些法规突破了自由经济时期放任自由原则，与确保个体自由的民法有显著的不同，从而引起了德国法学界的注意，并对此展开研究和讨论。1922—1924年，德国出版了以经济法为题的学术专著和教科书，例如鲁姆夫的《经济法概论》，赫德曼的《经济法基础》等。

20世纪70年代后期，国家干预主义遭到质疑，以供给学派为代表的经济自由主义卷土重来，凯恩斯主义的统治地位被新经济自由主义所取代。供给学派不反对国家对社会经济生活进行必要的干预，但坚决反对国家过多和全面的干预。认为经济生活应以市场直接的自我调节为主，国家间接的宏观调节为辅。自此，经济法进入科学发展阶段。

第二节 经济法的概念和调整对象

一、经济法概念的形成

"经济法"一词最早出现在 18 世纪法国著名的空想社会主义者摩莱里于 1755 年出版的《自然法典》一书中。该书第四篇"合乎自然意图的法制蓝本"第二部分"分配法或经济法"有 12 条,主要就未来公有制社会的"自然产品或人工产品的分配"作出了规定。19 世纪法国又一空想社会主义者德萨米在 1843 年出版的《公有法典》一书中再次使用"经济法"一词,并且发展了摩莱里关于经济法的思想,但他们所谓的"经济法"即产品分配法。

进入 20 世纪以来,德国学者莱特在 1906 年创刊的《世界经济年鉴》中首先使用了"经济法"这一概念。以后不仅在许多国家的法学著作中,而且在有些国家颁布的法律中,直接使用了"经济法"一词,如 1919 年德国《煤炭经济法》、1964 年原捷克斯洛伐克社会主义共和国《经济法典》等。我国经济法概念的出现,最早是在 1933 年上海大东书局出版的《法律大辞典》中的一个"经济法"条目,摘抄自德国法学中对于"经济法"的解释。新中国成立以后真正大量正式使用经济法概念,始于 1979 年的中华人民共和国第五届全国人民代表大会第二次会议制定、发布相关文件以后。

二、经济法的概念

如何给经济法这个概念下定义,法学界存在多种理论。国外法学界,主要是德国、日本等国的法学家,大多认为经济法是经济秩序法、经济干预法、经济管制法,也有学者认为经济法就是反垄断法。

我国学者对经济法的概念也有多种理解。有的认为经济法是经济行政法,有的认为经济法是经济管理法,有的认为经济法是企业经济法,有的认为经济法是综合经济法,有的认为经济法是纵横经济法,有的认为经济法是学科经济法等。

2010 年,十一届全国人大常委会组织对法律体系进行专题研究,将全部现行法律规范划分为七个法律部门,其中包括经济法、民商法在内。对经济法定义如下:经济法是指调整因国家从社会整体利益出发对经济活动进行干预、管理或调控所产生的社会经济关系的法律规范的总称。

三、经济法的调整对象

经济法的调整对象是指国家为了矫正市场失灵而在干预调控经济活动过程中所发生的各种经济关系。经济法调整的是纵向的经济关系,即需要由国家干预或协调的经济关系。经济法在承认市场对资源配置起决定性作用的前提下,通过必要的国家干预手段,以克服市场的自发性、滞后性、盲目性等缺陷。

经济法的调整对象主要包括以下四个方面内容。

(1) 市场主体调控关系,即国家对市场主体干预调控过程中发生的经济关系。对市场主体的协调、干预，就是国家根据社会整体利益需要，对市场主体体系进行统筹、规划、调节，对各主体则根据具体情况进行指导、组织、服务、监督。

(2) 市场秩序调控关系，即国家在造就市场平等竞争条件、维护公平竞争秩序过程中与市场主体所发生的社会经济关系。市场对资源的配置有其自身的自发性、盲目性和趋利性，因此，要建立统一、开放、持续正常和完备的市场体系，就需要国家从宏观到微观对市场行为进行调控，由此与经济组织之间形成了具有特定内涵的市场秩序调控关系。为了维护竞争秩序，促进市场经济健康有序发展，我国于1993年制定了反不正当竞争法，2007年制定了反垄断法。

(3) 宏观经济调控关系，即国家为满足全局利益和长远利益的要求，保持经济持续、稳定、协调发展而在干预和调控经济活动中所发生的社会经济关系。比如，对财政、金融、投资等关系的调控。对这类关系进行调整的经济法主要有税收征收管理法、预算法、审计法、中央银行法、商业银行法、计划法等。

(4) 市场监督关系，即国家运用其职权对市场运行的各个环节进行检查和监督过程中形成的经济关系。在市场经济活动中，人们为了追求私利往往会做出欺诈等行为，损害国家和社会公共利益以及当事人的合法权益，严重影响市场经济的正常运行。因此，国家通过制定、完善市场监督法律，切实履行市场监督职能，既可保证市场主体的资格合法，又能促使这些主体的行为合法，从而维护市场经济的正常运行。调整这类关系的经济法主要有产品质量法、食品安全法、价格法、计量法、反洗钱法等。

第三节　经济法的地位和渊源

一、经济法的地位

在西方，经济法被称为"经济宪法"，在调整国民经济的运行中起到重要作用。经济法在一国的法体系中的地位取决于调整关系在社会中的地位，国民经济是国家的基础、社会的基础，任何社会关系都建立在这个基础之上，并由其决定。经济法在法律体系中属于经济安全法，主要体现在以下三方面。

(1) 国家财产权利的设置是为维护经济安全。例如，国家财富、自然资源的所有权、使用权、处分权，以及对国有资产的所有权等。

(2) 国家经济管理权力的行使是为保障经济安全。国家经济管理权属于经济主权的范畴，行使经济主权对内保障经济稳定、增长，避免经济发展大起大落。

(3) 国家义务的设定是为保障基础设施和公共福利。自"福利国家"概念提出以来，维护公共设施，增进公共福利不仅仅是国家政治管理内部的事情，也是国家对社会的承诺。

二、经济法的渊源

经济法的渊源是指经济法的存在或表现形式。我国的经济法属于成文法，但没有法典这一法律表现形式。其主要形式如下。

1. 宪法

宪法是国家的根本大法，由全国人民代表大会制定和修改，具有最高法律效力。经济法以宪法为渊源，与其他法律、法规、规章、命令、指示等一样，不得与之相违背，并且主要是从中吸收有关经济制度的精神。宪法的规定为其他形式的经济立法提供了依据。

2. 法律

法律是由全国人民代表大会及其常委会制定的规范性文件，在地位和效力上次于宪法。以法律形式表现的经济法主要有《预算法》《土地管理法》《产品质量法》《食品安全法》《个人所得税法》等。

3. 行政法规

行政法规是国务院制定的规范性文件，其地位和效力次于宪法和法律，主要有《企业所得税实施条例》《外汇管理条例》《国务院关于鼓励外商投资的规定》等。

4. 地方性法规和地方政府规章

地方性法规是有地方立法权的地方人民代表大会及其常委会就地方性事务以及根据本地区实际情况执行法律、行政法规的需要所制定的规范性法律文件的总称。

地方政府规章是省、自治区、直辖市、设区的市、自治州的人民政府及广东省东莞市和中山市、甘肃省嘉峪关市、海南省三沙市四个不设区的市人民政府，执行法律、行政法规、地方性法规的规定而需要制定规章事项以及属于本行政区域的具体行政管理事项，制定地方政府规章。

5. 部门规章

部门规章是指国务院的组成部门及直属机构在其职权范围内制定的规范性文件，如中国人民银行颁发的《人民币银行结算账户管理办法》和《支付结算办法》等。

6. 司法解释

司法解释是最高人民法院发布的指导性文件和法律解释，是经济法的重要形式之一，如最高人民法院颁发的《关于审理不正当竞争民事案件应用法律若干问题的解释》等。

7. 国际条约或协定

国际条约或协定是指我国作为国际法主体同外国或地区缔结的双边、多边协议和其他具有条约、协定性质的文件。上述文件生效以后对缔约国的国家机关、团体和公民就具有法律上的约束力，因而国际条约或协定便成为经济法的重要形式之一。

第四节 经济法律关系

一、经济法律关系的概念

法律关系是由法律规范确认的、具有权利义务内容的社会关系。经济法律关系是由经济法律规范确认的、具有经济权利义务内容的社会关系。经济法律关系是一定的经济关系在法律上的体现。经济法律关系具体包含以下三层含义。

（1）经济法律关系由国家强制力保证其实现。当事人之间的权利和义务关系受国家法律保护。如果义务人不履行义务，致使权利人的权利受到损害，权利人可通过法定程序，请求国家机关强制义务人履行义务，以保证实现其合法权利。

（2）经济法律关系是由经济法律规范确认、调整的社会关系。现实生活中，社会关系种类繁多，法律关系只是其中一部分。只有被法律规范确认、调整的社会关系才是法律关系。因此，法律关系是一种思想社会关系，属于上层建筑范畴，它的内容和原则都是由一定的经济基础所决定的。

（3）经济权利和经济义务构成法律关系的内容。

二、经济法律关系的构成

经济法律关系同其他法律关系一样，都由三个基本要素构成，即主体、内容和客体。这三个要素缺一不可，其中任何一个要素内容的发生、变更，都会引起经济法律关系的相应变化。

（一）经济法律关系的主体

经济法律关系的主体是指在经济法律关系中享有一定权利、承担一定义务的当事人。经济法律关系的主体范围主要包括：①经济管理主体，主要是指国家经济管理机关。这类主体主要有国务院及其部委、地方政府及其机构、各级权力机构，依法授权承担一定管理职能的特殊企业或公司等组织。②经济活动主体。这类主体主要有各类企业、事业单位、社会团体、农村承包经营户、个体工商户和公民个人。

此外，经济组织的内部机构在一定条件下也是经济法律关系的主体。国家机关和国家作为整体除作为经济管理的主体外，在一定条件下也是经济活动关系的主体。

（二）经济法律关系的内容

经济法律关系的内容是指经济法主体所享有的经济权利和承担的经济义务。经济权利和经济义务是经济法律关系的核心。经济权利和经济义务是一致的，但不一定完全平等。在不同的经济法律关系中，主体的权利、义务各不相同。

1. 经济权利

经济权利是指经济法主体依法能够作为或不作为一定行为，以及要求他人作为或不作为一定行为的资格。经济权利具体可以分为以下几种权利。

（1）经济权利，即经济法主体在其权限范围内为或不为一定行为和要求他人为或不为一定行为的资格。

（2）经济职权，即国家机关在调控经济关系时依法行使国家赋予的权利。经济职权具有命令与服从的性质，具有法定性、隶属性、强制性的特点。有关国家机关对自己享有的经济职权不得随意放弃、转让。

（3）财产所有权，即财产所有人对其财产享有的占有、使用、收益和处置的权利。财产所有权是商品交换的基础，是物权中最重要也最完全的一种权利，具有绝对性、排他性、永续性三个特征。具体内容包括占有权、使用权、收益权、处置权四项权利。

（4）经营管理权，即对所有权人授予的、为获取收益而对所有权人的财产享有占有权和使用权，经营管理权也包括对所有权人的财产处分权。经营管理权的内容包括产、供、销、人、财、物各个方面，具体权利主要分为经营权和管理权。

(5) 请求权，即任何法律关系主体可以请求他人为一定行为或不为一定行为的权利。这是一种救济性的权利，通常是在经济法律关系主体的合法权益受到侵害时，要求侵害人停止侵害或要求国家机关依法保护的权利。具体权利主要有要求赔偿权、请求调解权、仲裁权、诉讼权。

2. 经济义务

经济义务是指经济法主体根据法律规定或为满足权利主体的要求，必须作为或不作为一定行为的责任。经济义务是满足权利主体或权力主体要求的行为，不履行经济义务应承担的责任。经济义务根据是否为当事人约定或法律设定，划分为约定义务和法定义务。

(1) 约定义务，即参加经济法律关系时双方当事人协商议定的义务。当事人约定的义务，必须以法律为依据。

(2) 法定义务，即由经济法律明文规定的义务。

(三) 经济法律关系的客体

经济法律关系的客体是指经济法律关系主体权利和义务所指向的对象。客体是确定权利、义务关系性质和具体内容的依据，也是确定权利行使和义务履行的客观标准。经济法律关系的客体可分为以下三种。

(1) 物，即可以为人们控制和支配，具有一定经济价值并以物质形态表现出来的物体。包括货币和有价证券。

(2) 经济行为，即经济法律关系主体为达到一定经济目的所进行的活动。经济行为具体可分为实现一定经济任务和指标的行为；完成一定工作的行为；履行一定劳务的行为。

(3) 智力成果，即人们创造的能够带来一定经济价值的脑力劳动成果。它一般不具有直接的物化形态，但可以创造物质财富的知识成果。智力成果种类很多，如商标、专利、专有技术、技术改进方案、经济信息、生产经营标记等。

三、经济法律关系的运行

(一) 经济法律关系的运行过程

经济法律关系的运作过程，就是经济法律关系的产生、变更和终止。这一过程是以经济法律事实的存在作为前提条件的。

(1) 经济法律关系的产生也称为经济法律关系确立、发生，是指由于一定法律事实的出现，而使经济法律关系主体之间必然形成某种经济职权和经济职责或经济权利和经济义务关系。

(2) 经济法律关系的变更是指依法形成的经济法律关系，由于主客观情况的变化，引起原来的经济法律关系构成要素的改变。经济法律关系三个基本要素——主体、内容和客体，只要让其中一个要素发生改变，便可引起经济法律关系的变更。

(3) 经济法律关系的终止，即在一定的法律事实基础上，经济法律关系主体之间的权利义务关系消灭。

(二) 经济法律关系的运行条件

经济法律关系的运行条件是指能引起经济法律关系产生、变更、终止的条件，主要分为以下两种情况。

（1）法律规范。法律规范是经济法律关系产生、变更和终止的法律依据，没有法律规范，就不会有相应的法律关系。法律规范的规定只是法律关系主体一般性的权利和义务关系，针对的是不特定的主体，并不是现实的经济法律关系本身。

（2）经济法律事实。经济法律关系产生、变更和终止还需要具备一个直接的前提条件，那就是"一定的客观情况"，法律上称为法律事实。经济法律事实是指法律规范所规定的、能够引起经济法律关系产生、变更和终止的客观条件或现象，它是法律规范和法律关系联系的中介。

法律事实具有两个基本特征：第一，法律事实是一种外在的客观现象，人们的心理活动或心理现象不能看作法律事实；第二，法律事实是具有法律意义的客观现象，与人类生活无直接关系的其他客观现象，如宇宙中的天体运行现象，就不是法律事实。按照其发生是否与当事人的意志有关为标准，可将法律事实分为法律事件和法律行为两类。

① 法律事件是指不以当事人的主观意志为转移的客观事实。法律事件包括自然现象引起的事件和社会现象引起的事件，前者如自然灾害，人的生老病死等，后者如军事政变、战争等。这些事件的出现都是当事人所不能控制的，也是不可避免的。但是，它的出现能引起经济法律关系的产生、变更或终止。

② 法律行为是指当事人所作出的、能够引起经济法律关系产生、变更和终止的有意识的活动。这种法律事实的出现，不管是合法的，还是非法的，是善意的，还是恶意的，都体现了当事人的主观意志，也都能引起一定的经济法律关系的产生、变更或终止。

任何经济法律关系的产生、变更和终止，都离不开法律事实。在现实经济活动中，有的经济法律关系的产生、变更和终止，只需要一个法律事实的出现即可。也有的经济法律关系的产生、变更和终止，需要两个或两个以上法律事实的出现。这种引起经济法律关系的产生、变更和终止的两个或两个以上的法律事实的总和，被称为经济法律关系的事实构成。此时，只有组成事实构成的两个或两个以上的法律事实全部具备，经济法律关系才能产生、变更或者终止。

练习题

一、单项选择题

1. 下列各项中，不属于经济法律关系的是（　　）。
   A. 消费者因向商场购买商品而形成的买卖关系
   B. 消费者因商品质量而与商场形成的赔偿与被赔偿的关系
   C. 税务机关与纳税人形成的征纳关系
   D. 税务局局长与税务干部形成的领导与被领导的关系

2. 下列属于法律行为的是（　　）。
   A. 某服装厂与某服装销售商订立了一份合同
   B. 塔克拉玛干沙漠三个月没下雨
   C. 海湾战争爆发
   D. 海底火山爆发

3. 根据我国相关法律规定，下列情形不能形成法律关系的是（   ）。
   A. 甲购买了某公司生产的暖手宝，在正常使用过程中因暖手宝爆炸致残
   B. 乙在某银行自动取款机上取款 800 元，正常操作后，ATM 机"吐"出钱款 5 600 元
   C. 丙在第二军医大学第三附属医院上海东方肝胆外科医院进行肝切除手术
   D. 丁因赌博负债 3 万元
4. 下列各项中，不属于经济法律关系客体的是（   ）。
   A. 空气   B. 消费资料
   C. 完成一定工作的行为   D. 嘉奖表彰
5. 下列规范性文件中，属于行政法规的是（   ）。
   A. 《中华人民共和国证券法》
   B. 《证券市场禁入暂行规定》
   C. 《关于贯彻执行〈中华人民共和国企业破产法（试行）〉若干问题的意见》
   D. 《中华人民共和国企业法人登记管理条例》

二、多项选择题

1. 根据我国法律制度的规定，下列各项中，能够成为法律关系主体的有（   ）。
   A. 自然人   B. 商品   C. 法人   D. 行为
2. 下列选项中，属于我国经济法调整对象的有（   ）。
   A. 宏观经济调控关系   B. 市场规制关系
   C. 刑事违法关系   D. 民事诉讼关系
3. 我国法的形式主要有宪法、法律、行政法规、地方性法规、行政规章、国际条约等。下列各项中，属于行政法规的有（   ）。
   A. 国务院发布的《总会计师条例》
   B. 国务院发布的《企业财务会计报告条例》
   C. 黑龙江省人大常委会发布的地方会计管理条例
   D. 财政部发布的《企业会计准则》
4. 下列各项中，可以成为法律关系主体的有（   ）。
   A. 私有企业   B. 集体企业   C. 合伙人   D. 外国社会组织
5. 根据民事法律制度的规定，下列各项中，属于民事责任形式的有（   ）。
   A. 返回财产   B. 没收非法财产   C. 赔偿损失   D. 罚款

三、简答题

1. 简述经济法的概念和调整对象。
2. 简述经济法与民法、行政法、商法之间的关系。
3. 论述经济法律关系的构成要素。
4. 什么是经济法律事实？经济法律事实是如何引起经济法律关系产生、变更和终止的？

第二章 公　司　法

**本章导读**

　　公司是现代经济主体最重要的一种存在形式。它能适应市场经济的发展需要，是现实中影响最大的一种企业组织形式。正因为如此，关于公司的法律规范也特别丰富，力求从各个角度对公司进行管理，使其更加适应市场经济的发展。通过本章的学习要了解公司的概念、类型，公司的主要规定与分类。理解有限责任公司、股份有限公司组织机构的职责，管理人员的任职资格及义务。熟悉公司债券、公积金和利润分配的各项法律规定。掌握有限责任公司、股份有限公司设立的条件和公司的组织机构。通过本章学习，能按照法定程序办理有限责任公司、股份有限公司的设立事宜，处理公司经营管理中遇到的法律问题。

第一节　公司法概述

一、公司的概念和特征

　　公司是指全部资本由股东出资构成，股东以其认缴的出资额或认购的股份为限对公司承担责任，公司以其全部财产对公司债务承担责任的企业法人。

　　公司具有以下特征。

　　（1）依法设立。公司的设立条件、设立程序应符合公司法的规定。

　　（2）营利性的经济组织。公司是以营利为目的的企业，公司创设的目的在于通过生产经营活动来获取利润。

　　（3）公司是企业法人。公司能独立承担民事责任。它既不同于非法人企业，如私人独资企业、合伙企业，也不同于非企业法人，如机关法人、事业单位法人、社会团体法人。

　　（4）公司是股权式企业。公司以股东出资为基础设立，股东以其认缴的出资额或认购的股份为限对公司承担责任。股东依法享有资产收益、参与重大决策和选择管理者等权利。

二、公司的种类

(1) 根据责任状况的不同，公司可分为无限责任公司、有限责任公司、股份有限公司和两合公司。

① 无限责任公司简称无限公司，是由对公司债务负无限连带清偿责任的股东所组成的公司。

② 有限责任公司简称有限公司，是由法律规定的一定人数的股东所组成，股东以其出资额为限对公司债务承担责任的公司。有限责任公司是现代公司的基本形式。

③ 股份有限公司简称股份公司，是由一定人数以上股东发起成立的，将全部资本划分为若干均等的股份由股东共同持有，所有股东均以其所持有的股份对公司债务承担责任的公司。

④ 两合公司是由承担无限责任的股东和承担有限责任的股东混合组成的公司。

(2) 根据公司的对外信用基础不同，公司可分为资合公司、人合公司和资合兼人合公司。

① 资合公司是指公司的经营活动是以公司的资本规模而非股东的个人信用为基础的公司。这种公司在对外进行经济活动时，依靠的不是股东个人的作用情况如何，而是公司本身资本和资产是否雄厚。股份有限责任公司是典型的资合公司。首先，资合公司最大的特点在于具有最强的法人性，公司信用在于公司财产，一般情况下，公司股东对公司债权人不负责任，特殊情形下存在例外。其次，股份转让较为容易，原则上不受限制，只在特殊情形下存在例外。此外，企业所有与企业经营相分离。

② 人合公司即主要以股东个人信任关系作为其成立基础的公司，如无限责任公司。人合公司具有很强的合伙色彩。股东之间具有很强的信任性，关系密切。一名股东的重大事项，如死亡、破产、丧失民事行为能力等，对其他股东和公司都会产生重大影响。这类公司可以看作具有法人外衣的合伙企业。人合公司股份转让困难。由于公司经营以公司成员个人的信用为信用，故对股东个人的信用特别注重，因而法律为保护其他股东和公司债权人的利益，对股权转让的限制非常严格。人合公司企业所有与企业经营合一。股东均可以股东的身份参与公司的经营管理。

③ 资合兼人合公司是指公司的经营活动和设立基础同时依赖于公司的资本规模和股东的个人信用，兼具资合公司和人合公司特点的公司。两合公司和股份两合公司属于典型的人资兼合公司，有限责任公司从外在形态上属于资合公司，但与股份公司明显不同的是，它注重股东之间的信任和合作，所以有限责任公司也应该属于广义上的人合兼资合公司。

(3) 根据公司之间的控制和依附关系不同，公司可分为母公司和子公司。

如一个公司拥有另一个公司一定比例以上并足以将其控制的股份，该公司即是另一公司的母公司。上述被控制的另一公司即是该公司的子公司。公司相互之间的控制主要是通过控制一定数量的股份来实现的，一般母公司会控制子公司50%以上的股份，但母公司也可以通过其他方式控制子公司。例如，控制子公司主要管理人员的产生，控制其主要的交易，控制其核心技术等都可以达到控制对方的目的。子公司又可分为全资子公司（其资本全部被母公司持有的公司）和非全资子公司（其资本的大部分但不是全部被母公司持有的公司）。母公司可以出资新设全资或控股的子公司，也可以通过兼并、收购使其他公司变为自己的子公司。母公司与子公司的共同特点是两者都必须具备法人资格，子公司虽然依附于母公司，但一般情况下它是独立的法人。

（4）根据公司分支机构设置和管辖系统不同，公司可分为总公司和分公司。

按照公司的内部管辖关系，可以将公司分为总公司和分公司两大类。总公司（又称本公司）是指依法首先设立的管辖全部组织的机构；分公司是指受本公司管辖的分支机构。公司为了生产经营的需要，往往要设立一定的分支机构，相对独立地承担一定的生产经营任务。分公司是总公司的分支机构，受本公司管辖，其关于业务的经营、资金的调度、人事的安排，都要在本公司的统一规划、指挥下进行。分公司与子公司不同，它不是独立的法律主体，不具有企业法人资格。分公司的财产属总公司所有，是总公司财产的一部分。分公司不能以自己的名义独立进行民事活动，履行民事责任，承担民事义务（例如，不能独立与他人签订经济合同），也不能作为诉讼主体，起诉或者应诉。分公司要以总公司的名义进行民事活动，享受民事权利，承担民事义务。分公司的民事责任，由设立该分公司的总公司承担。

（5）根据公司国籍不同，公司可分为本国公司、外国公司和跨国公司。

我国对公司国籍的认定采取的是以准据法为主兼住所地法的原则。凡依我国法律在中国境内成立的公司即为中国公司，即本国公司。与之相对应的即是外国公司。至于跨国公司则是指具有不同国籍的数个公司混合组成的公司。

三、公司法的概念和原则

（一）公司法的概念

公司法是指规定公司法律地位，调整公司组织关系，规定公司在设立、变更与终止过程中组织行为的法律规范的总称。公司法有狭义和广义之分，狭义的公司法是指《中华人民共和国公司法》（以下简称《公司法》）（1993年12月29日第八届全国人大常委会第五次会议通过）。1999年12月25日第九届全国人大常委会第十三次会议《关于修改〈中华人民共和国公司法〉的决定》第一次修正，根据2004年8月28日第十届全国人大常委会第十一次会议《关于修改〈中华人民共和国公司法〉的决定》第二次修正，2005年10月27日第十届全国人大常委会第十八次会议修订，自2006年1月1日起施行。2013年12月28日第十二届全国人大常委会第六次会议对《公司法》作出了修改，修改内容自2014年3月1日起施行。2013年《公司法》共修改了12个条款，将公司注册资本实缴登记制改为认缴登记制，取消公司注册资本最低限额、放宽注册资本登记条件、简化登记事项和登记文件等。现行的《公司法》根据2018年10月26日第十三届全国人大常委会第六次会议《关于修改〈中华人民共和国公司法〉的决定》第四次修正，重点修改了《公司法》第148条关于公司股份回购的规定。

（二）公司法的原则

根据《公司法》的规定，我国公司法主要有以下五项原则。

（1）两权分离。出资人的财产所有权与公司法人财产权相分离。公司股东作为出资者按投入公司的资本额享有所有者的资产受益，重大决策和选择管理者的权利。公司享有由股东投资形成的全部法人财产权，依法享有民事权利，承担民事责任。

（2）自主经营，自负盈亏。公司以其全部法人财产依法经营，自负盈亏。

（3）公司实行权责分明，管理科学，激励和约束相结合的内部管理机制。

（4）依法设立、经营。公司应当依照《公司法》规定的条件设立。公司应当在登记的经营范围内从事经营活动，必须遵守法律，遵守社会公德、商业道德，诚实守信，接受政府和社会公众与监督，承担社会责任。

（5）公司必须保障职工的合法权益。

四、公司的主要规定

（一）公司的营业执照

1. 营业执照的签发

依法设立的公司，由公司登记机关发给《企业法人营业执照》，公司营业执照签发日期为公司成立日期，公司凭营业执照刻制印章、开立银行账户、申请纳税登记。

2. 营业执照的记载事项

公司营业执照应当载明公司的名称、住所、注册资本、经营范围、法定代表人姓名等事项。公司营业执照记载的事项发生变更的，公司应当依法办理变更登记，由公司登记机关换发营业执照。公司的经营范围由公司章程规定，并依法登记。公司可以修改公司章程，改变经营范围，但是应当办理变更登记。

（二）公司的名称

公司的名称由以下四个部分组成：行政区划、字号、行业或者经营特点、组织形式。

公司名称应当冠以所在地行政区划名称，经国家工商行政管理局核准，下列公司的公司名称可以不冠以所在地行政区划名称：①在名称中使用"中国""中华"或者冠以"国际"字词的公司；②历史悠久、字号驰名的公司；③外商投资企业。

字号应当由两个以上的字组成，公司有正当理由可以使用本地或者异地地名作字号，但不得使用县以上行政区划名称作字号。

公司根据其主营业务，依照国家行业分类标准划分的类别，在其名称中标明所属行业或者经营特点。

公司应当根据其组织结构或者责任形式，在其名称中标明组织形式；有限责任公司应在其名称中标明有限责任公司或者有限公司字样，股份有限公司应在其名称中标明股份有限公司或者股份公司字样。

（三）公司资本制度

1. 概述

公司法所指的资本通常是指公司的注册资本，即由章程所确定的、股东认缴的出资总额，又称股本，它是股东对于公司的永久性投资。公司负债到期必须偿还，而股东一旦投资于公司形成公司资本，只要公司处于存续状态，就不能退还股金。公司资本是公司法人对外承担民事责任的财产担保。公司如果资不抵债，股东不承担大于公司资本的清偿责任。

2. 股东出资制度

为确保公司财产确定性和稳定性，我国《公司法》最初规定了法定资本制度，要求所有出资一次实缴到位。2013年12月28日,《公司法》改为"注册资本登记认缴制":除法律、行政法规和国务院决定另有规定外,有限公司和发起设立的股份公司实行"认缴制",以全体股东"认缴的出资额"或"认购的股本总额"为注册资本;募集设立的股份公司仍实行"实缴制"和验资制度,以公司"实收股本总额"为注册资本;同时,除法律、行政法规和国务院决定另有规定外,取消了注册资本最低限额要求,不再要求首次出资额不得低于注册资本的20%,从某种意义上而言实现了所谓的"零门槛"设立公司。公司法同时取消了对注册资本缴纳期限的强制性要求,删除了原有关30%现金比例的规定。这意味着股东可以选择在任何时候以任何形式的财产出资,并不需要同期配比30%比例的现金。这对主要以技术作价出资的创业者而言更是一个利好消息。除此以外,公司法对于出资情形将不再需要通过会计师出具验资报告,设立公司的费用将大幅度降低,缴纳注册资本无须经历开户、验资,程序更为简单便捷。

股东可以用货币出资,也可以用实物、知识产权、土地使用权等可以用货币估价并可以依法转让的非货币财产作价出资,但是,法律、行政法规规定不得作为出资的财产除外。依《公司登记管理条例》的规定,不得作为出资的财产包括劳务、信用、自然人姓名、商誉、特许经营权或者设定担保的财产。此外,股权、债权可以用于出资。

第二节 有限责任公司

一、有限责任公司的概念和特征

有限责任公司是指全部资本由股东出资构成,股东以其认缴的出资额为限对公司承担责任,公司以其全部财产对公司债务承担责任的企业法人。

有限责任公司的特征如下。

(1) 股东责任有限性。有限责任公司的股东以其认缴的出资额为限对公司承担责任。

(2) 公司资本非等额性。有限责任公司的资本不划分为等额的股份,证明股东出资份额的权利凭证为出资证明书。

(3) 股东人数限制性。有限责任公司由50个以下股东出资设立。

(4) 封闭性。有限责任公司不公开发行股份,股东的出资转让受到一定的限制,公司的财务信息无须向社会公开。

(5) 机构设置灵活性。股东人数较少或者规模较小的有限责任公司,可以设一名执行董事,不设董事会;可以设一至两名监事,不设监事会。

二、有限责任公司的设立

(一) 设立的条件

设立有限责任公司,应当具备下列条件。

(1) 股东符合法定人数。有限责任公司由50人以下股东共同出资设立。

(2) 有符合公司章程规定的全体股东认缴的出资额。

有限责任公司的注册资本为在公司登记机关登记的全体股东认缴的出资额。法律、行政法规以及国务院决定对有限责任公司注册资本实缴、注册资本最低限额另有规定的，从其规定。如证券法对证券公司最低注册资本的规定、商业银行法对设立商业银行最低注册资本的规定、保险法对保险公司最低注册资本的要求等。

（3）股东共同制定公司章程。

（4）有公司名称，建立符合有限责任公司要求的组织机构。

（5）有公司住所。

（二）股东的出资

（1）股东的出资方式。股东可以用货币出资，也可以用实物、知识产权、土地使用权等可以用货币估价并可以依法转让的非货币财产作价出资。但是，法律、行政法规规定不得作为出资的财产除外。对作为出资的非货币财产应当评估作价，核实财产，不得高估或者低估作价。法律、行政法规对评估作价有规定的，从其规定。

（2）股东应当按期足额缴纳公司章程中规定的各自所认缴的出资额。股东以货币出资的，应当将货币出资足额存入有限责任公司在银行开设的账户；以非货币财产出资的，应当依法办理其财产权的转移手续。股东不按照前款规定缴纳出资的，除应当向公司足额缴纳外，还应当向已按期足额缴纳出资的股东承担违约责任。

拓展阅读 2-1

实收制改为了认缴制，就可以随意认缴注册资本吗

2013 年修订的公司法取消了"实收资本"的概念，实收资本不再是公司登记的记载事项。取消实收资本后，有限责任公司的股东仍需要按其认缴的出资额承担有限责任，这一规定并未改变。举例说明，注册资本为 1 000 万元的有限责任公司，有两名自然人股东，分别认缴 500 万元出资额，即使 1 000 万元的注册资本并未实际通过验资程序进入公司账户，但若未来发生纠纷，股东并不能以公司没有实际可供执行的财产为理由拒绝承担责任，其责任比例按当初认缴的出资额为准（除非公司章程另有约定除外）。公司的注册资本越大，股东在其认缴的份额内承担的责任也越大。因此不能简单地认为将实收制改为了认缴制，就可以随意认缴注册资本。公司仍应当根据自身的经营实力和经营需要在能力范围内选择合适的注册资本数额。

（3）有限责任公司成立后，应当向股东签发出资证明书。出资证明书应当载明下列事项：①公司名称；②公司成立日期；③公司注册资本；④股东的姓名或者名称、缴纳的出资额和出资日期；⑤出资证明书的编号和核发日期。出资证明书由公司盖章。

（4）公司成立后，股东不得抽逃出资。

（三）公司的设立登记

股东的首次出资经依法设立的验资机构验资后，由全体股东指定的代表或者共同委托的代理人向公司登记机关报送公司登记申请书、公司章程、验资证明等文件，申请设立登记。

三、股东出资的转让

有限责任公司的股东之间可以相互转让其全部或者部分股权。

股东向股东以外的人转让股权,应当经其他股东过半数同意。股东应就其股权转让事项书面通知其他股东征求同意,其他股东自接到书面通知之日起满 30 日未答复的,视为同意转让;其他股东半数以上不同意转让的,不同意的股东应当购买该转让的股权,不购买的,视为同意转让。经股东同意转让的股权,在同等条件下,其他股东有优先购买权;两个以上股东主张行使优先购买权的,协商确定各自的购买比例,协商不成的,按照转让时各自的出资比例行使优先购买权。公司章程对股权转让另有规定的,从其规定。

四、有限责任公司的组织机构

(一)股东会

1. 股东会的地位和职权

股东会由全体股东组成,是公司的权力机构。股东会行使下列职权:①决定公司的经营方针和投资计划;②选举和更换非由职工代表担任的董事、监事,决定有关董事、监事的报酬事项;③审议批准董事会的报告;④审议批准监事会或者监事的报告;⑤审议批准公司的年度财务预算方案、决算方案;⑥审议批准公司的利润分配方案和弥补亏损方案;⑦对公司增加或者减少注册资本作出决议;⑧对发行公司债券作出决议;⑨对公司合并、分立、解散、清算或者变更公司形式作出决议;⑩修改公司章程;⑪公司章程规定的其他职权。

2. 股东会会议

(1) 会议的召开。股东会会议分为定期会议和临时会议。定期会议依照公司章程的规定按时召开;代表 1/10 以上表决权的股东,1/3 以上的董事,监事会或者不设监事会的公司的监事提议召开临时会议的,应当召开临时会议。

(2) 会议的召集和主持。有限责任公司首次股东会会议由出资最多的股东召集和主持。除首次会议外,股东会会议由董事会召集,董事长主持;董事长不能履行职务或者不履行职务的,由副董事长主持;副董事长不能履行职务或者不履行职务的,由半数以上董事共同推举一名董事主持。不设董事会的有限责任公司,其股东会会议由执行董事召集和主持。董事会或者执行董事不能履行或者不履行召集股东会会议职责的,由监事会或者不设监事会的公司的监事召集和主持;监事会或者监事不召集和主持的,代表 1/10 以上表决权的股东可以自行召集和主持。

(3) 会议的表决。股东会会议由股东按照出资比例行使表决权,但公司章程另有规定的除外。股东会的议事方式和表决程序,除法律有规定的外,由公司章程规定。股东会会议作出修改公司章程、增加或者减少注册资本的决议,以及公司合并、分立、解散或者变更公司形式的决议,必须经代表 2/3 以上表决权的股东通过。

(二)董事会和经理

1. 董事会的地位和职权

董事会是公司的业务执行机构。董事会对股东会负责,行使下列职权:①召集股东会会议,并向股东会报告工作;②执行股东会的决议;③决定公司的经营计划和投资方案;④制订公司的年度财务预算方案、决算方案;⑤制订公司的利润分配方案和弥补亏损方案;⑥制订公司增加或者减少注册资本以及发行公司债券的方案;⑦制订公司合并、分立、变更公司形式、解散的方案；⑧决定公司内部管理机构的设置；⑨决定聘任或者解聘公司经理及其报酬事项，并根据经理的提名决定聘任或者解聘公司副经理、财务负责人及其报酬事项；⑩制定公司的基本管理制度；⑪公司章程规定的其他职权。

2. 董事会的组成

有限责任公司设董事会的，其成员为 3 人至 13 人；股东人数较少或者规模较小的有限责任公司，可以设一名执行董事，不设董事会。两个以上的国有企业或者其他两个以上的国有投资主体投资设立的有限责任公司的董事会成员中应当有公司职工代表，其他有限责任公司董事会成员中也可以有公司职工代表；董事会中的职工代表由公司职工通过职工代表大会、职工大会或者其他形式民主选举产生。董事会设董事长 1 人，可以设副董事长；董事长、副董事长的产生办法由公司章程规定。董事任期由公司章程规定，但每届任期不得超过 3 年；董事任期届满，连选可以连任。

公司法定代表人依照公司章程的规定，由董事长、执行董事或者经理担任，并依法登记，公司法定代表人变更，应当办理变更登记。

3. 董事会会议

董事会会议由董事长召集和主持；董事长不能履行职务或者不履行职务的，由副董事长召集和主持；副董事长不能履行职务或者不履行职务的，由半数以上董事共同推举一名董事召集和主持。

董事会的议事方式和表决程序，除法律有规定的外，由公司章程规定。董事会决议的表决，实行一人一票。

4. 经理

有限责任公司可以设经理，由董事会决定聘任或者解聘。经理对董事会负责，行使下列职权：①主持公司的生产经营管理工作，组织实施董事会决议；②组织实施公司年度经营计划和投资方案；③拟订公司内部管理机构设置方案；④拟订公司的基本管理制度；⑤制定公司的具体规章；⑥提请聘任或者解聘公司副经理、财务负责人；⑦决定聘任或者解聘除应由董事会决定聘任或者解聘以外的负责管理人员；⑧董事会授予的其他职权。公司章程对经理职权另有规定的，从其规定。

案例思考 2-1

凤凰有限责任公司 2016 年经济效益不好，许多股东都认为，主要原因是公司的总经理王某经营能力差、经验不足。于是，在 2016 年年末召开股东会的时候，经股东提议，股东会作出罢免公司总经理王某并任命李某为新总经理的决议。

【问题】此决议的效力如何？

【分析】根据《公司法》的规定，经理对董事会负责，因此经理的任命或解聘都应该由董事会作出。股东会无权直接作出任命或解聘公司经理的决议。因此，本案中股东会的此项决议无效。

（三）监事会

1. 监事会的地位和职权

监事会是公司的监督机构。监事会行使下列职权：①检查公司财务；②对董事、高级管理人员执行公司职务的行为进行监督,对违反法律、行政法规、公司章程或者股东会决议的董事、高级管理人员提出罢免的建议;③当董事、高级管理人员的行为损害公司的利益时,要求董事、高级管理人员予以纠正;④提议召开临时股东会会议,在董事会不履行《公司法》规定的召集和主持股东会会议职责时召集和主持股东会会议;⑤向股东会会议提出提案;⑥依法对董事、高级管理人员提起诉讼;⑦公司章程规定的其他职权。

2. 监事会的组成

有限责任公司设监事会的,其成员不得少于3人;股东人数较少或者规模较小的有限责任公司,可以设1~2名监事,不设监事会。监事会应当包括股东代表和适当比例的公司职工代表,其中职工代表的比例不得低于1/3,具体比例由公司章程规定;监事会中的职工代表由公司职工通过职工代表大会、职工大会或者其他形式民主选举产生。监事会设主席1人,由全体监事过半数选举产生。董事、高级管理人员不得兼任监事。监事的任期每届为3年,任期届满,可以连选连任。

3. 监事会会议

监事会每年度至少召开一次会议,监事可以提议召开临时监事会会议。监事会主席召集和主持监事会会议;监事会主席不能履行职务或者不履行职务的,由半数以上监事共同推举一名监事召集和主持监事会会议。监事会的议事方式和表决程序,除法律有规定的外,由公司章程规定。监事会决议应当经半数以上监事通过。

五、一人有限责任公司

一人有限责任公司是指只有一个自然人股东或者一个法人股东的有限责任公司。

《公司法》关于一人有限责任公司的特别规定如下。

(1) 转投资的限制。一个自然人只能投资设立一个一人有限责任公司,该一人有限责任公司不能投资设立新的一人有限责任公司。

(2) 登记注明事项。一人有限责任公司应当在公司登记中注明自然人独资或者法人独资,并在公司营业执照中载明。

(3) 组织机构。一人有限责任公司不设股东会。股东作出相关决定时,应当采用书面形式,并由股东签名后置备于公司。

(4) 财务会计。一人有限责任公司应当在每一会计年度终了时编制财务会计报告,并经会计师事务所审计。

(5) 连带责任。一人有限责任公司的股东不能证明公司财产独立于股东自己的财产的,应当对公司债务承担连带责任。

拓展阅读2-2

一人有限责任公司与个人独资企业的区别

(1) 法律形式不同。一人有限责任公司是法人企业,具有法人资格,能够以自己的名义享有民事权利和承担民事义务。个人独资企业属于非法人企业,在法律形式上不具有法人的资格。

(2) 设立主体不同。一人有限责任公司的设立主体可以是法人也可以是自然人,个人独资企业的设立主体只能是自然人。

(3) 承担法律责任不同。一人有限责任公司股东以其出资额为限对公司承担有限责任。个人独资企业投资人对企业的债务承担无限责任。

六、国有独资公司

国有独资公司是指国家单独出资、由国务院或者地方人民政府授权本级人民政府国有资产监督管理机构履行出资人职责的有限责任公司。

(1) 国有独资公司不设股东会，由国有资产监督管理机构行使股东会职权。国有资产监督管理机构可以授权公司董事会行使股东会的部分职权，但公司的合并、分立、解散、增减注册资本和发行公司债券，必须由国有资产监督管理机构决定；重要的国有独资公司合并、分立、解散、申请破产的，应当由国有资产监督管理机构审核后，报本级人民政府批准。

(2) 董事会和经理。国有独资公司董事会的董事每届任期不得超过3年，董事会成员中应当有公司职工代表。董事会成员由国有资产监督管理机构委派，但董事会成员中的职工代表由公司职工代表大会选举产生。董事会设董事长一人，可以设副董事长；董事长、副董事长由国有资产监督管理机构从董事会成员中指定。国有独资公司设经理，由董事会聘任或者解聘。国有独资公司的董事长、副董事长、董事、高级管理人员未经国有资产监督管理机构同意，不得在其他有限责任公司、股份有限公司或者其他经济组织兼职。

(3) 监事会。国有独资公司监事会成员不得少于5人，其中职工代表的比例不得低于1/3，具体比例由公司章程规定。监事会成员由国有资产监督管理机构委派，但监事会中的职工代表由公司职工代表大会选举产生。监事会主席由国有资产监督管理机构从监事会成员中指定。

第三节　股份有限公司

一、股份有限公司的概念和特征

股份有限公司是指全部资本分为等额股份，股东以其认购的股份为限对公司承担责任，公司以其全部财产对公司债务承担责任的企业法人。

股份有限公司的特征如下。

(1) 股东责任有限性。股份有限公司的股东以其认购的股份为限对公司承担责任。

(2) 公司资本等额性。股份有限公司的全部资本分为等额股份，证明股东所持股份的凭证为股票。

(3) 股东人数下限性。股份有限公司的股东人数为2人以上，而没有最高人数限制。

(4) 开放性。股份有限公司股份的发行和转让可自由进行，公司的会计信息应依法公开。

(5) 资合性。股份有限公司的信用基础在于公司的财产，而非公司股东的个人信用。

二、股份有限公司的设立

(一) 设立的条件

(1) 发起人符合法定人数,发起人既可以是自然人,也可以是法人。设立股份有限公司,应当有 2 人以上 200 人以下为发起人,其中须有半数以上的发起人在中国境内有住所。

(2) 有符合公司章程规定的全体发起人认购的股本总额或者募集的实收股本总额。

(3) 股份发行,筹办事项符合法律规定。

(4) 发起人制定公司章程,采用募集方式设立的经创立大会通过。

(5) 有公司名称,建立符合股份有限责任公司要求的组织机构。

(6) 有公司住所。

(二) 设立的方式

股份有限公司的设立有发起设立和募集设立两种方式。发起设立是指发起人认购公司发行的全部股份而设立的公司。募集设立是指由发起人认购公司应发行股份的一部分,其余股份向社会公开募集或者向特定对象募集而设立公司。

(三) 制定公司章程

股份有限公司的章程应当载明下列事项:①发起人认购的股份数;②每股的票面金额和发行价格;③无记名股票的发行总数;④募集资金的用途;⑤认股人的权利、义务;⑥本次募股的起止期限及逾期未募足时认股人可以撤回所认股份的说明。

(四) 设立的程序

1. 发起设立的主要程序

发起设立比较简单,不需要向社会公众募集股份,主要程序和有限责任公司的设立程序相同。股份有限公司发起人承担公司筹办事务。发起人应当签订发起人协议,明确各自在公司设立过程中的权利和义务。

采取发起设立方式设立,注册资本为在公司登记机关登记的全体发起人认购的股本总额。发起人应当书面认足公司章程规定其认购的股份,并按照公司章程规定缴纳出资。在发起人认购的股份缴足前,不得向他人募集股份。以非货币财产出资的,应当依法办理其财产权的转移手续。发起人不依照前款规定缴纳出资的,应当按照发起人协议承担违约责任。

发起人认足公司章程规定的出资后,应当选举董事会和监事会,由董事会向公司登记机关报送公司章程以及法律、行政法规规定的其他文件,申请设立登记。

2. 募集设立的主要程序

(1) 以募集设立方式设立股份有限公司的,发起人认购的股份不得少于公司股份总数的 35%;法律、行政法规另有规定的,从其规定。股份有限公司注册资本为在公司登记机关登记的实收股本总额。法律、行政法规以及国务院决定对股份有限公司注册资本实缴、注册资本最低限额另有规定的,从其规定。

(2) 发起人向社会公开募集股份,必须公告招股说明书,并制作认股书。

(3) 召开创立大会。发行股份的股款缴足后，必须经依法设立的验资机构验资并出具证明。发起人应当在 30 日内主持召开公司创立大会。创立大会是由发起人召集，并由各认股人参加，讨论决定即将成立的股份有限公司所涉重大问题。发行的股份超过招股说明书规定的截止期限尚未募足的，或者发行股份的股款缴足后，发起人在 30 日内未召开创立大会的，认股人可以按照所缴股款并加算银行同期存款利息，要求发起人返还。

发起人应当在创立大会召开 15 日前，将会议日期通知各认股人或者予以公告。创立大会应当由代表股份总数过半数的认股人出席方可举行。创立大会主要行使下列职权：审议发起人关于公司筹办情况报告；通过公司章程；选举董事会成员；选举监事会成员；对公司设立费用进行审核；对发起人用于抵作股款的财产的作价进行审核；发生不可抗力或者经营条件发生重大变化直接影响公司设立的，可以作出不设立公司的决议。创立大会对前款所列事项作出决议必须经出席会议的认股人所持表决权过半数通过。

发起人、认股人缴纳股款或者交付抵作股款的出资后，除未按期募足股份、发起人未按期召开创立大会或者创立大会决议不设立公司情形外，不得抽回其股本。

(4) 申请设立登记。董事会应于创立大会结束后 30 日内，向公司登记机关报送有关文件申请设立登记，公司营业执照签发之日为公司成立之日。董事会向公司登记机关报送的文件有：公司登记申请书；创立大会的会议记录；公司章程；验资证明；法定代表人、董事、监事的任职文件及其身份证明；发起人的法人资格证明或者自然人身份证明。以募集方式设立股份有限公司公开发行股票的，还应当向公司登记机关报送国务院证券监督管理机构的核准文件。

（五）发起人应当承担的责任

股份有限公司的发起人应当承担下列责任。

(1) 股份有限公司成立后，发起人未按照公司章程的规定缴足出资的，应当补缴其他发起人承担连带责任。股份有限公司成立后，发现作为设立公司出资的非货币财产的实际价额显著低于公司章程所定价额的，应当由交付该出资的发起人补足其差额，其他发起人承担连带责任。

(2) 公司不能成立时，对设立行为所产生的债务和费用负连带责任。

(3) 公司不能成立时，对认股人已缴纳的股款，负返还股款并加算银行同期存款利息的连带责任。

(4) 在公司设立过程中，由于发起人的过失致使公司利益受到损害的，应当对公司承担赔偿责任。

拓展阅读 2-3

有限责任公司与股份有限公司的区别

(1) 规模大小不同。有限责任公司通常是中小企业，股份有限公司以大型企业为主。

(2) 股东最高人数限制不同。有限责任公司的股东最高不得超过 50 人。股份有限公司的股东没有最高人数的限制。

(3) 开放程度不同。有限责任公司是封闭型企业。有限责任公司只能由发起人集资设立，不能向社会募集资金。有限责任公司的财务状况，只需按公司章程规定的期限交给股东，无须公告和备查。股份有限公司是开放型企业。股份有限公司既可以发起设立也可以募集设立。在信息披露义务方面，股份有限公司必须公开化经营，要定期对外公布财务状况，以接受股东监督。

（4）两权分离程度不同。有限责任公司股东往往自己兼任董事，所有权与经营权分离程度低，体现了公司的人合性。股份有限公司所有权与经营权分离程度高，是资合性企业。

（5）股权的证明形式不同。有限责任公司的股权证明是公司签发的出资证明书，出资证明书不是有价证券，不能转让、流通。股份有限公司的股权证明是股票，股票是有价证券，可以在民事主体之间自由转让和流通。

三、股份有限公司的组织机构

（一）股东大会

1. 股东大会的地位和职权

股东大会由全体股东组成，是公司的权力机构。股东大会的职权与有限责任公司股东会的职权相同。

2. 股东大会会议

（1）会议的召开。股东大会应当每年召开一次年会。有下列情形之一的，应当在两个月内召开临时股东大会：①董事人数不足公司法规定人数或者公司章程所定人数的 2/3 时；②公司未弥补的亏损达实收股本总额 1/3 时；③单独或者合计持有公司 10% 以上股份的股东请求时；④董事会认为必要时；⑤监事会提议召开时；⑥公司章程规定的其他情形。

（2）会议的召集和主持。股东大会会议由董事会召集，董事长主持；董事长不能履行职务或者不履行职务的，由副董事长主持；副董事长不能履行职务或者不履行职务的，由半数以上董事共同推举一名董事主持。董事会不能履行或者不履行召集股东大会会议职责的，监事会应当及时召集和主持；监事会不召集和主持的，连续 90 日以上单独或者合计持有公司 10% 以上股份的股东可以自行召集和主持。

（3）会议的表决。股东出席股东大会会议，所持每一股份有一表决权。股东大会作出决议，必须经出席会议的股东所持表决权过半数通过；但是，股东大会作出修改公司章程、增加或者减少注册资本的决议，以及公司合并、分立、解散或者变更公司形式的决议，必须经出席会议并持有表决权的股东 2/3 以上支持才能通过。

（4）累积投票制。股东大会选举董事、监事，可以根据公司章程的规定或者股东大会的决议，实行累积投票制。累积投票制是指股东大会选举董事或者监事时，每一股份拥有与应选董事或者监事人数相同的表决权，股东拥有的表决权可以集中使用。

（二）董事会和经理

1. 董事会的地位和职权

股份有限公司设董事会，是公司的业务执行机构，其职权与有限责任公司董事会的职权相同。

2. 董事会的组成

股份有限公司董事会的成员为 5~19 人。董事会设董事长一人，可以设副董事长；董事长和副董事长由董事会以全体董事的过半数选举产生。董事长召集和主持董事会会议，检查董事会决议的实施情况。副董事长协助董事长工作，董事长不能履行职务或者不履行职务的，由副董事长履行职务；副董事长不能履行职务或者不履行职务的，由半数以上董事共同推举一名董事履行职务。

3. 董事会会议

（1）会议的召开。董事会每年度至少召开两次会议。持有 1/10 以上表决权的股东、1/3 以上董事或者监事会成员，可以提议召开董事会临时会议。

（2）会议的出席。董事会会议有过半数的董事出席方可举行。董事会会议应由董事本人出席，董事因故不能出席，可书面委托其他董事代为出席。

（3）会议的表决。董事会决议的表决，实行一人一票。董事会作出决议，必须经全体董事过半数通过，方可成立。

（4）董事对董事会决议的责任。董事会应当对会议所议事项的决定作成会议记录，出席会议的董事应当在会议记录上签名。董事应当对董事会的决议承担责任，董事会的决议违反法律、行政法规或者公司章程、股东大会决议，致使公司遭受严重损失的，参与决议的董事对公司负赔偿责任，但经证明在表决时曾表明异议并记载于会议记录的，该董事可以免除责任。

4. 经理

股份有限公司设经理，由董事会决定聘任或者解聘。股份有限公司经理的职权与有限责任公司经理的职权相同。

（三）监事会

1. 监事会的地位和职权

股份有限公司设监事会，是公司的监督机构。股份有限公司监事会的职权与有限责任公司监事会的职权相同。

2. 监事会的组成

股份有限公司监事会的成员不得少于 3 人。监事会应当包括股东代表和适当比例的公司职工代表，其中职工代表的比例不得低于 1/3，具体比例由公司章程规定；监事会中的职工代表由公司职工通过职工代表大会、职工大会或者其他形式民主选举产生。监事会设主席一人，可以设副主席，监事会主席和副主席由全体监事过半数选举产生。董事、高级管理人员不得兼任监事。监事的任期每届为 3 年，任期届满，连选可以连任。董事、高级管理人员不得兼任监事。

3. 监事会会议

监事会每 6 个月至少召开一次会议，监事可以提议召开临时监事会会议。监事会会议由监事会主席召集和主持；监事会主席不能履行职务或者不履行职务的，由监事会副主席召集和主持；监事会副主席不能履行职务或者不履行职务的，由半数以上监事共同推举一名监事召集和主持。

(四) 上市公司组织机构的特别规定

上市公司是指其股票在证券交易所上市交易的股份有限公司。我国《公司法》对上市公司组织机构作了如下特别规定。

1. 公司重大资产处置表决制度

上市公司在1年内购买、出售重大资产或者担保金额超过公司资产总额30%的,应当由股东大会作出决议,并经出席会议的股东所持表决权的2/3以上通过。

2. 独立董事制度

上市公司设独立董事。独立董事是指不在公司担任除董事外的其他职务,并与其所受聘的上市公司及其主要股东不存在可能妨碍其进行独立客观判断的关系的董事。独立董事应具有独立性,并具备与其行使职权相适应的任职条件。独立董事每届任期与该上市公司其他董事的任期相同,任期届满,可以连选连任,但连任时间不得超过6年。

3. 董事会秘书制度

上市公司设董事会秘书,负责公司股东大会和董事会会议的筹备、文件保管以及公司股东资料的管理,办理信息披露事务等事宜。

4. 关联董事表决权回避制度

上市公司董事和董事会与会议决议事项所涉及的企业有关联关系的,不得对该项决议行使表决权,也不得代理其他董事行使表决权。

四、股份有限公司的股份发行和转让

股份是股东持有的,代表股东权利义务的公司资本的基本构成单位。公司的股份采取股票的形式,股票是公司签发的证明股东所持股份的凭证。

(一) 股份发行

1. 股份发行的原则

股份的发行,实行公开、公平、公正的原则,同种类的每一股份应当享有同等权利。同次发行的同种类股票,每股的发行条件和价格应当相同;任何单位或者个人所认购的股份,每股应当支付相同价额。

2. 股票发行价格

股票的发行价格可以分为平价发行的价格和溢价发行的价格。平价发行是指股票的发行价格与股票的票面金额相同,也称为等价发行、券面发行。溢价发行是指股票的实际发行价格超过其票面金额。但股票发行不得折价发行。因为低于票面金额发行,违背资本充实原则,使募集的资金低于公司相应的注册资本数额。

3. 股份发行的种类

股份发行按照发行阶段可以分为设立发行和新股发行。
(1) 设立发行。设立发行是指公司在设立过程中发行股份。
(2) 新股发行。新股发行是指公司在成立后发行股份。公司发行新股,股东大会应当对下列事项作出决议:①新股种类及数额;②新股发行价格;③新股发行的起止日期;④向原有股东发行新股的种类及数额。

(二) 股份转让

1. 股份转让的方式

记名股票由股东以背书方式或者法律、行政法规规定的其他方式转让，转让后由公司将受让人的姓名或者名称及住所记载于股东名册。无记名股票的转让，由股东将该股票交付给受让人后即发生转让的效力。

2. 股份转让的限制

（1）对发起人股份转让的限制。发起人持有的本公司股份，自公司成立之日起一年内不得转让。

（2）对公司公开发行股份前已发行的股份转让的限制。公司公开发行股份前已发行的股份，自公司股票在证券交易所上市交易之日起一年内不得转让。

（3）对董事、监事、高级管理人员股份转让的限制。公司董事、监事、高级管理人员应当向公司申报所持有的本公司的股份及其变动情况，在任职期间每年转让的股份不得超过其所持有本公司股份总数的25%；所持本公司股份自公司股票上市交易之日起一年内不得转让；上述人员离职后半年内，不得转让其所持有的本公司股份。公司章程可以对公司董事、监事、高级管理人员转让其所持有的本公司股份作出其他限制性规定。

（4）公司收购本公司股份的限制。公司有下列情形之一的，可以收购本公司股份：①减少公司注册资本；②与持有本公司股份的其他公司合并；③将股份用于员工持股计划或者股权激励；④股东因对股东大会作出的公司合并、分立决议持异议，要求公司收购其股份的；⑤将股份用于转换上市公司发行的可转换为股票的公司债券；⑥上市公司为维护公司价值及股东权益所必需。

（5）公司股票质押的限制。公司不得接受本公司的股票作为质押权的标的。

3. 股份转让的场所

股东转让其股份，应当在依法设立的证券交易场所进行或者按照国务院规定的其他方式进行。

案例思考2-2

2017年6月2日，甲市某公司职员李某与江某协商转让乙公司股票，李某欲将2 000股该种股票转让给江某，以6月2日沪市证券交易所挂牌交易的平均价每股10元作为股价。当日江某将2万元交给李某，李某向江某出具了一张收条。收条上写明：收到江某2万元人民币，买入股票2 000股，由本人代为保管，在江某认为要进行交易时，本人提供方便。6月30日，该种股票的股价大幅度上涨。

江某欲抛售股票，但李某拒绝提供股票。双方发生纠纷。

【问题】江某能要求李某返还股票吗？

【分析】李某与江某在6月2日私自转让股票的行为，违反了法律规定，为无效民事法律行为，双方应返还财产。李某转让给江某2 000股乙公司股票的行为无效，李某应返还江某人民币2万元。

第四节　公司债券与公司财务、会计

一、公司债券

(一) 公司债券的概念和种类

1. 公司债券的概念

公司债券是指公司依照法定条件和程序发行,约定在一定期限内还本付息的有价证券。基于公司债券的发行,在债券的持有人和发行人之间形成了以还本付息为内容的债权债务法律关系。公司债券是公司向债券认购人出具的债务凭证,是公司债券持有人向公司行使债权的依据。股票与公司债券的区别见表2-1。

表2-1　股票与公司债券的区别

区别	股　　票	公　司　债　券
资本性质	权益资本,投资关系,出资归公司所有	负债资本,借贷关系,借钱给公司
持有人身份	股东	债权人
发行人	股份有限公司	股份有限公司、有限责任公司
发行价格	平价、溢价	平价、溢价、折价
投资收益	或高或低	一般固定
本金回收	公司存续期间不能退股	债券到期还本付息
利益实现	股票利润分配在缴纳所得税之后	债券利息分配在缴纳所得税之前
清偿顺序	在清偿公司债务后,按股权比例分配剩余财产	公司清算,债券本金和利息优先清偿

2. 公司债券的种类

(1) 按照是否记载姓名或名称,公司债券可分为记名公司债券和无记名公司债券。

记名公司债券是指公司债券的持有人的姓名记载于债券票面的公司债券。记名公司债券由债券持有人以背书方式或者法律、行政法规规定的其他方式转让。转让后由公司将受让人的姓名或者名称及住所记载于公司债券存根簿。

无记名公司债券是指公司债券的持有人的姓名不记载于债券票面的公司债券。无记名公司债券的转让,由债券持有人将该债券交付给受让人后即发生转让的效力。

(2) 按照债券能否转换为股票,公司债券可分为可转换公司债券与非转换公司债券。

可转换公司债券是指债券持有者可以将持有的公司债券,按照转换办法转换成公司股票的公司债券。这种公司债券在发行时规定了转换为公司股票的条件与办法。当条件具备时,债券持有人拥有将公司债券转换为公司股票的选择权。

非转换公司债券是指不能转换为公司股票的公司债券。凡在发行债券时未作出转换约定的,均为非转换公司债券。

(二) 发行公司债券的条件

公开发行公司债券,应当符合下列条件。

(1) 股份有限公司的净资产额不低于 3 000 万元人民币。有限责任公司的净资产额不低于 6 000 万元人民币。

(2) 累计债券余额不超过公司净资产额的 40%。

(3) 最近 3 年平均可分配利润足以支付公司债券 1 年的利息。

(4) 发行债券筹集的资金投向符合国家产业政策。

(5) 公司发行的债券利率不得超过国务院限定的利率水平。

(6) 国务院规定的其他条件。

公开发行公司债券筹集的资金，必须用于核准的用途，不得用于弥补亏损和非生产性支出。

二、公司财务、会计

（一）公司的财务、会计制度

1. 公司的财务、会计制度的建立

公司应当依照法律、行政法规和国务院财政部门的规定建立本公司的财务、会计制度。

2. 财务会计报告的编制

公司应当在每一会计年度终了时编制财务会计报告，并依法经会计师事务所审计。财务会计报告应当依照法律、行政法规和国务院财政部门的规定制作。

3. 财务会计报告的送交

有限责任公司应当按照公司章程规定的期限将财务会计报告送交各股东；股份有限公司的财务会计报告应当在召开股东大会年会的 20 日前置备于本公司，供股东查阅；公开发行股票的股份有限公司必须公告其财务会计报告。

（二）公司的公积金

1. 公积金的概念

公积金是指公司为弥补亏损、扩大生产经营、增强财力的目的，依照法律规定或根据公司章程规定、股东会决议，从公司盈余或资本收益中提取的留存于公司内部的储备金。

2. 公积金的种类

(1) 法定公积金。公司分配当年税后利润时，应当提取利润的 10% 列入公司法定公积金。公司法定公积金累计额为公司注册资本的 50% 以上的，可以不再提取。

(2) 任意公积金。公司从税后利润中提取法定公积金后，经股东会或者股东大会决议，还可以从税后利润中提取任意公积金。

(3) 资本公积金。股份有限公司以超过股票票面金额的发行价格发行股份所得的溢价款以及国务院财政部门规定列入资本公积金的其他收入，应当列为公司资本公积金。

3. 公积金的用途

公司的公积金用于弥补公司的亏损、扩大公司生产经营或者转为增加公司资本。法定公积金转为资本时，所留存的该项公积金不得少于转增前公司注册资本的 25%。

第五节　公司合并、分立、增资、减资、解散和清算

一、公司合并和分立

（一）公司合并

公司合并是指两个以上的公司依法合并为一个公司的法律行为。公司合并可以采取吸收合并或者新设合并。一个公司吸收其他公司为吸收合并，被吸收的公司解散；两个以上公司合并设立一个新的公司为新设合并，合并各方解散。

公司合并的程序应当由合并各方签订合并协议，并编制资产负债表及财产清单。公司应当自作出合并决议之日起10日内通知债权人，并于30日内在报纸上公告；债权人自接到通知书之日起30日内，未接到通知书的自公告之日起45日内，可以要求公司清偿债务或者提供相应的担保。

公司合并时，合并各方的债权、债务应当由合并后存续的公司或者新设的公司承继。

（二）公司分立

公司分立是指一个公司依法分立为两个以上公司的法律行为。

公司分立的程序应当编制资产负债表及财产清单。公司应当自作出分立决议之日起10日内通知债权人，并于30日内在报纸上公告。

公司分立前的债务由分立后的公司承担连带责任，但公司在分立前与债权人就债务清偿达成的书面协议另有约定的除外。

（三）公司合并、分立时的登记

公司合并或者分立，登记事项发生变更的，应当依法向公司登记机关办理变更登记；公司解散的，应当依法办理公司注销登记；设立新公司的，应当依法办理公司设立登记。

二、公司增资和减资

有限责任公司增加注册资本时，股东认缴新增资本的出资，依照设立有限责任公司缴纳出资的有关规定执行。股份有限公司为增加注册资本发行新股时，股东认购新股，依照设立股份有限公司缴纳股款的有关规定执行。

公司需要减少注册资本时，必须编制资产负债表及财产清单。

公司应当自作出减少注册资本决议之日起10日内通知债权人，并于30日内在报纸上公告。债权人自接到通知书之日起30日内，未接到通知书的自公告之日起45日内，有权要求公司清偿债务或者提供相应的担保。

公司增加或者减少注册资本，应当依法向公司登记机关办理变更登记。

三、公司解散和清算

（一）公司解散

公司因下列原因解散：①公司章程规定的营业期限届满或者公司章程规定的其他解散事由出现；②股东会或者股东大会决议解散；③因公司合并或者分立需要解散；④依法被

吊销营业执照、责令关闭或者被撤销；⑤人民法院依法解散公司。

公司经营管理发生严重困难，继续存续会使股东利益受到重大损失，通过其他途径不能解决的，持有公司全部股东表决权10%以上的股东，可以请求人民法院解散公司。

（二）公司清算

1. 清算组

有限责任公司的清算组由股东组成，股份有限公司的清算组由董事或者股东大会确定的人员组成。逾期不成立清算组进行清算的，债权人可以申请人民法院指定有关人员组成清算组进行清算。人民法院应当受理该申请，并及时组织清算组进行清算。

清算组在清算期间行使下列职权：①清理公司财产，分别编制资产负债表和财产清单；②通知、公告债权人；③处理与清算有关的公司未了结的业务；④清缴所欠税款以及清算过程中产生的税款；⑤清理债权、债务；⑥处理公司清偿债务后的剩余财产；⑦代表公司参与民事诉讼活动。

清算组成员应当忠于职守，依法履行清算义务。清算组成员不得利用职权收受贿赂或者其他非法收入，不得侵占公司财产。清算组成员因故意或者重大过失给公司或者债权人造成损失的，应当承担赔偿责任。

2. 清算程序

除因合并或者分立需要解散的外，公司应当在解散事由出现之日起15日内成立清算组，开始清算。清算组应当自成立之日起10日内通知债权人，并于60日内在报纸上公告。债权人应当自接到通知书之日起30日内，未接到通知书的自公告之日起45日内，向清算组申报其债权。清算组在清理公司财产、编制资产负债表和财产清单后，应当制定清算方案，并报股东会、股东大会或者人民法院确认。公司财产在分别支付清算费用、职工的工资、社会保险费用和法定补偿金，缴纳所欠税款，清偿公司债务后的剩余财产，有限责任公司按照股东的出资比例分配，股份有限公司按照股东持有的股份比例分配。清算组在清理公司财产、编制资产负债表和财产清单后，发现公司财产不足清偿债务的，应当依法向人民法院申请宣告破产。公司经人民法院裁定宣告破产后，清算组应当将清算事务移交给人民法院。公司被依法宣告破产的，依照有关企业破产的法律实施破产清算。公司清算结束后，清算组应当制作清算报告，报股东会、股东大会或者人民法院确认，并报送公司登记机关，申请注销公司登记，公告公司终止。

练习题

一、单项选择题

1. 《公司法》规定公司的财产责任是（   ）。
   A. 公司以股东出资额为限承担民事责任
   B. 公司以注册资本为限承担民事责任
   C. 公司以全部净资产承担民事责任
   D. 公司以其全部财产独立承担民事责任
2. 根据《公司法》的规定，公司成立时间是（   ）。

A. 工商行政管理机关作出予以核准登记的决定之日
B. 工商行政管理机关签发企业法人营业执照之日
C. 申请人收到企业法人营业执照之日
D. 公司成立公告发布之日

3. 有限责任公司首次股东会会议由（   ）召集和主持。
   A. 董事长   B. 经理
   C. 监事   D. 出资最多的股东

4. 国有独资公司监事会成员由（   ）委派。
   A. 职工大会   B. 股东会
   C. 董事会   D. 国有资产监督管理机构

5. 某有限责任公司打算与另一公司合并，该合并方案必须经（   ）。
   A. 代表1/2以上表决权的股东通过   B. 代表2/3以上表决权的股东通过
   C. 全体股东通过   D. 出席股东会的全体股东通过

6. 设立股份有限公司，应当有2人以上（   ）以下为发起人。
   A. 100人   B. 150人   C. 200人   D. 250人

7. 发起人应当在创立大会召开（   ）日之前将会议日期通知各认股人或者予以公告。
   A. 10   B. 15   C. 20   D. 25

8. 发行的股份或者超过招股说明书规定的截止期限尚未募足的，或者发行的股款缴后，发起人在（   ）日内未召开创立大会的，认股人可以按照所缴股款并加算银行同期款利息，要求发起人返还。
   A. 30   B. 45   C. 60   D. 90

9. 根据公司法的规定，负责召集股份有限公司股东大会会议的是（   ）。
   A. 董事长   B. 董事会   C. 监事会   D. 总经理

10. 股份有限公司分配当年税后利润时，应当提取利润的（   ）作为公司的公积金。
    A. 5%   B. 10%   C. 15%   D. 20%

二、多项选择题

1. 某有限责任公司的董事有私房一幢，因家庭经济紧张急需出售，但近期内买主难找，即决定将该房屋卖给本公司，此销售行为（   ）。
   A. 须经董事会同意方可   B. 须经股东会同意方可
   C. 公司章程有规定方可   D. 应绝对禁止

2. 《公司法》规定了不得担任公司董事、监事、经理的情形，其中包括（   ）。
   A. 无民事行为能力
   B. 国家公务员
   C. 个人所负数额较大的债务到期尚未清偿
   D. 因犯有挪用财产罪，被判处刑罚，执行期满未逾5年

3. 公司股东作为公司出资者，他享有的权利包括（   ）。
   A. 资产受益权   B. 重大事项决策权
   C. 选择管理者的权利   D. 公司破产、解散清算后剩余财产分配权

4. 下列项目中，属于股份有限公司股东大会职权的有（　　）。
   A. 决定公司的经营方针和投资计划　　B. 决定公司的经营计划和投资方案
   C. 对发行公司债券提出决议　　　　　D. 决定公司内部管理机构的设置
5. 公司解散的原因有（　　）。
   A. 公司章程规定的营业期限届满　　　B. 股东会决议解散
   C. 因合并或分立需要解散的　　　　　D. 违反法律法规被责令关闭

三、简答题

1. 简述公司与独资企业，公司与合伙企业的联系和区别。
2. 简述有限责任公司的设立程序，股份有限公司的设立程序。
3. 有限责任公司与股份有限公司的区别有哪些？
4. 简述董事会的概念和地位。
5. 试述公司解散的概念与种类。

四、案例分析题

案例一：某有限责任公司董事长李某认为该公司的章程已经不符合公司发展的需要，因此决定召开临时股东会议，修改公司章程。2016年12月5日，股东张某等9人收到了仅由李某署名、没有董事会署名的会议通知，并于12月7日参加了股东会。在12月7日的股东会上，李某宣读了公司章程修改草案，该草案引起了激烈的争论，李某等代表3/5股权的5名股东投票同意，张某等代表2/5股权的4名股东则投了反对票。最后，会议主持人李某宣布，按照少数服从多数的原则，公司章程修改案通过。

问题：此案中哪些做法违反现行法律规定？为什么？

案例二：2014年8月8日，甲、乙、丙、丁共同出资设立一家有限责任公司，公司未设董事会，设丙为执行董事。2015年6月8日，甲与戊订立合同，约定将其所持有的全部股份以20万元的价格转让给戊，甲于同日分别向乙、丙、丁发出拟转让股权给戊的通知书。乙、丙分别于6月20日给予答复，均要求在同等条件下优先购买甲所持有的股份，丁于同年6月30日未作出回复，过后发现乙有出资不实的行为。

问题：
(1) 丁未作出答复将产生何种法律效果？请说明理由。
(2) 乙、丙均要求在同等条件下，优先受让甲所持公司全部股份应当如何处理？
(3) 如果乙出资不实的行为属实，应当如何处理？

案例三：甲股份有限公司董事会由11名董事组成。2017年5月10日公司董事长张某召集并主持召开董事会会议，出席会议的有8名董事另有3位董事因事请假。董事会会议讨论的下列事项，经表决有6名董事同意，事项决议通过。
(1) 鉴于公司董事会成员工作任务加重，决定给每位董事会成员涨30%工资。
(2) 鉴于监事会成员中的职工代表李某生病，决定由本公司职工王某参加监事会。
(3) 鉴于公司的财务会计工作任务日益繁重，拟将财务科升格为财务部，并面向社会公开招聘会计人员3人。招聘会计人员事宜及财务科升格为财务部的方案经股东大会通过后付诸实施。

问题：
(1) 甲公司董事会会议的召开和表决程序是否符合法律规定？为什么？

(2) 甲公司董事会通过的事项有无不符合法律规定之处？请分别说明理由。

案例四：以下是某食品有限责任公司的设立方案：股东为15个自然人，其中，12人以现金入股3万元人民币；2个高级技师王某、张某以自己拥有的特殊劳动技能入股，折合为6万元人民币；赵某用自己的一项受专利法保护的专利技术入股，折合为11万元人民币。新公司不设监事。新公司以食品生产为主营业务。该有限责任公司成立后，发现赵某的专利技术只值5万元人民币。

问题：

(1) 该食品有限责任公司设立方案中有哪些内容不符合公司法的规定？

(2) 专利技术入股应办理哪些手续？

(3) 11万元人民币的出资，实际上只值5万元人民币，应如何处理？

第三章

合伙企业法与个人独资企业法

本章导读

合伙企业法与个人独资企业法的出台,标志着私营经济以法律的形式,成为我国社会主义市场经济的重要组成部分。国家鼓励支持和引导非公有制经济的发展,保护合伙企业以及个体经济的合法权益。通过本章学习,了解个人独资企业、合伙企业的概念;熟悉个人独资企业、普通合伙企业与有限合伙企业内外部事务管理以及权利义务;掌握个人独资企业、合伙企业设立的条件和解散、清算的流程;能按照法定程序办理个人独资企业、合伙企业的设立事宜,处理经营管理中遇到的法律问题。

第一节 合伙企业法

一、合伙企业概述

(一)合伙企业的概念

合伙企业是指两个以上自然人、法人和其他组织依照《合伙企业法》在中国境内设立的,通过订立合伙协议,共同出资经营、共负盈亏、共担风险的企业组织形式。

合伙企业一般无法人资格,不缴纳企业所得税,缴纳个人所得税。类型有普通合伙企业和有限合伙企业。其中,普通合伙企业又包含特殊的普通合伙企业。

普通合伙企业是指由普通合伙人组成,合伙人对合伙企业债务依照《合伙企业法》规定承担无限连带责任的一种合伙企业。

特殊的普通合伙企业是指以专门知识和技能为客户提供有偿服务的专业服务机构,这些服务机构可以设立为特殊的普通合伙企业,如律师事务所、会计师事务所、医师事务所、设计师事务所等。特殊的普通合伙企业必须在其企业名称中标明"特殊普通合伙"字样,以区别于普通合伙企业。

有限合伙企业由普通合伙人和有限合伙人组成,普通合伙人对合伙企业债务承担无限连带责任,有限合伙人以其认缴的出资额为限对合伙企业债务承担责任。

(二) 合伙企业的特征

1. 生命有限

合伙企业比较容易设立和解散。合伙人签订了合伙协议，就宣告合伙企业的成立。新合伙人的加入，旧合伙人的退伙、死亡、自愿清算、破产清算等均可造成原合伙企业的解散以及新合伙企业的成立。

2. 责任无限

合伙组织作为一个整体对债权人承担无限责任。按照合伙人对合伙企业的责任，合伙企业可分为普通合伙和有限合伙。普通合伙企业的合伙人均为普通合伙人，对合伙企业的债务承担无限连带责任。合伙人中至少有一个人要对企业的经营活动负无限责任，而其他合伙人只能以其出资额为限对债务承担偿债责任，因而这类合伙人一般不直接参与企业经营管理活动。

3. 相互代理

每个合伙人代表合伙企业所发生的经济行为对所有合伙人均有约束力。

4. 财产共有

合伙人投入的财产，由合伙人统一管理和使用，不经其他合伙人同意，任何一位合伙人不得将合伙财产移为他用。只提供劳务，不提供资本的合伙人仅有权分享一部分利润，而无权分享合伙财产。

5. 利益共享

合伙企业在生产经营活动中所取得、积累的财产，归合伙人共有。如有亏损则也由合伙人共同承担。损益分配的比例，应在合伙协议中明确规定；未经规定的可按合伙人出资比例分摊或平均分摊。以劳务抵作资本的合伙人，除另有规定者外，一般不分摊损失。

公司与合伙企业的区别见表3-1。

表3-1 公司与合伙企业的区别

区别	公司	合伙企业
出资人数	有限公司由50个以下股东出资 股份公司由2人以上200人以下发起人出资	合伙人数不少于2人，对人数上限无限制
出资方式	不能用劳务出资	可用劳务出资
设立基础	以公司章程为基础，较多法定特征	以合伙协议为基础，较多约定特征
法律地位	企业法人	不具有法人资格
责任形式	股东以出资额为限承担有限责任	普通合伙人对企业债务承担无限连带责任
财产关系	股东出资归公司，成为公司法人财产	财产归全体合伙人共有
管理权	依照公司法，由法定公司组织机构行使	全体合伙人共同经营管理
盈利分配	按出资比例分配，公司章程另有规定除外	由合伙人自行约定，无约定时平均分配盈余并平均分担亏损

二、合伙企业法的设立

广义的合伙企业法是调整合伙企业设立、经营、解散、清算以及对内对外关系的法律规范的总称。狭义的合伙企业法则指 1997 年 2 月 23 日由第八届全国人大常委会第二十四次会议通过的《中华人民共和国合伙企业法》（以下简称《合伙企业法》）。《合伙企业法》自 1997 年施行以来，对于促进经济发展起到了重要的作用，但随着国际国内社会经济的发展也表现出一定的局限性。2006 年 8 月 27 日第十届全国人大常委会第二十三次会议通过了《合伙企业法》的修订版，新修订的《合伙企业法》自 2007 年 6 月 1 日起施行。

三、普通合伙企业

（一）普通合伙企业的概念及特征

普通合伙企业是指在中国境内设立的由各合伙人订立合伙协议，共同出资、合伙经营、共享收益、共担风险，并对合伙企业债务承担无限连带责任的营利性组织。普通合伙企业具有以下特征。

(1) 由 2 人以上的普通合伙人组成。所谓普通合伙人，是指在合伙企业中对合伙企业的债务依法承担无限连带责任的自然人、法人和其他组织。其中，国有独资公司，国有企业、上市公司以及公益性和事业单位、社会团体不得成为普通合伙人。

(2) 以合伙协议为法律基础。合伙协议是调整合伙关系，规范合伙人相互间的权利义务，处理合伙纠纷的基本法律依据，也是合伙得以成立的法律基础。

(3) 内部关系属于合伙关系即共同出资、共同经营、共享收益、共担风险的关系。

(4) 合伙人对合伙企业债务承担无限连带责任。

（二）普通合伙企业的设立

1. 设立条件

(1) 有两个以上的合伙人，并且都是依法承担无限责任者。

(2) 有书面合伙协议。合伙协议是依法由全体合伙人协商一致，以书面形式订立，以确定合伙人相互间的权利、义务，具有法律约束力的文件。合伙协议经全体合伙人签名、盖章后生效。根据《合伙企业法》第 18 条的规定，合伙协议应当载明下列事项：①合伙企业的名称和主要经营场所的地点；②合伙目的和合伙经营范围；③合伙人的姓名或者名称、住所；④合伙人的出资方式、数额和缴付期限；⑤利润分配、亏损分担方式；⑥合伙事务的执行；⑦入伙与退伙；⑧争议解决办法；⑨合伙企业的解散与清算；⑩违约责任。

(3) 有各合伙人实际缴付的出资。合伙人可以用货币、实物、知识产权、土地使用权或其他财产权利出资，也可以用劳务出资。合伙人以实物、知识产权、土地使用权或其他财产权利出资，需要评估作价的，可以由全体合伙人协商确定，也可以由全体合伙人委托法定评估机构评估。合伙人以劳务出资的，其评估办法由全体合伙人协商确定，并在合伙协议中载明。合伙人应当按照合伙协议约定的出资方式、数额和缴付期限履行出资义务。

(4) 有合伙企业名称。合伙企业的名称应当符合企业名称登记管理的要求，并且合伙企业名称中应当标明"普通合伙"字样。

(5) 有经营场所和从事合伙经营的必要条件。经营场所是合伙企业从事生产经营活动的所在地,合伙企业一般只有一个经营场所,即在企业登记机关登记的营业地点。

案例思考 3-1

2017年2月,赵某与张三、李四三人计划共同出资合伙经营一家酒吧,合伙协议决定使用张三的个体工商营业执照,并决定:赵某与张三各出资 5 000 元,李四出资 10 000 元。利润分配比例为 25%:25%:50%。张三向朋友借款 4 000 元,购买酒吧办公用品。后来张三提出,这 4 000 元债务应该按照 25%:25%:50% 的利润分配比例承担,赵某与李四都不同意,于是发生争议。

【问题】本案有哪些违法之处?

【分析】本案中三人共同出资,按照约定分配利润,是符合法律规定的,合伙协议也是合法的,其他条件也没有违反法律规定。但是,他们没有按照法律规定,经过工商行政管理部门核准登记,使用张三的个体工商营业执照代替合伙企业的营业执照,是不合法的。张三向朋友借款 4 000 元,购买酒吧办公用品时,该合伙企业还没有成立,所以,不能以合伙企业名义从事民事活动。借款确实是用于购买酒吧办公用品,应该由三人共同承担,应当按照利润分配比例承担这笔债务。

2. 普通合伙企业的设立登记

企业登记机关应当自受理申请之日起 20 日内,作出是否登记的决定。予以登记的,发给营业执照。合伙企业的营业执照签发日期,为合伙企业成立日期。

(三) 普通合伙企业的财产

1. 财产的构成

(1) 合伙人的出资。普通合伙人可以用货币、实物、知识产权、土地使用权或者其他财产权利出资,也可以用劳务出资。由于劳务出资的"行为性"特征使其不能成为合伙企业的财产。

(2) 以合伙企业名义取得的收益。这是指合伙企业在经营的过程中以合伙企业的名义依法取得的财产,如营业性收入。

(3) 依法取得的其他财产。这是指依照法律和行政法规合法取得的其他财产,如接受赠与的财产等。

2. 财产的管理和使用

合伙企业的财产属于共有财产,由全体合伙人共同管理和使用。合伙人在合伙企业清算前,不得请求分割合伙企业的财产;但是,本法另有规定的除外。合伙人在合伙企业清算前私自转移或者处分合伙企业财产的,合伙企业不得以此对抗善意第三人。

3. 合伙人财产份额的转让

除合伙协议另有约定外,合伙人向合伙人以外的人转让其在合伙企业中的全部或者部分财产份额时,须经其他合伙人一致同意。合伙人之间转让在合伙企业中的全部或者部分财产份额时,应当通知其他合伙人。合伙人向合伙人以外的人转让其在合伙企业中的财产份额的,在同等条件下,其他合伙人有优先购买权;合伙协议另有约定的除外。

(四) 普通合伙企业的事务执行

1. 事务执行的方式

各合伙人对执行合伙事务享有同等权利。普通合伙企业事务的执行大致有四种方式：①全体合伙人共同执行；②由各合伙人分别单独执行；③委托一个或数个合伙人执行；④聘任第三人经营管理。

2. 合伙人决议

除合伙协议另有约定外，合伙企业的下列事项应当经全体合伙人一致同意：①改变合伙企业的名称；②改变合伙企业的经营范围、主要经营场所的地点；③处分合伙企业的不动产；④转让或者处分合伙企业的知识产权和其他财产权利；⑤以合伙企业名义为他人提供担保；⑥聘任合伙人以外的人担任合伙企业的经营管理人员。

3. 合伙人在执行合伙事务中的权利和义务

（1）合伙人在执行合伙事务中的权利包括以下几个方面：合伙人对执行合伙事务享有同等的权利；不执行合伙事务的合伙人有权监督执行事务合伙人执行合伙事务的情况；合伙人为了解合伙企业的经营状况和财务状况，有权查阅合伙企业会计账簿等财务资料；合伙人分别执行合伙事务的，执行事务合伙人可以对其他合伙人执行的事务提出异议，提出异议时，应当暂停该项事务的执行，如果发生争议，依合伙协议约定的办法或全体合伙人过半数通过的办法处理争议；被委托执行合伙事务的合伙人不按照合伙协议或者全体合伙人的决定执行事务的，其他合伙人可以决定撤销该委托。

（2）合伙人在执行合伙事务中的义务包括以下两个方面：由一个或者数个合伙人执行合伙事务的，执行事务合伙人应当定期向其他合伙人报告事务执行情况以及合伙企业的经营和财务状况；普通合伙人不得自营或者同他人合作经营与本合伙企业相竞争的业务。

案例思考 3-2

2016 年 9 月，李某与郝某各出资 5 万元，设立了福顺昌挂面厂。挂面厂建好后，经营状况很好，每月有 2 万元利润。郝某见有利可图，又于 2017 年 3 月，与刘某各出资 15 万元，兴建了瑞芙祥挂面厂，该厂与福顺昌挂面厂仅相距一条街。由于瑞芙祥挂面厂规模大，采用流水线生产，成本很低，不久就占领了大部分当地市场。福顺昌挂面厂几乎处于停产状态，这给李某造成了极大的损失，而郝某却从瑞芙祥挂面厂获得了丰厚的利润。李某与郝某交涉未果，遂向法院提起诉讼。

【问题】法院应如何处理此案？

【分析】郝某在与李某合伙设立面粉厂后，为获取更多的利润，又与他人合伙设立另一家规模更大的面粉厂，其行为违反了关于合伙人竞业禁止的法律规定，侵犯了李某的合法权益。因此，郝某应该对福顺昌挂面厂或者合伙人李某的损失，依法承担赔偿责任。

（3）合伙企业事务执行的决议办法。合伙人对合伙企业有关事项作出决议，按照合伙协议约定的表决办法办理。合伙协议未约定或者约定不明确的，实行合伙人一人一票并经全体合伙人过半数通过的表决办法。《合伙企业法》对合伙企业的表决办法另有规定的，从其规定。事先有约定按约定执行，没有约定按法定要求执行。

(五) 普通合伙企业的损益分配

合伙损益分配包含合伙企业的利润分配与亏损分担。

(1) 合伙损益由合伙人依照合伙协议的约定办理。

(2) 合伙协议未约定或者约定不明的,由各合伙人协商决定;协商不成的,由合伙人按照实缴出资比例分配、分担;无法确定出资比例的,由合伙人平均分配、分担。

(3) 合伙协议不得约定将全部利润分配给部分合伙人或者由部分合伙人承担全部责任。

(六) 普通合伙企业与第三人的关系

合伙企业与第三人的关系是指合伙企业的对外关系,主要包括对善意第三人的保护、合伙企业及合伙人的债务清偿等问题。

1. 对善意第三人的保护

普通合伙企业的合伙人原则上都享有对外代表企业的权利,但《合伙企业法》也规定了若干事项必须经过全体合伙人一致同意;合伙协议可以约定由一个或者数个合伙人来对外代表合伙企业,对被委托的合伙人的权利可以作出一定的限制。为了维护交易安全,保护善意第三人,《合伙企业法》规定,合伙企业对合伙人执行合伙事务以及对外代表合伙企业权利的限制,不得对抗善意第三人。

2. 合伙企业债务的清偿

合伙企业对其债务,应先以其全部财产进行清偿。合伙企业不能清偿到期债务的,合伙人承担无限连带责任。合伙人由于承担无限连带责任,清偿数额超过其亏损分担比例的,有权向其他合伙人追偿。

(七) 普通合伙企业的入伙与退伙

1. 入伙

入伙是指在合伙企业存续期间,合伙人以外的第三人加入合伙从而取得合伙人资格。

(1) 入伙的条件和程序

新合伙人入伙,除合伙协议另有约定外,应当经全体合伙人一致同意,未获一致同意,不得入伙。新合伙人应当依法订立书面入伙协议,该协议应以原协议为基础,并对原合伙协议事项作相应变更。订立入伙协议时,原合伙人应当向新合伙人如实告知原合伙企业的经营状况和财务状况。

(2) 新合伙人的权利和责任

入伙的新合伙人与原合伙人享有同等权利,承担同等责任。入伙协议另有约定的,从其约定。新合伙人对入伙前合伙企业的债务承担无限连带责任。这也是为什么新合伙人订立入伙协议时,原合伙人应当向新合伙人如实告知原合伙企业的经营状况和财务状况的原因。

2. 退伙

退伙是指合伙人退出合伙企业,从而丧失合伙人资格。

(1) 退伙的原因

退伙的原因有两种:一是自愿退伙;二是法定退伙。

自愿退伙是指合伙人基于自愿的意思表示而退伙。自愿退伙又可分为协议退伙和通知退伙两种情形。

① 协议退伙。合伙协议约定合伙企业的经营期限的，有下列情形之一时，合伙人可以退伙：合伙协议约定的退伙事由出现；经全体合伙人一致同意；发生合伙人难以继续参加合伙的事由；其他合伙人严重违反合伙协议约定的义务。

② 通知退伙。合伙协议未约定合伙企业的经营期限的，合伙人在不给合伙企业事务执行造成不利影响的情况下可以退伙，但应当提前30日通知其他合伙人。合伙人违反上述规定擅自退伙的，应当赔偿由此给其他合伙人造成的损失。

法定退伙是指合伙人因出现法律规定的事由而退伙。法定退伙又可分为当然退伙和除名退伙两种情形。

① 当然退伙。合伙人有下列情形之一的，发生当然退伙：作为合伙人的自然人死亡或者被依法宣告死亡；作为合伙人的自然人被依法宣告为无民事行为能力人；个人丧失偿债能力；作为合伙人的法人或者其他组织依法被吊销营业执照、责令关闭、撤销，或者被宣告破产；法律规定或者合伙协议约定合伙人必须具有相关资格而丧失该资格；合伙人在合伙企业中的全部财产份额被人民法院强制执行。当然退伙以法定事由实际发生之日为退伙生效日。

② 除名退伙。合伙人有下列情形之一的，经其他合伙人一致同意，可以决议将其除名：未履行出资义务；因故意或者重大过失给合伙企业造成损失；执行合伙企业事务时有不正当行为；发生合伙协议约定的其他事由。

对合伙人的除名决议应当书面通知被除名人，被除名人自接到除名通知之日起，除名生效，被除名人退伙。被除名人对除名决议有异议的，可以自接到除名通知之日起30日内，向人民法院起诉。

(2) 退伙的效果

① 财产继承。合伙人死亡或者被依法宣告死亡的，对该合伙人在合伙企业中的财产份额享有合法继承权的继承人，按照合伙协议的约定或者经全体合伙人一致同意，从继承开始之日起，取得该合伙企业的合伙人资格。合伙企业也可以依法退还被继承合伙人的财产份额。合伙人的继承人为无民事行为能力人或者限制民事行为能力人的，经全体合伙人一致同意，可以依法成为有限合伙人，普通合伙企业依法转为有限合伙企业。全体合伙人未能一致同意的，合伙企业应当将被继承合伙人的财产份额退还该继承人。

② 退伙责任。合伙人退伙以后并未能解除其对于合伙企业既往债务的连带责任。退伙人对其退伙前已发生的合伙企业债务，仍需与其他合伙人承担连带责任。

案例思考 3-3

甲、乙、丙、丁四人共同投资设立一普通合伙企业。合伙协议的部分内容如下：由甲、乙执行合伙企业事务，丙、丁不得过问企业事务；利润和损失由甲、乙、丙、丁平均分配和分担。在执行合伙企业事务过程中，为提高管理水平，甲自行决定聘请王某担任合伙企业经营管理人员。因合伙企业发展良好，乙打算让朋友郑某入伙。在征得甲的同意后，乙安排郑某参与合伙事务。

【问题】

(1) 合伙协议中关于合伙企业事务的约定是否符合法律规定？

(2) 甲聘请王某担任经营管理人员是否符合法律规定？
(3) 郑某是否已经成为该合伙企业的合伙人？

【分析】问题（1）中，合伙协议关于合伙企业事务执行的约定符合法律规定。根据规定，合伙企业可以委托一名或者数名合伙人执行合伙企业事务。未接受委托执行合伙企业事务的其他合伙人不再执行合伙企业的事务。但需注意的是，合伙企业处分不动产、改变企业名称等事项必须经全体合伙人一致同意。

问题（2）中，甲聘请王某担任企业经营管理人员不符合法律规定。按规定，聘任合伙人以外的人担任合伙企业的经营管理人员必须经全体合伙人一致同意。

问题（3）中，郑某没有成为合伙企业的合伙人。根据《合伙企业法》规定，新合伙人入伙时，应当经全体合伙人同意，先依法订立书面入伙协议。乙仅征得甲的同意，没有征得丙、丁的同意，故不能成为企业的合伙人。

（八）特殊的普通合伙企业

1. 特殊的普通合伙企业的概念

以专业知识和专门技能为客户提供有偿服务的专业服务机构，可以设立为特殊的普通合伙企业，如律师事务所、会计师事务所等。特殊的普通合伙企业名称中应当标明"特殊普通合伙"字样。

2. 特殊的普通合伙企业的责任承担方式

一个合伙人或者数个合伙人在执业活动中因故意或者重大过失造成合伙企业债务的，应当承担无限责任或者无限连带责任，其他合伙人以其在合伙企业中的财产份额为限承担责任。合伙人在执业活动中非因故意或者重大过失造成的合伙企业债务以及合伙企业的其他债务，由全体合伙人承担无限连带责任。合伙人执业活动中因故意或者重大过失造成的合伙企业债务，以合伙企业财产对外承担责任后，该合伙人应当按照合伙协议的约定对给合伙企业造成的损失承担赔偿责任。

3. 执业风险基金和职业保险

特殊的普通合伙企业应当建立执业风险基金、办理职业保险。执业风险基金用于偿付合伙人执业活动造成的债务。执业风险基金应当单独立户管理。

四、有限合伙企业

有限合伙企业是指由普通合伙人和有限合伙人组成，普通合伙人对合伙企业债务承担无限连带责任，有限合伙人以其认缴的出资额为限对合伙企业债务承担责任的合伙组织。《合伙企业法》对有限合伙企业及其合伙人有特殊规定的，适用特殊规定，没有特殊规定的，适用《合伙企业法》关于普通合伙企业及其合伙人的一般规定。

（一）有限合伙企业的设立条件

1. 合伙人符合法定人数

有限合伙企业由2个以上50个以下合伙人设立，但是，法律另有规定的除外。有限合伙企业至少应当有一个普通合伙人。

2. 有书面的合伙协议

有限合伙企业的合伙协议除包括普通合伙企业合伙协议的内容外，还应当载明下列事项：①普通合伙人和有限合伙人的姓名或者名称、住所；②执行事务合伙人应具备的条件和选择程序；③执行事务合伙人权限与违约处理办法；④执行事务合伙人的除名条件和更换程序；⑤有限合伙人入伙、退伙的条件、程序以及相关责任；⑥有限合伙人和普通合伙人相互转变程序。

3. 有合伙人实际缴付的出资

有限合伙人可以用货币、实物、知识产权、土地使用权或者其他财产权利作价出资。但是有限合伙人不得以劳务出资。有限合伙人应当按照合伙协议的约定按期足额缴纳出资；未按期足额缴纳的，应当承担补缴义务，并对其他合伙人承担违约责任。有限合伙企业登记事项中应当载明有限合伙人的姓名或者名称及认缴的出资数额。

4. 有合伙企业的名称和生产经营场所

有限合伙企业名称中应当标明"有限合伙"字样。

此外也包括法律、行政法规规定的其他条件。

（二）有限合伙企业事务的执行

有限合伙企业由普通合伙人执行合伙事务。执行事务合伙人可以要求在合伙协议中确定执行事务的报酬及报酬提取方式。有限合伙人不执行合伙事务，不得对外代表有限合伙企业。但有限合伙人的下列行为，不视为执行合伙事务：①参与决定普通合伙人入伙、退伙；②对企业的经营管理提出建议；③参与选择承办有限合伙企业审计业务的会计师事务所；④获取经审计的有限合伙企业财务会计报告；⑤对涉及自身利益的情况，查阅有限合伙企业财务会计账簿等财务资料；⑥在有限合伙企业中的利益受到侵害时，向有责任的合伙人主张权利或者提起诉讼；⑦执行事务合伙人怠于行使权利时，督促其行使权利或者为了本企业的利益以自己的名义提起诉讼；⑧依法为本企业提供担保。

（三）有限合伙人的权利

有限合伙人可以同本有限合伙企业进行交易，但是，合伙协议另有约定的除外。有限合伙人可以自营或者同他人合作经营与本有限合伙企业相竞争的业务，但是，合伙协议另有约定的除外。

有限合伙人可以将其在有限合伙企业中的财产份额出质，但是，合伙协议另有约定的除外。有限合伙人可以按照合伙协议的约定向合伙人以外的人转让其在有限合伙企业中的财产份额，但应当提前30日通知其他合伙人。

（四）有限合伙企业与第三人的关系

第三人有理由相信有限合伙人为普通合伙人并与其交易的，该有限合伙人对该笔交易承担与普通合伙人同样的责任。有限合伙人未经授权以有限合伙企业名义与他人进行交易，给有限合伙企业或者其他合伙人造成损失的，该有限合伙人应当承担赔偿责任。

有限合伙人的自有财产不足以清偿其与合伙企业无关的债务的，该合伙人可以以其从有限合伙企业中分取的收益用于清偿；债权人也可以依法请求人民法院强制执行该合伙人在有限合伙企业中的财产份额用于清偿。人民法院强制执行有限合伙人的财产份额时，应当通知全体合伙人。在同等条件下，其他合伙人具有优先购买权。

(五) 有限合伙企业入伙与退伙的特殊规定

有限合伙企业入伙与退伙的特殊规定具体表现为以下几点。

(1) 新入伙的有限合伙人对入伙前有限合伙企业的债务,以其认缴的出资额为限承担责任。

(2) 作为有限合伙人的自然人在有限合伙企业存续期间丧失民事行为能力的,其他合伙人不得因此要求其退伙。

(3) 作为有限合伙人的自然人死亡、被依法宣告死亡或者作为有限合伙人的法人及其他组织终止时,其继承人或者权利承受人可以依法取得该有限合伙人在有限合伙企业中的资格。

(4) 有限合伙人退伙后,对基于其退伙前的原因发生的有限合伙企业债务,以其退伙时从有限合伙企业中取回的财产承担责任。

(六) 合伙人身份的转换

除合伙协议另有约定外,普通合伙人转变为有限合伙人,或者有限合伙人转变为普通合伙人,应当经全体合伙人一致同意。有限合伙人转变为普通合伙人的,对其作为有限合伙人期间有限合伙企业发生的债务承担无限连带责任。普通合伙人转变为有限合伙人的,对其作为普通合伙人期间合伙企业发生的债务承担无限连带责任。普通合伙人与有限合伙人的区别见表3-2。

表3-2 普通合伙人与有限合伙人的区别

区别	普通合伙人	有限合伙人
债务承担	对合伙企业债务承担无限连带责任	以认缴的出资额为限承担责任
关联交易	不得同本合伙企业进行交易(另有约定或者经全体合伙人一致同意外)	可以同本有限合伙企业进行交易
竞业禁止	合伙人竞业禁止	可以自营或者同他人合作经营与本有限合伙企业相竞争的业务(另有约定的除外)
财产份额出质	须经其他合伙人一致同意	可以将其在有限合伙企业中的财产份额出质
财产份额转让	向合伙人以外的人转让其在合伙企业中的全部或者部分财产份额时,须经其他合伙人"一致同意"(另有约定除外)	按照合伙协议的约定向合伙人以外的人转让其在有限合伙企业中的财产份额,并"通知"
出资	可以用劳务出资	不得以劳务出资
合伙事务执行	对执行合伙事务享有同等权利	不执行合伙事务,不得对外代表有限合伙企业

由于合伙人身份的变更,有限合伙企业仅剩有限合伙人的,应当解散该企业;有限合伙企业仅剩普通合伙人的,转为普通合伙企业。

五、合伙企业的解散和清算

(一) 合伙企业的解散

合伙企业的解散是指合伙企业因出现法定事由而使其民事主体资格归于消灭的法律

行为。

合伙企业有下列情形之一的,应当解散:①合伙期限届满,合伙人决定不再经营;②合伙协议约定的解散事由出现;③全体合伙人决定解散;④合伙人已不具备法定人数满30天;⑤合伙协议约定的合伙目的已经实现或者无法实现;⑥依法被吊销营业执照、责令关闭或者被撤销;⑦法律、行政法规规定的其他原因。

(二) 合伙企业的清算

合伙企业解散,应当由清算人进行清算。具体清算程序如下。

1. 确定清算人

清算人由全体合伙人担任;经全体合伙人过半数同意,可以自合伙企业解散事由出现后15日内指定一个或者数个合伙人,或者委托第三人,担任清算人。自合伙企业解散事由出现之日起15日内未确定清算人的,合伙人或者其他利害关系人可以申请人民法院指定清算人。

2. 清算人的职权

清算人在清算期间执行下列事务:①清理合伙企业财产,分别编制资产负债表和财产清单;②处理与清算有关的合伙企业未了结事务;③清缴所欠税款;④清理债权、债务;⑤处理合伙企业清偿债务后的剩余财产;⑥代表合伙企业参加诉讼或者仲裁活动。

3. 通知和公告债权人

清算人自被确定之日起10日内将合伙企业解散事项通知债权人,并于60日内在报纸上公告。债权人应当自接到通知书之日起30日内,未接到通知书的自公告之日起45日内,向清算人申报债权。债权人申报债权,应当说明债权的有关事项,并提供证明材料。清算人应当对债权进行登记。清算期间,合伙企业存续,但不得开展与清算无关的经营活动。

4. 合伙企业财产的分配顺序

合伙企业财产在支付清算费用和职工工资、社会保险费用、法定补偿金以及缴纳所欠税款、清偿债务后的剩余财产,按照合伙协议的约定办理;合伙协议未约定或者约定不明确的,由合伙人协商决定;协商不成的,由合伙人按照实缴出资比例分配;无法确定出资比例的,由合伙人平均分配。

5. 注销登记

清算结束,清算人应当编制清算报告,经全体合伙人签名、盖章后,在15日内向企业登记机关报送清算报告,申请办理合伙企业注销登记。

合伙企业注销后,原普通合伙人对合伙企业存续期间的债务仍应承担无限连带责任。

案例思考 3-4

某合伙企业在清算时,其企业财产加上各合伙人的可执行财产,共计有50万元现金和价值150万元的实物。其负债为:职工工资10万元,银行贷款40万元和其他债务160万元,欠缴税款60万元。

【问题】本案该如何清算和清偿?

【分析】根据《合伙企业法》的规定,合伙企业财产在支付清算费用后,按下列顺序清偿:①合伙企业所欠职工工资和社会保险费用、法定补偿金;②合伙企业所欠税款;③合伙企业的债务;④返还合伙人的出资。因此,应首先用现金50万元中的10万元偿还职工工资;其次用余下的现金40万元缴纳税款;再次以实物变现所得150万元中的20万元缴齐税款;最后用余下的130万元偿还银行贷款与其他债务,尚有70万元缺口。对于未能清偿的债务,由合伙人在今后继续承担连带清偿责任。债权人享有在清算结束后以原合伙人为连带债务人,继续请求清偿的权利。如果债权人在连续5年内未向债务人提出清偿请求,则债务人的清偿责任归于消灭。

第二节 个人独资企业法

一、个人独资企业法概述

(一) 个人独资企业的概念和特征

1. 个人独资企业的概念

个人独资企业是指依法在中国境内设立,由一个自然人投资,财产为投资人个人所有,投资人以其个人财产对企业债务承担无限责任的经营实体。

2. 个人独资企业的特征

(1) 个人独资企业是由一个自然人投资设立的企业。

(2) 个人独资企业的投资人对企业的债务承担无限责任。

(3) 个人独资企业的内部机构设置简单,经营管理方式灵活。

(4) 个人独资企业是非法人企业,不具有法人资格,无独立承担民事责任的能力,但个人独资企业是独立的民事主体,可以以自己的名义从事民事活动。

(二) 个人独资企业法

个人独资企业法是指国家关于个人独资企业的各种法律规范的总称。狭义的个人独资企业法是指1999年8月30日第九届全国人大常委会第十一次会议通过,1999年8月30日中华人民共和国主席令第20号公布,自2000年1月1日起施行的《中华人民共和国个人独资企业法》(以下简称《个人独资企业法》)。《个人独资企业法》共六章,四十八条。主要内容包括个人独资企业的设立、个人独资企业的投资人及事务管理、个人独资企业的解散与清算等。

二、个人独资企业的设立

(一) 个人独资企业的设立条件

设立个人独资企业,应当具备下列条件。

(1) 投资人为一个自然人,个人独资企业的投资人为具有中国国籍的完全民事行为能力人,但法律规定禁止从事营利性活动的人,不得成为个人独资企业的投资人。

(2) 有合法的企业名称。个人独资企业的名称应当符合国家关于企业名称登记管理的有关规定，企业名称与其责任形式及从事的营业相符合，可以叫"厂""店""部""中心""工作室"等，不得使用"有限""有限责任"或者"公司"字样。

(3) 有投资人申报的出资。投资人一定要投入生产要素，并要申报出资。《个人独资企业法》对设立个人独资企业的出资数额不作规定。出资的形式可以用货币，也可以用实物、土地使用权、知识产权或其他财产权利等，但不能以"劳务"出资。采用实物、土地使用权、知识产权或其他财产权利出资的，应将其折算成货币数额。个人独资企业也可以将家庭共有财产作为个人出资。投资人在申请企业设立时，明确以家庭共有财产作为个人出资的，应当依法以家庭共有财产对企业债务承担无限责任。

(4) 有固定的生产经营场所和必要的生产经营条件。经营场所对于确定债务履行地、诉讼管辖地、法律文书送达地等均有重要的法律意义。从事经营的必要条件是指根据企业的业务性质、规模等因素而需具备设施、设备、人员等方面的条件。从事临时经营、季节性经营、流动经营和没有固定门面的摆摊经营，不得登记为个人独资企业。

(5) 有必要的从业人员。即有与企业的经营范围和经营规模相适应的从业人员。

案例思考 3-5

甲成立个人独资企业 A，为了吸引更多合作者，在设立登记时以家庭共有财产的 20 万元作为出资。后在经营时，欠下 50 万元债务，A 企业无力清偿，债权人提出变卖甲的住宅，但是甲却坚持该房屋的产权人是其配偶，属于家庭共有财产，与企业债务无关。

【问题】甲的房屋是否应该作为偿债财产？

【分析】根据《个人独资企业法》的规定，该房屋应当作为偿债财产。因为投资人在申请企业设立登记时明确以其家庭共有财产作为个人出资的，应当依法以家庭共有财产对企业债务承担无限责任。

(二) 个人独资企业的设立程序

1. 申请

申请设立个人独资企业，应当由投资人或者其委托的代理人向个人独资企业所在地的登记机关提交设立申请书、投资人身份证明、生产经营场所使用证明等文件。委托代理人申请设立登记时，应当出具投资人的委托书和代理人的合法证明。个人独资企业不得从事法律、行政法规禁止经营的业务；从事法律、行政法规规定须报经有关部门审批的业务，应当在申请设立登记时提交有关部门的批准文件。

2. 登记

登记机关应当在收到设立申请文件之日起 15 日内，对符合《个人独资企业法》规定条件的，予以登记，发给营业执照。个人独资企业的营业执照的签发日期，为个人独资企业成立日期。在领取个人独资企业营业执照前，投资人不得以个人独资企业名义从事经营活动。

3. 分支机构的设立

个人独资企业设立分支机构，应当由投资人或者其委托的代理人向分支机构所在地的登记机关申请登记，领取营业执照。分支机构的民事责任由设立该分支机构的个人独资企业承担。

个人独资企业与个体工商户的区别

个人独资企业并不等同于个体工商户，两者的区别主要表现在以下几个方面。

（1）适用法律不同。个人独资企业依照《个人独资企业法》设立，个体工商户依照《民法通则》等规定设立。

（2）个人独资企业只能由个人出资设立，而个体工商户既可由一个自然人出资设立，也可由家庭出资设立。

（3）个人独资企业投资人以其个人财产对企业债务承担无限责任，只有在企业设立登记时明确以家庭共有财产作为个人出资，才依法以家庭共有财产对企业债务承担无限责任；而个体工商户的债务若属个人经营的，则以个人财产承担，若属家庭经营的，则以家庭财产承担。

（4）个人独资企业是经营实体，是一种企业组织形态，而个体工商户不采用企业形式。

三、个人独资企业的投资人及事务管理

（一）个人独资企业的投资人

个人独资企业的投资人为具有中国国籍的自然人，但法律、行政法规禁止从事营利性活动的人，不得作为投资人申请设立个人独资企业。根据我国有关法律、行政法规规定，国家公务员、党政机关领导干部、法官、检察官、商业银行工作人员等人员，不得作为投资人申请设立个人独资企业。

个人独资企业投资人对本企业的财产依法享有所有权，其有关权利可以依法进行转让或继承。

由于个人独资企业是一个投资人以其个人财产对企业债务承担无限责任的经营实体，因此，《个人独资企业法》规定，个人独资企业财产不足以清偿债务的，投资人应当以其个人的其他财产予以清偿。如果个人独资企业投资人在申请企业设立登记时明确以其家庭共有财产作为个人出资的，应当依法以家庭共有财产对企业债务承担无限责任。

（二）个人独资企业的事务管理

1. 事务管理的方式

个人独资企业投资人可以自行管理企业事务，也可以委托或者聘用其他具有民事行为能力的人负责企业的事务管理。投资人委托或者聘用他人管理个人独资企业事务，应当与受托人或者被聘用的人签订书面合同。合同应订明委托的具体内容、授予的权利范围、委托人或者被聘用的人应履行的义务、报酬和责任等。受托人或者被聘用的人员应当履行诚信、勤勉义务，以诚实信用的态度对待投资人，对待企业，尽其所能依法保障企业利益，按照与投资人签订的合同负责个人独资企业的事务管理。

2. 对善意第三人的保护

投资人对受托人或者被聘用的人员职权的限制,不得对抗善意第三人。

3. 接受委托或聘用人员的行为限制

投资人委托或者聘用的管理个人独资企业事务的人员不得有下列行为:①利用职务上的便利,索取或者收受贿赂;②利用职务或者工作上的便利侵占企业财产;③挪用企业的资金归个人使用或者借贷给他人;④擅自将企业资金以个人名义或者以他人名义开立账户存储;⑤擅自以企业财产提供担保;⑥未经投资人同意,从事与本企业相竞争的业务;⑦未经投资人同意,同本企业订立合同或者进行交易;⑧未经投资人同意,擅自将企业商标或者其他知识产权转让给他人使用;⑨泄露本企业的商业秘密;⑩法律、行政法规禁止的其他行为。

四、个人独资企业的权利和义务

(一) 个人独资企业的权利

1. 依法申请贷款

个人独资企业可以根据《商业银行法》《民法典》和中国人民银行发布的《贷款通则》等法律、法规的规定申请贷款,以供企业生产经营之用。

2. 依法取得土地使用权

个人独资企业可根据《土地管理法》等规定取得土地使用权。

3. 拒绝摊派权

任何单位和个人不得违反法律、行政法规的规定,以任何方式强制个人独资企业提供财力、物力、人力。对于违法强制提供财力、物力、人力的行为,个人独资企业有权拒绝。

(二) 个人独资企业的义务

个人独资企业应按照会计法和国家统一的会计制度的规定设置会计账簿,以实际发生的经济业务事项进行会计核算,填制会计凭证,登记会计账簿,编制财务会计报告,不得以虚假的经济业务事项或者资料进行会计核算。

个人独资企业招用职工的,应当依法与职工签订劳动合同,保障职工的劳动安全,按时、足额发放职工工资。同时,个人独资企业应当按照国家有关规定参加社会保险,为职工缴纳社会保险费。

五、个人独资企业的解散和清算

(一) 个人独资企业的解散

1. 个人独资企业解散的概念

个人独资企业的解散是指个人独资企业终止活动使其民事主体资格消灭的行为。

2. 个人独资企业解散的事由

个人独资企业有下列情形之一时,应当解散。①投资人决定解散;②投资人死亡或者被宣告死亡,无继承人或者继承人决定放弃继承;③被依法吊销营业执照;④法律、行政法规规定的其他情形。

(二) 个人独资企业的清算

个人独资企业解散的,应当进行清算。

1. 清算人

个人独资企业解散,由投资人自行清算或者由债权人申请人民法院指定清算人进行清算。投资人自行清算的,应当在清算前15日内书面通知债权人,无法通知的,应当予以公告。债权人应当在接到通知之日起30日内,未接到通知的应当在公告之日起60日内,向投资人申报其债权。

2. 财产的分配顺序

个人独资企业解散的,财产应当按照下列顺序清偿:①所欠职工工资和社会保险费用;②所欠税款;③其他债务。个人独资企业财产不足以清偿债务的,投资人应当以其个人的其他财产予以清偿。

清算期间,个人独资企业不得开展与清算目的无关的经营活动。在按前述财产清偿顺序清偿债务前,投资人不得转移、隐匿财产。

3. 个人独资企业解散后责任的承担

个人独资企业解散后,原投资人对个人独资企业存续期间的债务仍应承担偿还责任,但债权人在5年内未向债务人提出偿债请求的,该责任消灭。

4. 注销登记

个人独资企业清算结束后,投资人或者人民法院指定清算人应当编制清算报告,并于15日内到登记机关办理注销登记。

练习题

一、单项选择题

1. 个人独资企业区别于其他企业的主要特点是( )。
   A. 以自己的名义参与市场经济活动　　B. 投资人承担无限责任
   C. 由自然人投资设立　　　　　　　　D. 企业不是一个独立的财产权主体
2. 个人独资企业解散后,财产应按( )顺序清偿。
   ①所欠职工工资和社会保险费用　　②所欠税款　　③其他债务
   A. ①②③　　　B. ②①③　　　C. ③②①　　　D. ①③②
3. 个人独资企业解散后,原投资人对个人独资企业存续期间的债务( )。
   A. 不承担责任　　　　　　　　　　　B. 仅以企业财产承担责任
   C. 应以个人全部财产承担责任　　　　D. 有权放弃
4. 甲、乙、丙为某合伙企业的合伙人,后甲退伙,丁同时入伙。甲退伙时分担了合伙债务。对甲退伙时合伙财产不足以清偿的债务应由谁承担?( )
   A. 甲、乙、丙、丁承担连带责任
   B. 甲、乙、丙承担连带责任,丁不承担责任
   C. 乙、丙承担连带责任,甲、丁不承担责任

D. 乙、丙、丁承担连带责任，甲不承担责任

5. 张某是一家鲁菜馆的普通合伙人之一。因生意很兴隆，张某便和妻子在附近又开了一家鲁菜馆，主要由其妻照管。张某经常将客人介绍到自家开的鲁菜馆去，并骗客人说两家是连锁店。依《合伙企业法》有关规定，张某是否可以这样做？（　　）

　A. 可以这样做　　　　　　　　B. 不可以这样做
　C. 经多数合伙人同意可以这样做　D. 经全体合伙人同意可以

二、多项选择题

1. 某大酒店是由甲、乙、丙三人创办的合伙企业，出资比例分别为4：3：3。2018年5月12日，乙不幸遇车祸身亡。乙家中有妻子房某和儿子闻某（8周岁）。此时该酒店的净资产仍有近30万元，但甲、丙二人担心财产分割会影响该店的发展，遂主动与房某商量，希望其能入伙。对此事的说法，正确的是（　　）。
　A. 如果房某愿意入伙，则要对入伙以前酒店的债务负无限连带责任
　B. 如果房某不愿意入伙，则可与儿子闻某共同继承属于乙的财产份额
　C. 房某想让儿子一人代替丈夫成为酒店的合伙人，这种想法可以实现
　D. 如果房某表示愿意入伙，则无须甲、丙的同意，当然代替乙成为酒店的合伙人
　E. 如果房某万念俱灰不愿意入伙也不愿意其儿子继承父业，则甲和丙可将属于乙的合伙企业财产份额以现金的方式支付给房某

2. 合伙人高某因个人事务欠刘某30万元债务，而刘某同时欠合伙企业27万元债务。高某的债务到期后一直未清偿，则刘某的下列哪些行为不符合《合伙企业法》的规定？（　　）
　A. 以其对高某的债权抵销对合伙企业的债务
　B. 代位行使高某在合伙企业中的权利
　C. 请求法院强制执行高某在合伙企业中的财产份额
　D. 当合伙企业不能清偿到期债务时，主张高某的财产应当优先清偿自己的债权

3. 甲、乙、丙三人拟共同设立一个有限合伙企业，下列哪些表述是错误的？（　　）
　A. 该有限合伙企业至少应当有一个普通合伙人
　B. 经合伙协议约定，有限合伙人可以以货币、实物、劳务、知识产权或其他财产作价出资
　C. 经合伙协议约定，有限合伙人可以执行部分合伙事务
　D. 如有限合伙人转为普通合伙人，则对其作为有限合伙人期间企业的债务不承担连带责任

4. 甲、乙、丙、丁为某合伙企业的合伙人。现有如下情况：①甲死亡，戊为继承人；②乙因吸毒，已耗尽家财；③丙在执行事务中有贪污企业财产的行为；④合伙协议中未就合伙份额的继承问题作出规定。以下判断中，正确的是（　　）。
　A. 经乙、丙、丁同意，戊可以成为合伙人
　B. 经丙、丁同意，戊可以成为合伙人
　C. 戊成为合伙人后，可以和乙、丁一起决定将丙除名
　D. 戊成为合伙人后，可以和丁一起决定将丙除名

5. 下列关于个人独资企业表述正确的是（　　）。

A. 个人独资企业解散后，即免除了对债权人的责任

B. 投资人对受托人或被聘用人员的职权限制，不得对抗善意第三人

C. 个人独资企业的财产归投资人个人所有，投资人对企业事务有绝对控制与支配权

D. 个人独资企业以经营的情况决定是以个人财产还是以家庭财产对外承担无限责任

E. 个人独资企业解散后，债权人在5年内未向债务人提出偿债请求，即免除了债务人的责任

三、简答题

1. 个人独资企业和合伙企业的设立条件有哪些区别？
2. 普通合伙企业合伙事务的执行方式有哪几种？
3. 有限合伙人与普通合伙人的区别有哪些？

四、案例分析题

案例一： 刘某是某高校的在职研究生，经济上独立于其家庭。2015年8月在工商行政管理部门注册成立了一家主营信息咨询的个人独资企业，取名为"远大信息咨询有限公司"，注册资本为1元人民币。公司成立后经营形势看好，收益甚丰，黄某与刘某订立协议参加该个人独资企业的投资经营，并注入投资5万元人民币。该企业在经营过程中先后聘用工作人员10名。刘某认为自己开办的是私人企业，不需要为职工办理社会保险，因此没有给职工缴纳社会保险费，也没有与职工签订劳动合同。后来该独资企业经营不善导致负债10万元，刘某决定于2017年6月自行解散企业，但因为企业财产不足以清偿而被债权人、企业职工诉诸人民法院。法院审理后认为，刘某与黄某形成事实上的合伙关系，判决责令刘、黄补充办理职工的社会保险并缴纳保险费，由刘某与黄某对该企业的债务承担无限连带责任。

问题：

(1) 该企业的设立是否合法？
(2) 刘某允许另一人参加投资、共同经营的行为是否合法？
(3) 该企业的债权人要求是否成立？
(4) 刘某是否有权解散该企业？
(5) 黄某是否应当承担无限连带责任？

案例二： 2015年1月，甲、乙、丙三人协议设立了合伙企业，甲出资3万元，乙出资2万元，丙以劳务出资，合伙协议订立得比较简单，约定利润分配和亏损分担比例，另约定三人共同管理企业。2015年6月，甲想把自己的一部分财产份额转让给丁，乙同意但丙不同意，因多数合伙人同意丁入伙成为新的合伙人，丙便提出退伙，甲、乙表示同意。丙退伙丁入伙，此时，该合伙企业欠长城公司货款3万元一直未还。2015年10月，甲私自以合伙企业的名义为其朋友的4万元贷款提供担保，银行对甲的私自行为并不知情，2016年8月，由于经营不善，该合伙企业宣告解散，企业又负债9万元无法清偿。

问题：

(1) 丁认为长城公司的欠款是其入伙之前发生的，与自己无关，自己不应该对该笔债务承担责任，丁的看法是否正确？

(2) 丙认为其早已于 2015 年 6 月退伙，该合伙企业的债务与其无关，丙的看法是否正确？

　　(3) 若甲的朋友到期不能清偿贷款，银行是否有权要求合伙企业承担担保责任？

　　(4) 若其他合伙人在得知甲私自以合伙企业的财产提供担保后一致同意将其除名，该决议是否有效？

　　(5) 在合伙企业清算后，长城公司、贷款银行和该合伙企业的债权人认为乙个人资金雄厚，要求其全部清偿，这些债权人的要求是否可以得到支持？

　　(6) 乙满足了合伙企业债权人的要求后，甲的朋友向乙偿还了 4 万元，乙应如何向其他合伙人进行追偿？

第四章

外商投资法

📝 本章导读

中国的对外开放立法是从外商投资立法起步和发展起来的。目前"外资三法"(《中外合资经营企业法》《中外合作经营企业法》和《外资企业法》)废止,制定外商投资法。通过本章学习了解外商投资促进、投资保护、投资管理的基本规定。理解外商投资中多项促进内外资企业规则统一、促进公平竞争方面的规定。掌握外商投资界定,如何保障外商投资企业平等参与市场竞争,外商投资企业的产权保护,内外资一致的原则,外商投资安全的审查制度。

一、外商投资法概述

(一)外商投资法

1979年、1986年和1988年,全国人民代表大会先后制定了《中外合资经营企业法》《外资企业法》和《中外合作经营企业法》。改革开放以来,上述"外资三法"及其配套的实施条例、实施细则,以及国务院的《指导外商投资方向规定》等32部行政法规、428部相关部门规章、大量的司法解释等,建立了较为完备的外资法律和法规制度体系,营造了法治化、国际化、便利化的营商环境。此外,《公司法》《民法典》也广泛适用于外商直接投资领域。目前在新形势下,"外资三法"已难以适应新时代改革开放实践的需要,为适应构建开放型经济新体制需要,迫切需要推动外商投资法律制度与时俱进、完善发展,制定外商投资法,替代"外资三法",作为外商投资领域的基础性法律。2019年3月15日,《中华人民共和国外商投资法》由第十三届全国人民代表大会第二次会议通过,自2020年1月1日起施行,原来的"外资三法"同时废止。外商投资法施行前设立的外商投资企业,在外商投资法施行后五年内可以继续保留原企业组织形式等。具体实施办法依照国务院相关规定。

(二)外商投资及外商投资企业的概念

1. 外商投资的概念

《外商投资法》第2条规定:外商投资是指外国的自然人、企业或者其他组织(以下称外国投资者）直接或者间接在中国境内进行的投资活动，包括下列情形。

（1）外国投资者单独或者与其他投资者共同在中国境内设立外商投资企业。

（2）外国投资者取得中国境内企业的股份、股权、财产份额或者其他类似权益。

（3）外国投资者单独或者与其他投资者共同在中国境内投资新建项目。

（4）法律、行政法规或者国务院规定的其他方式的投资。

2. 外商投资企业的概念

外商投资企业是指全部或者部分由外国投资者投资，依照中国法律在中国境内经登记注册设立的企业。外商投资企业是有外资介入的企业，从而区别于完全由中国投资者投资举办的企业。外商投资企业是依照中华人民共和国法律，在中国境内设立的企业。因此，外商投资企业具有中国国籍，是中国法人或非法人企业，受中国法律的管辖和保护。

3. 外商直接投资的主要形式

外商直接投资是指外国企业、经济组织或个人（包括华侨、港澳同胞以及我国在境外注册的企业）依照中国有关法律法规，使用现汇、实务、技术等，在中国境内以开办公司、合伙企业等方式进行的投资，包括外商投资收益的再投资。外商直接投资通常与被投资企业的经营管理控制权相联系，这是其区别于外商间接投资的核心特征所在。

《外商投资法》实施前，我国外商直接投资的几种主要形式见表 4-1，合营企业与合作企业的区别见表 4-2。

表 4-1 外商直接投资的主要形式及特点

形式	特点
中外合资经营企业	①股权式企业，中外双方按照各自的出资比例共担风险、共负盈亏 ②组织形式为有限责任公司或者股份有限公司，具有法人资格
	中外合资股份有限公司：股东以其认购的股份承担责任，公司以其全部财产承担责任；外国股东持有的股份占公司注册资本的25%以上
中外合作经营企业	①契约式企业，中外双方通过合同约定各自的权利和义务 ②在合作企业合同中约定合作期满时合作企业的全部固定资产归中国合作者所有的，可以在合作企业合同中约定外国合作者在合作期限内先行回收投资的办法 ③法人型合作：有限责任公司；合伙型合作：合伙企业
外商独资经营企业	全部资本由外国投资者投资。外资企业不包括外国公司、企业、其他经济组织在中国境内设立的分支机构。满足中国法人条件的是法人，不满足的不具有法人资格

表 4-2 合营企业与合作企业的区别

区别	合营企业	合作企业
合营方式	股权式合营	契约式合营
组织形式	有限责任公司或股份有限公司（中国法人）	法人型合作：有限责任公司 非法人型合作：双方为合伙关系

续表

区别	合营企业	合作企业
投资回收	依法解散时，才能收回投资	企业存续期内，外国合作者可先行收回投资
经营管理机构	有限公司：董事会制（不设股东会） 股份公司：按公司法规定组建	法人型合作：董事会制（不设股东会） 合伙型合作：联合管理委员会
利润分配	在毛利扣除所得税和提取基金后，按股权分配净利润	按合同约定分配利润，可采取净利润分成、产品分成或产值分成等分配方式

随着我国市场经济发展，境内企业所有制的多样化，外商投资除了传统的"绿地投资"（直接在华投资创建企业）以外，日渐采用"褐地投资"（投资并购中国企业）模式。相比"外资三法"的相关规定，《外商投资法》将并购、投资新建项目等外商投资形式纳入其管理范围，并将外商投资分为"直接""间接"两种情形，但是并未对"间接投资"进行具体规定。

（三）《外商投资法》对"外资三法"的调整

《外商投资法》第31条规定：外商投资企业的组织形式、组织机构及其活动准则，适用《中华人民共和国公司法》《中华人民共和国合伙企业法》等法律的规定。据此，《外商投资法》实施后，外商投资企业应当根据《公司法》《合伙企业法》等相关法律规定成立有限责任公司、股份有限公司、合伙企业等形式的企业，并按前述法律规定建立健全治理结构及活动准则。以有限责任公司形式的外商投资企业为例，外资三法与公司法对有限责任公司有着不同规定，见表4-3。

表4-3 外资三法与公司法对有限责任公司的不同规定

不同规定	外资三法规定	《外商投资法》实施后，依照公司法规定
权力机构	董事会制/不设股东会（合营企业、法人型合作企业） 股东/股东会（外资企业）	股东/股东会
董事任期	四年（合营企业、法人型合作企业）	三年
董事产生	投资方直接委派	非职工代表董事由股东会选举和更换，职工代表董事由公司通过民主选举产生
法定出席人数	董事会会议的最低出席人数比例为2/3（合营企业、法人型合作企业）	无要求，公司章程中自行约定
重大事项表决	重大事项决议必须经出席会议的董事（或委员）一致通过（合营企业、法人型合作企业）	2/3以上表决权的股东通过
法定代表人	董事长是合营企业的法定代表人	按照公司章程规定，由董事长、执行董事或者经理担任
监事	无明确规定（合营企业、合作企业）	应设监事或监事会

续表

不同规定	外资三法规定	《外商投资法》实施后，依照公司法规定
股权转让限制	其他股东一致同意	其他股东过半数同意
利润分配	按出资比例分配（合营企业）	可以按约定比例和方式分配
外方先行回收投资	中外合作者在合作企业合同中约定合作期满时合作企业的全部固定资产归中国合作者所有的，可以在合作企业合同中约定外国合作者在合作期限内先行回收投资的办法	公司财产在分别支付清算费用、职工工资、社会保险费用和法定补偿金，缴纳所欠税款，清偿公司债务后的剩余财产，有限责任公司按照股东的出资比例分配，股份有限公司按照股东持有的股份比例分配
提取基金	提取储备基金、职工奖励和福利基金、企业发展基金	法定公积金、任意公积金
投资总额	要求明确约定	无规定

《外商投资法》实施后，内外资企业将在公司治理等问题上正式并轨。依据三资企业法成立的中外合资经营企业和公司形式的中外合作经营企业，需对治理结构进行调整与规范，包括修订章程，调整公司权力机构为股东会，增设股东会职权、议事规则和表决程序，增设监事或监事会等，调整董事会职权、董事产生方式、表决方式等相关条款。同时，企业还需要根据实际情况对股权转让规则、利润分配等公司其他重大事项进行约定。

二、外商投资促进

为了积极促进外商投资，国家坚持对外开放的基本国策，鼓励外国投资者依法在中国境内投资。国家实行高水平投资自由化便利化政策，建立和完善外商投资促进机制，营造稳定、透明、可预期和公平竞争的市场环境。投资促进主要包括以下内容。

（1）提高外商投资政策的透明度。制定与外商投资有关的法律、法规、规章，应当采取适当方式征求外商投资企业的意见和建议；与外商投资有关的规范性文件、裁判文书等，应当依法及时公布。

（2）保障外商投资企业平等参与市场竞争。外商投资企业依法平等适用国家支持企业发展的各项政策。国家保障外商投资企业依法平等参与标准制定工作，强化标准制定的信息公开和社会监督。国家制定的强制性标准平等适用于外商投资企业。国家保障外商投资企业依法通过公平竞争参与政府采购活动。政府采购依法对外商投资企业在中国境内生产的产品、提供的服务平等对待。外商投资企业可以依法通过公开发行股票、公司债券等证券和其他方式进行融资。这些规定都体现了外商投资企业平等参与、内外资规则一致的精神。

（3）加强外商投资服务。国家建立健全外商投资服务体系，为外国投资者和外商投资企业提供法律法规、政策措施、投资项目信息等方面的咨询和服务；各级人民政府及其有关部门应当按照便利、高效、透明的原则，进一步提高外商投资服务水平。

（4）依法依规鼓励和引导外商投资。国家根据需要，设立特殊经济区域，或者在部分地区实行外商投资试验性政策措施,促进外商投资,扩大对外开放;国家根据国民经济和社会发展需要,鼓励和引导外国投资者在特定行业、领域、地区投资,并可以依照法律、行政法规或者国务院的规定给予优惠;县级以上地方人民政府可以根据法律、行政法规、地方性法规的规定,在法定权限内制定外商投资促进和便利化政策措施。

三、外商投资保护

国家依法保护外国投资者在中国境内的投资、收益和其他合法权益。投资保护主要包括以下内容。

(1) 加强对外商投资企业的产权保护。国家对外国投资者的投资不实行征收;在特殊情况下,国家为了公共利益的需要,可以依照法律规定对外国投资者的投资实行征收或者征用,征收、征用应当依照法定程序进行,并及时给予公平、合理的补偿。外国投资者在中国境内的出资、利润、资本收益、资产处置所得、知识产权许可使用费、依法获得的补偿或者赔偿、清算所得等,可以依法以人民币或者外汇自由汇入、汇出。国家保护外国投资者和外商投资企业的知识产权,保护知识产权权利人和相关权利人的合法权益;对知识产权侵权行为,严格依法追究法律责任。国家鼓励在外商投资过程中基于自愿原则和商业规则开展技术合作。技术合作的条件由投资各方遵循公平原则平等协商确定。行政机关及其工作人员不得利用行政手段强制转让技术。

(2) 加强对外商投资所涉及商业秘密的保护。行政机关及其工作人员对于履行职责过程中知悉的外国投资者、外商投资企业的商业秘密,应当依法予以保密,不得泄露或者非法向他人提供。

(3) 强化对制定涉及外商投资规范性文件的约束。政府及其有关部门制定涉及外商投资的规范性文件,应当符合法律法规的规定;没有法律、行政法规依据的,不得减损外商投资企业的合法权益或者增加其义务,不得设置市场准入和退出条件,不得干预外商投资企业的正常生产经营活动。

(4) 促使地方政府守约践诺。地方各级人民政府及其有关部门应当履行向外国投资者、外商投资企业依法作出的政策承诺以及依法订立的各类合同;因国家利益、社会公共利益需要改变政策承诺、合同约定的,应当依照法定权限和程序进行,并依法对外国投资者、外商投资企业因此受到的损失予以补偿。

(5) 建立外商投资企业投诉工作机制。国家建立外商投资企业投诉工作机制,协调完善外商投资企业投诉工作中的重大政策措施,及时处理外商投资企业或者其投资者反映的问题;外商投资企业或者其投资者认为行政机关及其工作人员的行政行为侵犯其合法权益的,可以通过外商投资企业投诉工作机制申请解决。外商投资企业或者其投资者认为行政机关及其工作人员的行政行为侵犯其合法权益的,除依照前款规定通过外商投资企业投诉工作机制申请协调解决外,还可以依法申请行政复议、提起行政诉讼。

(6) 成立和参加商会。外商投资企业可以依法成立和自愿参加商会、协会。商会、协会依照法律法规和章程的规定开展相关活动,维护会员的合法权益。

四、外商投资管理

在过去"外资三法"的规制下,商务主管部门对外商投资采用"逐案审批"的工作方式，每一个外商投资企业在取得商务部门的审批后方可设立。而《外商投资法》对外商投资建立准入前国民待遇加负面清单管理制度、外商投资信息报告制度和外商投资安全审查制度为主的外商投资管理制度，取代"逐案审批"，具体如下。

准入前国民待遇是指在投资准入阶段给予外国投资者及其投资不低于本国投资者及其投资的待遇。负面清单是指国家规定在特定领域对外商投资实施的准入特别管理措施；国家对负面清单之外的外商投资，给予国民待遇。负面清单由国务院发布或者批准发布。中华人民共和国缔结或者参加的国际条约、协定对外国投资者准入待遇有更优惠规定的，可以按照相关规定执行。

根据我国有关实践和需要，负面清单规定禁止投资的领域，外国投资者不得投资；负面清单规定限制投资的领域，外国投资者进行投资应当符合负面清单规定的条件。同时，对外商投资管理作出了一些指引性、衔接性规定。

（1）明确按照内外资一致的原则对外商投资实施监督管理。外商投资需要办理投资项目核准、备案的，按照国家有关规定执行；外国投资者在依法需要取得许可的行业、领域进行投资的，应当依法办理相关许可手续；外商投资企业的组织形式、组织机构，适用公司法、合伙企业法等法律的规定；外商投资企业开展生产经营活动，应当依照有关法律、行政法规和国家有关规定办理税收、会计、外汇等事宜，并接受有关主管部门依法实施的监督检查；外国投资者并购中国境内企业或者以其他方式参与经营者集中的，应当依照反垄断法的规定接受经营者集中审查。

（2）建立健全外商投资信息报告制度。外国投资者或者外商投资企业应当通过企业登记系统以及企业信用信息公示系统向商务主管部门报送投资信息；外商投资信息报告的内容和范围按照确有必要的原则确定，通过部门信息共享能够获得的投资信息，不得再行要求报送。

（3）对外商投资安全审查制度作了原则规定。国家对影响或者可能影响国家安全的外商投资进行安全审查；依法作出的安全审查决定为最终决定。

拓展阅读 4-1

准入前国民待遇加负面清单这一创制始于自贸区经验

根据中国政府网上的 2015《政府工作报告》中，准入前国民待遇要求在外资进入阶段给予国民待遇，即引资国应就外资进入给予外资不低于内资的待遇。世界各国较为普遍采用负面清单的方式，将其核心关注的行业和领域列入其中，未列入负面清单之中的行业和领域则不能对外资维持限制。

负面清单制度从自贸区走向全国的过程是逐步推进的。2013 年，上海自贸区在浦东外高桥挂牌当日同时出台了首部外商投资准入负面清单。2016 年，上海自贸区试点期满，立法部门对既有的"外资三法"进行修订，将原文中涉及外资主管部门准入审批的条文予以删除，商务部随后发布外商投资企业设立与变更备案暂行办法以及外资准入负面清单，自 2016 年 10 月 8 日起在全国范围实施。

根据 2016 年以前的审批制度，外商投资企业的合资合作合同与企业章程都要经过批准，外商投资企业设立与变更备案管理制度在全国实施之后，这些审批基本取消，除了负面清单规定的领域外，97%的外商投资企业设立与变更事项均不再需要审批。2018年6月30日以来，全国推行外资企业设立商务备案与工商登记"一套表格、一口办理"。外商投资法则进一步取消外商投资企业设立审批或备案程序，更加彻底地实现了内外资一致。

五、其他规定

任何国家或者地区在投资方面对中华人民共和国采取歧视性的禁止、限制或者其他类似措施的，中华人民共和国可以根据实际情况对该国家或者该地区采取相应的措施。

对外国投资者在中国境内投资银行业、证券业、保险业等金融行业，或者在证券市场、外汇市场等金融市场进行投资的管理，国家另有规定的，依照其规定。

练习题

一、判断题（正确的打√，错误的打×）

1. 在招商引资中，地方政府以红头文件形式开出优惠措施吸引外资，事后若因为各种原因不兑现承诺，企业要求兑现有关文件中承诺的要求不能得到支持。（　　）

2. 中国在入世议定书第七条中表示，不以技术转让要求为前提批准外资准入。在《外商投资法》制定之前，在有关外资准入法律法规中并没有任何要求转让技术的规定。（　　）

3. 外国投资者在中国境内资金转出范围限定为履行义务后的净利润与企业合营期满终止后分得的资金，且需采取合营企业合同规定的货币。（　　）

4. 外商投资企业需要设立审批或备案程序，保留内外资一致的项目管理和行业许可。（　　）

5. 标准制定和政府采购领域是落实竞争中性原则的重要领域，也是外商投资企业反映诉求较多的领域。《外商投资法》明确外商投资企业平等参与标准化工作和政府采购活动，标准制定应当强化信息公开和社会监督，强制性标准平等适用于外商投资企业，政府采购依法对外商投资企业在中国境内生产的产品平等对待。（　　）

二、简答题

1. 简述外商投资的定义。
2. 简述《外商投资企业法》对负面清单的规定。
3. 简述什么是准入前国民待遇。
4. 简述外商投资信息报告制度。
5. 简述外商投资安全审查制度。

第五章

破 产 法

 **本章导读**

　　破产法是指在债务人不能清偿到期债务时，由人民法院宣告其破产并主持对其全部财产进行清算分配，公平清偿全体债权人，或者在法院监督下由债务人与债权人协商达成和解协议，通过企业重整以清偿债务避免破产的法律规范的总称。本章阐述了破产法的基本原理，结合企业破产法的相关规定，分别介绍了破产的申请和受理、破产管理人制度、债务人财产和债权申报程序、债权人会议和债权人委员会制度、重整、和解、破产宣告和破产清算等法律制度。通过本章的学习，使学生明晰我国企业破产法中关于破产程序的基本规定；掌握我国破产实体法的主要内容，具体包括破产财产的范围、分类、破产费用和共益债务的拨付与清偿规则；理解并掌握我国企业破产法有关重整、和解和清算制度的具体规定，并能运用于实际问题的分析和解决。

第一节　破产法概述

一、破产的概念与特征

（一）破产的概念

　　传统破产法中的"破产"，意味着倒闭清算。狭义的破产即破产清算制度，是指在法院的审理与监督之下，对丧失清偿能力的债务人，强制清算其全部财产，公平清偿全体债权人债务的法律制度。广义上的破产是预防型破产，是指当债务人不能清偿到期债务时，由法院根据当事人的申请，对债务人实施的挽救性程序以及就债务人的全部财产实行的概括性清算程序的统称，是由破产清算与破产和解、破产重整三种程序共同构成的一个统一的破产法律制度体系。

（二）破产的特征

　　1. 破产是特殊的债务清偿程序

　　破产以企业具备破产原因为前提，以消灭企业的主体资格为代价，在人民法院的参与下，以企业全部财产清偿其到期或者未到期的债务，免除其不能清偿的其他债务，以解决多数债权人之间的权利冲突。

2. 破产以公平清偿债权人为目的

企业具备破产原因时，人民法院运用破产程序，确保公平清偿各债权人。破产程序中，破产企业不得对个别债务进行清偿，否则，该个别清偿行为无效。

3. 破产具有司法强制执行程序的特性

破产是人民法院以司法程序依法对企业的全部财产进行的总括性强制执行程序。这不同于民事诉讼中的个别强制执行。但是，企业破产制度与民事诉讼又有着密切的关系。《企业破产法》规定："破产案件审理程序，本法没有规定的，适用民事诉讼法的有关规定。"

二、破产法的概念和适用范围

（一）破产法的概念及立法现状

破产法是指调整各方当事人在企业破产过程中所发生的各种法律关系的法律规范的总称。目前，我国关于破产的法律规范主要有：2006年8月27日第十届全国人大常委会第二十三次会议通过并于2007年6月1日起施行的《中华人民共和国企业破产法》（以下简称《企业破产法》），2002年7月18日最高人民法院发布并于2002年9月1日起施行的《关于审理企业破产案件若干问题的规定》，2011年8月29日最高人民法院发布并于2011年9月26日起施行的《关于适用〈中华人民共和国企业破产法〉若干问题的规定（一）》，以及2013年7月29日最高人民法院发布并于2013年9月16日起施行的《关于适用〈中华人民共和国企业破产法〉若干问题的规定（二）》等。

（二）破产法的适用范围

根据《企业破产法》第2条的规定，破产法的主体适用范围是所有的企业法人。包括全民所有制企业与法人型的三资企业、私营企业，上市公司和非上市公司，有限责任公司和股份有限公司等；破产法将商业银行、保险公司、证券公司等金融机构的破产作了特别规定。

《企业破产法》第135条规定："其他法律规定企业法人以外的组织的清算，属于破产清算的，参照适用本法规定的程序。"为缓解其他非法人型企业和社会组织的破产无法可依的问题，破产法规定企业法人之外的其他组织（合伙企业、个人独资企业、学校、医院等）的清算，如果属于破产清算的，可以参照适用破产法。

三、破产的界限

破产界限也称破产原因，是指认定债务人丧失清偿能力，当事人得以提出破产申请，法院据以启动破产程序的法律事实。破产原因也是和解与重整程序开始的原因，但重整程序开始的原因更为宽松，企业法人有明显丧失清偿能力可能的，就可以依法申请重整根据《企业破产法》规定，破产原因可分为两种情形。第一，债务人不能清偿到期债务，并且资产不足以清偿全部债务，主要适用于债务人提出破产申请且其资不抵债易于判断的案件；第二，债务人不能清偿到期债务，并且明显缺乏清偿能力，主要适用于债权人提出破产申请和债务人提出破产申请但其资不抵债状况不易判断的案件。

案例思考 5-1

甲投资乙公司并经营了 5 年，乙公司停止生产经营之日的资产负债表记载如下：乙公司的资产为 350 万元，债务总额为 830 万元，分别为丙银行到期贷款 200 万元、丁到期贷款 150 万元、欠缴税款 180 万元、欠职工工资 200 万元、罚款 100 万元。

【问题】丙银行可以申请乙公司破产吗？

【分析】首先，丙银行可以向乙公司所在地的基层人民法院申请乙公司破产。因为依据资产负债表的记载，乙公司具备了破产原因，即《企业破产法》第 2 条规定，"企业法人不能清偿到期债务，并且资产不足以清偿全部债务或者明显缺乏清偿能力的，依照本法规定清理债务。"

其次，根据《企业破产法》破产财产分配顺序的规定，结合乙公司资产负债表上的债务记载，乙公司的 350 万元的资产依次清偿的债务为职工工资 200 万元、欠缴的税款 180 万元中的 150 万元，其余的债务无法清偿。所以，丙银行虽然可以申请乙公司破产，但丙银行到期贷款 200 万元无法得到清偿。

第二节 破产申请与受理

一、破产申请

（一）破产申请人

1. 债务人

当债务人发生破产原因时，债务人可以向人民法院申请重整、和解或者破产清算。

2. 债权人

当债务人发生破产原因时，债权人可以向人民法院申请其重整或者破产清算。

3. 负有清算责任的人

企业法人已解散但未清算或者未清算完毕，资产不足以清偿债务的，依法负有清算责任的人应当向人民法院申请破产清算。

4. 国务院金融监督管理机构

商业银行、证券公司、保险公司等金融机构发生破产原因时，国务院金融监督管理机构可以向人民法院提出对该金融机构进行重整或者破产清算的申请。国务院金融监督管理机构依法对出现重大经营风险的金融机构采取接管、托管等措施的，可以向人民法院申请中止以该金融机构为被告或者被执行人的民事诉讼程序或者执行程序。

（二）破产管辖

破产案件由债务人住所地人民法院管辖。债务人以其主要办事机构所在地为住所地。

二、破产受理

债权人提出破产申请的,人民法院应当自收到申请之日起5日内通知债务人。如果债务人对申请有异议,应当自收到人民法院的通知之日起7日内向人民法院提出,人民法院应当自异议期满之日起10日内裁定是否受理。如果债务人对申请没有异议,人民法院应当自收到破产申请之日起15日内裁定是否受理。有特殊情况需要延长前述裁定受理期限的,经上一级人民法院批准,可以延长15日。人民法院裁定受理破产申请的,应当同时指定管理人。管理人在整个破产程序中将起到重要作用。

人民法院自受理破产申请的裁定作出之日起25日内通知已知债权人,并予以公告。

自人民法院受理破产申请的裁定送达债务人之日起至破产程序终结之日,债务人的有关人员承担下列义务:①妥善保管其占有和管理的财产、印章和账簿、文书等资料;②根据人民法院、管理人的要求进行工作,并如实回答询问;③列席债权人会议并如实回答债权人的询问;④未经人民法院许可,不得离开住所地;⑤不得新任其他企业的董事、监事、高级管理人员。所谓有关人员,是指企业的法定代表人;经人民法院决定,可以包括企业的财务管理人员和其他经营管理人员。

另外,人民法院受理破产申请后,债务人对个别债权人的债务清偿无效;债务人的债务人或者财产持有人应当向管理人清偿债务或者交付财产;债务人的债务人或者财产持有人故意违反规定向债务人清偿债务或者交付财产,使债权人受到损失的,不免除其清偿债务或者交付财产的义务。

三、管理人

(一)管理人的概念

管理人是指破产案件中,人民法院指定的依法全面接管企业并负责对企业的财产及资料等进行保管、清理、估价、处理和分配的专门机关。

(二)管理人的资格

管理人可以由有关部门、机构的人员组成的清算组或者依法设立的律师事务所、会计师事务所、破产清算事务所等社会中介机构担任。人民法院根据债务人的实际情况,可以在征询有关社会中介机构的意见后,指定该机构具备相关专业知识并取得执业资格的人员担任管理人。个人担任管理人的,应当参加执业责任保险。

(三)管理人的产生

人民法院裁定受理破产申请的,应当同时指定管理人。指定管理人和确定管理人报酬的办法,由最高人民法院规定。债权人会议对管理人的报酬有异议的,有权向人民法院提出。管理人没有正当理由不得辞去职务,辞职必须经人民法院许可。当债权人会议认为管理人不能依法、公正执行职务或者有其他不能胜任职务时,可以申请人民法院予以更换。

(四)管理人的职责

管理人应当勤勉尽责,忠实执行职务。管理人依法执行职务,向人民法院报告工作,并接受债权人会议和债权人委员会的监督。管理人应当列席债权人会议,向债权人会议报告职务执行情况，并回答询问。管理人履行下列职责：①接管债务人的财产、印章和账簿、文书等资料；②调查债务人财产状况，制作财产状况报告；③决定债务人的内部管理事务；④决定债务人的日常开支和其他必要开支；⑤在第一次债权人会议召开之前，决定继续或者停止债务人的营业；⑥管理和处分债务人的财产；⑦代表债务人参加诉讼、仲裁或者其他法律程序；⑧提议召开债权人会议；⑨人民法院认为管理人应当履行的其他职责。管理人经人民法院许可，可以聘用必要的工作人员。

第三节 债务人财产与破产债权

一、债务人财产

（一）债务人财产的概念

债务人财产是指人民法院受理破产申请时属于债务人的全部财产以及破产申请受理后至破产程序终结前债务人取得的财产。除债务人所有的货币、实物外，债务人依法享有的可以用货币估价并可以依法转让的债权、股权、知识产权、用益物权等财产和财产权益，人民法院均应认定为债务人财产，但不包括债务人占有但不具有所有权的财产与债务人所有但设定担保的财产。

（二）与债务人财产有关的权利

1. 撤销权

撤销权是指对债务人在特定期间内实施的侵害债权人利益的行为，管理人有权请求人民法院予以撤销并归入债务人财产的权利。

人民法院受理破产申请前一年内，涉及债务人财产的下列行为，管理人有权请求人民法院予以撤销：①无偿转让财产的；②以明显不合理的价格进行交易的；③对没有财产担保的债务提供财产担保的；④对未到期的债务提前清偿的；⑤放弃债权的。

人民法院受理破产申请前6个月内，债务人具备了破产的法定原因时，仍对个别债权人进行清偿的，管理人有权请求人民法院予以撤销。个别清偿使债务人财产受益的除外。

2. 追回权

追回权是指破产管理人依法追回债务人不当处分的财产并归入债务人财产的权利。追回权在下列情形存在：①管理人行使撤销权后，应追回相关财产；②出资人的未完全履行的出资；③债务人的董事、监事和高级管理人员利用职权从企业获取的非正常收入，如绩效奖金、普遍拖欠职工工资情况下获取的工资性收入等；④债务人的董事、监事和高级管理人员利用职权侵占的企业财产；⑤债务人为逃避债务而隐匿、转移财产或者虚构债务或者承认不真实的债务的行为，管理人请求人民法院确认其无效。

3. 取回权

取回权是指人民法院受理破产申请后，债务人占有的非债务人所有的财产，该财产的权利人可以通过管理人取回的权利。

4. 抵销权

债权人在破产申请受理前对债务人负有债务的，可以向管理人主张抵销。

5. 别除权

别除权是指对债务人的特定财产享有担保权的权利人，依法对该特定财产享有优先受偿的权利，而不依破产清算程序受偿的特殊权利。别除权以担保物权为基础权利，是对破产人的特定担保财产享有的一种优先受偿权。设定担保的债务人的财产不属于破产财产。

二、破产债权

（一）破产债权的概念

破产债权是指人民法院受理破产申请时，债权人对债务人所享有的，经依法申报登记与审查确认，只能通过破产程序才可以从破产财产中公平受偿的债权。

（二）债权申报

1. 债权申报的期限

人民法院受理破产申请后，应当确定债权人申报债权的期限。债权申报期限自人民法院发布受理破产申请公告之日起计算，最短不得少于 30 日，最长不得超过 3 个月。债权人应当在收到通知后 1 个月内，向人民法院申报债权；未收到通知的债权人应当自公告之日起 3 个月内，向人民法院申报债权。

2. 债权申报的内容

债权人应当在人民法院确定的债权申报期限内向管理人申报债权。债权人申报债权时，应当书面说明债权的性质、种类、数额、到期与否、有无财产担保、是否连带债权、债权成立和履行的期限等，并提交有关证据材料。但债务人所欠职工的工资和医疗、伤残补助、抚恤费用，所欠的应当划入职工个人账户的基本养老保险、基本医疗保险费用，以及法律、行政法规规定应当支付给职工的补偿金，不必申报，由管理人调查后列出清单并予以公示。

3. 债权申报的效力

附条件与附期限的债权、诉讼或者仲裁未决的债权，债权人可以申报。人民法院应根据债权人对债权的申报有无财产担保分别进行登记。未依法申报债权的债权人不得依法行使权利，视为自动放弃债权。债务人、债权人对债权表上记载的债权无异议的，由人民法院裁定确认；有异议的，可以向受理破产申请的人民法院提起诉讼。债权人未在人民法院确定的期限内申报债权的，可以在破产财产最后分配前补充申报；但此前已进行的分配不再对其补充分配，并承担补充申报的相关费用。

（三）债权人会议

1. 债权人会议的法律地位

债权人会议是全体债权人组成的参加破产程序，表达债权人意志并进行权利自治的临时机构。通过债权人会议，统一债权人意志，实现债权人破产程序的参与权与自治权的决议机构与监督机构，具有独立的法律地位。债权人会议的决议一般由管理人执行。

2. 债权人会议的组成

（1）有表决权的债权人。依法申报债权的债权人为债权人会议的成员，有权参加债权人会议，享有表决权。有表决权的债权人包括：①无财产担保的债权人；②已放弃优先受偿权的债权人；③已行使担保物权的优先权但未能获得足额清偿的债权人；④已清偿保证债务的保证人或者其他连带债务人。人民法院在有表决权的债权人中指定一名债权人会议主席。必要时，人民法院可以指定多名债权人会议主席，组成债权人会议主席委员会。

(2) 无表决权的债权人。无表决权的债权人是指有权出席债权人会议并发表意见，但无权对决议事项投票表达个人意志的债权人。债权尚未确定的债权人，除人民法院能够为其行使表决权而临时确定债权额的外，不得行使表决权。无表决权的债权人主要包括债务人的职工与工会的代表、债权所附有的停止条件尚未成就的债权人、对债务人的特定财产享有担保权的债权人但未放弃优先受偿权利的债权人，对通过和解协议和破产财产的分配方案不享有表决权。

(3) 列席人员。管理人、债务人的法定代表人、人民法院决定的企业的财务管理人员及其他经营管理人员应该列席债权人会议，并如实回答询问。

3. 债权人会议的职权

债权人会议依法行使下列职权：①核查债权；②申请人民法院更换管理人，审查管理人的费用和报酬；③监督管理人；④选任和更换债权人委员会成员；⑤决定继续或者停止债务人的营业；⑥通过重整计划；⑦通过和解协议；⑧通过债务人财产的管理方案；⑨通过破产财产的变价方案；⑩通过破产财产的分配方案及人民法院认为应当由债权人会议行使的其他职权。

4. 债权人会议的召开与表决

(1) 债权人会议的召开。第一次债权人会议由人民法院召集，自债权申报期限届满之日起15日内召开。以后的债权人会议，在人民法院认为必要时，或者管理人、债权人委员会、占债权总额1/4以上的债权人向债权人会议主席提议时召开。召开债权人会议，管理人应当提前15日通知已知的债权人。债权人会议主席主持债权人会议。

(2) 债权人会议的表决。债权人会议的决议，由出席会议的有表决权的债权人过半数通过，并且其所代表的债权额占无财产担保债权总额的1/2以上。但是，《企业破产法》另有规定的除外。债权人认为债权人会议的决议违法，损害其利益的，可以自决议作出之日起15日内，请求人民法院裁定撤销该决议，并责令债权人会议依法重新决议。债权人会议的决议，对于全体债权人均有约束力。

5. 债权人委员会

债权人会议可以决定设立债权人委员会。债权人委员会由债权人会议选任的债权人代表和一名债务人的职工代表或者工会代表组成。债权人委员会成员不得超过9人。债权人委员会成员应当经人民法院书面决定认可。

债权人委员会行使下列职权：①监督债务人财产的管理和处分；②监督破产财产分配；③提议召开债权人会议；④债权人会议委托的其他职权。为更好地执行职务，债权人委员会有权要求管理人、债务人的有关人员对其职权范围内的事务作出说明或者提供有关文件，并有权对拒绝接受监督的事项请求人民法院作出决定，人民法院应当在5日内作出决定。

第四节 重整与和解

一、重整

(一) 重整的概念

重整又称为重组、司法康复或者重生,是指对已具备或者可能具备破产原因而又有再建可能的债务人,依法保护其继续营业,实现债务清偿与企业拯救的债务清理制度。通过破产重整,在多方参与下,积极挽救具备破产原因的企业,预防企业破产。

(二) 破产重整的申请

1. 重整申请的主体

(1) 债务人申请破产重整。债务人可以依法直接向人民法院申请重整,或者当债权人申请破产清算时,人民法院在受理破产申请后宣告破产前,债务人也可以向人民法院申请重整。

(2) 债权人申请破产重整。债权人可以依法直接向人民法院申请重整。

(3) 出资人申请破产重整。债权人申请破产清算时,人民法院在受理破产申请后宣告破产前,出资额占债务人注册资本1/10以上的出资人,可以向人民法院申请重整。

2. 重整申请的形式

申请人申请重整应当提交申请书及具备重整原因的相关证明材料。其中,重整申请书应记载债权人、债务人的基本情况、申请对债务人重整的请求、申请的事实和理由等。

3. 重整申请的受理

人民法院审查认为重整申请符合破产法规定的,裁定债务人重整,并予以公告。

(三) 重整的效力

1. 事务执行

在重整期间,管理人负责管理债务人的财产和营业事务,并可以聘任债务人的经营管理人员负责营业事务。除管理人负责债务人的事务执行以外,经债务人申请,人民法院批准,债务人可以在管理人的监督下自行管理财产和营业事务。为此,依照企业破产法的规定已接管债务人财产和营业事务的管理人应当向债务人移交财产和营业事务,管理人的职权由债务人行使。

2. 营业保护

在重整期间,对债务人的特定财产享有的担保权暂停行使。但是,担保物有损坏或者价值明显减少的可能,足以危害担保权人权利的,担保权人可以向人民法院请求恢复行使担保权。债务人或者管理人为继续营业而借款的,可以为该借款设定担保。债务人合法占有的他人财产,该财产的权利人在重整期间要求取回的,应当符合事先约定的条件。在重整期间,债务人的出资人不得请求投资收益分配,债务人的董事、监事、高级管理人员不得向第三人转让其持有的债务人的股权。但是,经人民法院同意的除外。

(四) 重整计划

1. 重整计划的概念

重整计划是指由管理人或者债务人制订,以清理债权债务与安排企业经营为内容的多方法律协议。重整计划应当有利于债务人重整,平衡各方参与人的合法权益。

2. 重整计划的制订

重整期间的营业事务的执行主体制订重整计划,即管理人或者债务人制订重整计划。债务人或者管理人应当自人民法院裁定债务人重整之日起6个月内,同时向人民法院和债权人会议提交重整计划草案。期限届满后,经债务人或者管理人请求,有正当理由的,人民法院可以裁定延期3个月。逾期提出重整计划草案的,人民法院应当裁定终止重整程序,并宣告债务人破产。

重整计划草案应当包括债务人的经营方案、债权分类、债权调整方案、债权受偿方案、重整计划的执行期限、重整计划执行的监督期限以及有利于债务人重整的其他方案。

3. 重整计划的表决

(1) 分组表决。下列各类债权的债权人参加讨论重整计划草案的债权人会议,依照下列债权分类,分组对重整计划草案进行表决:①对债务人的特定财产享有担保权的债权;②债务人所欠职工的工资和医疗、伤残补助、抚恤费用,所欠的应当划入职工个人账户的基本养老保险、基本医疗保险费用,以及法律、行政法规规定应当支付给职工的补偿金;③债务人所欠税款;④普通债权;⑤小额债权组,即人民法院在必要时可以决定在普通债权组中设小额债权组对重整计划草案进行表决;⑥出资人组,即重整计划草案涉及出资人权益调整事项时,应设出资人组对该事项进行表决,但是重整计划草案不涉及出资人权益调整事项的,债务人的出资人代表可以列席讨论重整计划草案的债权人会议。

(2) 表决通过。人民法院应当自收到重整计划草案之日起30日内召开债权人会议,分组对重整计划草案进行表决。债务人或者管理人应当向债权人会议说明重整计划草案,并回答相关询问。出席会议的同一表决组的债权人过半数同意重整计划草案,并且其所代表的债权额占该组债权总额的2/3以上的,即为该组通过重整计划草案。各表决组均通过重整计划草案时,重整计划即为通过。部分表决组未通过重整计划草案时,债务人或者管理人可以同该表决组协商后,该表决组可以在协商后再表决一次。但双方协商的结果不得损害其他表决组的利益。

4. 重整计划效力与执行

经人民法院裁定批准的重整计划,对债务人和全体债权人均有约束力。重整计划由债务人负责执行。按照重整计划减免的债务,自重整计划执行完毕时起,债务人不再承担清偿责任。债务人不能执行或者不执行重整计划时,经管理人或者利害关系人请求,人民法院应当裁定终止重整计划的执行,并宣告债务人破产。债权人在重整计划中作出的债权调整的承诺失去效力。债权人因执行重整计划所受的清偿仍然有效,债权未受清偿的部分作为破产债权。

管理人在重整计划规定的监督期内监督重整计划的执行,债务人应当向管理人报告重整计划执行情况和债务人财务状况。自监督报告提交之日起,管理人的监督职责终止。经管理人申请,人民法院可以裁定延长重整计划执行的监督期限。

(五) 重整程序的终止

1. 重整计划草案被批准

人民法院裁定批准重整计划草案的，终止重整程序，并予以公告。

2. 裁定终止重整程序

(1) 债务人方面的原因。在重整期间，有下列情形之一的，经管理人或者利害关系人请求，人民法院应当裁定终止重整程序：①债务人的经营状况和财产状况继续恶化，缺乏挽救的可能性；②债务人有欺诈、恶意减少债务人财产或者其他显著不利于债权人的行为；③由于债务人的行为致使管理人无法执行职务。

(2) 重整计划方面原因。债务人或者管理人逾期提出重整计划草案，或者重整计划草案未获得通过且未获得人民法院的强制批准，或者债权人会议通过的重整计划未获得人民法院批准的，人民法院应当裁定终止重整程序，并宣告债务人破产。

二、和解

(一) 和解的申请

和解是指为避免破产清算，在破产程序终结前，债权人与债务人就债务偿还协商，依法达成和解协议的法律行为。债务人可以直接向人民法院申请和解，也可以在人民法院受理破产申请后、宣告债务人破产前，向人民法院申请和解。

(二) 和解协议

1. 和解协议的制定与表决

债务人申请和解，应当提出和解协议草案。经人民法院依法审查认为和解申请符合破产法规定的，应当裁定和解，予以公告，并召集债权人会议讨论和解协议草案。债权人会议通过和解协议的决议，由出席会议的有表决权的债权人过半数同意，并且其所代表的债权额占无财产担保债权总额的 2/3 以上。债权人会议通过和解协议的，由人民法院裁定认可，终止和解程序，并予以公告。和解协议草案经债权人会议表决未获得通过，或者已经债权人会议通过的和解协议未获得人民法院认可的，人民法院应当裁定终止和解程序，并宣告债务人破产。

2. 和解协议的效力

和解协议一经公告，和解程序终止，管理人应当向债务人移交财产和营业事务，并向人民法院提交执行职务的报告。

经人民法院裁定认可的和解协议，对债务人和全体和解债权人均有约束力。和解债权人是人民法院受理破产申请时对债务人享有无财产担保债权的人。和解债权人对债务人的保证人和其他连带债务人所享有的权利，不受和解协议的影响。未依法申报债权的和解债权人，在和解协议执行期间不得行使权利；在和解协议执行完毕后，可以按照和解协议规定的清偿条件行使权利。债务人应当按照和解协议规定的条件清偿债务。按照和解协议减免的债务，自和解协议执行完毕时起，债务人不再承担清偿责任。

3. 和解协议的无效与终止

(1) 和解协议的无效。因债务人的欺诈或者其他违法行为成立的和解协议，人民法院应当裁定和解协议无效,并宣告债务人破产。和解债权人因执行和解协议所受的清偿,在其他债权人所受清偿同等比例的范围内,不予返还。

(2) 和解协议的终止。和解协议终止的情形主要有:第一,和解协议草案经债权人会议表决未获得通过,或者已经债权人会议通过的和解协议未获得人民法院认可的,人民法院应当裁定终止和解程序,并宣告债务人破产。第二,债务人不执行或者不能执行和解协议的,人民法院经和解债权人的请求,应当裁定终止和解协议的执行,并宣告债务人破产,但是为和解协议的执行提供的担保继续有效。

人民法院裁定终止和解协议执行的,和解债权人在和解协议中作出的债权调整的承诺失去效力。和解债权人因执行和解协议所受的清偿仍然有效,和解债权未受清偿的部分作为破产债权。

第五节 破产清算

一、破产宣告

破产宣告是指人民法院依据当事人的申请或者法定职权,裁定宣告债务人进入破产清算程序,以公平有序清偿债务的法律行为。破产宣告标志着债务人进入了破产清算的实质阶段。破产宣告的裁定应当自作出之日起5日内送达债务人和管理人,自作出之日10日内通知已知债权人,并予以公告。

债务人被宣告破产后,债务人称为破产人,债务人财产称为破产财产,人民法院受理破产申请时对债务人享有的债权称为破产债权。

二、破产财产的变价和分配

(一) 破产财产的变价

1. 破产财产的变价方案

破产财产的变价是指管理人将非金钱的破产财产,依法转化为货币,以利于清算分配的过程。破产清算以金钱分配为原则,实物分配为例外。管理人接管破产企业后,应当依法及时拟订破产财产变价方案,提交债权人会议讨论。

2. 破产财产的变价出售

破产财产的变价出售以公开拍卖为原则,必要时,对破产财产的价值进行评估。管理人应当按照债权人会议通过的或者人民法院依法强制批准的破产财产变价方案,通过拍卖的方式适时变价出售破产财产的全部或者部分。债权人会议另有决议的除外。对于不能依法拍卖或者限制转让的财产,应当按照国家规定的方式处理。

(二) 破产财产的分配

1. 破产财产的分配方案

管理人应当及时拟订破产财产分配方案,提交债权人会议讨论。破产财产的分配方案应当载明下列事项:①参加破产财产分配的债权人名称或者姓名、住所;②参加破产财产分配的债权额；③可供分配的破产财产数额；④破产财产分配的顺序、比例及数额；⑤实施破产财产分配的方法。破产财产的分配应当以货币分配方式进行，但是债权人会议另有决议的除外。债权人会议通过破产财产分配方案后，由管理人提请人民法院裁定认可，由管理人执行。管理人按照破产财产分配方案实施多次分配的，应当公告本次分配的财产额和债权额。管理人实施最后分配的，应当在公告中指明，并载明有关事项。

2. 破产财产的分配顺序

破产财产在优先清偿破产费用和共益债务后，依照下列顺序清偿：①破产人所欠职工的工资和医疗、伤残补助、抚恤费用，所欠的应当划入职工个人账户的基本养老保险、基本医疗保险费用，以及法律、行政法规规定应当支付给职工的补偿金；破产企业的董事、监事和高级管理人员的工资按照该企业职工的平均工资计算。②破产人欠缴的除前项规定以外的社会保险费用和破产人所欠税款。③普通破产债权。破产财产不足以清偿同一顺序的清偿要求的，按照比例分配。

三、破产程序的终结

破产程序的终结主要有两种情况：①破产人无财产可供分配的，管理人应当请求人民法院裁定终结破产程序；②管理人在最后分配完结后，应当及时向人民法院提交破产财产分配报告，并提请人民法院裁定终结破产程序。

人民法院应当自收到管理人终结破产程序的请求之日起 15 日内作出是否终结破产程序的裁定。裁定终结的，应当予以公告。管理人应当自破产程序终结之日起 10 日内，持人民法院终结破产程序的裁定，向破产人的原登记机关办理注销登记。

四、破产法律责任

企业董事、监事或者高级管理人员违反忠实义务、勤勉义务，致使所在企业破产的，依法承担民事责任。有前述情形的人员，自破产程序终结之日起 3 年内不得担任任何企业的董事、监事、高级管理人员。

对于债务人而言，有义务列席债权人会议的债务人的有关人员，经人民法院传唤，无正当理由拒不列席债权人会议的，人民法院可以拘传，并依法处以罚款。债务人的有关人员违反法律规定，拒不陈述、回答，或者作虚假陈述、回答的，人民法院可以依法处以罚款。债务人违反法律规定，拒不向人民法院提交或者提交不真实的财产状况说明、债务清册、债权清册、有关财务会计报告以及职工工资的支付情况和社会保险费用的缴纳情况的，人民法院可以对直接责任人员依法处以罚款。债务人违反法律规定，拒不向管理人移交财产、印章和账簿、文书等资料的，或者伪造、销毁有关财产证据材料而使财产状况不明的，人民法院可以对直接责任人员依法处以罚款。债务人的有关人员违反法律规定，擅自离开住所地的，人民法院可以予以训诫、拘留，可以依法并处罚款。

对于管理人而言，其未依照破产法规定勤勉尽责，忠实执行职务的，人民法院可以依法处以罚款；给债权人、债务人或者第三人造成损失的，依法承担赔偿责任。

违反《企业破产法》规定，构成犯罪的，依法追究刑事责任。

练习题

一、单项选择题

1. 下列各项中，根据企业破产法律制度的规定，对企业破产有管辖权的是（　　）。
   A. 债务人住所地人民法院　　　B. 债权人所在地人民法院
   C. 破产财产所在地人民法院　　D. 债务合同履行地人民法院

2. 人民法院在受理甲公司破产申请时，查明乙公司已将合同约定的货物发运给买受人甲公司，但甲公司尚未收到且未付清全部价款。根据《企业破产法》的规定，该运输途中的货物，可以（　　）。
   A. 作为甲公司的财产
   B. 由乙公司追回
   C. 由人民法院支付全部价款，请求出卖人交付标的物
   D. 由管理人所有

3. 人民法院受理甲企业的破产申请后，乙企业有权对出租给甲企业的机器设备行使取回权。乙企业行使取回权的下列方式中，符合企业破产法律制度规定的是（　　）。
   A. 自行取回　　　　　　　　　B. 通过债权人会议取回
   C. 通过管理人取回　　　　　　D. 申请人民法院裁定取回

4. 下列关于债权人会议的说法中，符合《企业破产法》规定的有（　　）。
   A. 债权人会议由申报债权的债权人组成
   B. 凡是债权人会议的成员，都享有出席会议和对会议所议事项进行表决的权利
   C. 债权尚未确定的债权人，不得出席债权人会议
   D. 对债务人的特定财产享有担保权的债权人，不享有表决权

二、多项选择题

1. 根据企业破产法律制度的规定，人民法院裁定受理破产申请的，应当同时指定管理人。下列各项中，属于管理人职责的是（　　）。
   A. 决定债务人的内部管理事务　　B. 拟订破产财产的分配方案
   C. 提议召开债权人会议　　　　　D. 代表债务人参加诉讼、仲裁

2. 根据企业破产法律制度的规定，人民法院受理债务人的破产申请后，下列各项中，债权人可以申报债权的是（　　）。
   A. 附条件、附期限的债权　　　　B. 诉讼、仲裁未决的债权
   C. 未到期的债权　　　　　　　　D. 债务人所欠职工的工资

3. 债权人申请对债务人进行破产清算的，在人民法院受理破产申请后，宣告债务人破产前，可以依法申请对债务人进行重整的有（　　）。
   A. 债权人
   C. 债务人的出资人
   B. 债务人
   D. 出资额占债务人注册资本1/10以上的出资人

4. 根据《企业破产法》的规定，破产界限的实质标准是债务人不能清偿到期债务。下列情形中，可以界定为债务人不能清偿到期债务的有（　　）。

A. 债务人不能以财产、信用或能力等任何方式清偿债务
B. 债务人停止支付到期债务并呈连续状况
C. 债务人资不抵债
D. 债务人对主要债务在可预见的相当长时间内持续不能偿还

三、简答题

1. 简述破产的概念和特征。
2. 破产管理人的任职资格及职责义务有哪些？
3. 简述债权人会议决议的法律规定。
4. 简述重整的概念及重整计划草案的内容。
5. 什么是重整？什么是和解？比较两者的区别。

四、案例分析题

某企业因经营管理不善，不能清偿到期债务，依法被宣告破产。经查，该企业财产状况如下：现有现金、实物100万元，房地产700万元。其中，一处房地产抵押给甲银行贷款200万元，该处房产现值为300万元，另一处价值100万元的房地产抵押给乙银行贷款150万元。

负债情况如下：总债务3 100万元，除上述两笔贷款外，尚欠A企业100万元、B企业200万元、C企业600万元，欠国家税收300万元、职工工资100万元，破产费用和共益债务70万元。另外，该企业借用了D企业的一台工程车，价值120万元，E企业欠该企业50万元债务尚未收回。

问题：

应该如何进行破产清偿？C企业能得到清偿的债权额是多少？

第六章

合同法律制度

本章导读

合同法律制度是市场经济最重要的基础性法律制度，可以说市场经济就是合同经济。通过学习本章，要求了解合同的立法概况、合同的分类。熟悉要约与承诺、合同的效力、无效合同与可撤销合同的区别、违约责任的归责原则及免责事由。掌握合同的概念、合同的条款、合同示范文本、格式条款、合同履行中的抗辩权、代位权、撤销权，合同担保的形式、合同漏洞的填补规则等规定。能灵活地运用、分析和处理各种合同实务问题。

第一节　合同和合同法律制度概述

一、合同概述

（一）合同的概念

合同也称契约，"契"是指刻在兽骨或者龟甲上的文字，而"约"则是规约。"契约"的意思就是"记录下来的合约"。我们古代的契约曾经是由铜或铁等金属铸成，分为两半互相吻合，当事人双方各执一半。后来以纸契为主，但也要在骑缝上盖上双方的印鉴，各执一份，能够对缝合印。再后来广泛运用于交易活动中，双方就达成一致的协议一式两份，各执一份，内容相同，就是民法上的契约。我国从清末立法时，就称为契约。中华人民共和国成立后，废"契约"而用"合同"，意在创新并割断与旧法的联系，其内涵基本相同。

根据我国《民法典》对合同的定义，合同是民事主体之间设立、变更、终止民事法律关系的协议。

婚姻、收养、监护等有关身份关系的协议，适用有关该身份关系的法律规定；没有规定的，可以根据其性质参照适用民法典合同编的规定。

(二)合同的分类

1. 根据法律是否对合同赋予特定的名称,将合同分为有名合同和无名合同

有名合同又称典型合同,是指法律上已经确定了一定的名称及规则的合同。如《民法典》第3编第2分编"典型合同"里规定的19类有名合同;《民法典》第2编第4分编"担保物权"里规定的抵押合同、质押合同;保险法规定的保险合同。

无名合同又称非典型合同,是指法律上尚未确定名称与规则的合同,如家教及家政服务合同、美容服务合同、法律服务合同等。无名合同如经法律确认或在形成统一的交易习惯后,可以转化为有名合同。合同法的历史是非典型合同不断变成典型合同的过程。例如,在我国,旅游服务合同原为无名合同,《中华人民共和国旅游法》颁行后便转化为有名合同。

2. 根据法律是否要求合同具备一定的形式和手续,分为要式合同和不要式合同

要式合同就是法律规定必须采取一定的形式或者经过一定的程序才能成立或者生效的合同。不要式合同是指那些法律不要求采取任何特定的形式,当事人可以自由选择形式要件就能够使其成立和生效的合同。实践中,大多数合同是不要式合同,只有一些重要的交易合同,法律要求当事人采取特定的形式,以便国家监督管理。现代合同法中,合同的形式是以不要式为原则,以要式为例外。

3. 依据合同的成立是否需要交付标的物,将合同分为诺成合同和实践合同

诺成合同又称为不要物合同,是指以当事人的意思表示一致为成立要件的合同。这种合同不以交付标的物作为合同成立要件,故又称不要物合同。如买卖合同、租赁合同等。

实践合同又称要物合同,是指除当事人意思表示一致外,还需要交付标的物才能成立的合同。诺成合同应该是合同的一般形态,法律规定实践合同是为了在特殊情况下保护一方当事人的利益。常见的实践合同有保管合同、自然人之间的借贷合同、定金合同。例如,小件寄存合同,在没有交付实物之前,合同不成立,保管人可以接受其他人的寄存。在这种合同中,只有即时交付才能保护债权人的利益与交易安全。

4. 根据当事人的权利义务不同,将合同分为双务合同和单务合同

双务合同是指当事人双方相互负有对待给付义务的合同,即一方当事人所享有的权利就是他方当事人所负担的义务,也就是说,双方当事人之间存在着互为对价的关系。对价义务并不要求双方的给付价值相等,而只是要求双方的给付具有相互依存、相互牵连的关系即可。双务合同都是有偿合同,因为在无偿的情况下,通常合同不具有对价性。如买卖合同、承揽合同、租赁合同等是双务合同,赠与合同则不是。

单务合同是指当事人双方并不相互负有对等给付义务的合同。典型的单务合同包括借款人的借款合同(不管有偿与否)。有偿借款合同存在对价,但无对待给付义务,因为是实践合同,交付后成立,交付行为是合同成立的条件,不是合同义务。

5. 根据当事人是否因给付而取得利益,将合同分为有偿合同和无偿合同

享有合同权利而必须付出对价的合同称为有偿合同,反之,则为无偿合同。转移所有权的合同,有偿叫作买卖;无偿的叫作赠与。转移使用权的合同,有偿的叫作租赁;无偿的叫作借用。

二、合同法律制度概述

(一) 立法概况

1981年12月13日,第五届全国人民代表大会第四次会议通过了《经济合同法》(1982年7月1日施行);1985年3月21日,第六届全国人大常委会第十次会议通过了《涉外经济合同法》(1985年7月1日施行);1987年6月23日,第六届全国人大常委会第二十一次会议通过了《技术合同法》(1987年1月1日施行)。但是随着社会经济的不断发展,这三部合同法已不能完全适应社会主义市场经济需要,需要修改合同法,实行三法合一。1999年3月15日第九届全国人民代表大会第二次会议审议通过了《合同法》(1999年10月1日施行)。2020年5月28日,第十三届全国人民代表大会第三次会议表决通过了《中华人民共和国民法典》,自2021年1月1日起施行。《民法通则》《担保法》《合同法》《民法总则》等9部法律同时废止。《民法典》共7编,依次为总则编、物权编、合同编、人格权编、婚姻家庭编、继承编、侵权责任编,以及附则,共1260条。其中第3编为合同编,调整因合同产生的民事关系。

(二) 我国合同法律制度的基本原则

1. 合同自由原则

民法的基本原则是私法自治原则,在合同法律制度中的体现就是合同自由原则。它包括两方面含义:第一,当事人的合意具有法律的效力。合同的本质在于合意,合同自由不仅是要鼓励交易,而且还要强调出于自愿。合同自由原则首先要确立一个"约定优先"原则,民法典中一些条文都规定了"当事人另有约定的除外",表明当事人的合意具有优先于民法典中任意性规范而适用的效力。合同法律制度设定了许多规则,但这些规则大多可以通过当事人的自由约定而加以改变。第二,当事人应依法享有自由决定是否缔约、选择缔约伙伴、确定合同内容、决定合同的变更和解除等权利。但是,合同自由是一种相对的自由,不是绝对的自由。违反国家强制性和禁止性规定的合同无效。自愿原则必须依法。《民法典》第8条规定,民事主体从事民事活动,不得违反法律,不得违背公序良俗。

2. 诚实信用原则

诚实信用原则在现代合同法律制度里被称为"帝王原则"。它的功能在不断扩张。法官可以根据这个规则来解释法律、合同,并做出判决。诚信原则也是效率原则的要求。当事人行使权利、履行义务应当遵循诚实信用原则。合同法律制度强调诚信原则,在此基础上建立一个义务群,包括前契约义务、准备履行的义务、履行过程中的附随义务以及后契约义务。

3. 鼓励交易原则

合同法律制度要反映市场经济的本质需要,只有鼓励交易,才能提高效率,创造财富,降低交易成本。从发展趋势看,鼓励交易已越来越成为合同法律制度发展的重要趋势。具体体现在四个方面:一是合同解释的客观化倾向。对当事人的争议依据客观环境等因素进行解释。二是在合同的成立方面,就是努力促成合同成立。例如,非实质性变更不构成反要约的规则。三是商业习惯以及当事人之间的交易习惯对当事人具有拘束力。四是禁反言规则以及信赖利益保护规则。

第二节 合同的订立

一、合同订立的程序

合同的订立是指当事人就合同条款的权利义务协商一致,从而达成协议的法律行为。当事人订立合同,可以采取要约、承诺的方式或者其他方式。采用要约、承诺的方式订立合同的,当事人之间通常要经历"要约—新要约—承诺"这样一个动态的过程,一般由一方当事人先提出订立合同的意思表示,然后当事人之间可能要经过若干次讨价还价的协商,最后双方达成一个明确的协议。经过合同订立这个复杂的过程后形成了明确的静态协议,才标志着合同的成立。

(一)要约

要约在贸易实践中又称发盘、发价,是指一方当事人以缔结合同为目的,向相对人所作的意思表示。

1. 要约的概念和构成要件

(1) 要约的概念。要约是希望和他人订立合同的意思表示。发出要约的人为要约人,接受要约的人为受要约人。

(2) 合格的要约必须具备以下要件。

① 要约必须是特定人所为的意思表示。要约人必须特定,否则受要约人无法承诺。所谓特定人,即外界能客观确定的人,不要求受要约人了解何人为要约人。例如,设置自动售货机出售货物,前来购物者即使不知要约人为何人,也不妨碍自动售货机为要约。

② 要约的内容必须具体而确定。所谓"具体",是指要约的内容必须具有足以使合同成立的主要条款。例如,买卖合同的要约需要具备标的物、数量,可谓内容具体。所谓"确定",是指要约的内容明确,而非含糊不清,要约在内容上是最终的、无保留的。

③ 要约应当以明确的方式向受要约人发出。希望订立合同的意思存于要约人内心,尚未对外表示者,不构成要约。受要约人既可以是特定的一人或数人,也可以是不特定的人。例如,超市货架上标价陈列的货物、自动售货机、符合要约规定的商业广告、市内公共汽车都是向不特定的受要约人发出的要约。

④ 要约必须具有订立合同的表示意思与效果意思,并标明一经承诺,要约人即受该意思表示约束。

2. 要约的生效

要约生效的时间适用《民法典》第137条的规定,以对话方式作出的意思表示,相对人知道其内容时生效。以非对话方式作出的意思表示,到达相对人时生效。以非对话方式作出的采用数据电文形式的意思表示,相对人指定特定系统接收数据电文的,该数据电文进入该特定系统时生效;未指定特定系统的,相对人知道或者应当知道该数据电文进入其系统时生效。当事人对采用数据电文形式的意思表示的生效时间另有约定的,按照其约定。无相对人的意思表示,表示完成时生效。法律另有规定的,依照其规定。以公告方式作出的意思表示，公告发布时生效。

3. 要约的撤回和撤销

（1）要约的撤回。要约可以撤回，撤回要约的通知应当在要约到达受要约人之前或者与要约同时到达受要约人。

（2）要约的撤销。撤销要约的意思表示以对话方式作出的，该意思表示的内容应当在受要约人作出承诺之前为受要约人所知道；撤销要约的意思表示以非对话方式作出的，应当在受要约人作出承诺之前到达受要约人。有下列情形之一的，要约不得撤销：①要约人确定了承诺期限或者以其他形式明示要约不可撤销；②受要约人有理由认为要约是不可撤销的，并已经为履行合同做了合理准备工作。

4. 要约的失效

有下列情形之一的，要约失效：①要约被拒绝；②要约被依法撤销；③承诺期限届满，受要约人未作出承诺；④受要约人对要约的内容作出实质性变更。

5. 要约邀请

要约邀请又称要约诱引，是指希望他人向自己发出要约的意思表示。

要约与要约邀请的区别：①看订约意图。要约是当事人自己主动愿意订立合同的意思表示，要约邀请是希望对方主动向自己提出订立合同的意思表示。②看要约是不是包含未来合同的主要条款。③要约人受其发出的生效要约的拘束，要约邀请则对行为人不具有任何约束力。④看它是不是对特定人发出。原则上讲，要约都是向特定人发出的。⑤寄送的价目表、拍卖公告、招标公告、招股说明书、债券募集办法、基金招募说明书、商业广告和宣传、寄送的价目表等为要约邀请。商业广告和宣传的内容符合要约条件的，构成要约。悬赏广告则属于要约，《民法典》第499条规定，悬赏人以公开方式声明对完成特定行为的人支付报酬的，完成该行为的人可以请求其支付。

（二）承诺

1. 承诺的概念

承诺是指受要约人同意接受要约的条件以缔结合同的意思表示。承诺是对要约的回应，其法律意义在于，对于一个要约作出承诺是使合同最终成立的行为。一般情况下，承诺一经生效，合同即告成立，要约也因此转化为对双方均有约束力的契约。所以，承诺也是合同成立的必经阶段，而且是合同成立的决定性阶段。

2. 承诺的构成要件

（1）承诺应当由受要约人或其代理人作出。

（2）承诺必须在要约的期限内到达要约人。如果要约规定了承诺期限，承诺应当在规定期限内到达要约人。要约没有规定承诺期限的，如果要约是以对话方式作出的，受要约人应当即时作出承诺；如果要约是以非对话方式作出的，受要约人应当在合理期限内作出承诺并到达要约人。未在合理期限内作出承诺并到达要约人的，不能构成有效的承诺，而只能视为向要约人发出要约。

（3）承诺的内容应当与要约的内容一致。受要约人对要约的内容作出实质性变更的，为新要约。有关合同标的、数量、质量、价款或者报酬、履行期限、履行地点和方式、违约责任和解决争议方法等的变更，是对要约内容的实质性变更。承诺对要约的内容作出非实质性变更的，除要约人及时表示反对或者要约表明承诺不得对要约的内容作出任何变更以外，该承诺有效，合同的内容以承诺的内容为准。

3. 承诺的方式

承诺的方式是指承诺人采用何种方式将承诺通知送达要约人。承诺一般应当用明示形式，以通知的方式作出，但根据交易习惯或者要约表明可以通过行为作出承诺的除外。

4. 承诺的生效

以通知方式作出的承诺，生效的时间适用《民法典》第137条的规定。承诺不需要通知的，根据交易习惯或者要约的要求作出承诺的行为时生效。

受要约人超过承诺期限发出承诺，或者在承诺期限内发出承诺，按照通常情形不能及时到达要约人的，为新要约；但是，要约人及时通知受要约人该承诺有效的除外。

5. 承诺的撤回

撤回承诺的通知应当在承诺通知到达要约人之前或者与承诺通知同时到达要约人。承诺撤回是合同法规定的承诺消灭的唯一原因。撤回承诺，应当以通知的形式由承诺人向要约人发出。撤回通知应当明确表明撤回承诺，不愿意成立合同的意思，否则不产生撤回承诺的效力。

二、合同的成立

（一）合同成立的时间

承诺生效时合同成立，但是法律另有规定或者当事人另有约定的除外。

当事人采用合同书形式订立合同的，自当事人均签名、盖章或者按指印时合同成立。在签名、盖章或者按指印之前，当事人一方已经履行主要义务，对方接受时，该合同成立。法律、行政法规规定或者当事人约定合同应当采用书面形式订立，当事人未采用书面形式但是一方已经履行主要义务，对方接受时，该合同成立。

当事人采用信件、数据电文等形式订立合同要求签订确认书的，签订确认书时合同成立。当事人一方通过互联网等信息网络发布的商品或者服务信息符合要约条件的，对方选择该商品或者服务并提交订单成功时合同成立，但是当事人另有约定的除外。

（二）合同成立的地点

承诺生效的地点为合同成立的地点。采用数据电文形式订立合同的，收件人的主营业地为合同成立的地点；没有主营业地的，其住所地为合同成立的地点。当事人另有约定的，按照其约定。

当事人采用合同书形式订立合同的，最后签名、盖章或者按指印的地点为合同成立的地点，但是当事人另有约定的除外。合同约定的签订地与实际签字或者盖章地点不符的，约定的签订地为合同签订地；合同没有约定签订地，双方当事人签字或者盖章不在同一地点的，最后签字或者盖章的地点为合同签订地。

（三）合同的相对性原则

依法成立的合同，受法律保护。依法成立的合同，仅对当事人具有法律约束力，但是法律另有规定的除外。

案例思考 6-1

某商场向纺织厂发出传真，订购 1 万米纯毛布料，价格为 120 元/米。纺织厂发回传真，提出每米价格为 130 元，先付 20% 定金。商场回电同意。合同签订后纺织厂未履约。

【问题】此合同纠纷由商场所在地还是由纺织厂所在地人民法院管辖？

【分析】首先要明确因购销合同而提起的诉讼，由合同成立地人民法院管辖。接下来要明确合同成立地，承诺生效的地点为合同成立地。本案中，商场发出要约，纺织厂对要约内容作了实质性的变更，构成了新的要约，对于这新要约，商场作出了承诺，并支付了定金。显然，商场的承诺到达纺织厂所在地时承诺生效，合同正式在纺织厂所在地成立。所以，此案应由纺织厂所在地人民法院管辖。

三、合同的形式与内容

（一）合同的形式

当事人订立合同，可以采用书面形式、口头形式或者其他形式。合同形式在对于固定证据、警告当事人郑重其事、区分磋商与缔约两个阶段均有重要意义。

1. 书面形式

书面形式是指合同书、信件、电报、电传、传真等可以有形地表现所载内容的形式。以电子数据交换、电子邮件等方式能够有形地表现所载内容，并可以随时调取查用的数据电文，视为书面形式。现代合同法基于保护消费者和弱者的利益，也对某些合同提出了书面形式的要求。如消费者信贷合同、住房租赁合同、全包度假合同、培训合同等合同中越来越要求采取书面形式。

2. 口头形式

口头形式是指当事人双方只用语言表示订立合同，而不用文字表达协议内容的合同形式。口头形式的合同简单、方便、迅速，但口头形式的缺点也是明显的，即不能复制，容易发生争议。发生争议后不易举证。对于非即时清结的和标的额较大的合同，还是用书面形式为好。

3. 其他形式

其他形式是指当事人用他们实际履行合同的行为来订立合同，包括推定形式和默示形式。①推定形式是指当事人不直接用书面方式或者口头方式进行意思表示，而是通过某种行为来进行意思表示。如商店里的自动售货机，顾客将规定的货币投入机器，买卖合同即成立。②默示形式是指当事人用沉默不语的方式进行意思表示。《民法典》第 140 条第 2 款规定，沉默只有在有法律规定、当事人约定或者符合当事人之间的交易习惯时，才可以视为意思表示。如在试用买卖合同中，试用人可以在试用期限内购买标的物，也可以拒绝购买，但是在试用期满时，不表示是否购买的，视为购买。

（二）合同的内容

1. 合同的一般条款

合同的内容由当事人约定，一般包括以下条款：①当事人的名称或者姓名和住所；②标的；③数量；④质量；⑤价款或者报酬；⑥履行期限、地点和方式；⑦违约责任；

⑧解决争议的方法。当事人可以参照各类合同的示范文本订立合同。

2. 格式条款

(1) 格式条款的概念。

格式条款是当事人为了重复使用而预先拟定，并在订立合同时未与对方协商的条款。

(2) 对格式条款的法律规制

①采用格式条款订立合同的，提供格式条款的一方应当遵循公平原则确定当事人之间的权利和义务，并采取合理的方式提示对方注意免除或者减轻其责任等与对方有重大利害关系的条款，按照对方的要求，对该条款予以说明。提供格式条款的一方未履行提示或者说明义务，致使对方没有注意或者理解与其有重大利害关系的条款的，对方可以主张该条款不成为合同的内容。

以上是《民法典》第496条的规定，这条规定扩大了提示说明义务，加强了对接受格式条款一方的保护。

②格式条款的无效包括以下情形：提供格式条款一方不合理地免除或者减轻其责任、加重对方责任、限制对方主要权利；提供格式条款一方排除对方主要权利。

③对格式条款的理解发生争议的，应当按照通常理解予以解释；对格式条款有两种以上解释的，应当作出不利于提供格式条款一方的解释。格式条款和非格式条款不一致的，应当采用非格式条款。

案例思考6-2

被告开设了一家实弹射击娱乐场所，原告带领第三人前往被告处练习射击，原告正欲举枪射击时，不料第三人操作有误，将子弹射向离原告不远处的水泥地面，弹壳反弹击伤原告的面部，因第三人无力承担赔偿责任，原告请求被告赔偿其医疗费、住院费、精神损失费，共计15万元。被告提出，射击操作规程公开悬挂在醒目处，其射击操作规程注意事项中明确告知"违反操作规则，责任自负。"因此，被告不应承担责任。

【问题】

(1) 该注意事项是否属于格式条款？为什么？

(2) 被告是否尽到提请注意的义务？该条款是否已订入合同？

(3) 被告是否因此可以被免除责任？为什么？

【分析】

(1) 该注意事项属于格式条款。因为这是被告一方为了重复使用、预先制定、订立时未与对方协商的条款。

(2) 被告已经尽到提请注意的义务。因为被告将射击操作规程公开悬挂在醒目处。所以该条款已经订入合同。

(3) 被告不能因此被免除责任。因为该注意事项是无效的。第一，根据《消费者权益保护法》第26条的规定，经营者不得以格式条款、通知、声明、店堂告示等方式，作出排除或者限制消费者权利、减轻或者免除经营者责任、加重消费者责任等对消费者不公平、不合理的规定，不得利用格式条款并借助技术手段强制交易。《消费者权益保护法》第18条同时规定，经营者应当保证其提供的商品或者服务符合保障人身、财产安全的要求。

第二,《民法典》第506条规定,合同中的下列免责条款无效:①造成对方人身伤害的;②因故意或者重大过失造成对方财产损失的。该条款同时违反了《民法典》第8条的规定,民事主体从事民事活动,不得违反法律,不得违背公序良俗。

3. 示范合同

示范合同是指根据法规和惯例而确定的具有示范作用的文件。在我国,房屋的买卖、房屋租赁、建筑等许多行业正在逐渐推行各类示范合同。示范合同的推广对于完善合同条款、明确当事人的权利义务、减少因当事人欠缺合同法律知识而产生的各类纠纷具有积极作用。

格式条款与示范合同的区分标准是为了反复使用而预先制定且未与对方协商说。示范合同虽然是预先制定的,但不是为了反复使用的(可能为一次性的使用而制定),或者说是可以与对方协商的。条款的内容不能与对方协商是格式条款与示范合同的根本区别。格式条款是固定的、不能修改的,而示范合同只是订约的参考,可以协商修改。

4. 预约合同

《民法典》第495条规定,当事人约定在将来一定期限内订立合同的认购书、订购书、预订书等,构成预约合同。当事人一方不履行预约合同约定的订立合同义务的,对方可以请求其承担预约合同的违约责任。

四、缔约过失责任

(一) 缔约过失责任的概念和构成要件

缔约过失责任也称缔约过错责任,是指当事人在订立合同过程中,缔约当事人一方因故意或者过失致使合同未成立、未生效、被撤销或无效,给他人造成信赖利益损失所应承担的民事责任。

缔约过失责任作为一种违反先合同义务的行为,异于违约责任,两者在性质、发生时间、归责原则、承担责任的方式及赔偿范围等方面均存在区别,见表6-1。

表6-1 缔约过失责任与违约责任的区别

区别	缔约过失责任	违约责任
性质	法定的损害赔偿责任,其目的是解决没有合同关系的情况下因一方的过错而造成另一方信赖利益损失的问题	由当事人自行约定,如当事人可以约定违约金、损害赔偿金的计算方法和数额等
适用的范围	合同未成立、合同未生效、合同无效等	生效合同
产生的时间	合同成立之前的合同缔结阶段	合同生效之后
具体责任形式	单一的损害赔偿责任	支付违约金、赔偿损失和实际履行等多种形式
赔偿范围	信赖利益的损失	可期待利益的损失
损害赔偿的限度	不得超过合同有效时相对人所可能得到的履行利益	不能超过违反合同的一方在订立合同时应当预见到的因违约所可能造成的损失

(二) 承担缔约过失责任的情形

(1) 假借订立合同，恶意进行磋商。

(2) 故意隐瞒与订立合同有关的重要事实或者提供虚假情况。

(3) 有其他违背诚实信用原则的行为。包括：违反要约邀请；违反有效的要约；违反强制订约义务，从而给对方造成信赖利益的损失。

(4) 当事人在订立合同过程中知悉的商业秘密或者其他应当保密的信息，无论合同是否成立，不得泄露或者不正当地使用；泄露、不正当地使用该商业秘密或者信息，造成对方损失的，应当承担赔偿责任。

第三节 合同的效力

一、合同的效力概述

合同的效力是指已经成立的合同在当事人之间产生的一定的法律拘束力，也就是通常所说的合同的法律效力。已经成立的合同，其效力状态也不尽相同，具体包括生效合同，无效合同，可撤销合同，以及效力待定合同四种类型。

二、合同的生效

(一) 合同生效的概念

合同生效是指已经成立的合同在当事人之间产生了法律约束力。合同的成立就是指订约当事人就合同的主要条款达成了合意，完成了要约和承诺的过程。成立是生效的前提。依法成立的合同，自成立时生效。

(二) 合同的生效要件

1. 当事人具有相应的民事行为能力

对于自然人而言，应具有完全民事行为能力；或者虽为限制民事行为能力人，但可以订立纯获利益的合同或者与其年龄、智力、精神健康状况相适应的合同。

2. 意思表示真实

合同是当事人在协商一致基础上的真实意思表示的产物。当事人的意思表示不仅要一致，而且应真实。当事人在意思表示不真实的情况下所订立的合同，并不当然地产生法律效力。

3. 不违反法律和社会公共利益

当事人订立合同，不违反法律、行政法规的强制性规定，不违背公序良俗；不得扰乱社会经济秩序，损害社会公共利益。

4. 合同形式符合要求

法律、行政法规规定或者当事人约定合同应当采取特定形式才生效的，则只有在合同形式符合规定或约定后才生效。例如，法律、行政法规规定应当办理批准、登记等手续生效的，依照其规定。

(三）附条件合同与附期限合同

1. 附条件合同

附条件合同是指双方当事人在合同中约定某种事实状态，并以将来发生或不发生作为合同生效或不生效的限制条件。

当事人对合同的效力可以约定附条件。附生效条件的合同，自条件成就时生效；附解除条件的合同，自条件成就时失效。当事人为自己的利益不正当地阻止条件成就的，视为条件已成就；不正当地促成条件成就的，视为条件不成就。

案例思考6-3

"非诚勿扰"人气女嘉宾孙某某，被男嘉宾鄂某某起诉要求返还之前为其购买的宝马车车款约30万元。原告诉称，2010年9月初，原告参与江苏卫视"非诚勿扰"节目，结识被告孙某某，确立男女朋友关系，并见过双方父母，之后商量结婚事宜。2010年11月，原告为被告购买宝马车一辆，并登记在其名下，相关款项共计约30万元。后两人分手。

【问题】宝马车是附条件的赠与吗？所附条件是什么？宝马车能返还吗？

【分析】赠车登记在被告名下系一种附解除条件的赠与行为，若双方共同生活并缔结婚姻关系，财产赠与目的实现，赠与行为有效；如双方未能继续恋爱、共同生活并缔结婚姻关系，赠与行为则失去法律效力。对原告要求返还轿车，应予支持。

2. 附期限合同

民事合同可以附期限，但是根据其性质不得附期限的除外。附生效期限的合同，自期限届至时生效；附终止期限的合同，自期限届满时失效。

三、无效合同

（一）无效合同的概念

无效合同是指当事人所缔结的合同因严重欠缺生效要件，在法律上不按当事人的合意的内容赋予效力的合同。合同无效场合得依据法律规定，而非当事人的合意。合同无效发生赔偿损失等法律效果。

（二）无效合同的特征

（1）自始无效。即无效合同从订立时起就是无效的。《民法典》第155条规定，无效的或者被撤销的民事法律行为自始没有法律约束力。

（2）当然无效。无效合同不经过诉讼程序来解决。进入诉讼程序或仲裁程序后，即使当事人没有主张无效，法院和仲裁机关也可代表国家或依职权对无效合同进行干预，而不受不告不理原则的影响。

（3）确定无效。对违法的事实没有争议，无效的状态是明确的、肯定的。同时，《民法典》第156条规定，民事法律行为部分无效，不影响其他部分效力的，其他部分仍然有效。

（4）永久无效。无效合同有一个重要规则就是不得履行，即不能随着时间的推移而使无效合同转为有效合同。《民法典》第157条规定，民事法律行为无效、被撤销或者确定不发生效力后，行为人因该行为取得的财产，应当予以返还；不能返还或者没有必要返还的，应当折价补偿。有过错的一方应当赔偿对方由此所受到的损失；各方都有过错的，应当各自承担相应的责任。法律另有规定的，依照其规定。

（三）无效合同的种类

1. 合同无效

根据《民法典》总则编的规定，无效合同有以下几种。

（1）无民事行为能力人签订的合同。

（2）合同双方以虚假的意思签订的合同。

（3）违反法律、行政法规的强制性规定的合同。但是，该强制性规定不导致该合同无效的除外。

（4）违背公序良俗的合同。

（5）行为人与相对人恶意串通，损害他人合法权益的合同。

2. 免责条款无效

《民法典》对免责条款做了规定。一般来说，当事人经过充分协商确定的免责条款，只要建立在当事人自愿的基础之上，法律上规定的免责条款是给予承认的。但是对于严重违反诚实信用原则和社会公共利益的免责条款，法律予以禁止。《民法典》第506条规定合同中的下列免责条款无效：①造成对方人身伤害的；②因故意或者重大过失造成对方财产损失的。

四、可撤销合同

（一）可撤销合同的概念、特征

可撤销合同是指合同成立后，存在法定事由，人民法院或者仲裁机构根据当事人的申请在审理后根据具体情况准许撤销有关内容的合同。

可撤销合同有以下特征：①可撤销合同在被撤销前是有效合同。②可撤销合同一般是意思表示不真实的合同。③通过撤销权人行使撤销权，使已经生效的合同归于消灭，合同自始无效。④可撤销合同的撤销必须由人民法院或仲裁机构作出。

（二）可撤销合同的撤销事由

根据《民法典》总则编的规定，可撤销合同的撤销事由有以下几种。

（1）重大误解

重大误解的构成条件有四个：①必须有意思表示的成立；②表示行为与效果意思不一致；③这种不一致须是表意人不知或误认所致；④表意人的不知或误认是由于他自己的原因所致，即使有对方当事人的行为影响，也不是由于对方当事人的欺诈所致。否则，只能构成欺诈。

（2）欺诈

欺诈具体包括以下内容。①相对人欺诈："一方以欺诈手段，使对方在违背真实意思的情况下实施的民事法律行为，受欺诈方有权请求人民法院或者仲裁机构予以撤销。"（《民法典》第148条）。②第三人欺诈："第三人实施欺诈行为，使一方在违背真实意思的情况下实施的民事法律行为,对方知道或者应当知道该欺诈行为的,受欺诈方有权请求人民法院或者仲裁机构予以撤销。"(《民法典》第 149 条)。

案例思考 6-4

2002 年 1 月,陆某至无锡某木业公司购买柚木地板,陆某在看了柚木地板后不满意并询问有无更好的地板,木业公司遂向陆某介绍"柚木王"地板。木业公司在介绍"柚木王"地板时未讲明该地板是否为柚木地板,陆某未询问该地板是否是柚木地板,也未表示非柚木地板不买。后木业公司以每平方米 300 元的价格向其出售"柚木王"地板素板 104.9 平方米,总计支付价款 31 470 元,安装后地板发生裂缝,经鉴定方知"柚木王"是摘亚木的俗称,不含柚木成分。

【问题】
(1) 木业公司的行为是否已构成欺诈?
(2) 木业公司是否侵犯了消费者的知情权?
(3) 本案能否构成重大误解?

【分析】经营者的不作为能否构成《消费者权益保护法》上所规定的欺诈?最高人民法院的司法解释明确规定,故意隐瞒真实情况也构成欺诈。可见,缔约双方互相告知真实情况是其义务,即告知义务。在服务消费领域,告知义务是一种法定义务。《消费者权益保护法》第 8 条规定:消费者享有知悉其购买、使用的商品或者接受的服务的真实情况的权利。同时该法第 19 条规定:经营者应当向消费者提供有关商品或者服务的真实信息。据此,经营者有义务告知而未告知,其不作为就有可能产生两个法律后果:其一,构成欺诈(同时侵犯知情权);其二,侵犯消费者知情权。本案被告未告知原告产品真实材质的行为是以消极不作为方式构成欺诈,侵犯了消费者的知情权。

本案不能构成重大误解。本案中,原告的意思表示并没有发生错误,只是在购买时,由于被告的隐瞒导致其购买了地板。其购买地板错误,不是其自发产生的误解,而是因为对方的引诱所导致的。因此,原告的表意和购买均不存在过错,无法认定其行为是重大误解。

(3) 胁迫

胁迫有两种情况。狭义的胁迫,即威胁与强迫。广义的胁迫就是以行将发生的祸害相威胁或者说恐吓。胁迫的特点是胁迫者直接实施或将要实施某种不法行为,使对方出于恐惧而违心地签定合同。

(4) 自始显失公平

显失公平的构成要件是:①须给付与对待给付之间显失均衡;②须一方利用了对方处于危困状态、缺乏判断能力等不利情势。《民法典》第 151 条规定:"一方利用对方处于危困状态、缺乏判断能力等情形,致使民事法律行为成立时显失公平的,受损害方有权请求人民法院或者仲裁机构予以撤销。"本条将乘人之危与显失公平合并,包括两种情况:一种是乘人之危造成自始显失公平,一种是利用缺乏判断能力等情形,造成自始显失公平。

(三) 撤销权的消灭

有下列情形之一的,撤销权消灭:①当事人自知道或者应当知道撤销事由之日起 1 年内、重大误解的当事人自知道或者应当知道撤销事由之日起 90 日内没有行使撤销权；②当事人受胁迫，自胁迫行为终止之日起 1 年内没有行使撤销权；③当事人知道撤销事由后明确表示或者以自己的行为表明放弃撤销权。

当事人自民事法律行为发生之日起 5 年内没有行使撤销权的，撤销权消灭。

五、效力待定合同

（一）效力待定合同的概念

效力待定合同是指已经成立，但因欠缺一定的生效要件，其生效与否尚不确定，须经第三人予以追认或拒绝才能确定其效力的合同。

（二）效力待定合同的种类

1. 限制民事行为能力人订立的合同

限制民事行为能力人订立的合同，由其法定代理人代理或者经其法定代理人同意、追认后，该合同有效；但是，可以独立实施纯获利益的合同或者与其年龄、智力、精神健康状况相适应而订立的合同，不必经法定代理人追认。

2. 无权代理人订立的合同

行为人没有代理权、超越代理权或者代理权终止后以被代理人名义订立的合同，未经被代理人追认，对被代理人不发生效力。相对人可以催告被代理人自收到通知之日起 30 日内予以追认。被代理人未作表示的，视为拒绝追认。行为人实施的行为被追认前，善意相对人有撤销的权利。撤销应当以通知的方式作出。无权代理人以被代理人的名义订立合同，被代理人已经开始履行合同义务或者接受相对人履行的，视为对合同的追认。行为人没有代理权、超越代理权或者代理权终止后以被代理人名义订立合同，相对人有理由相信行为人有代理权的，该代理行为有效。

3. 法定代表人、负责人越权订立的合同

法人的法定代表人或者非法人组织的负责人超越权限订立的合同，除相对人知道或者应当知道其超越权限外，该代表行为有效，订立的合同对法人或者非法人组织发生效力。

第四节　合同的履行

一、合同履行的概念和原则

（一）合同履行的概念

合同的履行是指当事人按照合同的约定或法律的规定，全面、适当地完成各自所承担的义务，从而使合同的权利义务得到实现的整个行为过程。

（二）合同履行的原则

1. 全面履行原则

当事人应当按照合同约定的标的、数量、质量、价款或报酬、履行地点、履行期限、履行方式等内容，全面履行自己的义务。

2. 诚实信用原则

诚实信用原则是指合同当事人应根据诚实信用原则，履行合同约定之外的附随义务。附随义务是基于诚实信用原则而产生的一项合同义务，虽然当事人在合同中可能没有约定此义务但任何合同的当事人在履行时都必须遵守。附随义务包括：①通知义务；②协助义务；③保密义务；④提供必要的条件；⑤防止损失扩大；⑥避免浪费资源、污染环境和破坏生态。

3. 促进交易履行原则

合同生效后，当事人就质量、价款或者报酬、履行地点等内容没有约定或者约定不明确的，应当按照便于交易、利于交易的原则，由当事人达成协议补充；不能达成补充协议的，按照合同有关条款或者交易习惯确定。

二、合同履行的规则

（一）内容约定不明确的合同的履行规则

合同生效后，当事人就质量、价款或者报酬、履行地点等内容没有约定或者约定不明确的，可以协议补充；不能达成补充协议的，按照合同相关条款或者交易习惯确定。仍不能确定的，适用下列规定。

① 质量要求不明确的，按照强制性国家标准履行；没有强制性国家标准的，按照推荐性国家标准履行；没有推荐性国家标准的，按照行业标准履行；没有国家标准、行业标准的，按照通常标准或者符合合同目的的特定标准履行。

② 价款或者报酬不明确的，按照订立合同时履行地的市场价格履行；依法应当执行政府定价或者政府指导价的，依照规定履行。

③ 履行地点不明确，给付货币的，在接受货币一方所在地履行；交付不动产的，在不动产所在地履行；其他标的，在履行义务一方所在地履行。

④ 履行期限不明确的，债务人可以随时履行，债权人也可以随时要求履行，但应当给对方必要的准备时间。

⑤ 履行方式不明确的，按照有利于实现合同目的的方式履行。

⑥ 履行费用的负担不明确的，由履行义务一方负担；因债权人原因增加的履行费用，由债权人负担。

（二）电子合同的履行规则

通过互联网等信息网络订立的电子合同的标的为交付商品并采用快递物流方式交付的，收货人的签收时间为交付时间。电子合同的标的为提供服务的，生成的电子凭证或者实物凭证中载明的时间为提供服务时间；前述凭证没有载明时间或者载明时间与实际提供服务时间不一致的，以实际提供服务的时间为准。

电子合同的标的物为采用在线传输方式交付的，合同标的物进入对方当事人指定的特定系统且能够检索识别的时间为交付时间。

电子合同当事人对交付商品或者提供服务的方式、时间另有约定的，按照其约定。

（三）执行政府定价或者政府指导价的合同的履行规则

执行政府定价或者政府指导价的，在合同约定的交付期限内政府价格调整时，按照交付时的价格计价。逾期交付标的物的，遇价格上涨时，按照原价格执行；价格下降时，按照新价格执行。逾期提取标的物或者逾期付款的，遇价格上涨时，按照新价格执行；价格下降时，按照原价格执行。

（四）涉及第三人的合同的履行规则

1. 向第三人履行债务的规则

当事人约定由债务人向第三人履行债务，债务人未向第三人履行债务或者履行债务不符合约定的，应当向债权人承担违约责任。

法律规定或者当事人约定第三人可以直接请求债务人向其履行债务，第三人未在合理期限内明确拒绝，债务人未向第三人履行债务或者履行债务不符合约定的，第三人可以请求债务人承担违约责任；债务人对债权人的抗辩，可以向第三人主张。

2. 第三人代为履行债务的规则

当事人约定由第三人向债权人履行债务的，第三人不履行债务或者履行债务不符合约定，债务人应当向债权人承担违约责任。

债务人不履行债务，第三人对履行该债务具有合法利益的，第三人有权向债权人代为履行；但是，根据债务性质、按照当事人约定或者依照法律规定只能由债务人履行的除外。债权人接受第三人履行后，其对债务人的债权转让给第三人，但是债务人和第三人另有约定的除外。

三、双务合同履行中的抗辩权

（一）同时履行抗辩权

1. 同时履行抗辩权的概念

同时履行抗辩权是指当事人互负债务，没有先后履行顺序的，应当同时履行。一方在对方履行之前有权拒绝其履行请求。一方在对方履行债务不符合约定时，有权拒绝其相应的履行请求。

2. 同时履行抗辩权的适用条件

同时履行抗辩权的行使，须符合下列条件：①当事人基于同一双务合同而互负债务；②当事人互负的债务无先后履行顺序；③当事人互负的债务均已届履行期限；④对方当事人未履行债务或者履行债务不符合约定；⑤对方当事人的对待给付是可能履行的。

（二）后履行抗辩权

1. 后履行抗辩权的概念

后履行抗辩权是指当事人互负债务，有先后履行顺序，应当先履行一方未履行的，后履行一方有权拒绝其履行要求。先履行一方履行债务不符合约定的，后履行一方有权拒绝其相应的履行要求的权利。

2. 后履行抗辩权的适用条件

一是需基于同一双务合同。双方当事人因同一合同互负债务，在履行上存在关联性，形成对价关系。单务合同无对价关系，不发生后履行抗辩权。如果当事人互负的债务不是基于同一双务合同，不发生后履行抗辩权。

二是该合同需由一方当事人先为履行。在双务合同中，双方当事人的履行，多是有先后的。这种履行顺序的确立，或依法律规定，或按当事人约定，或按交易习惯。很多法律对双务合同的履行顺序有规定。当事人在双务合同中也可以约定履行顺序，谁先履行，谁后履行。在法律未有规定、合同未有约定的情况下，双务合同的履行顺序可依交易习惯确立。例如，在饭馆用餐，先吃饭后交钱。

三是应当先履行的当事人不履行合同或者不适当履行合同。具备上述条件，发生后履行抗辩权，即没有先履行义务但已到履行期的对方当事人享有不履行或者部分履行的权利。应当先履行合同的当事人不能行使后履行抗辩权。后履行抗辩权属延期的抗辩权，只是暂时阻止对方当事人请求权的行使，非永久的抗辩权。对方当事人完全履行了合同义务，后履行抗辩权消灭，当事人应当履行自己的义务。当事人行使后履行抗辩权致使合同迟延履行的，迟延履行责任应由对方当事人承担。

（三）不安抗辩权

1. 不安抗辩权的概念

不安抗辩权是指当事人互负债务，有先后履行顺序，应当先履行债务的当事人，有确切证据证明对方当事人有丧失或者可能丧失履行债务能力的情形时，在对方当事人未履行或未提供担保前，有权中止履行合同的权利。

2. 不安抗辩权的适用条件

不安抗辩权的行使，须符合下列条件：①当事人基于同一双务合同而互负债务。②当事人互负的债务有先后履行顺序。③应当先履行债务的一方当事人的履行期限已经届至。④应当后履行债务的一方当事人有丧失或者可能丧失履行债务能力的情形，包括：经营状况严重恶化；转移财产、抽逃资金，以逃避债务；丧失商业信誉；有丧失或者可能丧失履行债务能力的其他情形。

3. 不安抗辩权的行使

当事人没有确切证据中止履行的，应当承担违约责任。

当事人依法中止履行的，应当及时通知对方；对方提供适当担保时，应当恢复履行。中止履行后，对方在合理期限内未恢复履行能力且未提供适当担保的，视为以自己的行为表明不履行主要债务，中止履行的一方可以解除合同并可以请求对方承担违约责任。双务合同履行中的抗辩权的类型见表6-2。

表6-2 双务合同履行中的抗辩权的类型

类型	同时履行抗辩权	后履行抗辩权	不安抗辩权
适用条件	因同一个双务合同互负债务，产生抗辩		
	债务同时履行	债务异时履行	
	1. 双方所负的债务之间具有对价性或相应性 2. 双方互负的债务均已到了清偿期 3. 对方能够履行但未履行或未适当履行债务	1. 先履行的一方不履行或不适当履行合同债务 2. 抗辩权由后履行的一方当事人行使	1. 先履行的一方有确切的证据证明对方不能或不会作出对等履行 2. 抗辩权由感到"不安"的先履行一方行使

类型	同时履行抗辩权	后履行抗辩权	不安抗辩权
适用结果	本质上是一种拒绝权。这个规则,解决了大量的所谓双方违约的问题	延期的抗辩权,后履行的一方可阻止对方请求权的行使	1. 先履行的一方暂时中止合同债务的履行 2. 如果对方不提供担保,就构成预期违约,先履行的一方,有权要求对方承担违约责任,也有权解除合同

四、合同的保全

(一) 代位权

代位权是指因债务人怠于行使其债权或者与该债权有关的从权利,影响债权人的到期债权实现的,债权人可以向人民法院请求以自己的名义代位行使债务人对相对人的权利,但是该权利专属于债务人自身的除外。

代位权的行使范围以债权人的到期债权为限。债权人行使代位权的必要费用,由债务人负担。相对人对债务人的抗辩,可以向债权人主张。

债权人的债权到期前,债务人的债权或者与该债权有关的从权利存在诉讼时效期间即将届满或者未及时申报破产债权等情形,影响债权人的债权实现的,债权人可以代位向债务人的相对人请求其向债务人履行、向破产管理人申报或者作出其他必要的行为。

人民法院认定代位权成立的,由债务人的相对人向债权人履行义务,债权人接受履行后,债权人与债务人、债务人与相对人之间相应的权利义务终止。债务人对相对人的债权或者与该债权有关的从权利被采取保全、执行措施,或者债务人破产的,依照相关法律的规定处理。

(二) 撤销权

撤销权是指债务人以放弃其债权、放弃债权担保、无偿转让财产等方式无偿处分财产权益,或者恶意延长其到期债权的履行期限,影响债权人的债权实现的,债权人可以请求人民法院撤销债务人的行为。债务人以明显不合理的低价转让财产、以明显不合理的高价受让他人财产或者为他人的债务提供担保,影响债权人的债权实现,债务人的相对人知道或者应当知道该情形的,债权人可以请求人民法院撤销债务人的行为。

撤销权的行使范围以债权人的债权为限。债权人行使撤销权的必要费用,由债务人负担。

撤销权自债权人知道或者应当知道撤销事由之日起一年内行使。自债务人的行为发生之日起五年内没有行使撤销权的,该撤销权消灭。

债务人影响债权人的债权实现的行为被撤销的,自始没有法律约束力。

第五节 合同的担保

一、合同担保概述

合同担保是指合同的当事人根据法律规定或双方约定,督促债务人履行债务,实现债权人债权所采取的法律措施。合同担保是保障特定债权人债权实现的法律制度，使特定债权人的债权优先受偿。合同担保是以第三人的信用或者特定财产来保障债权人债权实现的制度。合同担保是对债的效力的补充和加强，是对债务人信用的保证措施。

合同担保方式一般有五种，即保证、抵押、质押、留置和定金。其中，保证、抵押、质押和定金，都是依据当事人的约定而设立，属于约定担保。留置是直接依据法律的规定设立，无需当事人约定，属于法定担保。保证是以保证人的财产和信用为担保的基础，称为人的担保，《民法典》合同编典型合同里专门规定了保证合同。抵押、质押、留置是以一定的财产为担保的基础，称为物的担保，《民法典》物权编第四分编规定了担保物权。定金是以一定的金钱为担保的基础，称为金钱担保，在《民法典》合同编里有定金规定。

二、保证

（一）保证的概念和特征

保证是指保证人与债权人约定，当债务人不履行债务时，保证人按照约定履行债务或承担责任的行为。保证关系中有保证人、债权人和债务人三方当事人。保证是保证人和债权人之间的合同关系。保证的方式有两种，即一般保证和连带保证。

保证有以下特征。

(1) 保证属于人的担保范畴。保证是以保证人的信用和不特定的财产为他人的债务提供担保，它不同于其他用特定财产提供担保的担保方式。

(2) 保证人必须是主合同以外的第三人。

(3) 保证人应当具有债务的清偿能力。

（二）保证合同

保证合同是为保障债权的实现，保证人和债权人约定，当债务人不履行到期债务或者发生当事人约定的情形时，保证人履行债务或者承担责任的合同。保证合同可以是单独订立的书面合同，也可以是主债权债务合同中的保证条款。第三人单方以书面形式向债权人作出保证，债权人接收且未提出异议的，保证合同成立。

1. 保证人的资格限制

机关法人不得为保证人，但是经国务院批准为使用外国政府或者国际经济组织贷款进行转贷的除外。以公益为目的的非营利法人、非法人组织不得为保证人。

2. 保证合同的内容

保证合同的内容一般包括被保证的主债权的种类、数额，债务人履行债务的期限，保证的方式、范围和期间等条款。

3. 保证合同的无效

保证合同是主债权债务合同的从合同。主债权债务合同无效的，保证合同无效，但是法律另有规定的除外。保证合同被确认无效后，债务人、保证人、债权人有过错的，应当根据其过错各自承担相应的民事责任。

4. 保证的方式

保证方式有两种：一是一般保证；二是连带责任保证。当事人在保证合同中对保证方式没有约定或者约定不明确的，按照一般保证承担保证责任。

当事人在保证合同中约定,债务人不能履行债务时,由保证人承担保证责任的,为一般保证。一般保证和连带责任保证的主要区别在于一般保证的保证人享有先诉抗辩权,而连带责任的保证人则没有先诉抗辩权。在一般保证中,保证人在主合同纠纷未经审判或者仲裁,并就债务人财产依法强制执行仍不能履行债务前,有权拒绝向债权人承担保证责任。这时,债务人处于履行债务的第一顺序,保证人处于第二顺序,在债务人不能或者不完全能清偿债务时,保证人对债务的清偿承担补充责任。同时,《民法典》担保合同又规定,在下列情况下,一般保证的保证人不得行使先诉抗辩权:①债务人下落不明,且无财产可供执行;②人民法院已经受理债务人破产案件;③债权人有证据证明债务人的财产不足以履行全部债务或者丧失履行债务能力;④保证人书面表示放弃先诉抗辩权的。

当事人在保证合同中约定保证人和债务人对债务承担连带责任的,为连带责任保证。连带责任保证的债务人不履行到期债务或者发生当事人约定的情形时,债权人可以请求债务人履行债务,也可以请求保证人在其保证范围内承担保证责任。

5. 反担保和最高限额保证

保证人可以要求债务人提供反担保。保证人与债权人可以协商订立最高额保证的合同,约定在最高债权额限度内就一定期间连续发生的债权提供保证。

(三) 保证责任

1. 保证人承担责任的范围

保证的范围包括主债权及其利息、违约金、损害赔偿金和实现债权的费用。当事人另有约定的,按照其约定。

2. 保证人不再承担保证责任的具体情形

(1) 一般保证的债权人未在保证期间对债务人提起诉讼或者申请仲裁的,保证人不再承担保证责任。连带责任保证的债权人未在保证期间请求保证人承担保证责任的,保证人不再承担保证责任。

(2) 债权人和债务人未经保证人书面同意,协商变更主债权债务合同内容,减轻债务的,保证人仍对变更后的债务承担保证责任;加重债务的,保证人对加重的部分不承担保证责任。债权人和债务人变更主债权债务合同的履行期限,未经保证人书面同意的,保证期间不受影响。

(3) 债权人转让全部或者部分债权,未通知保证人的,该转让对保证人不发生效力。保证人与债权人约定禁止债权转让,债权人未经保证人书面同意转让债权的,保证人对受让人不再承担保证责任。

(4) 债权人未经保证人书面同意,允许债务人转移全部或者部分债务,保证人对未经其同意转移的债务不再承担保证责任,但是债权人和保证人另有约定的除外。第三人加入债务的,保证人的保证责任不受影响。

(5) 一般保证的保证人在主债务履行期限届满后,向债权人提供债务人可供执行财产的真实情况,债权人放弃或者怠于行使权利致使该财产不能被执行的,保证人在其提供可供执行财产的价值范围内不再承担保证责任。

3. 保证期间

保证期间是确定保证人承担保证责任的期间,不发生中止、中断和延长。

债权人与保证人可以约定保证期间,但是约定的保证期间早于主债务履行期限或者与主债务履行期限同时届满的,视为没有约定;没有约定或者约定不明确的,保证期间为主债务履行期限届满之日起六个月。

债权人与债务人对主债务履行期限没有约定或者约定不明确的,保证期间自债权人请求债务人履行债务的宽限期届满之日起计算。

三、抵押

抵押是指为担保债务的履行,债务人或者第三人不转移财产的占有,将该财产抵押给债权人的,债务人不履行到期债务或者发生当事人约定的实现抵押权的情形,债权人有权就该财产优先受偿的方式。

抵押法律关系中的债务人或者第三人为抵押人,债权人为抵押权人,提供担保的财产为抵押财产。

(一)抵押财产范围

1. 一般规定

《民法典》第395条规定,债务人或者第三人有权处分的下列财产可以抵押:①建筑物和其他土地附着物;②建设用地使用权;③海域使用权;④生产设备、原材料、半成品、产品;⑤正在建造的建筑物、船舶、航空器;⑥交通运输工具;⑦法律、行政法规未禁止抵押的其他财产。抵押人可以将前款所列财产一并抵押。

2. 动产的浮动抵押

企业、个体工商户、农业生产经营者可以将现有的以及将有的生产设备、原材料、半成品、产品抵押,债务人不履行到期债务或者发生当事人约定的实现抵押权的情形,债权人有权就抵押财产确定时的动产优先受偿。由于设定此类抵押时抵押财产的范围尚未确定,处于浮动之中,成为浮动抵押。

动产的浮动抵押实现之前,需经财产确定步骤:依《民法典》第411条规定,抵押财产自下列情形之一发生时确定:①债务履行期限届满,债权未实现;②抵押人被宣告破产或者解散;③当事人约定的实现抵押权的情形;④严重影响债权实现的其他情形。

3. 禁止抵押的财产

根据《民法典》第399条的规定,下列财产不得抵押:①土地所有权;②宅基地、自留地、自留山等集体所有土地的使用权,但是法律规定可以抵押的除外;③学校、幼儿园、医疗机构等为公益目的成立的非营利法人的教育设施、医疗卫生设施和其他公益设施;④所有权、使用权不明或者有争议的财产;⑤依法被查封、扣押、监管的财产;⑥依法不得抵押的其他财产。

(二)抵押权的设定

1. 抵押权的设定行为

设立抵押权,当事人应当采用书面形式订立抵押合同。抵押合同一般包括以下内容:①被担保债权的种类和数额;②债务人履行债务的期限;③抵押财产的名称、数量等情况;④担保的范围。

2. 登记

抵押合同不以登记为生效要件，但抵押权却必须登记。不同的抵押财产，登记产生的效力有所不同，具体有登记生效和登记对抗两种情形。

(1) 登记生效。以建筑物和其他土地附着物、建设用地使用权、海域使用权或者正在建造的建筑物抵押的，应当办理登记。抵押权自登记时设立。

(2) 登记对抗。以动产抵押的，抵押权自抵押合同生效时设立；未经登记，不得对抗善意第三人。

(三) 抵押物转让限制

抵押期间，抵押人可以转让抵押财产。当事人另有约定的，按照其约定。抵押财产转让的，抵押权不受影响。

抵押人转让抵押财产的，应当及时通知抵押权人。抵押权人能够证明抵押财产转让可能损害抵押权的，可以请求抵押人将转让所得的价款向抵押权人提前清偿债务或者提存。转让的价款超过债权数额的部分归抵押人所有，不足部分由债务人清偿。

(四) 抵押权的实现

抵押担保的范围包括主债权及利息、违约金、损害赔偿金、保管担保财产和实现抵押权的费用。抵押合同另有约定的，按照其约定。

债务人不履行到期债务或者发生当事人约定的实现抵押权的情形，抵押权人可以与抵押人协议以抵押财产折价或者以拍卖、变卖该抵押财产所得的价款优先受偿。协议损害其他债权人利益的，其他债权人可以请求人民法院撤销该协议。抵押权人与抵押人未就抵押权实现方式达成协议的，抵押权人可以请求人民法院拍卖、变卖抵押财产。抵押财产折价或者变卖的，应当参照市场价格。

抵押财产折价或者拍卖、变卖后，其价款超过债权数额的部分归抵押人所有，不足部分由债务人清偿。

同一财产向两个以上债权人抵押的，拍卖、变卖抵押财产所得的价款依照下列规定清偿：

(1) 抵押权已经登记的，按照登记的时间先后确定清偿顺序；

(2) 抵押权已经登记的先于未登记的受偿；

(3) 抵押权未登记的，按照债权比例清偿。

同一财产既设立抵押权又设立质权的，拍卖、变卖该财产所得的价款按照登记、交付的时间先后确定清偿顺序。

动产抵押担保的主债权是抵押物的价款，标的物交付后十日内办理抵押登记的，该抵押权人优先于抵押物买受人的其他担保物权人受偿，但是留置权人除外。

抵押权人应当在主债权诉讼时效期间行使抵押权；未行使的，人民法院不予保护。

案例思考 6-5

甲以自己的一辆汽车作抵押，获得乙银行贷款 20 万元，办理了抵押登记。由于甲的汽车价值 40 万元，所以甲又将其抵押给丙银行，获得贷款 20 万元，办理了抵押登记。后甲又将该汽车抵押给丁，获得丁的借款 10 万元，但未办理抵押登记。后甲做生意亏本，导致无法偿还乙银行、丙银行的贷款和丁的借款。于是三个债权人同时要求实现其抵押权。但抵押物拍卖后仅获得41万元，不足以清偿甲的全部债务。

【问题】本案中，乙银行、丙银行、丁的债权应按什么顺序受偿？

【分析】本案中，由于乙银行和丙银行的抵押权都经过了登记，而丁的抵押权没有登记所以乙银行和丙银行的债权先于丁的受偿。同时乙银行的抵押权先于丙银行的抵押权登记，因此乙银行先受偿，其次是丙银行，最后是丁。

四、质押

质押是指债务人或者第三人将其财产移交债权人占有，以该财产作为债权的担保，债务人不履行债务时，债权人有权以该财产卖得价款优先受偿的方式。其中，将出质物交给债权人作为债权担保的人，称为出质人。接受并占有出质物的债权人，称为质权人。质押是担保的一种方式。按照质物的不同种类，可将质押分为动产质押和权利质押。

（一）动产质押

动产质押是指为担保债务的履行，债务人或者第三人将其动产出质给债权人占有的，债务人不履行到期债务或者发生当事人约定的实现质权的情形，债权人有权就该动产优先受偿。设立质权，当事人应当采用书面形式订立质押合同。

质押合同一般包括下列条款：①被担保债权的种类和数额；②债务人履行债务的期限；③质押财产的名称、数量等情况；④担保的范围；⑤质押财产交付的时间、方式。质权自出质人交付质押财产时设立。

质权人在债务履行期限届满前，与出质人约定债务人不履行到期债务时质押财产归债权人所有的，只能依法就质押财产优先受偿。

质权人在质权存续期间，未经出质人同意，擅自使用、处分质押财产，造成出质人损害的，应当承担赔偿责任。质权人负有妥善保管质押财产的义务；因保管不善致使质押财产毁损、灭失的，应当承担赔偿责任。质权人的行为可能使质押财产毁损、灭失的，出质人可以请求质权人将质押财产提存，或者请求提前清偿债务并返还质押财产。质权人在质权存续期间，未经出质人同意转质，造成质押财产毁损、灭失的，应当承担赔偿责任。

出质人可以请求质权人在债务履行期限届满后及时行使质权；质权人不行使的，出质人可以请求人民法院拍卖、变卖质押财产。质押财产折价或者拍卖、变卖后，其价款超过债权数额的部分归出质人所有，不足部分由债务人清偿。

（二）权利质押

与动产质押转移质物不同，权利质押通常依债权证券的交付，或者以订立权利质押合同并进行登记的办法，发生对出质权利占有转移的效力、权利质押关于质物的占有，主要表现在质权人对于出质人行使已出质的权利的控制。

债务人或者第三人有权处分的下列权利可以出质：①汇票、本票、支票；②债券、存款单；③仓单、提单；④可以转让的基金份额、股权；⑤可以转让的注册商标专用权、专利权、著作权等知识产权中的财产权；⑥现有的以及将有的应收账款；⑦法律、行政法规规定可以出质的其他财产权利。

权利质押除适用下列规定外,适用动产质押的规定如下。

(1) 以汇票、本票、支票、债券、存款单、仓单、提单出质的,质权自权利凭证交付质权人时设立;没有权利凭证的,质权自办理出质登记时设立。法律另有规定的,依照其规定。汇票、本票、支票、债券、存款单、仓单、提单的兑现日期或者提货日期先于主债权到期的,质权人可以兑现或者提货,并与出质人协议将兑现的价款或者提取的货物提前清偿债务或者提存。

(2) 以基金份额、股权出质的,质权自办理出质登记时设立。基金份额、股权出质后,不得转让,但是出质人与质权人协商同意的除外。出质人转让基金份额、股权所得的价款,应当向质权人提前清偿债务或者提存。

(3) 以注册商标专用权、专利权、著作权等知识产权中的财产权出质的,质权自办理出质登记时设立。知识产权中的财产权出质后,出质人不得转让或者许可他人使用,但是出质人与质权人协商同意的除外。出质人转让或者许可他人使用出质的知识产权中的财产权所得的价款,应当向质权人提前清偿债务或者提存。

案例思考6-6

甲于6月12日向银行借款10 000元,以其在该银行的11 000元1年期定期存单出质。9月20日,10 000元借款到期,甲无力偿还,银行支取了存单金额11 000元及利息300元。

【问题】甲存单上的本息是否应全部归银行所有?

【分析】这是一个实现质权的问题。如果质押合同中没有特别约定,应就全部债务承担质押保证责任,包括主债务及利息、违约金、损害赔偿金、质物保管费用和实现质权的费用,银行支取的11 000元本金和300元利息,应扣除银行的10 000元借款及其利息、违约金,如有剩余应返还给甲。

五、留置

留置是指债务人不履行到期债务,债权人可以留置已经合法占有的债务人的动产,并有权就该动产优先受偿。其中债权人为留置权人,占有的动产为留置财产。

(一) 留置权的特征

(1) 留置权是一种从权利,它以担保主债权实现,债务人履行其合同义务而设定。

(2) 留置权属于他物权,留置权人有从留置的债务人财产的价值中优先受偿的权利。

(3) 留置权是一种法定担保方式,可依法律规定而发生。

(4) 债权人留置的动产,应当与债权属于同一法律关系,但企业之间留置的除外。

(二) 留置权的实现

留置权人与债务人应当约定留置财产后的债务履行期限;没有约定或者约定不明确的,留置权人应当给债务人60日以上履行债务的期限,但是鲜活易腐等不易保管的动产除外。债务人逾期未履行的,留置权人可以与债务人协议以留置财产折价,也可以就拍卖、变卖留置财产所得的价款优先受偿。

留置财产折价或者变卖的,应当参照市场价格。

债务人可以请求留置权人在债务履行期限届满后行使留置权；留置权人不行使的，债务人可以请求人民法院拍卖、变卖留置财产。留置财产折价或者拍卖、变卖后，其价款超过债权数额的部分归债务人所有，不足部分由债务人清偿。同一动产上已经设立抵押权或者质权，该动产又被留置的，留置权人优先受偿。

（三）留置权的其他规定

（1）留置权人负有妥善保管留置财产的义务；因保管不善致使留置财产毁损、灭失的，应当承担赔偿责任。

（2）留置担保的范围包括主债权及利息、违约金、损害赔偿金、留置物保管费用和实现留置权的费用。留置权人有权收取留置财产的孳息。留置财产的孳息应当先充抵收取孳息的费用。

（3）留置财产为可分物的，留置财产的价值应当相当于债务的金额。

（4）留置权人对留置财产丧失占有或者留置权人接受债务人另行提供担保的，留置权消灭。

六、定金

定金是指以合同订立或在履行之前支付的一定数额的金钱作为担保的担保方式。

当事人可以约定一方向对方给付定金作为债权的担保。定金合同自实际交付定金时成立。定金的数额由当事人约定；但是，不得超过主合同标的额的20%，超过部分不产生定金的效力。实际交付的定金数额多于或者少于约定数额的，视为变更约定的定金数额。

债务人履行债务的，定金应当抵作价款或者收回。给付定金的一方不履行债务或者履行债务不符合约定，致使不能实现合同目的的，无权请求返还定金；收受定金的一方不履行债务或者履行债务不符合约定，致使不能实现合同目的的，应当双倍返还定金。

当事人既约定违约金，又约定定金的，一方违约时，对方可以选择适用违约金或者定金条款。定金不足以弥补一方违约造成的损失的，对方可以请求赔偿超过定金数额的损失。

第六节　合同的变更、转让和终止

一、合同的变更

合同的变更是指依法成立的合同尚未履行或未履行完毕之前，当事人对合同的内容进行修改和补充。当事人协商一致，可以变更合同。当事人对合同变更的内容约定不明确的，推定为未变更。

二、合同的转让

合同的转让是指合同的当事人将其合同债权债务全部或者部分转让给第三人，从而使合同主体发生变更的法律行为。合同的转让包括合同权利的转让、合同义务的转移以及合同权利义务的一并转让。

(一) 合同权利的转让

1. 合同权利转让的限制

合同权利的转让又称债权转让。债权人可以将债权的全部或者部分转让给第三人，但有下列情形之一的除外：①根据债权性质不得转让；②按照当事人约定不得转让；③依照法律规定不得转让。当事人约定非金钱债权不得转让的，不得对抗善意第三人。当事人约定金钱债权不得转让的，不得对抗第三人。

2. 合同权利转让的要求

债权人转让债权，未通知债务人的，该转让对债务人不发生效力。债权转让的通知不得撤销，但是经受让人同意的除外。

3. 合同权利转让的效力

债权人转让权利的，受让人取得与债权有关的从权利，但该从权利专属于债权人自身的除外。受让人取得从权利不因该从权利未办理转移登记手续或者未转移占有而受到影响。债务人接到债权转让通知后，债务人对让与人的抗辩，可以向受让人主张。

有下列情形之一的，债务人可以向受让人主张抵销：①债务人接到债权转让通知时，债务人对让与人享有债权，且债务人的债权先于转让的债权到期或者同时到期；②债务人的债权与转让的债权是基于同一合同产生。

因债权转让增加的履行费用，由让与人负担。

(二) 合同义务的转移

1. 合同义务转移的要求

债务人将合同的义务全部或者部分转移给第三人的，应当经债权人同意。债务人或者第三人可以催告债权人在合理期限内予以同意，债权人未作表示的，视为不同意。

第三人与债务人约定加入债务并通知债权人，或者第三人向债权人表示愿意加入债务，债权人未在合理期限内明确拒绝的，债权人可以请求第三人在其愿意承担的债务范围内和债务人承担连带债务。

2. 合同义务转移的效力

债务人转移债务的，新债务人可以主张原债务人对债权人的抗辩；原债务人对债权人享有债权的，新债务人不得向债权人主张抵销。债务人转移债务的，新债务人应当承担与主债务有关的从债务，但是该从债务专属于原债务人自身的除外。

(三) 合同权利义务的一并转让

当事人一方经对方同意，可以将自己在合同中的权利和义务一并转让给第三人。合同的权利和义务一并转让的，适用债权转让、债务转移的有关规定。

三、合同的终止

(一) 合同的终止概述

1. 合同终止的概念

合同终止是指合同的权利义务消灭。

2. 合同终止的原因

有下列情形之一的，债权债务终止：①债务已经履行；②债务相互抵销；③债务人依法将标的物提存；④债权人免除债务；⑤债权债务同归于一人；⑥法律规定或者当事人约定终止的其他情形。

合同解除的，该合同的权利义务关系终止。

3. 合同终止后当事人的义务

债权债务终止后，当事人应当遵循诚信等原则，根据交易习惯履行通知、协助、保密、旧物回收等义务。

4. 合同债务的清偿顺序

债务人对同一债权人负担的数项债务种类相同，债务人的给付不足以清偿全部债务的，除当事人另有约定外，由债务人在清偿时指定其履行的债务。

债务人未作指定的，应当优先履行已经到期的债务；数项债务均到期的，优先履行对债权人缺乏担保或者担保最少的债务；均无担保或者担保相等的，优先履行债务人负担较重的债务；负担相同的，按照债务到期的先后顺序履行；到期时间相同的，按照债务比例履行。

债务人在履行主债务外还应当支付利息和实现债权的有关费用，其给付不足以清偿全部债务的，除当事人另有约定外，应当按照下列顺序履行：①实现债权的有关费用；②利息；③主债务。

（二）合同的解除

1. 合同解除的概念

合同解除是指合同生效后，当事人根据约定或法律的规定，使合同关系提前终止的法律行为。

2. 合同解除的类型

（1）约定解除。当事人协商一致，可以解除合同。当事人可以约定一方解除合同的条件，解除合同的事由发生时，解除权人可以解除合同。

（2）法定解除。有下列情形之一的，当事人可以解除合同：

① 因不可抗力致使不能实现合同目的；

② 在履行期限届满之前，当事人一方明确表示或者以自己的行为表明不履行主要债务；

③ 当事人一方迟延履行主要债务，经催告后在合理期限内仍未履行；

④ 当事人一方迟延履行债务或者有其他违约行为致使不能实现合同目的；

⑤ 法律规定的其他情形。

以持续履行的债务为内容的不定期合同，当事人可以随时解除合同，但是应当在合理期限之前通知对方。

从②～④种情况看，只有在不履行主要债务不能实现合同目的的情况下，也就是根本违约时，才能依法解除合同。如果仅是一般违约（如部分质量不合格、履行稍微延迟等情况），当事人一方不能解除合同，而应按违约责任处理。

3. 合同解除权的行使

关于解除权的除斥期间,《民法典》第564条规定,法律规定或者当事人约定解除权行使期限,期限届满当事人不行使的,该权利消灭。法律没有规定或者当事人没有约定解除权行使期限,自解除权人知道或者应当知道解除事由之日起一年内不行使,或者经对方催告后在合理期限内不行使的,该权利消灭。

当事人一方依法主张解除合同的,应当通知对方。合同自通知到达对方时解除;通知载明债务人在一定期限内不履行债务则合同自动解除,债务人在该期限内未履行债务的,合同自通知载明的期限届满时解除。对方对解除合同有异议的,任何一方当事人均可以请求人民法院或者仲裁机构确认解除行为的效力。

《民法典》第565条第2款规定了确认解除效力之诉:当事人一方未通知对方,直接以提起诉讼或者申请仲裁的方式依法主张解除合同,人民法院或者仲裁机构确认该主张的,合同自起诉状副本或者仲裁申请书副本送达对方时解除。

合同解除后,尚未履行的,终止履行;已经履行的,根据履行情况和合同性质,当事人可以请求恢复原状或者采取其他补救措施,并有权请求赔偿损失。合同因违约解除的,解除权人可以请求违约方承担违约责任,但是当事人另有约定的除外。主合同解除后,担保人对债务人应当承担的民事责任仍应当承担担保责任,但是担保合同另有约定的除外。

(三) 抵销

1. 抵销的概念

抵销是指当事人互负债务时,根据约定或法律的规定,各以其债权抵偿其债务,从而使双方的债务相应消灭的法律行为。

2. 抵销的类型

(1) 法定抵销。当事人互负债务,该债务的标的物种类、品质相同的,任何一方可以将自己的债务与对方的到期债务抵销,但是,根据债务性质、按照当事人约定或者依照法律规定不得抵销的除外。当事人主张抵销的,应当通知对方。通知自到达对方时生效。抵销不得附条件或者附期限。

(2) 约定抵销。当事人互负债务,标的物种类、品质不相同的,经双方协商一致,也可以抵销。

(四) 提存

1. 提存的概念

提存是指因债权人的原因致使债务人难以履行债务的,债务人将合同标的物交给提存机关保存,从而使合同关系归于消灭的法律行为。

2. 提存的当事人

提存当事人包括提存人、提存受领人和提存机关。向提存机关提存合同标的物的人为提存人;债权人为提存受领人;办理提存业务的机构为提存机关。1995年司法部《提存公证规则》规定,公证机关是提存机关。

3. 提存的标的物

下列标的物可以提存:①货币;②有价证券、票据、提单、权利证书;③贵重物品;

④担保物（金）或其替代物；⑤其他适宜提存的标的物。标的物不适于提存或者提存费用过高的，债务人依法可以拍卖或者变卖标的物，提存所得的价款。

4. 提存的原因

有下列情形之一，难以履行债务的，债务人可以将标的物提存：①债权人无正当理由拒绝受领；②债权人下落不明；③债权人死亡未确定继承人、遗产管理人或者丧失民事行为能力未确定监护人；④法律规定的其他情形。

5. 提存的成立

债务人将标的物或者将标的物依法拍卖、变卖所得价款交付提存部门时，提存成立。提存成立的，视为债务人在其提存范围内已经履行债务。

标的物提存后，债务人应当及时通知债权人或者债权人的继承人、遗产管理人、监护人、财产代管人。

6. 提存的效力

标的物提存后，毁损、灭失的风险由债权人承担。提存期间，标的物的孳息归债权人所有。提存费用由债权人负担。

债权人可以随时领取提存物。但是，债权人对债务人负有到期债务的，在债权人未履行债务或者提供担保之前，提存部门根据债务人的要求应当拒绝其领取提存物。债权人领取提存物的权利，自提存之日起5年内不行使而消灭，提存物扣除提存费用后归国家所有。但是，债权人未履行对债务人的到期债务，或者债权人向提存部门书面表示放弃领取提存物权利的，债务人负担提存费用后有权取回提存物。

（五）债务的免除

债权人免除债务人部分或者全部债务的，债权债务部分或者全部终止，但是债务人在合理期限内拒绝的除外。债权人免除债务，实际是债权人自愿放弃债权。免除具有使债务绝对消灭的效力，免除的效力还同时及于债权的从权利。

（六）混同

债权和债务同归于一人的，债权债务终止，但是损害第三人利益的除外。合同关系的存在，必须有债权人和债务人，当事人双方混同，合同失去存在基础，自然应当终止。合同终止债权消灭，债权的从权利如利息债权、违约金债权、担保债权同时消灭。但当债权是他人权利的标的时，为保护第三人的利益，债权不能因混同而消灭。

第七节　违约责任

一、违约责任的概念

违约责任是指当事人不履行合同义务或者履行合同义务不符合约定时所承担的法律责任。

二、违约行为的形态

1. 不履行

不履行分为拒绝履行和履行不能。拒绝履行是指当事人在合同履行期限届满时,能够履行其义务而不履行。履行不能是指当事人由于某种原因而不能履行其义务。

2. 不适当履行

不适当履行是指当事人履行的内容不符合法律的规定或合同的约定。包括数量上的不适当履行、质量上的不适当履行、履行方式上的不适当履行、履行地点的不适当履行以及履行期限的不适当履行等。其中,履行期限的不适当履行即迟延履行,包括给付迟延和受领迟延。

3. 预期违约

预期违约包括明示预期违约和默示预期违约。当事人一方明确表示或者以自己的行为表明不履行合同义务的,对方可以在履行期限届满之前要求其承担违约责任。

三、违约责任的归责原则

违约责任的归责原则是指当事人合同违约后使其负责的依据。归责原则决定免责事由。《民法典》合同编采用严格责任为一般归责原则,过错责任为特殊归责原则。严格责任原则是指违反合同的当事人无论主观上是否有过错,都要承担违约责任的归责原则。在严格责任条件下,只要债务人不履行合同或不适当履行合同,没有正当理由,便认为其有过错。在《民法典》合同编典型合同的个别条款的适用上,采用过错责任作为归责原则,如《民法典》第660条、第714条、第784条等条款的规定。在例外情况下无过错责任作为归责原则,如《民法典》第590条第2款,以及第593条的规定。

四、承担违约责任的方式

(一)继续履行

当事人一方未支付价款、报酬、租金、利息,或者不履行其他金钱债务的,对方可以请求其支付。当事人一方不履行非金钱债务或者履行非金钱债务不符合约定的,对方可以请求履行,但有下列情形之一的除外:

(1)法律上不能继续履行。即实际履行不能违反法律的规定。例如,提供个人服务的合同,在法律上不能采取实际履行措施。如果采取实际履行措施,则将对个人实施某种人身强制措施,这与我国宪法和法律关于公民的人身自由不受侵害的规定是相违背的。而且法律从保护债权人的利益和交易秩序考虑,也不允许在某些情况下强制实施实际履行措施。例如在债务人破产时,如果允许强制实际履行与某个债权人所订立的合同,这实际上赋予了该债权人某种优先权,使其优于违约方的其他债权人而受偿,这与破产法的有关规定是相违背的。

(2)事实上不能履行。比如标的物毁损灭失了,且标的物为特定物。

(3)债务的标的不适用于强制履行,即依据合同的性质不能继续履行。对一些基于人身依赖关系而产生的合同,例如委托合同、信托合同、合伙合同等,往往是因信任对方的特殊技能、业务水平、忠诚等产生的，因此具有严格的人身性质，如果强制债务人履行义务，则与合同的根本性质是相违背的。

（4）履行费用过高。履行费用过高是指实际履行在实施上是可能的，但在经济上是不合理的。

（5）债权人在合理期限内未按要求履行。

有上述规定的除外情形之一，致使不能实现合同目的的，人民法院或者仲裁机构可以根据当事人的请求终止合同权利义务关系，但是不影响违约责任的承担。

当事人一方不履行债务或者履行债务不符合约定，根据债务的性质不得强制履行的，对方可以请求其负担由第三人替代履行的费用。

债务人按照约定履行债务，债权人无正当理由拒绝受领的，债务人可以请求债权人赔偿增加的费用。在债权人受领迟延期间，债务人无须支付利息。

（二）采取补救措施

履行不符合约定的，应当按照当事人的约定承担违约责任。对违约责任没有约定或者约定不明确，依据《民法典》第510条的规定仍不能确定的，受损害方根据标的的性质以及损失的大小，可以合理选择请求对方承担修理、重作、更换、退货、减少价款或者报酬等违约责任。

（三）赔偿损失

违约损害赔偿是指违约方因不履行或不完全履行合同义务，给对方造成损失，应当承担的损害赔偿责任。从性质上说，违约的损害赔偿主要是补偿性的，一般不具有惩罚性，赔偿也特别要讲究对价。

案例思考6-7

某人将他的价值180万元的奔驰汽车停放在居委会办的临时停车场，由一位老太太看管，每月付30元看管费，结果这辆奔驰汽车丢了，某人到法院起诉，要求法院判决居委会赔偿180万元，居委会表示没有钱赔，认为应该由这位看管老太太赔，而这位老太太表示没有钱赔。

【问题】车辆丢失的钱该不该赔偿？为什么？

【分析】不应该赔偿。违约损害赔偿，补偿性为主，赔偿也特别讲究对价。原告丢的汽车价值180万元，但他每月付的仅是30元的看管费，而被告看管原告的汽车每月仅收入30元，180万元与30元之间不存在对价关系。如果赔偿，就违背了合同的本质，不符合等价交换的基本原则。

计算赔偿损失应当依照以下原则。

（1）完全赔偿原则。一方违约后，另一方必须赔偿对方因违约遭受的全部损失。根据《民法典》第584条的规定，违约方不仅要赔偿受害人的实际损失，而且要赔偿其可得利益的损失，使受害人达到合同能够得到严格履行情况下的财产状态。可得利益主要是指利润的损失，必须具有一定的确定性。

（2）赔偿限制原则。违约损害赔偿范围的限制主要两个方面，一是损害赔偿的可预见性规则，根据《民法典》第584条的规定，损害赔偿不得超过违约一方订立合同时预见到或者应当预见到的因违约可能造成的损失。比如说，在违约损害赔偿中不能赔偿精神损害，就是受到了可预见性规则的限制。二是损害赔偿的减轻，《民法典》第591条规定，当事人一方违约后，对方应当采取适当措施防止损失的扩大；没有采取适当措施致使损失扩大的，不得就扩大的损失请求赔偿。当事人因防止损失扩大而支出的合理费用，由违约方负担。

（3）欺诈惩罚性赔偿原则。《消费者权益保护法》第55条规定："经营者提供商品或者服务有欺诈行为的，应当按照消费者的要求增加赔偿其受到的损失，增加赔偿的金额为消费者购买商品的价款或者接受服务的费用的三倍；增加赔偿的金额不足五百元的，为五百元。"

（四）支付违约金

违约金是按照当事人约定或者法律规定，一方当事人违约时应当根据违约情况向对方支付的一定数额的货币。

当事人可以约定一方违约时应当根据违约情况向对方支付一定数额的违约金，也可以约定因违约产生的损失赔偿额的计算方法。约定的违约金低于造成的损失的，人民法院或者仲裁机构可以根据当事人的请求予以增加；约定的违约金过分高于造成的损失的，人民法院或者仲裁机构可以根据当事人的请求予以适当减少。当事人就迟延履行约定违约金的，违约方支付违约金后，还应当履行债务。

违约金的支付不应以损失的实际发生为条件，即违约金的成立根本不应当考虑实际的损失问题。损害赔偿要以实际损失为前提，而违约金的支付则不需要具体证明实际的损失。从性质上说，违约金主要是补偿性的而非惩罚性的，除了特别例外的情况，如单为迟延设定的违约金。

案例思考6-8

某年5月6日，家住六楼的李某赴外地旅游，其间家中自来水漏水溢出，将楼下王某家中地板等财物损坏。经双方协商，李某赔偿王某损失5万元。其后，李某与王某书面约定：王某应在同年12月20日以前将家中因漏水损坏的地板撬下交给李某，到期不能交付地板，王某应赔偿李某损失1万元。王某因故未在约定的时间交付损坏的地板。李某起诉要求王某赔偿损失1万元并交付地板。王某则辩称，逾期交付地板，李某没有遭受任何损失。

【问题】
(1) 本案协议中所约定的"损失"的法律性质？
(2) 当事人是否能够约定惩罚性的违约金？

【分析】
(1) 本案协议中约定的"损失"应该是惩罚性违约金。违约金的功能有二：一是以违约金为债务不履行之制裁；二是以之为损害赔偿额之预定。前者是惩罚性违约金，后者是赔偿性违约金。协议中所说的"损失"是惩罚性违约金，理由是订立协议之初，原、被告都知道，如果被告违约，不会给原告造成任何损失。李某之所以要作此约定，是为了促使王某及时履行合同，交付拆下来的地板。

（2）《民法典》第 585 条第 3 款规定，"当事人就迟延履行约定违约金的，违约方支付违约金后，还应当履行债务。"这就明确承认了惩罚性违约金。"到期不能交付地板，王某应赔偿李某损失 1 万元"明显的是对给付迟延违约责任的约定。本案被告的不履行行为完全符合给付迟延的构成条件，构成给付迟延。据此，完全应当把本案当事人协议中约定的违约金条款解释为惩罚性违约金。

（五）定金

定金作为一种担保方式，在本章第五节里已有阐述。

五、违约责任的免责事由

1. 不可抗力

不可抗力是指不能预见、不能避免并不能克服的客观情况。当事人一方因不可抗力不能履行合同的，根据不可抗力的影响，部分或者全部免除责任，但是法律另有规定的除外。因不可抗力不能履行合同的，应当及时通知对方，以减轻可能给对方造成的损失，并应当在合理期限内提供证明。当事人迟延履行后发生不可抗力的，不免除其违约责任。

常见的不可抗力有以下方面：①自然灾害。如地震、台风、洪水、海啸等。②政府行为。政府行为是指当事人在订立合同以后发生，且不能预见的情形。如运输合同订立后，由于政府颁布禁运的法律，使合同不能履行。③社会异常现象。一些偶发的事件阻碍合同的履行，如罢工骚乱等。

2. 债权人的过错

债务人不履行或不适当履行合同是由债权人的原因造成的，债务人不承担违约责任。当事人一方违约造成对方损失，对方对损失的发生有过错的，可以减少相应的损失赔偿额。

3. 免责条款

免责条款是当事人以协议排除或限制其未来责任的条款。经营者对于未来可能发生的意外事件给自己带来的风险必须进行控制，其方法是事先达成免责条款。

4. 情势变更

所谓情势变更是指在合同有效成立以后，如果合同履行的客观条件发生了重大变化，导致合同无法履行，或者履行结果显失公平，则依据诚实信用原则，应当允许当事人请求变更或者解除合同。1902 年，英国上诉法院判决的著名的克雷尔诉亨利案，确立了情势变更制度，使合同受挫得以免责。英美法系承认情势变更的理论对严格责任是一个有益的补充。

我国《民法典》第 533 条规定，合同成立后，合同的基础条件发生了当事人在订立合同时无法预见的、不属于商业风险的重大变化，继续履行合同对于当事人一方明显不公平的，受不利影响的当事人可以与对方重新协商；在合理期限内协商不成的，当事人可以请求人民法院或者仲裁机构变更或者解除合同。人民法院或者仲裁机构应当结合案件的实际情况，根据公平原则变更或者解除合同。

案例思考 6-9

武汉市煤气公司与重庆检测仪表厂签订合同，约定由仪表厂供给煤气公司国产 J2.5 煤气表散件 7 万套。因生产煤气表散件的主要原材料铝锭的价格，由签订合同时国家定价为每吨 4 400～4 600 元，上调到每吨 1.6 万元，铝外壳的售价也相应地由每套 23 元调到 41 元，双方发生纠纷。煤气公司要求按原合同履行，仪表厂要求提高煤气表散件的价格，否则，每生产一套煤气表散件，不仅不能盈利，反而亏本。

【问题】这份购销合同能否解除？为什么？

【分析】对该案例，法院认为如果要求仪表厂仍按原合同约定的价格供给煤气表散件，则显失公平。最高人民法院根据审判实践作出规定："由于不可归责于当事人双方的原因，作为合同基础的客观情况发生了非当事人所能预见的根本性变化，以致按原合同履行显失公平的，可以根据当事人的申请，按情势变更的原则变更或者解除合同。"

练习题

一、单项选择题

1. 要约邀请是希望他人向自己发出要约的意思表示。下列情形中，不属于发出要约邀请的是（　　）。

    A. 甲公司向数家贸易公司寄送价目表

    B. 乙公司通过报纸发布招标公告

    C. 丙公司在其运营中的咖啡自动售货机上载明"每杯 1 元"

    D. 丁公司向社会公众发布招股说明书

2. 在下列情形中，在当事人之间产生合同法律关系的是（　　）。

    A. 甲拾得乙遗失的一块手表

    B. 甲邀请乙看球赛，乙因为有事没有前去赴约

    C. 甲因放暑假，将一台计算机放入乙家

    D. 甲鱼塘之鱼跳入乙鱼塘

3. 甲曾经救过乙的性命，乙遂将一枚祖传宝珠装在一个精美木匣中，前往甲家相赠，以示感谢。甲同意留下木匣，但请乙将宝珠带回。甲后来有些后悔，又向乙表示愿意接受宝珠，下列表述中，正确的是（　　）。

    A. 甲已经取得宝珠的所有权，有权请求乙返还

    B. 甲尚未取得宝珠的所有权，但有权请求乙转移宝珠的所有权

    C. 甲、乙之间的赠与合同成立，但乙有权撤销该合同并拒绝交付

    D. 甲无权请求乙转移宝珠的所有权

4. 甲于 5 月 1 日向乙发出一要约，后反悔欲撤回，遂于 5 月 3 日发出撤回通知。要约于 5 月 5 日至乙处，但因乙外出，未能拆阅。撤回通知于 5 月 6 日到达乙处，乙于 5 月 7 日返回家中。则此要约（　　）。

    A. 有效，因为要约已先于撤回通知到达乙

    B. 有效，因为要约发出后不能任意撤回

    C. 无效，因为撤回通知和要约同时到达乙

D. 无效，因为要约已被撤销

5. 甲、乙签订了一份钢材买卖合同，约定甲于7月18日前向乙提供50吨钢材。7月15日，甲所在地发生水灾，一直持续到8月初，在此期间，甲未履行合同，也未向乙说明受水灾之事。乙不得不高价从丙处购得所需钢材，多花费了2万元，下列选项中，正确的是（   ）。

   A. 甲可因不可抗力而免责

   B. 甲只应承担部分赔偿责任

   C. 甲若能提供水灾证明即可免责

   D. 甲未及时通知乙遭遇水灾的事实，应承担2万元的赔偿责任

6. 下列情形中属于效力待定合同的是（   ）。

   A. 5周岁的儿童因过生日而接受成人馈赠的贵重贺礼

   B. 16岁的中学生托人出售登记在自己名下的一套房产

   C. 成年人甲误将本为复制品的油画当成真品购买

   D. 出租车司机借抢救重伤员急需出租车之机将车价提高5倍

7. 甲公司与乙公司签订计算机买卖合同，合同约定由丙公司代替甲公司向乙公司支付计算机价款，但丙公司在该合同履行期限内未向乙公司支付计算机价款。对此，下列叙述正确的是（   ）。

   A. 丙公司应向乙公司承担违约责任

   B. 甲公司应向乙公司承担违约责任

   C. 甲公司与乙公司签订的计算机买卖合同无效

   D. 乙公司可选择甲公司或丙公司承担违约责任

8. 甲将某画卖给乙，价款30万元，由丙承担乙的债务，当甲向丙请求交付价款时，如果甲并未将该画交付乙，则丙享有的抗辩权为（   ）。

   A. 同时履行抗辩权　　　　　　B. 后履行抗辩权

   C. 先诉抗辩权　　　　　　　　D. 不安抗辩权

9. 甲与乙签订了一份房屋装修合同，由甲装潢公司给乙装修新房，甲公司收取装潢费用15万元后，因业务繁忙，把装修的合同义务转让给了丙公司。此种转让须（   ）。

   A. 经乙方同意　　B. 经丙方同意　　C. 通知乙方　　D. 公告

10. 甲公司与乙村订立茶叶购销合同，约定乙村于5月18日先交货，甲公司5月28日付款。在同年4月底，乙村发现甲公司经营状况严重恶化，有无力支付货款的可能，并有确切证据，遂向甲公司提出中止合同，但甲公司未允。基于以上原因，乙村在同年5月18日未按期交货，有关该案正确的表述是（   ）。

    A. 乙村无权不按期交货，但可以先交部分货物

    B. 乙村有权不按期交货，除非甲公司提供了相应的担保

    C. 乙村有权不按期交货，即使甲公司提供了相应的担保

    D. 乙村无权不按期交货，但甲公司不付货款可追究其违约责任

二、多项选择题

1. 下列情形属于无效合同的是（   ）。

A. 甲医院以国产假肢冒充进口假肢，高价卖给乙

B. 甲、乙双方为了在办理房屋过户登记时避税，将实际成交价为100万元的房屋买卖合同价格写为60万元

C. 有妇之夫甲委托未婚女乙代孕，约定事成后甲补偿乙50万元

D. 甲父患癌症急需用钱，乙趁机以低价收购甲收藏的1幅名画，甲无奈与乙签订了买卖合同

2. 债权人甲认为债务人乙怠于行使其债权给自己造成损害，欲提起代位诉讼。下列各项债权中，不得提起代位诉讼的有（   ）。

A. 安置费给付请求权　　　　　　B. 劳动报酬请求权

C. 人身伤害赔偿请求权　　　　　D. 因继承关系产生的给付请求权

3. 甲公司欠乙公司30万元，一直无力偿付，现乙公司查明丙公司欠甲公司50万元，已到期，但甲公司明示放弃对丙的债权。对甲公司的这一行为，下列说法中，正确的有（   ）。

A. 乙公司可以请求人民法院撤销甲放弃债权的行为

B. 乙公司应当通知丙公司撤销甲放弃债权的行为

C. 乙公司行使撤销权所支付的费用由甲公司负担

D. 乙公司应当自行支付行使撤销权所发生的费用

4. 甲委托乙用货车将一批水果运往A地，不料途中遭遇山洪，水果全部毁损。甲委托乙运输时已向乙支付运费。下列关于水果损失与运费承担的表述中，正确的有（   ）。

A. 乙应当赔偿水果毁损给甲造成的损失

B. 甲自行承担因水果毁损造成的损失

C. 甲有权要求乙返还运费

D. 甲无权要求乙返还运费

5. 甲欠乙5 000元，乙多次催促，甲拖延不还。后乙通知甲必须在半个月内还钱，否则将对甲提起诉讼。甲立即将家中仅有的九成新电冰箱和彩电各一台以15元的价格卖给知情的丙，被乙发现。根据合同法律制度的规定，下列表述中，正确的有（   ）。

A. 乙可书面通知甲、丙，撤销该买卖合同

B. 如乙发现之日为当年5月1日，则自第二年5月2日起，乙不再享有撤销权

C. 如乙的撤销权成立，则乙为此支付的律师代理费、差旅费应由丙承担

D. 如乙的撤销权成立，则乙为此支付的律师代理费、差旅费应由甲、丙承担

6. 甲公司向乙公司订购奶粉一批，乙公司在订立合同时，将国产奶粉谎称为进口奶粉。甲公司事后得知实情，适逢国产奶粉畅销。甲公司有意履行合同，乙公司则希望将这批货物以更高价格售与他人。此时，当事人的下列行为中对合同效力产生的影响是（   ）。

A. 甲公司向乙公司催告交货，则合同确定有效

B. 甲公司向乙公司预付货款，则合同确定有效

C. 甲公司向乙公司送交确认合同有效的通知，则合同确定有效

D. 乙公司以合同订立存在欺诈为由主张撤销，则合同失去约束力

7. 甲公司于 8 月 2 日向乙公司发出要约，要卖给乙公司一台机器设备，甲公司要求乙公司 10 天内答复。甲公司的要约于 8 月 5 日到达乙公司。8 月 3 日，甲公司又给乙公司去信，称该机器设备现其需要使用，不能出售，请乙公司原谅。第二封信于 8 月 6 日到达。乙公司 8 月 7 日回信表示接受甲公司的要约条件，该回信于 8 月 10 日到达，甲公司拒绝交货。下列说法正确的是（　　）。
   A. 甲、乙之间的合同不成立，因为要约已被撤销
   B. 甲、乙之间的合同成立，因为要约没有被撤销
   C. 甲、乙之间的合同于 8 月 7 日承诺发生时成立
   D. 甲、乙之间的合同于 8 月 10 日承诺到达时成立
   E. 甲、乙之间的合同不成立，故乙只能追究甲的缔约过失责任，不能追究其违约责任

8. 关于合同解除，下列表述正确的是（　　）。
   A. 甲雇请乙开车，同时约定，若甲日后自己拿到驾驶执照，则甲有权解聘乙，此即约定解除权
   B. 某学校学生为欢庆中秋节，向甲食品公司订购一批月饼，约定农历八月十五交付。届履行期限，甲食品公司致函学生，明确告知其无法按时履行，请求迟延到农历八月十六，学生以合同目的无法实现，要求解除合同，并赔偿损失
   C. 某市百货商场与某市服装厂签订了一份服装供应合同，约定于 8 月 15 日前交货。但到了 8 月 15 日，服装厂没有按约交货，于是，百货商场于 8 月 16 日提出解除合同，并认为其解除合同有法律依据
   D. A 公司为履行与 B 公司签订的锅炉买卖合同，委托运输公司送货上门，但途中遇交通事故，导致锅炉毁损，A 公司以事故不是其造成为由提出解除合同，免除自己的责任
   E. 甲公司明确向乙公司表示其将不按约定履行合同义务，此时，乙公司可以不经催告直接解除合同

三、简答题
1. 简述要约与要约邀请的区别。
2. 简述违约责任的归责原则以及免责事由。
3. 简述缔约过失责任和违约责任的区别。
4. 简述合同成立与合同生效的区别。
5. 简述违约责任的归责原则及免责事由。

四、案例分析题
案例一：甲、乙两公司签订钢材购买合同，合同约定：乙公司向甲公司提供钢材，总价款 500 万元。甲公司预支价款 200 万元。在甲公司即将支付预付款前，得知乙公司因经营不善，无法交付钢材，并有确切证据证明。于是，甲公司拒绝支付预付款，除非乙公司能提供一定的担保，乙公司拒绝提供担保。为此，双方发生纠纷并诉至法院。

问题：
(1) 甲公司拒绝支付余款是否合法？

(2) 甲公司的行为若合法，法律依据是什么？

(3) 甲公司行使的是什么权利？若行使该权利必须具备什么条件？

案例二： 2015年10月4日，网友肖先生爆料称他们到达青岛后，选择了"善德活海鲜烧烤家常菜"就餐，在吃饭前，曾详细询问过菜价，向老板确认过大虾38元究竟是一份还是一只，肖先生称当时老板说的是38元一份。但吃完饭后，老板却称大虾价格为38元一只。此外，肖先生还提供了一份"善德活海鲜烧烤"的价目单，该价目单显示，"海捕大虾38元"，旁边没有标明计价方式是按"一只"还是"一份"，但在价目单的最下方，有"以上海鲜单个计价"的说明。

问题：

(1) 饭店菜单是要约还是要约邀请？游客虽然没有讨价还价，但提出了合同数量上的变更，问清大虾是不是38元一份，游客这是提出新的要约吗？

(2) 游客是否存在重大误解？交易是否构成显失公平？

(3) 经营者的行为是否属于欺诈、胁迫？类似情况是否适用《消费者权益保护法》第55条的规定？

第七章

知识产权法律制度

**本章导读**

　　知识产权是无形财产权。本章主要介绍专利法、商标法和著作权法的主要法律规定，并简要介绍主要的知识产权国际公约。通过本章学习，要求学生了解并熟悉知识产权的概念和法律特征，掌握职务发明和非职务发明、专利权许可使用、发明专利、实用新型、外观设计及其取得条件和保护期限、诉前禁令和财产保全等法律保护措施、注册商标及商标权人主要权利、商标注册原则、商标权保护措施等重要法律规定。了解专利，商标申请、审查、核准制度以及异议审查制度。掌握著作权的主体、客体和内容，以及有关著作权保护的法律规定。

第一节　知识产权法

一、知识产权概述

（一）知识产权的概念与分类

　　1. 知识产权的概念

　　知识产权是指权利人对其智力劳动所创作的成果享有的财产权利。把来自知识活动的权利概括为"知识产权"最早见诸于17世纪中叶的法国学者卡普佐夫。认为知识产权是一种特殊的权利，不同于物的所有权。有的国家叫精神产权或无形财产。

　　2. 知识产权的分类

　　知识产权是不断扩张的开放体系，知识产权外延也在不断拓展。根据TRIPS协定、成立世界知识产权组织公约等国际公约和我国国内立法，知识产权主要分为以下几类：①著作权和邻接权；②商标权；③地理标志；④工业设计；⑤专利权；⑥集成电路布图设计权；⑦未公开的信息的保护权。

　　以上所述是广义知识产权。狭义的知识产权主要是工业产权和版权两部分，其中工业产权主要包括专利权、商标权；版权即著作权。本章主要介绍狭义的知识产权。

(二) 知识产权的特点

(1) 无形性。知识产权客体的非物质性，是知识产权的本质属性，这是其与其他有形财产所有权最根本的区别。

(2) 专有性。专有性也称排他性或独占性，知识产权的权利人对自己的智力成果享有专有权，如果法律没有特别规定，未经权利人同意，任何人不得占有、使用他人的智力成果。

(3) 地域性。知识产权只在特定国家或地区的地域范围内有效，不具有域外效力。各国的知识产权立法基于主权原则必然呈现出独立性。一国的知识产权要获得他国的法律保护，必须依照有关国际条约、双边协议或按互惠原则办理。

(4) 时间性。知识产权的保护是有一定期限的。超出保护期后，有关智力成果进入公有领域，成为整个社会的共同财富，任何人都可使用。须注意的是，商标权的期限届满后可通过续展依法延长保护期。少数知识产权没有时间限制，只要符合有关条件，法律可长期予以保护，如商业秘密权、地理标志权、商号权等。

二、知识产权法概述

知识产权法是指调整因知识产权的确认和使用而产生的各种社会关系的法律规范的总称。我国改革开放后，逐步建立了自己的知识产权法律制度。1982年8月第五届全国人大常委会通过《商标法》，1993年首次修订，2001年第二次修订，2013年第三次修订，2019年4月23日第四次修订。1984年3月第六届全国人大常委会通过《专利法》，1992年首次修改，2000年第二次修订，2008年第三次修改。1990年9月第七届全国人大常委会通过《著作权法》，2001年和2010年分别进行了修改。在知识产权国际条约方面，1980年，我国加入《建立知识产权国际公约》；1985年加入《巴黎公约》；1989年加入《商标注册马德里协定》；1990年加入《关于集成电路知识产权条约》；1992年加入《世界版权公约》；1994年加入《专利合作条约》。2001年我国加入《与贸易有关的知识产权协定》(TRIPS)，它是世界贸易组织管辖的一项多边贸易协定。这些国际条约是我国知识产权制度的重要组成部分。

第二节 商 标 法

一、商标概述

(一) 商标的概念和特征

1. 商标的概念

商标是指用以将不同的经营者所提供的商品或者服务区别开的显著标志。任何能够将自然人、法人或者其他组织的商品与他人的商品区别开的标志，包括文字、图形、字母、数字、三维标志、颜色组合和声音等，以及上述要素的组合，均可以作为商标申请注册。

2. 商标的特征

(1) 商标是用于商品或服务上的标记,与商品或服务不能分离,并依附于商品或服务。

(2) 显著性与识别性。商标能够区分不同经营者提供的商品和服务。

(3) 可感知性。商标是文字、图形、字母、数字、三维标志、颜色和声音等各类要素的组合,能够为人的视觉、听觉等所感知,并进而区分不同的商品或者服务。

(4) 独占性。注册商标所有人对其商标具有专用权、受到法律的保护,未经商标权所有人的许可,任何人不得擅自使用与该注册商标相同或相类似的商标。

(5) 财产性。商标是一种无形资产。商标的价值可以通过评估确定。商标可以有偿转让,经商标所有权人同意,许可他人使用。

(二) 商标的分类

从不同的角度,可以将商标分为不同的种类。

1. 按商标的构成要素分

商标的构成可以是文字、图形、字母、数字、三维标志和颜色组合,也可以是这些要素的组合。按构成要素分,商标可分为以下几种。

(1) 文字商标:文字可以是汉字,可以是少数民族文字,也可以是外文字母等。

(2) 图形商标:是指运用人或事物的形状、图形构成的商标。图形商标的图形,既可以是具体图形,也可以是完全虚构的图形。

(3) 字母商标:是指运用拼音字母、外文字母,如英文字母、拉丁文字母等字母作为商标。

(4) 数字商标:数字即表示数目的文字或符号。

(5) 三维标志商标:三维标志又称立体标志,是指商品或其包装的外形或表示服务特征的外形构成的商标。如以香水瓶、酒瓶、饮料瓶、与商品本身紧密相连的包装——香烟盒、麦当劳小丑以及劳斯莱斯的胜利女神车标等作为商标。

(6) 颜色组合商标:即是由独特新颖的不同色彩组合而成的商标。即单纯以色彩本身作为构成要素的商标。应当注意。颜色商标并非指彩色商标,普通的文字、图案加彩色所构成的商标不属于颜色商标。

(7) 组合商标:是指运用文字、图形、字母、数字、三维标志、颜色组合等组合的商标。

(8) 非形象商标:是指以音响、气味、电子数据传输的标记等申请注册的商标。商标法规定了声音可作为商标注册,如有的银行把硬币从储钱罐被倒出来的声音作为自己的服务商标。

2. 按商标的不同用途分

按不同用途分,商标可分为以下几种。

(1) 商品商标:是指经营者为了使其生产、制造、加工、拣选或者经销的商品与其他人提供的商品相区别而使用的标志。1982年颁布《商标法》时只规定保护商品商标。

(2) 服务商标:是指经营者为将自己提供的服务与他人提供的服务相区别而使用的标志。1993年修改《商标法》后增加规定了服务商标。按照《商标注册用商品和服务国际分类表》(尼斯分类第十一版)所附的商标和服务分类表,商品和服务共45大类。其中商品34类,服务项目11类,共包含一万多个商品和服务项目。申请人所需填报的商品及服务一般来说都在其中。我国现在适用的是45大类的尼斯协定。

(3) 证明商标:证明商标适用于商品或服务上,是用以证明该商品或服务的独特的原产地、原料、质量、精确度、制造方法或者其他特定品质的标志。

(4) 集体商标:是指以团体、协会或者其他组织名义注册,供该组织成员在商事活动中使用,以表明使用者在该组织中的成员资格的标志。与证明商标的开放性相反,集体商标是一种封闭性商标,它只由本集体的成员使用。

(5) 联合商标:是指同一商标所有人在同一类或类似商品上注册若干个近似商标,其中一个指定为正商标,其他的为正商标的联合商标。

(6) 防御商标:是指商标所有人在不同类别的商品或服务上注册的若干个相同商标。原商标为正商标,注册在其他商品和服务上的商标为防御商标。

二、商标权

(一) 商标权的概念

商标权是指商标所有人对其注册商标所享有的权利。经商标局核准注册的商标为注册商标,商标注册人享有商标专用权,受法律保护。商标权主要具有以下特征。

(1) 排他性。未经商标权人许可,他人不得在同一种或类似的商品上使用与其注册商标相同或者近似的商标,否则构成对商标权的侵害。

案例聚焦 7-1

无锡市鸿达铝业有限公司自2003年1月1日起,未经商标注册人的许可,擅自在摩托车配件上使用与"HONDA"近似的"HONGDA"商标。至案发时,当事人已经销售的摩托车配件价值达43万元。

经查,使用在商标注册用商品和服务国际分类第12类汽车等商品上的"HONDA"商标,是日本技研工业株式会社的注册商标,该商标专用权受法律保护。

无锡市锡山工商行政管理局认为,当事人的行为属于商标侵权行为。根据法律规定,决定对当事人作出如下处罚:①责令立即停止侵权行为;②罚款人民币30万元整。

(2) 独占性。商标所有人在核准使用的商品上可以独享其注册商标专用权,具有排除他人干涉的权利。

(3) 时间性。我国商标法规定商标权的有效期限为10年,期限届满,商标权人需要继续使用该注册商标的,可以申请续展延长有效期限,续展不受次数限制。每次续展后商标权的有效期限得以延长10年。商标注册人如果到期不提出续展申请或申请被驳回,则丧失其商标权。

(4) 地域性。商标注册人所享有的商标权,只能在授予该项权利的国家领域内受到保护,在其他国家则不发生法律效力。若需要得到其他国家的法律保护,须按照该国法律的规定,在该国申请注册。

(二) 商标权的主体

商标权主体是指有权申请商标注册并依法取得商标专用权的单位和个人。与1993年的《商标法》相比，2001年的《商标法》扩大了申请注册商标的主体，由"企业、事业单位、社会团体和个体工商业者"扩大为"自然人、法人和其他组织"。这一修改使下列民事主体成为新的商标申请人：企业、事业单位和社会团体之外的任何法人，包括党政机关法人；不具有法人资格的其他组织，如分公司、办事处、课题组等。个体工商业者之外的任何自然人，包括未成年人、军人等。

（三）商标权的客体

商标权的客体即注册商标。申请注册的商标必须符合以下规定。

1. 法定构成要素

任何能够将自然人、法人或者其他组织的商品与他人的商品区别开的标志，包括文字、图形、字母、数字、三维标志、颜色组合和声音等，以及上述要素的组合，均可以作为商标申请注册。但依据《商标法》的规定，下列标志不得作为商标使用：①同中华人民共和国的国家名称、国旗、国徽、国歌、军旗、军徽、军歌、勋章等相同或者近似的，以及同中央国家机关的名称、标志、所在地特定地点的名称或者标志性建筑物的名称、图形相同的；②同外国的国家名称、国旗、国徽、军旗等相同或者近似的，但经该国政府同意的除外；③同政府间国际组织的名称、旗帜、徽记等相同或者近似的，但经该组织同意或者不易误导公众的除外；④与表明实施控制、予以保证的官方标志、检验印记相同或者近似的，但经授权的除外；⑤同"红十字""红新月"的名称、标志相同或者近似的；⑥带有民族歧视性；⑦带有欺骗性，容易使公众对商品的质量等特点或者产地产生误认的；⑧有害于社会主义道德风尚或者有其他不良影响。县级以上行政区划的地名或者公众知晓的外国地名，不得作为商标。地名具有其他含义或者作为集体商标、证明商标组成部分的除外；已经注册的使用地名的商标继续有效。

案例思考7-1

广西桂林包装机械厂在商品分类第6类包装机械上申请注册"中华"商标。商标局驳回其申请。该厂申请复审，商标评审委员会裁定：驳回申请，不予审定和公告。

【问题】"中华"二字与国家名称有关系吗？为什么国内很多产品都使用"中华"注册商标？

【分析】我国已出版的词典对"中华"的解释，均引申为"中国"。该案中申请人注册"中华"商标，直接违背了国家名称不得作商标的规定。至于有些产品使用"中华"的现象，如"中华"牌牙膏，是历史原因遗留下来的，该商标经过长期使用，现在已经具有显著识别性，该"中华"牙膏的"中华"商标字样只会使人想到该特定的商品。因此，这些在商标法颁布前注册的商标继续有效，但其后此类商标则不准许使用，更不予以注册。

2. 具备显著性

申请注册的商标，应当有显著性，便于识别，不得与他人的商标雷同或者混淆。因此，下列标志不得作为商标注册：①仅有本商品的通用名称、图形、型号的；②仅直接表示商品的质量、主要原料、功能、用途、重量、数量及其他特点的；③其他缺乏显著特征的。前述所列标志经过使用取得显著特征，并便于识别的，可以作为商标注册。

此外,以三维标志申请注册商标的,仅由商品自身的性质产生的形状、为获得技术效果而需有的商品形状或者使商品具有实质性价值的形状,不得注册。就相同或者类似商品申请注册的商标是复制、模仿或者翻译他人未在中国注册的驰名商标,容易导致混淆的,不予注册并禁止使用。就不相同或者不相类似商品申请注册的商标是复制、模仿或者翻译他人已经在中国注册的驰名商标,误导公众,致使该驰名商标注册人的利益可能受到损害的,不予注册并禁止使用。

案例思考 7-2

日本石原产业株式会社 1991 年申请注册"稳杀得"除草剂商标。商标局认为文字含叙述性,不予核准。申请人向商标评审委员会申请复审。

【问题】该商标是否具有显著性?是否属于叙述性商标?

【分析】本案中的"稳杀得"商标,是属于对商品的质量、用途、功能的叙述性文字,意指该试剂对"杂草"或"病虫害"的杀伤力稳妥可靠,"稳"涉及商品质量,"杀"说明商品的功能和用途,申请人提不出具体的证据证明该商标通过长期使用已获得"第二含义",仅强调在广泛使用,并获农、牧、渔业部农药登记证。商标评审委员会复审决定,申请人复审理由不成立。

3. 在商品或者服务上使用

商标为商品或者服务的标记,其与商品或者服务不可分割,脱离商品或者服务的标记必然不能成为商标权的客体。

4. 不得与在先权利冲突

商标权容易与外观设计专利权、著作权、企业名称权、知名商品特有的名称权等发生冲突。为了协调商标权与他人在先权利的冲突,申请注册的商标不得与他人在先取得的合法权利相冲突,不得以不正当手段抢先注册他人已经使用并有一定影响的商标。

案例聚焦 7-2

1954 年以动物画著称的国画家刘继卣先生创作了一组《武松打虎》连环画。1980 年,山东阳谷县景阳冈酒厂用修改过的"武松打虎图"作其《景阳冈》酒的包装,1989 年该图画作为商标申请获准注册。1996 年 4 月,刘继卣的继承人向商标评审委员会提出撤销景阳冈酒厂"武松打虎图"商标。

"武松打虎图"作为刘继卣先生的美术作品,依法享有著作权。1983 年刘先生去世后,该著作权由其妻斐立女士继承。1989 年被申请人将"武松打虎图"作为商标注册,未经著作权人许可,也未按《著作权法》规定签订书面合同,其侵权行为成立,该商标实属注册不当,侵犯了他人合法在先权利。国家工商局商标评委员会依法予以撤销。

类似的案例还有"三毛头像"商标注册不当案,江苏三毛集团的"三毛"商标,因侵犯了已故画家张乐平对"三毛"图形所拥有的著作权,而被张乐平家属申请予以撤销。

对作品的利用方式有许多,以商标形式使用他人的作品属于著作权意义上的"复制"行为。因而,这种行为为著作权法所规范。未经权利人许可,实施"复制"行为的,构成侵犯著作权。这也是上述两起案件中，被告（商标注册人）被判侵权以及其注册商标被宣告无效的法律根据。

（四）商标权的内容

商标权的内容是指商标权人享有的权利和应履行的义务。

1. 商标权人主要的权利

（1）专用权。专用权就是商标权人的独占使用权。这是商标权的核心权利。商标注册人享有商标专用权，受法律保护。注册商标的专用权以核准注册的商标和核定使用的商品为限。未注册商标的专用权予以有条件的适度保护。

（2）禁止权。即未经商标权人许可，商标权人有权依法禁止他人在同一种或者类似的商品或者服务项目上使用与其注册商标相同或者近似的商标。禁止权与专有使用权共同构成商标权的两面。

（3）转让权。商标权人依法将其商标移转给他人的权利。

（4）许可使用权。许可权是指商标注册人通过签订商标许可使用合同的方式，许可他人使用其注册商标的权利。

（5）续展权。注册商标的有效期为自核准注册之日起10年。注册商标有效期满，需要继续使用的，商标注册人应当在期满前12个月内依法办理续展手续；在此期间未能办理的，可以给予6个月的宽展期。商标局应当公告续展注册的商标。每次续展注册的有效期为10年，自该商标上一届有效期满次日起计算。期满未办理续展手续的，注销其注册商标。

案例思考 7-3

河南新乡电池厂的"中华"牌商标，在河南乃至全国堪称老字号，由于企业领导商标意识淡薄，商标有效期届满，未能及时申请，宽展期满后，被商标局依法注销。该厂欲重新申请"中华"商标时，却因违反商标法，与"中国"名称相近似而被驳回。

【问题】注册商标宽展期结束被依法注销，会给商标所有者造成哪些损失？

【分析】这给商标所有者造成三方面损失：①原来注册使用的商标现在没有了排他使用权，任何人都可以使用；②原标有"注册商标"字样或®标记的商标的未销售产品，不能进入流通领域，否则就属于"冒充注册商标的违法行为；③未注册商标被他人抢注，该商标原使用者继续使用原商标会侵犯他人的商标专用权。

（6）其他权利。商标权人享有放弃权、投资权或者质押等权利，其继承人有继承权。

2. 商标权人的义务

（1）使用注册商标的义务。使用注册商标的，应当标明"注册商标"或者注册标记。商标注册后必须使用，连续3年停止使用注册商标，任何人可以向商标局申请予以撤销。

（2）依法转让与许可义务。在注册商标的转让与许可过程中，当事人依商标法的规定履行法定的程序。

（3）保证质量。商标使用人应当保证使用该注册商标的商品或者服务的质量。

(4) 缴纳费用。缴纳费用的义务。商标权人按规定在办理商标申请、注册、转让、续展等事宜时,应缴纳费用,否则,商标局对商标不予注册。

三、商标注册

(一) 商标注册的原则

1. 自愿注册为主和强制注册为辅原则

自愿注册是指商标所有人对其所有的商标是否申请注册,完全根据自己的意愿决定。未注册商标可以使用,但不享有商标专用权,不受法律特别是商标法的保护。同时,法律、行政法规规定必须使用注册商标的商品,如烟草制品、人用药品、兽用药品。必须申请商标注册,即强制注册,未经商标主管机关核准注册的,不得在市场销售。

2. 申请在先为主和使用在先为辅原则

申请在先原则是指国家商标注册管理部门优先受理在先的注册申请。当两个或者两个以上的商标注册申请人,在同一种商品或者类似商品上,以相同或者近似的商标申请注册的,商标局初步审定并公告申请在先的申请,驳回在后的申请;同一天申请的,初步审定并公告使用在先的商标,驳回其他人的申请,不予公告。申请文件,可以以书面方式或者数据电文方式提出。我国在遵循申请在先原则的前提下,还强调使用在先的正当性,为防止恶意抢注行为,2019年新修订的《商标法》第4条第1款规定:"不以使用为目的的恶意商标注册申请,应当予以驳回。"

3. 优先权原则

为保护首次申请人,《巴黎公约》给予其成员国国民申请商标注册时,在申请日期上所依法享有的优先利益。在优先权期间内,其他人同样的申请不能获得商标权,该商标权授予首次申请人。《巴黎公约》给予发明和实用新型12个月的优先权,给予外观设计和商标6个月的优先权。我国《商标法》第25条规定,商标注册申请人自其商标在外国第一次提出商标注册申请之日起6个月内,又在中国就相同商品以同一商标提出商标注册申请的,依照该外国同中国签订的协议或者共同参加的国际条约,或者按照相互承认优先权的原则,可以享有优先权。未提出书面声明或者逾期未提交商标注册申请文件副本的,视为未要求优先权。

4. 诚实信用原则

诚实信用原则简称诚信原则,这是民法中诚信原则在商标法中的适用。诚实信用原则要求申请人申请注册商标时,应当诚实不欺诈,恪守信用,并善意地行使权利、履行义务。

5. 分类申请原则

商标注册申请人应当按规定的商品分类表填报使用商标的商品类别和商品名称,提出注册申请,并可以通过一份申请就多个类别的商品申请注册同一商标,即"一标多类"。例如,申请人可以同时申请将某一商标同时注册于服装、鞋、帽类和地毯、地席类这两类商品中的多个商品上。

(二) 商标注册的程序

1. 商标注册的申请

(1) 申请人。商标注册申请人申请商标注册或者办理其他商标事宜,可以自行办理,也可以委托依法设立的商标代理机构办理。但外国人或者外国企业在中国申请商标注册和办理其他商标事宜的，必须委托依法设立的商标代理机构办理。

（2）商标代理机构。商标代理机构应当遵循诚实信用原则，遵守法律、行政法规，按照被代理人的委托办理商标注册申请或者其他商标事宜；对在代理过程中知悉的被代理人的商业秘密，负有保密义务。委托人申请注册的商标可能存在商标法规定不得注册情形的，商标代理机构应当明确告知委托人。

（3）申请材料。申请商标注册所需材料包括商标注册申请书、商标图样和有关证明文件，确保真实、准确、完整。商标注册申请书及有关文件可以以书面方式或者数据电文方式提出。当事人以数据电文方式提交的文件日期，以进入商标局或者商标评审委员会电子系统的日期为准。

2. 商标注册的审查

（1）形式审查。商标注册的形式审查，又称为书式审查，即审查申请人送交的申请材料的内容记载是否齐全以及形式是否合法等。商标局认为商标注册申请内容需要说明或者修正的，可以要求申请人作出说明或者修正。申请人未作出说明或者修正的，予以退回，不影响商标局作出审查决定。

（2）实质审查。商标注册的实质审查，即审查商标是否具备注册条件。实质审查内容包括：商标是否符合法定的构成要素；是否具有显著性特征；是否与他人在先权利相冲突；是否使用了禁用标志等。

（3）公告。对申请注册的商标，商标局委派的审查员应当自收到商标注册申请文件之日起9个月内依法审查完毕，符合规定的，予以初步审定公告。商标局会在"中国商标网"滚动发布最新出版的12期《商标公告》，公众可以随时上网查阅，及时了解和监督商标注册情况。

（4）异议。经过实质审查，对符合规定的商标予以初步审定和公告。自公告之日起3个月内，在先权利人、利害关系人可以依法向商标局提出异议反对注册。商标局应当听取异议人和被异议人陈述事实和理由，调查核实后，自公告期满之日起12个月内作出是否准予注册的决定，并书面通知异议人和被异议人。有特殊情况需要延长的，经国务院工商行政管理部门批准，可以延长6个月。商标局作出准予注册决定的，发给商标注册证，并予公告。异议人不服的，可以依法向商标评审委员会请求宣告该注册商标无效。

（5）复审。对商标局的驳回申请、不予公告、异议、不予注册、商标撤销、无效宣告等决定不服时，自收到通知之日起15日内向商标评审委员会申请复审商标争议事项，商标评审委员会在法定期限内作出肯定或者否定的复审决定。此复审决定为行政终局决定。当事人不服的，可以自收到商标评审委员会的通知之日起30日内向人民法院起诉。人民法院应当通知异议人作为第三人参加诉讼。

3. 商标注册的核准

经商标局初步审定的公告期满，没有利害关系人提出异议或者异议不成立，当事人又不提出复审，或者复审未成功，商标局对申请注册的商标予以注册。申请注册的商标经商标局核准，将商标登记于《商标注册簿》，颁发《商标注册证》，在《商标公告》上公告。

(三)注册商标的无效与撤销

1. 注册商标的无效

注册商标的无效是指商标不具备注册条件而取得注册,商标管理机关依法宣告商标自始即不存在的事后矫正制度。注册商标无效的情形如下。

(1) 注册商标的绝对无效。已经注册的商标,违反商标法的禁止性规定、以欺骗手段或者其他不正当手段取得注册的,商标局依据其他单位或者个人的请求或者依职权宣告该注册商标无效,并予以公告。该注册商标专用权视为自始即不存在。

(2) 注册商标的相对无效。因侵犯他人在先权利或者其他合法权益等情形,自商标注册之日起5年内,在先权利人或者利害关系人可以请求商标评审委员会宣告该注册商标无效。对恶意注册的,驰名商标所有人不受5年的时间限制。当事人对商标评审委员会的裁定不服的,可以自收到通知之日起30日内向人民法院起诉。人民法院应当通知商标裁定程序的对方当事人作为第三人参加诉讼。

2. 注册商标的撤销

注册商标的撤销是指国家商标管理机关依据法定的事由与程序强制取消已经注册的商标。被撤销的注册商标,由商标局予以公告,该注册商标专用权自公告之日起终止。注册商标被撤销后,注册商标人丧失了商标权。撤销注册商标的情形与程序如下。

(1) 自行改变商标注册事项。商标注册人在使用注册商标的过程中,自行改变注册商标、注册人名义、地址或者其他注册事项的,由地方工商行政管理部门责令限期改正;期满不改正的,由商标局撤销其注册商标。

(2) 丧失显著性特征或者不使用。注册商标成为其核定使用的商品的通用名称或者没有正当理由连续3年不使用的,任何单位或者个人可以向商标局申请撤销该注册商标。但是防御商标和联合商标不受此限。商标局应当自收到申请之日起9个月内作出决定。有特殊情况需要延长的,经国务院工商行政管理部门批准,可以延长3个月。

当事人不服商标局撤销或者不予撤销注册商标的决定的,可以自收到通知之日起15日内向商标评审委员会申请复审。商标评审委员会应当自收到申请之日起9个月内作出决定,并书面通知当事人。有特殊情况需要延长的,经国务院工商行政管理部门批准,可以延长3个月。当事人对商标评审委员会的决定不服的,可以自收到通知之日起30日内向人民法院起诉。法定期限届满,当事人对商标局作出的撤销注册商标的决定不申请复审或者对商标评审委员会作出的复审决定不向人民法院起诉的,撤销注册商标的决定、复审决定生效。

四、商标的保护

(一)注册商标专用权的保护

1. 注册商标专用权的保护范围

注册商标的专用权是一种有限制性的权利,以核准注册的商标和核定使用的商品或者服务为限。

2. 侵犯注册商标专用权的行为

有下列行为之一的,均属侵犯注册商标专用权。

(1) 未经商标注册人的许可，在同一种商品上使用与其注册商标相同的商标的。当注册商标具有一定知名度或者是一驰名商标时，禁止权的范围将比一般的注册商标的进一步扩大。相应地，侵犯商标权的范围也将得到扩展。这即所谓驰名商标的扩大保护。

(2) 未经商标注册人的许可，在同一种商品上使用与其注册商标近似的商标，或者在类似商品上使用与其注册商标相同或者近似的商标，容易导致混淆的。

(3) 销售侵犯注册商标专用权的商品的。销售不知道是侵犯注册商标专用权的商品，能证明该商品是自己合法取得的并说明提供者的，不承担赔偿责任。

(4) 伪造、擅自制造他人注册商标标识或者销售伪造、擅自制造的注册商标标识的。商标标识是商标的物质实体。它有多种形式，如服装上的商标织带，电视机上的商标铭牌等。

(5) 未经商标注册人同意，更换其注册商标并将该更换商标的商品又投入市场的。

这是2001年《商标法》修正案新增加的一种侵权行为。这类行为被称为"反向假冒"。对于反向假冒究竟属于何种性质存在较大争议。商标法修改前，有认为商标反向假冒构成侵犯商标权，有认为是不正当竞争，也有认为是商标权利用尽之后的合法行为。虽然修改后的商标法将反向假冒规定为商标侵权行为，但这些争议并未停止。

案例聚焦 7-3

在我国商标反向假冒行为被司法界和学术界关注缘于1994年发生的枫叶诉鳄鱼案。

被告北京同益公司取得新加坡鳄鱼国际机构有限公司的授权，在北京销售"鳄鱼"牌（CROCODILE BRAND）皮革制品和"卡帝乐"牌（CARTELO BRAND）的服装、服饰。1994年4月，同益公司工作人员以每条188元的价格购买了25条原告北京服装一厂生产的"枫叶"牌西裤，将其"枫叶"商标更换为"卡帝乐"商标后，标价560元在其设在百盛购物中心的"鳄鱼服饰专卖店"销售。北京市服装一厂认为该行为侵犯其合法权益，遂以百盛购物中心、同益公司、鳄鱼公司及同益公司主管部门为被告诉至北京市第一中级人民法院。

北京市第一中级人民法院经审理认为，原告服装一厂"枫叶"牌西裤有自己的特点、市场份额及知名度。同益公司表面上通过购买行为使原告对售出的服装的商标权权利用尽，欲使其行为合法化。同益公司是利用原告的优质产品为其牟取暴利，无偿占有了原告为创立其商业信誉和通过正当竞争占有市场而付出的劳动。其行为违反了诚实信用、公平竞争的基本原则，妨碍原告商业信誉、品牌的建立，使原告商业信誉受到一定程度的损害。正当竞争的权利受到一定的影响。同益公司的行为构成侵权。

(6) 故意为侵犯他人商标专用权行为提供便利条件，帮助他人实施侵犯商标专用权行为的。

(7) 给他人的注册商标专用权造成其他损害的。

3. 注册商标专用权的法律保护

处理商标侵权案件的机关有工商行政管理机关和人民法院。当事人既可以选择向工商行政管理部门要求处理，也可以直接向人民法院起诉。

侵犯商标专用权的赔偿数额，按照权利人因被侵权所受到的实际损失确定；实际损失难以确定的,可以按照侵权人因侵权所获得的利益确定;权利人的损失或者侵权人获得的利益难以确定的,参照该商标许可使用费的倍数合理确定。对恶意侵犯商标专用权,情节严重的,可以在按照上述方法确定数额的1倍以上5倍以下确定赔偿数额。赔偿数额应当包括权利人为制止侵权行为所支付的合理开支。权利人因被侵权所受到的实际损失、侵权人因侵权所获得的利益、注册商标许可使用费难以确定的,由人民法院根据侵权行为的情节判决给予500万元以下的赔偿。人民法院审理商标纠纷案件,应权利人请求,对属于假冒注册商标的商品,除特殊情况外,责令销毁;对主要用于制造假冒注册商标的商品的材料、工具,责令销毁,且不予补偿;或者在特殊情况下,责令禁止前述材料、工具进入商业渠道,且不予补偿。假冒注册商标的商品不得在仅去除假冒注册商标后进入商业渠道。

对侵权行为的行政制裁由县级以上的工商行政管理部门作出,具体措施包括:责令立即停止侵权;没收、销毁侵权商品和专门用于制造侵权商品、伪造注册商标标识的工具;罚款。

侵犯注册商标构成犯罪的,依法追究刑事责任。

(二)驰名商标的保护

1. 驰名商标的概念

驰名商标是在中国为相关公众所熟知的商标。

2. 驰名商标的认定

认定驰名商标应当考虑下列因素:①相关公众对该商标的知晓程度;②该商标使用的持续时间;③该商标的任何宣传工作的持续时间、程度和地理范围;④该商标作为驰名商标受保护的记录;⑤该商标驰名的其他因素。商标局、商标评审委员会在认定驰名商标时,应当综合考虑以上各项因素,但不以该商标必须满足该条规定的全部因素为前提。

我国驰名商标的认定机关为商标局、商标评审委员会及人民法院。商标局、商标评审委员会根据当事人请求和审查、处理案件的需要,负责在商标注册审查、商标争议处理和工商行政管理部门查处商标违法案件过程中认定和保护驰名商标。驰名商标认定遵循个案认定、被动保护的原则。在商标民事、行政案件审理过程中,当事人依照商标法规定主张权利的,最高人民法院指定的人民法院根据审理案件的需要,可以对商标驰名情况作出认定。生产、经营者不得将"驰名商标"字样用于商品、商品包装或者容器上,或者用于广告宣传、展览以及其他商业活动中。

3. 驰名商标的保护方法

(1)不予注册。为相关公众所熟知的商标,持有人认为其权利受到侵害时,可以依照本法规定请求驰名商标保护。就相同或者类似商品申请注册的商标是复制、摹仿或者翻译他人未在中国注册的驰名商标,容易导致混淆的,不予注册并禁止使用。

(2)反淡化保护。就不相同或者不相类似商品申请注册的商标是复制、摹仿或者翻译他人已经在中国注册的驰名商标,误导公众,致使该驰名商标注册人的利益可能受到损害的,不予注册并禁止使用。

(3)宣告无效。对恶意注册的,驰名商标所有人可以请求商标评审委员会宣告该注册商标无效。

（4）禁止用作字号。将他人注册商标、未注册的驰名商标作为企业名称中的字号使用，误导公众，构成不正当竞争行为的，依照《反不正当竞争法》处理。

（5）禁止用于商业活动。生产、经营者不得将"驰名商标"字样用于商品、商品包装或者容器上，或者用于广告宣传、展览以及其他商业活动中。

（6）禁止注册域名。为商业目的将他人驰名商标注册为域名，且域名或者其主要部分构成对驰名商标的复制、摹仿、翻译或者音译等相同或者近似，足以造成相关公众的误认的行为构成侵权或者不正当竞争。

第三节 专 利 法

一、专利的概念

"专利"最早是指英国皇家以诏书形式颁发的独占权利证书。现代"专利"一词有三种含义：一是指专利权；二是指取得专利权的发明创造本身；三是指记载发明创造内容的专利文献。专利使用较广的含义主要是专利权。

二、专利制度的特征

专利制度最为重要，反映其本质特征的属性可以概括为两点：一是以法律的手段实现对技术实施的垄断；二是以书面的方式实现对技术信息及技术权利状态的公开。

从专利法所赋予的垄断性权利内容看，专利法所规定的垄断绝非对技术的全面垄断，而仅仅限定在对技术的营利性实施方面。

首先，专利法绝不限制技术信息的传播，相反还鼓励或有助于技术信息的广泛传播。各国的专利制度中都有相应的公告程序。通过公告程序公众可以自由地了解专利技术的全部内容。据世界知识产权组织统计，全世界一年的发明创造有95％可以在专利文献中找到。技术开发人员在从事开发之前大多要先行进行专利检索以了解该领域的发展前沿。

其次，专利制度绝不禁止新技术的研究开发，即使研究开发中需要实施专利技术。专利权人的权利仅限于禁止他人为营利目的而实施专利技术。他人在专利技术的基础上从事改进发明或者为科学研究而实施专利技术的，专利法并不禁止。可见专利权作为一种垄断性权利其垄断效力是非常有限的，并不足以妨害公共利益。

三、专利权

（一）专利权主体

1. 发明人或者设计人

发明人或者设计人均指自然人。发明人是指对产品、方法或者其改进提出新技术方案的人。设计人是指对产品的形状、构造或其结合提出适用于实用的新技术方案的人，或者是对产品的形状、图案、色彩或其结合提出富有美感并适用于工业上应用的新外观设计的人。

发明人或设计人是直接参加发明创造活动,对发明创造的实质性特点作出创造性贡献的人。只负责组织管理工作或者是为物质条件的利用提供方便的人,不是发明人或者设计人。仅提出发明所要解决的问题而未对如何解决该问题提出具体技术意见的,或者为实现技术方案而从事辅助工作的人。也不是发明人或者设计人。

2. 专利申请人和专利权人

专利申请人是指就一项发明创造向专利局申请专利的人。申请人除了发明人或设计人外,通过专利申请权的转让合同取得申请权的受让人;从发明人那里继承专利申请权的继承人;职务发明按规定享有申请权的单位等,都可以成为专利申请人。

专利权人是指享有专利权的人。专利申请人取得专利后,就成为专利权人。

执行本单位的任务或者主要是利用本单位的物质技术条件所完成的发明创造为职务发明创造。职务发明创造的专利申请权归单位所有,申请被批准后,单位成为专利权人,发明人或设计人享有署名权和获得报酬权。

根据《专利法实施细则》,《专利法》所称的执行本单位的工作任务是指下面几种情况。

(1) 在本职工作中作出的发明创造。

(2) 履行本单位交付的本职工作之外的任务所作出的发明创造。

(3) 退职后或者劳动、人事关系解除或者终止后一年内作出的,与其在原单位承担的本职工作或者原单位分配的任务有关的发明创造。

主要利用本单位的物质技术条件是指主要利用本单位的资金、设备、零部件、原材料或不对外公开的技术资料等。

凡是符合上述其中一个条件的,都属于职务发明创造。

非职务发明创造是指发明人、设计人依靠自身能力和条件完成的发明创造。非职务发明创造,专利申请权属于发明人或者设计人。申请被批准后,该发明人或者设计人为专利权人。

(二)专利权客体

专利权客体是指专利法的保护对象,即发明创造,常见的种类有发明、实用新型、外观设计、植物专利等。我国《专利法》所称的发明创造是指发明、实用新型和外观设计。

1. 发明

(1) 发明的概念

发明是指对产品、方法或其改进所提出的技术方案。发明是人们利用自然规律而提出的富有创新内容的具体的技术解决方案。发明包括产品发明、方法发明和改进发明。

(2) 发明的特征

① 发明应当包含创新。创新就是指与现有技术相比较发明必须是前所未有的,并且有一定的进步或者难度。

② 发明必须利用自然规律或自然现象。发明是一种技术方案,是利用自然规律或自然现象的结果。

③ 发明是具体的技术性方案。所谓"具体",是指发明必须能够实施。达到一定效果并具有可重复性。另一方面,既然专利法将发明界定为"方案",也就不需要将其实实在在地转化为某种看得见、摸得着的实物,即使对产品专利也是这样。

(3) 发明的分类

① 按发明的权利归属划分，可将发明分为职务发明和非职务发明。

② 按发明间的依赖或制约关系划分，又可将发明分为基本发明和改良发明。改良发明是在基本发明的基础上作进一步的改进而获得的发明。这类发明在实施上有赖于基本发明的实施，对于这类存在着从属关系的发明在我国专利法中专门规定了一种强制许可制度。

③ 在专利法上最常见、最基本的一种分类是将发明分作产品发明和方法发明。

2. 实用新型

(1) 实用新型的概念

实用新型是指对产品的形状、构造或者其结合所提出的新的技术方案。

(2) 实用新型的特征

① 实用新型必须是一种产品而非工艺方法。

② 作为实用新型的产品必须具备一定的形状或构造。

③ 实用新型必须具有实用性，可以实施，适用于工业上的应用，并能产生积极的效果。

(3) 发明专利与实用新型专利的区别

实用新型与发明都属于技术方案。但与发明相比，区别明显。

① 实用新型所包含的范围小于发明。申请实用新型专利的主题只能是产品，而申请发明专利的主题既可以是产品，也可以是方法。就产品的保护而言，并非所有的产品都属于实用新型专利的保护范围。申请实用新型专利的产品必须有确定的形状，以及固定的构造。

② 实用新型的创造性要求低于发明。建立实用新型保护制度，保护那些创造高度尚达不到发明专利要求的一些简单的小发明创造。

③ 实用新型的保护期限短于发明。在我国，实用新型专利保护期为自申请之日起10年，发明专利的保护期限是20年。

④ 实用新型专利的审批过程较发明简单。与发明专利审查相比，实用新型不作实质审查（即新颖性、创造性和实用性审查，简称"三性"审查）。

案例聚焦 7-4

"中药保健腰带"实用新型专利侵权案

原告某中药研究所享有"中药保健腰带"实用新型专利权，认为被告某省医疗健身品厂生产的"壮腰肾袋"侵犯其专利权。被告辩称，"壮腰肾袋"与"中药保健腰带"所用的中药成分不同。药袋的结构和隔热、保温材料也不相同，未侵犯原告专利权。

法院审理认为：原告专利的主题为"腰带"，类型为实用新型专利。由于无确定形状的产品，如气态、液态、粉末状、颗粒状的物质或材料不能授予实用新型专利，所以本专利中药袋和腰带的结构是主要技术特征，药物的成分并非必要技术特征，只能将药物整体作为一个技术特征对待。被告产品中的药物与专利中的药物仅有细微差别，属于同类治疗效果的药物，具有相同的技术目的和等同的效果。从整体上看，与原告专利中的药物是等同的技术特征。而被告产品与原告专利、在结构上的差异仅仅是用塑料薄膜替代不透气纤维布作为隔热保温材料,是一种本领域普通技术人员显而易见的简单替代。因此被告的行为构成侵犯原告"中药保健腰带"实用新型专利权的行为。

3. 外观设计

(1) 外观设计的概念

外观设计也称作工业品外观设计。它是指对产品的形状、图案或者其结合以及色彩与形状、图案的结合所作出的富有美感并适用于工业应用的新设计。它可以是立体造型,也可以是平面设计,但该设计必须与产品结合在一起。2008年修订的《专利法》对平面设计取得外观设计专利的权利新设置了限制条件,对平面印刷品的图案、色彩或者二者的结合作出的主要起标识作用的设计,不允许再申请外观设计专利。

(2) 外观设计的特征

① 外观设计以产品为载体,以形状、图案、色彩等为表现形式。
② 外观设计必须具有工业应用性,即可以通过工业手段大量复制。
③ 外观设计必须富有美感,同时不涉及产品的实用功能。

(3) 发明和实用新型与外观设计的区别

发明和实用新型作为一种技术方案,有一定的实用功能,解决技术上的问题。而外观设计着眼于产品形状的美感效果,是一种赋予美感的设计,它不是技术性方案,不解决技术问题。当然,如果将某种具有实用目的的造型申请外观设计也可以,外观设计专利仅仅将其作为一种具有美感的造型来保护,而绝不涉及其使用功能。

案例思考 7-4

河南省灵宝市科技局经过5年攻关,开发出一种果树整形技术,可将苹果树整形为松塔形。这种外形的果树可以改善果园通风透光条件,增进光合作用和果实着色,实现苹果的稳产高产。灵宝市科技局拟对这种独特的果树松塔形外观申请外观设计专利。

【问题】果树松塔形外观能获得外观设计专利保护吗?

【分析】外观设计要求具有工业实用性,即使用了某一外观设计或具有某一外观设计的产品是可以批量复制生产的。如果不能批量复制生产,不具有工业实用性,则不能申请专利。果树经修剪后的外形由于不具备工业实用性,就不能获得外观设计专利的保护。

(三) 专利权内容

根据《专利法》规定,专利权人享有以下主要权利。

(1) 实施权。专利权人在专利的有效期限内对发明创造享有独占实施权,主要包括以生产经营为目的的专有制造、使用和销售其专利产品或使用其专利方法的权利。实施权具有强烈的排他性。除法律另有规定的以外,任何单位或者个人未经专利权人许可,都不得实施其专利,即不得为生产经营目的制造、使用、许诺销售、销售、进口其专利产品,或者使用其专利方法以及使用、许诺销售、销售、进口依照该专利方法直接获得的产品。

(2) 转让权。专利申请权和专利权可以转让。

(3) 许可权。专利权人有权许可他人实施专利并收取专利使用费。

(4) 标记权。标记权是指专利权人有权在专利产品或者该专利产品的包装上标明专利标记和专利号，即"中国专利""专利"等字样或者"P"（P置于一个圆圈内）字母符号。

(5) 放弃专利权。放弃专利权是指专利权人放弃其独占垄断权的权利。

专利权人除享有权利外，应当承担以下主要义务。

(1) 缴纳年费。

(2) 禁止滥用专利权。

四、专利权的授予

(一) 发明专利与实用新型专利的授予条件

1. 新颖性

新颖性是授予专利权的首要条件。新颖性是指该发明或者实用新型不属于现有技术；也没有任何单位或者个人就同样的发明或者实用新型在申请日以前向国务院专利行政部门提出过申请，并记载在申请日以后公布的专利申请文件或者公告的专利文件中。

判断技术的新颖性，首先要与现有技术相比较。新颖性是指发明创造是现有技术中所没有的。所谓现有技术，是指在申请日以前在国内外为公众所知的技术内容。申请专利的该技术是否属于现有技术，主要看它在某一特定时间之前，某一特定地域内是否已经公开。若该技术已经公开，处于公众能获得的状态，则该技术进入现有技术的领域，丧失新颖性，不能取得专利。所以，某项技术是否已公开，直接决定其是否具有新颖性。

新修订的《专利法》对专利的授权条件由以前的"相对新颖性标准"提高为"绝对新颖性标准"。把"使用公开"由原来的没有在国内公开使用过，改为没有在国内外公开使用过，提高了授予专利权的门槛。

另外，申请专利的发明创造在申请日以前六个月内，有下列情形之一的，不丧失新颖性：①在中国政府主办或者承认的国际展览会上首次展出的；②在规定的学术会议或者技术会议上首次发表的；③他人未经申请人同意而泄露其内容的。

2. 创造性

创造性是指与现有技术相比，该发明具有突出的实质性特点和显著的进步，该实用新型具有实质性特点和进步。

实质性特点是指发明必须有其具体的技术特征，与现有技术有本质的区别。所谓进步，是指发明与最接近的现有技术相比必须有所提高。

3. 实用性

实用性是指该发明或者实用新型能够制造或者使用，并且能够产生积极效果。实用性要求该发明创造具有产业应用性，能够产生积极的社会效果。违背自然规律的发明创造、无再现性的发明创造、利用独一无二的自然条件生产的产品以及无积极效果的发明创造，都不具备实用性。

需要强调的是，申请发明专利时，专利局要对该发明是否符合上述"三性"进行实质审查，而在申请实用新型专利时，专利局并不对该实用新型是否符合上述"三性"进行审查，只有在对实用新型专利权提出无效宣告请求时才涉及实质审查。

(二) 外观设计专利的授予条件

1. 具有新颖性与独创性

新颖性是指授予专利权的外观设计，应当不属于现有设计；也没有任何单位或者个人就同样的外观设计在申请日以前向国务院专利行政部门提出过申请，并记载在申请日以后公告的专利文件中。这里的现有设计，是指申请日以前在国内外为公众所知的设计，其标准同样是在国内外范围内不曾公开。

2. 富有美感且适于应用

富有美感是指外观设计能够给人带来视觉上的美感。是否富有美感应依一般社会观念确定。适于应用即有实用性是指外观设计专利及其产品能够在工业生产中重复制造，批量生产。

3. 不与在先权利冲突

在先权利是指他人在申请日以前已经取得的合法权利。授予专利权的外观设计不得与他人在申请日以前已经取得的合法权利相冲突。这里的在先权利包括在先取得的商标权、著作权、企业名称权、肖像权、知名商品特有包装或者装潢使用权等。

(三) 不授予专利权的情形

(1) 对违反法律、社会公德或者妨害公共利益的发明创造，或者对违反法律、行政法规的规定获取或者利用遗传资源，并依赖该遗传资源完成的发明创造，不授予专利权。

拓展阅读 7-1

专利法对物种遗传资源的保护

"北京烤鸭"其真正原料并非北京鸭，而是以中国"北京鸭"配种繁育出来的英国"樱桃谷"鸭。由于中国本土物种遗传资料的流失，"北京鸭"已几乎绝迹。我国 100 多年前向西方无偿输出北京鸭的物种，现在引进英国的"樱桃谷"鸭种，却须用外汇购买。

大豆原产于我国，世界上 90% 以上的野生大豆资源分布在我国。早在 1898 年，美国就库中保存的大豆资源已达 200 份，使其成为仅次于中国的大豆资源大国，很多原产自我国的大豆资源成了美国的专利产品，美国孟山都公司利用我国的野生大豆品种，研究发现了与控制大豆高产性状密切相关的"标记基因"，向美国和包括我国在内的 100 个国家提出了 64 项专利保护申请。其申请范围涵盖了所有含有这些"标记基因"的大豆及其后代具有相关高产性状的育种方法及所有引入该"标记基因"的作物。该专利一旦申请成功将直接影响我国大豆的科研、生产和出口。孟山都公司这一做法被绿色和平组织称为"生物海盗"，并遭到抗议。

我国是世界上生物遗传资源最丰富的国家之一，也是发达国家掠取生物遗传资源的重要地区。中国的野生大豆、奇异果甚至家禽都被发达国家拿走，"混血"改良后再重新用来抢占中国市场。为防止遗传资源的无偿流失，遏制这种"基因窃取"现象的发生，2008 年的《专利法》修正案中，增加规定了"遗传资源的获取或者利用违反有关法律、行政法规的规定的，不授予专利权"，是非常必要的。

(2) 对下列各项,不授予专利权。

① 科学发现。

② 智力活动的规则和方法。

③ 疾病的诊断和治疗方法。

④ 动物和植物品种。

⑤ 用原子核变换方法获得的物质。

⑥ 对平面印刷品的图案、色彩或者二者的结合作出的主要起标识作用的设计。

五、专利的申请与审查

(一) 专利的申请

1. 专利申请的原则

(1) 先申请原则

先申请原则是指两个以上的申请人分别就同样的发明创造申请专利的,专利权授予最先申请的人。同样的发明创造只能被授予一项专利。

世界上大多数国家都采用先申请原则,只有美国、加拿大、菲律宾等少数国家采用先发明原则。先发明原则注重发明的先后顺序,而不管申请的先后顺序。此时,只要发明在先,申请与否并不妨碍专利权的取得。这虽然体现了事实上的公平,但不利于鼓励发明人申请专利,也不利于人类技术的共同进步。

对于实行先申请原则的国家,申请日的确定是非常重要的。专利申请日又称关键日,它是国务院专利行政部门及其指定的专利申请受理代办处确定的专利申请的日期。如果专利申请文件是通过邮局邮寄的,以寄出的邮戳日为申请日;专利申请人享有优先权的,以优先权日为申请日。两个以上的申请人在同一日分别就同样的发明创造申请专利的,应当在收到专利局的通知后自行协商确定申请人。

(2) 书面原则

书面原则是指申请人为获得专利权所履行的各种法定手续,都应当采用书面形式办理。

(3) 单一性原则

单一性原则是指一件专利申请的内容只能包含一项发明创造,即一发明一申请原则,不能将两项或两项以上的发明创造作为一件申请提出。属于一个总的发明构思的两项以上的发明创造,才可以作为一件申请提出。

(4) 优先权原则

优先权是指专利申请人第一次提出专利申请后,在法定期限内,就相同主题的发明创造提出专利申请的,应将第一次提出申请的日期视为以后提出申请的申请日。申请人依法享有的这一权利为优先权,首次提出专利申请的日期为优先权日。优先权包括国际优先权和国内优先权。国际优先权是指申请人自发明或者实用新型在外国第一次提出专利申请之日起 12 个月内,或者自外观设计在外国第一次提出专利申请之日起 6 个月内,又在中国就相同主题提出专利申请的,依照该外国同中国签订的协议或者共同参加的国际条约,或者依照相互承认优先权的原则,可以享有优先权。国内优先权是指申请人自发明或者实用新型在中国第一次提出专利申请之日起 12 个月内,又向专利局就相同主题提出专利申请的,可以享有优先权。申请人要求优先权的,应当在申请时提出书面声明,并且在3个月内提交第一次提出的专利申请文件的副本;未提出书面声明或者逾期未提交专利申请文件副本的,视为未要求优先权。

2. 专利申请文件

(1) 申请发明和实用新型专利的申请文件

申请发明或者实用新型专利的。应当提交请求书、说明书(实用新型应有说明书附图)、摘要、权利要求书及其附图各一式两份。

(2) 外观设计专利的申请文件

申请外观设计专利的,应当提交请求书以及该外观设计的图片或者照片等文件,并且应当写明使用该外观设计的产品及其所属的类别。外观设计同时请求保护色彩的外观设计专利申请,应当提交彩色图片或者照片一式两份。申请外观设计专利的,必要时应当写明对外观设计的简要说明。

(二) 专利申请的审查

我国对发明专利申请采取"早期公开,迟延审查"制度。迟延审查制是指对专利申请的形式要件及时审查,对其实质内容推延审查的制度。专利局对实用新型及外观设计专利采取登记制度。

发明专利申请的审查主要包括以下步骤。

(1) 受理申请。专利局在收到发明专利申请的请求书、说明、摘要及权利要求书等资料后,应当发给申请人受理通知书,确定申请日,给予申请号。

(2) 初步审查。主要审查两个方面:第一,审查专利申请应具备的形式要件,如申请文件是否完备、是否符合规定的格式以及缴费、委托代理等手续是否齐全等。第二,审查专利申请是否存在实质性的缺陷。如是否属于不授予专利权的范围,是否违反国家法律、社会公德等内容。初步审查不涉及发明专利的"三性"审查。

实用新型和外观设计专利申请经初步审查没有发现驳回理由的,由国务院专利行政部门作出授予实用新型专利权或者外观设计专利权的决定,发给相应的专利证书,同时予以登记和公告。实用新型专利权和外观设计专利权自公告之日起生效。实用新型和外观设计专利申请经过初步审查,就可以取得专利权。

(3) 公布申请。专利局自收到发明专利申请后,经初步审查认为符合要求,自申请日起满18个月,即行公布。国务院专利行政部门可以根据申请人的请求早日公布。

(4) 实质审查。实质审查是对发明专利的新颖性、创造性、实用性的全面审查。发明专利申请自申请日起3年内,专利局可以根据申请人随时提出的请求,对其申请进行实质审查;申请人无正当理由逾期不请求实质审查的,该申请即被视为撤回。国务院专利行政部门认为必要的时候,可以自行对发明专利申请进行实质审查。

(5) 专利权的批准、登记和公告。发明专利申请经实质审查没有发现驳回理由的,由国务院专利行政部门作出授予发明专利权的决定,发给发明专利证书,同时予以登记和公告。发明专利权自公告之日起生效。

(6) 专利的复审。专利局设立专利复审委员会。专利申请人对专利局驳回申请的决定不服的,可以自收到通知之日起3个月内,向专利复审委员会请求复审。专利复审委员会复审后,作出决定,并通知专利申请人。专利申请人对专利复审委员会的复审决定不服的,可以自收到通知之日起 3 个月内向人民法院起诉。

六、专利权的期限、终止和无效

(一) 专利权的期限

专利权的期限又称专利权的有效期间,发明专利权的期限为 20 年,实用新型专利权和外观设计专利权的期限为 10 年,均自申请日起计算。

(二) 专利权的终止

专利权的终止是指专利权因某种法律事实的发生而致使其效力消失的情形。导致专利权终止的情形主要有:①保护期届满。②在保护期届满前,专利权人没有按照规定缴纳年费的。③在保护期届满前,专利权人以书面形式声明放弃其专利权的。专利权在期限届满前终止的,由国务院专利行政部门登记和公告。

(三) 专利权的无效

自专利局公告授予专利权之日起,任何单位或者个人认为该专利权的授予不符合专利法有关规定的,可以请求专利复审委员会宣告该专利权无效。专利复审委员会对宣告专利权无效的请求应当及时审查和作出决定,并通知请求人和专利权人。宣告专利权无效的决定,由专利局登记和公告。对专利复审委员会宣告专利权无效或者维持专利权的决定不服的,可以自收到通知之日起 3 个月内向人民法院起诉。宣告无效的专利权视为自始即不存在。

宣告专利权无效的决定,对在宣告专利权无效前人民法院作出并已执行的专利侵权的判决、裁定,已经履行或者强制执行的专利侵权纠纷处理决定,以及已经履行的专利实施许可合同和专利权转让合同,不具有追溯力。但是因专利权人的恶意给他人造成的损失,应当给予赔偿。

七、专利的实施

专利的实施是指专利权人或者他人为生产经营的目的将已经获得专利权的发明创造用于制造、使用和销售的活动中。专利实施可分为权利人自己的实施和权利人许可他人的实施。专利的实施许可有以下三种方式。

(一) 自愿许可他人实施

专利权人通过订立专利使用许可合同,转让专利使用权,许可他人实施其专利,收取约定的使用费。专利使用许可合同种类可分为普通许可合同、排他许可合同和独占许可合同。

(二) 转让专利权给他人实施

通过专利所有权的转让,任何单位和个人都可以作为受让人取得专利权,可以实施该专利,原专利权人丧失专利权。

(三) 专利的强制许可实施

专利实施的强制许可是指专利局根据法律规定,不经专利权人同意,通过行政程序允许第三人实施其专利的行为。

申请实施强制许可的单位或者个人,应当提出未能以合理条件与专利权人签订实施许可合同的证明。专利局作出的给予实施强制许可的决定,应当及时通知专利权人,并予以登记和公告。给予实施强制许可的决定,应当根据强制许可的理由规定实施的范围和时间。强制许可的理由消除并不再发生时,专利局应当根据专利权人的请求,经审查后作出终止实施强制许可的决定。取得实施强制许可的单位或者个人不享有独占的实施权,并且无权允许他人实施。取得实施强制许可的单位或者个人应当付给专利权人合理的使用费,其数额由双方协商;双方不能达成协议的,由专利局裁决。

强制许可的情形有以下三种。

(1) 一般强制许可。有下列情形之一的,专利局根据具备实施条件的单位或者个人的申请,可以给予实施发明专利或者实用新型专利的强制许可:①专利权人自专利权被授予之日起满3年,且自提出专利申请之日起满4年,无正当理由未实施或者未充分实施其专利的;②专利权人行使专利权的行为被依法认定为垄断行为,为消除或者减少该行为对竞争产生的不利影响。

(2) 特别强制许可。①在国家出现紧急状态或者非常情况时,或者为了公共利益的目的,专利局可以给予实施发明专利或者实用新型专利的强制许可。②为了公共健康目的,对取得专利权的药品,专利局可以给予制造并将其出口到符合中华人民共和国参加的有关国际条约规定的国家或者地区的强制许可。

(3) 从属专利的强制许可。对于从属专利,即一项取得专利权的发明或者实用新型比以前已经取得专利权的发明或者实用新型具有显著经济意义的重大技术进步,其实施又有赖于前一发明或者实用新型的实施的。专利局根据后一专利权人的申请,可以给予实施前一发明或者实用新型的强制许可。专利局也可根据前一专利权人的申请,也可以给予实施后一发明或者实用新型的强制许可。

案例聚焦 7-5

张某研制出带有转轴的千斤顶。使用这种千斤顶可将所举重物沿任意方向旋转,便于检修人员检修。经张某申请,专利局于1990年2月16日授予其实用新型专利的专利权。某工程安装公司在张某的发明基础上研制出一种带有转轴的千斤顶,转轴上带有定位锁并装有万向球,这种千斤顶的主轴杆既可以灵活转动,又可以按任意方向偏斜角度。如果把两个对称偏斜角度的千斤顶合在一起使用,并用锁将它们锁定,就相当于一辆起重吊车,可顺利地从地面直接吊起重物。某工程公司向专利局提出了专利申请,经专利局公告后,于1991年4月2日被授予实用新型专利。

某工程公司的专利在实施过程中涉及张某的专利权问题。工程公司与张某协商要求实施其专利,并支付一定数额的使用费。张某不同意,认为某工程公司侵犯了其专利权。

【分析】工程公司的实用新型专利是在张某的基础上发明的,但其性能更加优越,而且有两项关键技术是张某专利中所没有的,工程公司的专利实施又有赖于张某专利的实施,所以,两项专利是从属专利。专利局应当给予工程公司实施张某专利的强制许可。

取得实施强制许可的单位或者个人不享有独占的实施权,并且无权允许他人实施。专利的所有权仍然在专利权人手中。取得实施强制许可的单位或者个人应当支付给专利权人合理的使用费,数额由双方商定;不能达成协议的,由专利局裁决。

八、专利权的保护

(一) 专利的保护范围

发明或者实用新型专利权的保护范围以其权利要求书的内容为准,说明书及附图可以用于解释权利要求。外观设计专利权的保护范围以表示在图片或者照片中的该外观设计专利产品为准。

(二) 专利侵权行为

未经专利权人许可,也没有其他法定事由的情况下,第三人擅自实施其专利的行为,构成权利侵权。除此之外,假冒他人专利,或故意诱导、怂恿、教唆别人发生直接专利侵权的行为也构成专利侵权。

(三) 专利权侵权行为的例外

(1) 专利权用尽后的使用、许诺销售或销售。专利产品或者依照专利方法直接获得的产品,由专利权人或者经其许可的单位、个人售出后,使用、许诺销售、销售、进口该产品的行为,不视为侵犯专利权的行为。

(2) 先用权人的权利。在专利申请日前已经制造相同产品、使用相同方法或者已经做好制造、使用的必要准备,并且仅在原有范围内继续制造、使用的,不视为侵犯专利权。

(3) 临时过境的使用。临时通过中国领陆、领水、领空的外国运输工具,依照其所属国同中国签订的协议或者共同参加的国际条约,或者依照互惠原则,为运输工具自身需要而在其装置和设备中使用有关专利的,不视为侵犯专利权。

(4) 因科学研究和实验而使用有关专利。

(5) 为提供行政审批所需要的信息,制造、使用、进口专利药品或者专利医疗器械的,以及专门为其制造、进口专利药品或者专利医疗器械的。

(四) 专利侵权的法律责任

根据《专利法》及其他有关法律的规定,侵权行为人应当承担的民事责任主要有停止侵权、赔偿损失、消除影响。对于侵权情节严重的,还要承担行政责任,甚至刑事责任,如假冒专利构成犯罪的,依法追究刑事责任。

(五) 诉前救济措施及诉讼时效

1. 诉前救济措施

专利权人或者利害关系人有证据证明他人正在实施或者即将实施侵犯专利权的行为,如不及时制止将会使其合法权益受到难以弥补的损害的,可以在起诉前向人民法院申请采取责令停止有关行为的措施。申请人提出申请时,应当提供担保;不提供担保的,驳回申请。人民法院应当自接受申请之时起48小时内作出裁定;有特殊情况需要延长的,可以延长48小时。裁定责令停止有关行为的,应当立即执行。当事人对裁定不服的,可以申请复议一次;复议期间不停止裁定的执行。申请人自人民法院采取责令停止有关行为的措施之日起15日内不起诉的,人民法院应当解除该措施。申请有错误的,申请人应当赔偿被申请人因停止有关行为所遭受的损失。

2. 诉讼时效

对于由于专利侵权行为引起纠纷的,可以由当事人协商解决,不愿协商或协商不成的，专利权人或者利害关系人可以向人民法院起诉，也可以请求管理专利工作的部门处理。请求侵犯专利权的诉讼时效为两年，自专利权人或者利害关系人知道或者应当知道侵权行为之日起计算。但是，专利权人于专利权授予之日前即已得知或者应当得知的，自专利权授予之日起计算。受理专利侵权的第一审人民法院为各省、自治区、直辖市人民政府所在地的中级人民法院，或者由最高人民法院指定的中级人民法院及部分基层人民法院。

第四节 著作权法

一、著作权的概念

著作权也称版权，是指作者或其他著作权人依法对其文学、艺术和科学等作品所享有的专有权利。狭义的著作权，是指作者对各类作品依法享有的权利，内容包括著作人身权和著作财产权。广义的著作权还包括著作邻接权或称与著作权有关的权利，主要指艺术表演者、录音录像制品制作者和广播电视节目的制作者依法享有的权利。

二、著作权的主体

著作权的主体又称著作权人，是指依法享有著作权的人。

(一) 国内主体与外国主体

这是根据著作权人的国籍而分类的。中国作者和其他著作权人的作品，不论是否发表，依照著作权法享有著作权。外国人、无国籍人的作品根据其作者所属国或者经常居住地国同中国签订的协议或者共同参加的国际条约享有著作权；外国人、无国籍人的作品首先在中国境内出版的，依照著作权法享有著作权；未与中国签订的协议或者共同参加的国际条约的作者以及无国籍人的作品首次在中国参加的国际条约的成员国出版的，或者在成员国和非成员国同时出版的，受著作权法保护。

(二) 原始主体与继受主体

著作权的原始主体是作者，作者是指文学、艺术和科学作品的创作人，享有全部的著作权。狭义的作者，是指创作作品的自然人，广义的作者还包括法人和其他组织。作为我国著作权法主体的作者是指广义的作者。创作作品的自然人是作者；由法人或者非法人单位主持，代表法人或者非法人单位意志创作，并由法人或者非法人单位承担责任的作品，法人或者非法人单位视为作者。作为著作权的继受主体的其他著作权人有：因继承、遗赠、遗赠抚养协议或法律规定成为著作权主体；因合同取得著作权成为著作权主体；特殊情况下，国家也能成为著作权主体。

(三) 特殊作品的著作权主体

(1) 演绎作品的权利主体。改编、翻译、注释、整理已有作品而产生的作品，其著作权由改编、翻译、注释、整理人享有，但行使著作权时，不得侵犯原作品的著作权。

(2) 合作作品的权利主体。两人以上合作创作的作品，著作权由合作作者共同享有。

没有参加创作的人，不能成为合作作者；合作作品可以分割使用的，作者对各自创作的部分可以单独享有著作权，但行使著作权时不得侵犯合作作品整体的著作权。

（3）汇编作品的权利主体。汇编若干作品、作品片段或者不构成作品的数据或者其他材料，对内容的选择或者编排体现独创性的作品，为汇编作品。其著作权由汇编人享有，但行使著作权时，不得侵犯原作品的著作权。

（4）影视作品的权利主体。电影作品或者以类似摄制电影的方法创作的作品的著作权由制片者享有，但导演、编剧、作词、作曲、摄影等作者享有署名权，并有权按照与制片者签订的合同获得报酬。电影作品或者以类似摄制电影的方法创作的作品的剧本、音乐等可以单独使用的作品的作者有权单独行使其著作权。

（5）职务作品的权利主体。主要是利用法人或非法人单位的物质技术条件创作，并由法人或非法人单位承担责任的工程设计、产品设计图纸及其说明、计算机软件、地图等职务作品以及法律、法规规定或者合同约定的其他的职务作品，作者享有署名权，著作权的其他权利由法人或非法人单位享有。除上述情况外，公民为完成法人或者非法人单位工作任务所创作的职务作品，著作权由作者享有，但法人或者非法人单位有权在其业务范围内优先使用。作品完成2年内，未经单位同意，作者不得许可第三人以与单位使用的相同方式使用该作品。

（6）委托作品的权利主体。受委托创作的作品，著作权的归属由委托人和受托人通过合同约定。合同未作明确约定或者没有订立合同的，著作权属于受托人。

案例思考 7-5

1997年4月，原告陈莹珍等人到海口某摄影厅拍艺术照，每套150元。次日取底片时，只拿到放大的2张底片，剩余7张每张要再付15元才能取回。原告诉称：被告非法扣押底片，侵害了其肖像权、财产权等权益，要求归还7张底片，赔礼道歉及赔偿经济损失700元。摄影厅辩称：无偿取回底片，侵犯其著作权，因艺术摄影不同工作照，还包含摄影师再创造。

【问题】被告受原告委托创作的摄影作品，著作权归谁？底片所有权归谁？原告无偿取回底片，是否是对被告著作权的侵犯？

【分析】本案顾客与摄影社之间并未就艺术照的著作权作出约定，因此艺术照的著作权归摄影社享有。这意味着顾客对艺术照的使用如果超出了著作权法合理使用的范围，仍应事先经过照相馆的许可，但这并不意味着照相馆可以借助著作权为所欲为，由于艺术照还涉及顾客的肖像权，照相馆在行使著作权时也须注意不得侵犯顾客的肖像权。

对于本案涉及的底片所有权的问题，则不能根据委托创作合同加以判断。实际上在顾客和照相馆之间不仅存在委托创作的合同，还存在着承揽合同，底片作为承揽合同的工作成果在合同未加明确约定的情况下，所有权应属于顾客。同时，著作权法规定：美术等作品原件所有权的转移，不视为作品著作权的转移。因此本案中底片所有权归属顾客，但并不影响照相馆继续享有照片的著作权。

（7）美术等作品的权利主体。美术等作品原件所有权的转移，不视为作品著作权的转移，但美术作品原件的展览权由原件所有人享有。

(8) 匿名作品的权利主体。作者身份不明的作品，由作品原件的合法持有人行使除署名权以外的著作权。作者身份确定后，由作者或者其继承人行使著作权。如果匿名作品是公民所作，作者死亡后，其继承人或者受遗赠人有权保护起著作人身权。

三、著作权的客体

著作权的客体，就是著作权法保护的作品。作品是指文学、艺术和科学领域内具有独创性并能以某种有形形式复制的智力创作成果。作为著作权客体的作品，必须具备独创性和可复制性。受著作权法保护的作品的范围包括：①文字作品。②口述作品。③音乐、戏剧、曲艺、舞蹈、杂技艺术作品。④美术、建筑作品。⑤摄影作品。⑥电影作品和以类似摄制电影的方法创作的作品。⑦工程设计图、产品设计图、地图、示意图等图形作品和模型作品。⑧计算机软件。⑨法律、行政法规规定的其他作品。

著作权法不适用于以下几类作品：①法律、法规，国家机关的决议、决定、命令和其他具有立法、行政、司法性质的文件，及其官方正式译文。②时事新闻。③历法、通用数表、通用表格和公式。

著作权人行使著作权，不得违反宪法和法律，不得损害公共利益。国家对作品的出版、传播依法进行监督管理。

四、著作权的内容和保护期限

著作权包括两方面内容，即著作人身权和著作财产权。

（一）著作人身权

著作人身权又称精神权利或人格权，是指作者因其作品而享有的与人身密不可分而又无财产内容的权利。著作人身权专属于作者，通常不得转让、继承和放弃。著作人身权基于作品而产生，依附于作品之上，无限期地受保护。著作人身权包括以下内容。

(1) 发表权，即作者决定作品是否公之于众的权利。作品发表权是一次性权利，只能行使一次。

(2) 署名权，即作者为表明其身份，在作品上注明姓名或名称的权利。作者可以署真名、署笔名或不署名，制止他人在自己的作品上署名或将自己的姓名署在他人的作品上。

(3) 修改权，即作者修改或者授权他人修改作品的权利。

(4) 保护作品完整权，即保护作品不受歪曲、篡改的权利。

（二）著作财产权

著作财产权是指著作权人因作品发表或被他人利用而享有物质报酬的权利。著作财产权包括使用权和获得物质报酬权，具体包括复制权、出租权、发行权、展览权、表演权、放映权、广播权、信息网络传播权、摄制权、改编权、翻译权、汇编权、注释与整理权等使用作品的权利。著作权人可以许可他人行使上述权利，并依照约定或者本法有关规定获得报酬。著作权人可以全部或者部分转让上述权利，并依照约定或者本法有关规定获得报酬。

案例思考 7-6

1999年，原告博库公司和作者周洁茹订有为期6年著作权使用许可合同，独家拥有周洁茹作品全球范围内的电子版权。被告汤姆公司的网站与今日作家网登载周洁茹作品的侵权网页设置了链接，被链接的内容存储于今日作家网的服务器内，是由其他人复制上传到网络之上的，汤姆网作为设链者，设置链接为访问者提供了一种浏览网上既存内容的便捷手段。汤姆网被告上了法庭。

【问题】网站间设置链接行为，是否属于复制行为？

【分析】网站间设置链接的情况下，被链接的内容并不是由设链者"复制"上传于网络的。汤姆网站本身并没有实施登载行为，网上的访问者虽然可以通过设链网站看到在网上传播的内容，但事实上直接实施传播的行为人并不是设链者，而是登载被链接内容的网站本身。设置链接行为不属于复制行为，也不同于直接传播，其客观表现更近于帮助传播，将侵权内容上传于网络传播的行为人才是复制、传播行为的直接实施者。因此，除网络服务提供者应当对明知被链接的内容属于侵权而仍然以设置链接的方式提供传播条件，或者在得知权利人提出警告后仍拒不采取积极措施加以控制所产生的后果承担法律责任外，不宜责令设置链接的网络服务提供者承担更多民事义务。所以法院驳回博库公司诉讼请求。

案例思考 7-7

因擅自使用他人享有著作权的歌曲用于卡拉OK服务，中国音乐著作权协会将北京某文化发展公司和某康体娱乐公司告上法院，索赔58万余元。在二被告共同经营的某酒城的服务项目中，包括向消费者提供卡拉OK服务并收取费用的项目，所使用的音乐作品中。有大量的作品是原告管理的。

【问题】被告是否侵犯了音乐作品著作权人的表演权？

【分析】表演权包括现场表演，也包括机械表演。机械表演是指以物质载体的形式，如唱片、影片、激光唱片、激光视盘等向公众传播被记录下来的表演的方式。表演权对于音乐、戏剧、曲艺、舞蹈等形式作品的著作权人有重要的意义，他们主要是通过行使表演权来实现其财产权的。我国1992年成立的中国音乐著作权协会就是这种组织。

表演权的行使方式包括作品的表演被制成录音录像作品发行后，该复制件的购买人对其进行商业性使用的行为，也称机械表演行为，比如饭店、机场、酒吧、歌舞厅等娱乐场所使用上述录音录像制品的行为。

二被告通过专用设备，以卡拉OK的方式使用他人享有著作权的音乐作品，向消费者提供服务并收取费用，是借助技术设备再现音乐作品的行为，属于对音乐作品的表演行为。依据法律规定，使用他人作品进行表演，应事先取得著作权人的许可并支付报酬。二被告未经许可使用他人音乐作品进行机械表演，且未支付使用费，属侵权行为。

（三）著作权的保护期限

(1) 作者的署名权、修改权、保护作品完整权的保护期不受限制。

(2) 公民的作品，其发表权和著作财产权的保护期为作者终生及其死亡后50年，截至作者死亡后第 50 年的 12 月 31 日；如果是合作作品，截至最后死亡的作者死亡后的第 50 年的 12 月 31 日。

（3）法人或者非法人单位的作品、著作权（署名权除外）由法人或者非法人单位享有的职务作品，其发表权和财产权的保护期为 50 年，截至作品首次发表后第 50 年的 12 月 31 日，但作品自创作完成后 50 年内未发表的，本法不再保护。

（4）电影、电视、录像和摄影作品的发表权、著作财产权的保护期为 50 年，截至作品首次发表后第 50 年的 12 月 31 日，但作品自创作完成后 50 年内未发表的，本法不再保护。

五、著作权的限制

在下列情况下使用作品，可以不经著作权人的许可，不向著作权人支付报酬，但应当指明作者姓名、作品名，并且不得侵犯著作权人享有的其他权利。

（1）为个人学习、研究或者欣赏，使用他人已经发表的作品。

（2）为介绍、评论某一作品或者说明某一问题，在作品中适当引用他人已经发表的作品。

（3）为报道时事新闻，在报纸、期刊、广播电台、电视台等媒体中不可避免地再现或者引用已经发表的作品。

（4）报纸、期刊、广播电台、电视台等媒体刊登或者播放其他报纸、期刊、广播电台、电视台已经发表的关于政治、经济、宗教问题的时事性文章，但作者声明不许刊登、播放的除外。

（5）报纸、期刊、广播电台、电视台等媒体刊登或者播放在公众集会上发表的讲话，但作者声明不许刊登、播放的除外。

（6）为学校课堂教学或者科学研究，翻译或者少量复制已经发表的作品，供教学或者科研人员使用，但不得出版发行。

（7）国家机关为执行公务在合理范围内使用已经发表的作品。

（8）图书馆、档案馆、纪念馆、博物馆、美术馆等为陈列或者保存版本的需要，复制本馆收藏的作品。

（9）免费表演已经发表的作品。该表演未向公众收取费用，也未向表演者支付报酬。

（10）对设置或者陈列在室外公共场所的艺术作品进行临摹、绘画、摄影、录像。

（11）将中国公民、法人或者其他组织已经发表的以汉语言文字创作的作品翻译成少数民族文字的作品在国内出版发行。

（12）将已经发表的作品改成盲文出版。

上述对著作权人权利的限制的规定适用于对出版者、表演者、录音录像制作者、广播电台、电视台的权利的限制。

六、邻接权

邻接权是指与著作权邻近的权利。邻接权又称作品传播权，即作品传播者所享有的专有权利。狭义的邻接权是指表演者对其表演活动享有的权利，包括表演者身份权、形象权、许可权、获得报酬权；录音录像者对其制作的录音录像享有的发行、许可他人复制发行和获得报酬权；广播电台、电视台对其制作的广播、电视节目享有的播放、许可播放及获得报酬权等。广义的邻接权还包括出版者对其出版的图书或报纸享有的权利。在我国著作权法中，邻接权是指出版者对其出版物的版式、装帧设计的权利，表演者对其表演活动的权利，录音制作者（唱片制作者）和录像制作者对其录音、录像制品的权利以及广播组织（广播电台、电视台）对其广播、电视节目的权利之总称。

（一）表演者权

表演者权是指表演者依法对其表演享有的权利。表演者权具体指表演者有权表明其身份；保护表演形象不受歪曲；许可他人从现场直播和公开传送其现场表演，并获得报酬；许可他人录音录像，并获得报酬；许可他人复制、发行录有其表演的录音录像制品，并获得报酬；许可他人通过信息网络向公众传播其表演，并获得报酬。

（二）录音录像制作者权

录音录像者享有发行、许可他人复制发行其录音录像并获得报酬的权利。录音录像制作者使用他人作品制作录音录像制品，应当取得著作权人许可，并支付报酬。录音录像制作者使用改编、翻译、注释、整理已有作品而产生的作品，应当取得改编、翻译、注释、整理作品的著作权人和原作品著作权人许可，并支付报酬。录音制作者使用他人已经合法录制为录音制品的音乐作品制作录音作品，可以不经著作权人许可，但应当按照规定支付报酬，著作权人声明不许使用的不得使用。录音录像制作者制作录音录像制品，应当同表演者订立合同，并支付报酬。

（三）广播组织权

广播组织权是指电台、电视台等广播组织对其编制的广播电视节目依法享有的权利。具体内容包括：播放节目的权利；许可他人播放其制作的节目并获得报酬的权利；许可他人复制其制作的节目并获得报酬的权利；播放已出版的录音制品的权利。广播组织使用他人的作品，应视具体情况，或取得著作权人的同意并支付报酬，或不经著作权人的同意但支付报酬。还应尊重表演者、录像制作者的权利，与其订立合同并支付报酬。

（四）出版者权

出版者权是指出版者对其出版的作品享有的权利。我国著作权法规定的出版者权仅有一项，即对版式设计的专用权利，也就是出版者有权许可或禁止他人使用其出版的图书、期刊的版式设计。除了版式设计的专用权利外，其他权利均需要著作权人许可授予。

七、著作权的保护

（一）著作权的保护

我国对作品实行自动保护原则。作者在作品完成时即取得作品的著作权。

（二）对侵权行为的处理

有下列侵权行为的，应当根据情况，承担停止侵害、消除影响、赔礼道歉、赔偿损失等民事责任：①未经著作权人许可，发表其作品的。②未经合作作者许可，将与他人合作创作的作品当作自己单独创作作品发表的。③没有参加创作，为谋取个人名利，在他人作品上署名的。④歪曲、篡改他人作品的。⑤剽窃他人作品的。⑥未经著作权人许可，以展览、摄制电影和类似摄制电影的方法使用作品或者以改编、翻译、注释等方式使用作品的。本法另有规定的除外。⑦使用他人作品，应当支付报酬而未支付的。⑧未经表演者许可，从现场直播其表演或者公开传送其现场表演，或者录制其表演的。法律另有规定的除外。⑨未经出版者许可，使用其出版的图书、期刊的版式设计的。⑩未经电影作品和类似摄制电影的方法创作的作品、计算机软件、录音录像制品的著作权人或者与著作权有关的权利人许可，出租其作品或者录音录像的。法律另有规定的除外。⑪其他侵犯著作权以及与著作权有关的权益的行为。

侵犯著作权或者与著作权有关的权利的，侵权人应当按照权利人的实际损失给予赔偿；实际损失难以计算的可以按照侵权人的违法所得给予赔偿。赔偿数额还应当包括权利人为制止侵权行为所支付的费用。权利人的实际损失或者侵权人的违法所得不能确定的，由人民法院根据侵权行为的情节，判决给予 50 万元以下的赔偿。

（三）诉前保全和禁令制度

著作权人或者与著作权有关的权利人有证据证明他人正在实施或者即将实施侵犯其权利的行为，如不及时制止将会使其合法权益受到难以弥补的损害的，可以在起诉前向人民法院申请采取责令停止有权行为和财产保全的措施。

为制止侵权行为，在证据可能灭失或者以后难以取得的情况下，著作权人或者与著作权有关的权利人可以在起诉前向人民法院申请保全证据。

练习题

一、单项选择题

1. 下列（　　）发明创造不能授予专利权。
   A. 味精　　　　　　　　　　B. 中成药
   C. 杂交水稻生产方法　　　　D. 疾病治疗方法

2. 专利权的无效宣告由（　　）作出。
   A. 工商行政管理局　　　　　B. 专利局
   C. 专利复审委员会　　　　　D. 人民法院

3. 根据《专利法》的规定，外观设计专利权的保护范围以（　　）为准。
   A. 权利要求书
   B. 说明书
   C. 表示在图片或照片中的该外观设计专利产品
   D. 请求书

4. 医药公司甲发明了一种治疗流行性感冒的新药并已被授予发明专利权，制药厂乙未经授权制造了该新药，药店丙销售乙制造的新药，研究所丁为检验药品疗效自行少量生产该新药，患者戊购买该药品自用，以下说法正确的是（　　）。
   A. 丁的行为构成侵权
   B. 戊的行为构成侵权
   C. 乙、丙的行为侵犯了甲专利权
   D. 乙的行为侵犯了甲的专利权，丙不构成侵权

5. 药品必须使用注册商标的是（　　）。

A. 农用药品 B. 人用药品
C. 药品原料 D. 兽用药品和农用药品

6. 依《商标法》规定，下列不可以作为商标提出注册申请的是（   ）。
   A. 金币从储钱罐倒出的声音 B. 茉莉花的香味
   C. 山涧流水的声音 D. 风景图片

7. 著作权法不保护作者在其作品中反映的（   ）。
   A. 思想和观点 B. 内容与情节
   C. 故事与叙述 D. 杜撰与虚构

8. 作家甲创作了一首新歌，歌手乙进行了演唱，唱片公司丙录制成CD唱片，网站丁未经甲、乙、丙许可将该CD中全部歌曲上传至网上，下列表述正确的是（   ）。
   A. 丁侵犯了甲、乙、丙的表演权
   B. 丁侵犯了甲、乙、丙的信息网络传播权
   C. 丁侵犯了甲、乙的发表权
   D. 丁侵犯了乙、丙的播放权

9. 刘某从画家孙某处购买了一幅画，刘某在对该画享有物权的同时，对该画还享有（   ）。
   A. 改编权 B. 出租权
   C. 复制权 D. 展览权

10. 依照我国著作权法规定，下列行为属于合理使用的是（   ）。
    A. 图书馆为满足企业的需要复制本馆收藏的作品
    B. 表演他人已发表的作品
    C. 电台播放他人已发表的作品
    D. 为个人学习、研究或者欣赏，使用他人已经发表的作品

二、多项选择题

1. 下列行为中，属于侵犯专利权的行为的有（   ）。
   A. 某甲在其经营的商店中销售了侵犯他人专利权的商品，但并不知道他所购来的这种商品侵犯了他人的专利权
   B. 某甲在其经营的商店中销售了侵犯他人专利权的商品，开始时并不知道他所购来的这种商品侵犯了他人的专利权，在被告知这一情况后，为了避免损失而继续销售
   C. 某甲在其经营的商店中销售一种电饭锅，为了扩大销路，就在所购来的电饭锅上贴上了伪造的专利标记
   D. 某甲是一个发明爱好者，一次，他为了某项发明的研制工作而使用了他人的一项专利方法

2. 下列各项中，依法可以申请方法专利的是（   ）。
   A. 食品真空保鲜的方法 B. 一种菜肴的烹饪方法
   C. 高血压针灸疗法 D. 西红柿新品种的培育方法
   E. 变魔术的方法

3. 根据专利法律制度的规定，下列各项中，能够授予专利权的有（   ）。

A. 一种恢复听力的治疗仪　　　　B. 一种新药剂的配制方法
C. 技术成果奖励和提成方法　　　　D. 动物品种

4. 商标权的客体包括（　　）。
A. 文字商标　　B. 拼音商标　　C. 图形商标　　D. 图文组合商标

5. 下列各项中，为商标不得使用的文字和图形的有（　　）。
A. 本商品的通用名称和图形　　B. 公众知晓的外国地名
C. 县级以上行政区划的地名　　D. 同外国国家名称相同或近似的

6. 美术等作品原件所有权的转移，其结果是（　　）。
A. 著作人身权没有转移　　B. 复制权转移
C. 保护作品完整权转移　　D. 展览权转移

7. 下列说法正确的有（　　）。
A. 著作权人行使著作权，不得违反宪法和法律，不得损害公共利益
B. 国家对作品的出版、传播依法进行监督管理
C. 依法禁止出版的作品不享有著作权
D. 以著作权出质的，由出质人和质权人向国务院著作权行政管理部门办理出质登记

三、简答题

1. 发明专利与实用新型专利的区别有哪些？
2. 实用新型专利与外观设计专利的区别有哪些？
3. 商标注册实质审查的内容有哪些？
4. 注册商标到期未申请续展有哪些不利后果？
5. 著作权的保护期限有哪些主要规定？

四、案例分析题

案例一：自"凤凰"自行车被评定为驰名商标后，某生产自行车零件的A公司为扩大其知名度，推销其产品，将其公司名称于2005年6月更改为"某市凤凰自行车零件有限责任公司"，并以"凤凰"商标为其自行车零部件进行了注册。许多消费者都认为这是凤凰自行车厂家的连锁公司，是其配套产品。由此，给凤凰自行车厂家造成了较大损失。

问题：

(1) A公司将"凤凰"商标使用于非类似商品上，是否构成侵权？为什么？

(2) A公司更名是否构成对"凤凰"这一驰名商标的侵权？为什么？

案例二：某歌曲的词曲作者甲、乙在浏览A网站时，通过搜索引擎看到了自己原创并已公开发表的歌曲名称，继续点击后进入B网站的"新歌天地"栏目同时在B网站上播放出由歌手丙演唱的该歌曲，甲、乙认为丙未经其同意演唱了该歌曲侵犯了其著作权，认为A、B两网站未经许可播放其创作的歌曲侵犯了其著作权，遂与丙交涉提出著作权侵权警告，与A、B网站交涉，要求关闭该歌曲所在网页及搜索功能。

丙认为其演唱甲、乙已经发表的歌曲不需要许可，支付报酬是录音公司的义务，故认为其没有侵犯甲、乙的著作权。A网站称其没有登载和播放此歌曲而仅是通过搜索引擎检索到该歌曲的目录，没有实施复制行为也没有实施其他使用行为，不存在著作权侵权问题。B网站称该歌曲是在其所开设的"音乐天地"专栏中由网民自行上传而来，B网站自

接到甲、乙的通知后删除了该歌曲，但发现随后又被网民贴上，由于"音乐天地"专栏上每天都有大量歌曲上传，B网站无法随时进行审查和删除，也不能为一首歌曲而删除整个专栏，B网站对该歌曲的著作权保护无能为力，不再采取措施。甲、乙两人在与丙和A、B网站交涉未果时遂将丙和A、B两网站告上法庭。

问题：

(1) 丙是否构成对甲、乙著作权的侵害？为什么？

(2) A网站是否构成侵权？为什么？

(3) B网站是否构成侵权？为什么？

(4) A、B网站如果构成侵权应承担什么责任？（不构成侵权则不用回答）

(5) 如果甲、乙或A、B网站查出在B网站上传其歌曲的网民是丁，丁的行为是否构成侵权？

第八章

反不正当竞争法与反垄断法

 **本章导读**

公平交易法律制度以公平竞争为价值目标，是规范竞争行为和调整竞争关系的法律规范的总称。本章主要介绍竞争领域中的不正当竞争行为、垄断行为等基本概念及相关法律制度。以不正当竞争行为、垄断行为概念和类型及其法律规制为重点。通过本章学习，要求学生了解不正当竞争和反不正当竞争法的概念、立法目的、基本原则和监督检查制度。掌握不正当竞争和垄断的具体表现及法律后果。培养学生维护社会公平竞争秩序的公德意识。

第一节 反不正当竞争法

一、反不正当竞争法概述

（一）不正当竞争的概念

《保护工业产权巴黎公约》最早对不正当竞争作出了规定，该公约第 10 条第 2 款规定，不正当竞争是指"在工商业活动中违反诚实惯例的任何竞争行为"。此后，该规定成为国际上关于不正当竞争的要义。

有竞争就会出现不正当竞争。我国《反不正当竞争法》规定："本法所称的不正当竞争行为，是指经营者在生产经营活动中，违反本法规定，扰乱市场竞争秩序，损害其他经营者或者消费者的合法权益的行为"。在经济生活中，不正当行为的表现多种多样，如商业贿赂、制售假冒产品、制作发布虚假广告、诋毁竞争对手的商业信誉、商品信誉、擅自使用他人的商标等。

（二）反不正当竞争法

1. 反不正当竞争法的概念

反不正当竞争法是规制市场竞争行为和调整市场竞争关系的法律规范，是市场秩序法的重要组成部分，与反垄断法共同构成了竞争法律制度。

2. 反不正当竞争法的立法目的

根据《反不正当竞争法》第1条"为了促进社会主义市场经济健康发展，鼓励和保护公平竞争，制止不正当竞争行为，保护经营者和消费者的合法权益，制定本法"的立法宗旨，可以概括出《反不正当竞争法》有如下三点立法目的：①预防、制止与制裁不正当竞争行为是反不正当竞争法的直接目的；②维护公平的竞争机制、竞争秩序，以及保护特定经营者、消费者的合法权益是反不正当竞争法的根本目的；③保障和促进社会主义市场经济健康和持续发展是反不正当竞争法的最终目的。

二、不正当竞争行为的种类

不正当竞争行为的表现形式是多种多样、纷繁复杂的。根据我国《反不正当竞争法》的规定，为法律所反对和禁止的不正当竞争行为主要有以下几种情形。

（一）假冒混同行为

1. 假冒混同行为的概念

欺骗性交易行为是指经营者采用欺骗手段从事市场交易，使自己的商品或服务与特定竞争对手的商品或服务相混淆，造成或足以造成购买者误认误购的不正当竞争行为。

2. 假冒混同行为的表现形式

假冒混同行为的表现形式有：①擅自使用对他人有一定影响的商品名称、包装、装潢等相同或者近似的标识；②擅自使用对他人有一定影响的企业名称（包括简称、字号等）、社会组织名称（包括简称等）、姓名（包括笔名、艺名、译名等）；③擅自使用对他人有一定影响的域名主体部分、网站名称、网页等；④其他足以引人误认为是他人商品或者与他人存在特定联系的混淆行为。

3. 假冒混同行为的认定标准

"引人误认"是混淆行为的核心的判断标准。对于擅自使用他人的标识作出了相应的限定，即要求该标识在相关领域有一定的影响。而且，对混淆的对象规定得细致，以括号内注释的方式解释了企业名称、姓名的具体含义，如企业名称包括简称和字号等，姓名包括笔名、译名、艺名等。除了具体的列举外，还增加了兜底性的条款，使禁止混淆行为的规定在实践中涵盖的范围更广泛。

（二）商业贿赂行为

1. 商业贿赂行为的概念

商业贿赂行为是指经营者为谋取交易机会或者竞争优势而采用财物或者其他手段贿赂对方工作人员、对方委托办理相关事务的单位或个人，以及利用职权或者影响力影响交易的单位或者个人的行为。我国《反不正当竞争法》第7条规定，经营者不得采用财物或者其他手段贿赂下列单位或者个人，以谋取交易机会或者竞争优势：①交易相对方的工作人员；②受交易相对方委托办理相关事务的单位或者个人；③利用职权或者影响力影响交易的单位或者个人。

需要注意的是，经营者的工作人员进行贿赂的，应当认定为经营者的行为，但是，经营者有证据证明该工作人员的行为与为经营者谋取交易机会或者竞争优势无关的除外。

2. 商业贿赂行为的表现形式

实践中,商业贿赂行为的主要表现形式包括以下几种情形。

(1) 回扣。回扣是商业贿赂最典型、最常见的一种表现形式,是指经营者在销售商品时在账外暗中以现金、实物或者其他方式退给对方单位或者个人的一定比例的商品价款。值得注意的是,它与"折扣""佣金"不同。所谓折扣,是指经营者在销售商品时以明示并如实入账的方式给予对方的价格优惠;而所谓佣金,是指经营者在市场交易中给予为其提供服务的具有合法经营资格的中间人的劳务报酬,同样必须如实入账。

(2) 违法附赠。经营者在商品交易中向对方单位或个人附赠现金或者物品的视为商业贿赂行为,但是按照商业惯例赠送小额广告礼品的除外。

(3) 通道费。即供应商向销售其产品的商业企业支付的各种费用,如"新品上架费""装修费""节日或店庆赞助金""新供货商入店费"等。

(4) 其他商业贿赂。除上述几种常见的、典型的商业贿赂行为之外,凡是经营者采用财物或者其他手段进行贿赂以销售或者购买商品的行为,都属于反不正当竞争法规制的商业贿赂行为。

拓展阅读 8-1

"交易相对方"不再是商业贿赂的收受主体

新反不正当竞争法关于商业贿赂条款修订的最大变化,是将所有的"交易相对方"都排除在商业受贿的主体之外,增加了交易相对方以外的第三方,这极大地颠覆了对商业贿赂的传统认定。

一直以来,经营者向"交易相对方"尤其是作为单位的"交易相对方"提供利益都是工商调查的重点。然而,将"交易相对方"排除在商业受贿的主体之外,意味着向"交易相对方"给予好处的行为,无论给予的好处以何种形式(例如折扣、返利、促销、赞助、赠品等和金额大小),根据新反不正当竞争法的规定,原则上都不落入商业贿赂的范围。因此,诸如医药企业向有直接业务往来的医院提供的各种赞助或实行买耗材送大型医疗设备的销售方案、轮胎企业向其经销商提供的销售奖励、啤酒供应商向商店赠送冰箱或者按啤酒瓶盖数量给予商店返利等过去被工商部门倾向于认定为商业贿赂的行为,在新反不正当竞争法实施后,原则上都不应当再按商业贿赂查处。国有企业与私营企业的地位一致。无论国有或者私营的企业,如果是交易相对方,原则上均不是商业贿赂的受贿主体。

(三) 虚假宣传行为

1. 虚假宣传行为的概念

根据《反不正当竞争法》第8条的规定,虚假宣传行为是指在市场交易中,经营者对其商品的性能、功能、质量、销售状况、用户评价、曾获荣誉等作虚假或者引人误解的商业宣传,欺骗、误导消费者的行为。此外,《广告法》第4条规定,"广告不得含有虚假或者引人误解的内容,不得欺骗、误导消费者"。第30条规定,"广告主、广告经营者、广告发布者不得在广告活动中进行任何形式的不正当竞争"。

需要注意的是，新修订的《反不正当竞争法》增加了禁止"组织虚假交易"条款，规定了经营者不得通过组织虚假交易等方式，帮助其他经营者进行虚假或者引人误解的商业宣传。如刷单、刷评论、炒信、删除差评、虚构交易、虚假荣誉等，都将受到查处。值得注意的是，第2款禁止的是一种帮助行为，即组织虚假交易为他人宣传，属于"帮别人"的"网络水军"行为。而经营者为宣传自己的商品组织"刷单"，即"帮自己"的行为，仍然属于第1款规定对其商品"销售情况"作虚假或引人误解的商业宣传的情况。

2. 引人误解或虚假宣传行为认定

新修订的《反不正当竞争法》把"引人误解的宣传"行为拆分为两种行为，即"虚假宣传"行为和"引人误解宣传"行为，但没有明确规定引人误解或虚假宣传行为的认定标准。在执法实践中，往往需要执法者依据《反不正当竞争法》和国家工商行政管理机关制定的有关规章来认定。除了行政执法认定之外，在司法实践中，也需要对引人误解或虚假宣传行为加以认定。根据《最高人民法院关于审理不正当竞争民事案件应用法律若干问题的解释》第8条的规定，经营者具有下列行为之一，足以造成相关公众误解的，可以认定为引人误解的虚假宣传行为：①对商品作片面的宣传或者对比的；②将科学上未定论的观点、现象等当作定论的事实用于商品宣传的；③以歧义性语言或者其他引人误解的方式进行商品宣传的。但是，以明显的夸张方式宣传商品，不足以造成相关公众误解的，不属于引人误解的虚假宣传行为。此外，人民法院还应当根据日常生活经验、相关公众一般注意力、发生误解的事实和被宣传对象的实际情况等因素，对引人误解的虚假宣传行为进行认定。

（四）侵犯商业秘密行为

1. 商业秘密的概念

商业秘密是指不为公众所知悉、具有商业价值并经权利人采取相应保密措施的技术信息、经营信息等商业信息。商业秘密包含的范围十分广泛，可以用不同的标准进行分类。如果按照信息内容的不同，可以将商业秘密分为技术性商业秘密和经营性商业秘密。技术性商业秘密主要是指应用于工业目的、没有得到专利保护并且符合商业秘密要件的技术。经营性商业秘密主要是指符合商业秘密要件的用于经营活动的各类信息，一般表现为管理方法、客户名单、货源情报、产销策略等。因为商业秘密能够为企业带来竞争优势，所以侵犯商业秘密也属于一种不正当竞争行为。

《反不正当竞争法》将商业秘密的构成要件定义为秘密性、保密性、价值性三要素，即不再强调反不正当竞争法所保护的商业秘密应当具有实用性。因为在新的市场竞争环境下有一些商业秘密只是某种创意、想法，或者是失败的实验数据等，但不能仅因其难以及时转化而否认其为商业秘密。

2. 侵犯商业秘密行为的概念及表现形式

侵犯商业秘密的行为是指为了竞争或个人目的，通过不正当方法获取、披露或使用权利人商业秘密的行为。2019年新修订的《反不正当竞争法》第9条规定，经营者不得采用下列手段侵犯商业秘密：①以盗窃、贿赂、欺诈、胁迫、电子侵入或者其他不正当手段获取权利人的商业秘密；②披露、使用或者允许他人使用以前项手段获取的权利人的商业秘密；③违反约定或者违反权利人有关保守商业秘密的要求，披露、使用或者允许他人使用其所掌握的商业秘密；④教唆、引诱、帮助他人违反保密义务或者违反权利人有关保守商业秘密的要求，获取、披露、使用或者允许他人使用权利人的商业秘密。经营者以外的其他自然人、法人和非法人组织实施前款所列违法行为的，视为侵犯商业秘密。第三人明知或者应知商业秘密权利人的员工、前员工或者其他单位、个人实施本条第1款所列违法行为，仍获取、披露、使用或者允许他人使用该商业秘密的，视为侵犯商业秘密。

（五）不正当有奖销售行为

1. 有奖销售的概念

除《反不正当竞争法》第10条的规定外，国家工商行政管理局公布的《关于禁止有奖销售活动中不正当竞争行为的若干规定》也对与有奖销售相关的一些问题作出了解释，补充和进一步规定。其中第2条第1款指出，有奖销售是指"经营者销售商品或者提供服务，附带性地向购买者提供物品、金钱或者其他经济上的利益的行为。包括：奖励所有购买者的附赠式有奖销售和奖励部分购买者的抽奖式有奖销售"。其中，凡以抽签、摇号等带有偶然性的方法决定购买者是否中奖的，均属于抽奖方式。经政府或者政府有关部门依法批准的有奖募捐及其他彩票发售活动，不属于此列。

2. 不正当有奖销售行为的表现形式

根据《反不正当竞争法》第10条的规定，经营者从事下列情形的有奖销售行为属于不正当有奖销售行为。

（1）所设奖的种类、兑奖条件、奖金金额或者奖品等有奖销售信息不明确，影响兑奖。

（2）采用谎称有奖或者故意让内定人员中奖的欺骗方式进行有奖销售。

（3）抽奖式的有奖销售，最高奖的金额超过五万元。

其中，"采用谎称有奖或者故意让内定人员中奖的欺骗方式"具体包括：①谎称有奖销售或者对所设奖的种类、中奖概率、最高奖金额、总金额、奖品种类、数量、质量、提供方法等作虚假不实的表示；②采取不正当的手段故意让内定人员中奖；③故意将设有中奖标志的商品、奖券不投放市场或者不与商品、奖券同时投放市场；④故意将带有不同奖金金额或者奖品标志的商品、奖券按不同时间投放市场；⑤不向公众作出如实说明、隐瞒事实真相以及其他由省级以上工商行政管理机关认定的欺骗性有奖销售行为。而"抽奖式的有奖销售，最高奖的金额超过五万元"中，最高奖是指有奖销售中的最高单项奖。如果是多次开奖的，则应将所有中奖数额合并计算。对于附赠式的有奖销售没有金额限制。

（六）诋毁商业信誉行为

1. 损害商誉行为的概念

损害商誉行为也称诋毁商誉、商业诽谤等，是指经营者在市场交易中，为了竞争的目的，通过捏造或散布虚伪事实，损害竞争对手的商业信誉或商品声誉的行为。商誉是商业信誉和商品声誉的概称。其中，商业信誉是指经营者通过公平竞争和诚实经营所取得的良好的社会综合性评价。而所谓商品声誉实际上是经营者商业信誉的一个组成部分，它是指经营者制造或经销的某种特定的商品或服务的良好的社会评价。根据《反不正当竞争法》第11条的规定，经营者不得编造、传播虚假信息或者误导性信息，损害竞争对手的商业信誉、商品声誉。

2. 损害商誉行为的表现形式

在现实经济生活中，经营者诋毁竞争对手商誉的行为具有多种表现形式，其中根据所利用的手段和发生的场合，损害商誉行为大致可分为以下四种。

（1）经营者在公开场合，用散发公开信、召开新闻发布会、在新闻媒体上刊播广告等形式，捏造、散布虚伪事实，贬低竞争对手的商业信誉和商品声誉。这是损害商誉行为最常见的表现形式。

（2）经营者利用虚假广告或比较广告，对自己的商品进行不符合事实的宣传，以贬低竞争对手的商品声誉，抬高自己企业或商品的地位。

（3）经营者在经营过程中，向业务客户或消费者编造、散布虚伪事实，损害竞争对手的商业信誉和商品声誉。

（4）直接在商品的包装说明或其他说明书上，对竞争对手的同类商品进行贬低。

（七）互联网领域不正当竞争行为

1. 互联网领域不正当竞争行为的概念

互联网领域不正当竞争行为是指经营者利用技术手段，通过影响用户选择或者其他方式，妨碍、破坏其他经营者合法提供的网络产品或者服务正常运行的行为。需要指出的是，对互联网领域不正当竞争行为的界定与规制是2017年新修订的《反不正当竞争法》新增的内容，是针对我国目前互联网领域竞争存在的问题而作出的适时法律调整。

2. 互联网领域不正当竞争行为的表现形式

根据《反不正当竞争法》第12条的规定，实施下列妨碍、破坏其他经营者合法提供的网络产品或者服务正常运行的行为属于不正当竞争行为。

（1）未经其他经营者同意，在其合法提供的网络产品或者服务中，插入链接、强制进行目标跳转。

（2）误导、欺骗、强迫用户修改、关闭、卸载其他经营者合法提供的网络产品或者服务。

（3）恶意对其他经营者合法提供的网络产品或者服务实施不兼容。

（4）其他妨碍、破坏其他经营者合法提供的网络产品或者服务正常运行的行为。

案例聚焦 8-1

部分网络不正当竞争例

1. 干扰软件运行进程或运行结果

如腾讯与360"扣扣保镖"不正当竞争案。360公司向用户提供"扣扣保镖"软件，当用于运行，其提示QQ存在重大健康问题，用户使用"一键修复"，结果会直接禁用QQ的11个功能插件、屏蔽聊天窗口广告、新闻公告，更为甚者，会将原QQ自有的安全沟通界面直接替换成扣扣保镖界面。严重干扰了QQ软件的运行进程，构成不正当竞争。

再如百度与360"插标"案，360公司通过360安全卫士软件，在百度搜索结果中插入红底白色感叹号图标，单击图标，出现"存在欺诈广告的网站"的提示，其插标行为改变了百度搜索结果页面的显示结果，干扰了百度搜索服务的正常运行，构成不正当竞争。

2. 浏览器广告屏蔽

猎豹浏览器屏蔽优酷网广告案。猎豹浏览器将实现广告屏蔽功能的软件作为浏览器插件提供给用户，当用户打开该功能插件后访问优酷网，优酷网投放的视频广告就会被过滤。猎豹浏览器的行为破坏了优酷网正常经营活动并不当利用了优酷网经营利益，该行为不符合技术中立，也非行业惯例，构成不正当竞争。

3. 安全软件对浏览器默认设置阻止或篡改

在搜狗与360涉及360杀毒篡改搜狗浏览器默认设置的案件中，用户在运行360杀毒进行全盘扫描之后，对危险项目进行修复，修复之后的结果是，原本设定为默认的搜狗浏览器被篡改为360安全浏览器。360的行为破坏了搜狗浏览器的正常设置，构成不正当竞争。

（资料来源：周丹丹.从具体案例看《反不正当竞争法》第2条在互联网不正当竞争案件中的适用.集佳知识产权诉讼团队微信平台.2015－5－23.）

三、违反反不正当竞争法的法律责任

（一）经营者的法律责任

经营者违反《反不正当竞争法》的规定，给他人造成损害的，应当依法承担民事责任。经营者的合法权益受到不正当竞争行为损害的，可以向人民法院提起诉讼。因不正当竞争行为受到损害的经营者的赔偿数额，按照其因被侵权所受到的实际损失确定；实际损失难以计算的，按照侵权人因侵权所获得的利益确定。经营者恶意实施侵犯商业秘密行为，情节严重的，可以在按照上述方法确定数额的1倍以上5倍以下确定赔偿数额。赔偿数额还应当包括经营者为制止侵权行为所支付的合理开支。经营者违法实施混淆行为或者侵犯商业秘密，权利人因被侵权所受到的实际损失、侵权人因侵权所获得的利益难以确定的，由人民法院根据侵权行为的情节判决给予权利人500万元以下的赔偿。

经营者实施混淆行为的，由监督检查部门责令停止违法行为，没收违法商品。违法经营额5万元以上的，可以并处违法经营额5倍以下的罚款；没有违法经营额或者违法经营额不足5万元的，可以并处25万元以下的罚款。情节严重的，吊销营业执照。

经营者违法贿赂他人的，由监督检查部门没收违法所得，处10万元以上300万元以下的罚款。情节严重的，吊销营业执照。

经营者违法对其商品作虚假或者引人误解的商业宣传，或者通过组织虚假交易等方式帮助其他经营者进行虚假或者引人误解的商业宣传的，由监督检查部门责令停止违法行为，处20万元以上100万元以下的罚款；情节严重的，处100万元以上200万元以下的罚款，可以吊销营业执照。经营者违法发布虚假广告的，依照《中华人民共和国广告法》

的规定处罚。

经营者以及其他自然人、法人和非法人组织违法侵犯商业秘密的,由监督检查部门责令停止违法行为,没收违法所得,处10万元以上100万元以下的罚款;情节严重的,处50万元以上500万元以下的罚款。

经营者违法进行有奖销售的,由监督检查部门责令停止违法行为,处5万元以上50万元以下的罚款。

经营者违法损害竞争对手商业信誉、商品声誉的,由监督检查部门责令停止违法行为、消除影响,处10万元以上50万元以下的罚款;情节严重的,处50万元以上300万元以下的罚款。

经营者违法妨碍、破坏其他经营者合法提供的网络产品或者服务正常运行的,由监督检查部门责令停止违法行为,处10万元以上50万元以下的罚款;情节严重的,处50万元以上300万元以下的罚款。

经营者违法从事不正当竞争,有主动消除或者减轻违法行为危害后果等法定情形的,依法从轻或者减轻行政处罚;违法行为轻微并及时纠正,没有造成危害后果的,不予行政处罚。

经营者违法从事不正当竞争,受到行政处罚的,由监督检查部门记入信用记录,并依照有关法律、行政法规的规定予以公示。

经营者违反《反不正当竞争法》的规定,应当承担民事责任、行政责任和刑事责任,其财产不足以支付的,优先用于承担民事责任。

妨害监督检查部门依照本法履行职责,拒绝、阻碍调查的,由监督检查部门责令改正,对个人可以处5 000元以下的罚款,对单位可以处5万元以下的罚款,并可以由公安机关依法给予治安管理处罚。当事人对监督检查部门作出的决定不服的,可以依法申请行政复议或者提起行政诉讼。

(二) 监督检查部门工作人员的法律责任

监督检查部门的工作人员滥用职权、玩忽职守、徇私舞弊或者泄露调查过程中知悉的商业秘密的,依法给予处分。违反《反不正当竞争法》的规定,构成犯罪的,依法追究刑事责任。

(三) 商业秘密侵权人自证清白的法律责任

针对近年来企业商业秘密侵权案件举证难、胜诉难的情况,2019年修订的《反不正当竞争法》增加了涉嫌侵权人自证清白的责任,降低了权利人的举证难度。《反不正当竞争法》第32条规定如下。

在侵犯商业秘密的民事审判程序中,商业秘密权利人提供初步证据,证明其已经对所主张的商业秘密采取保密措施,且合理表明商业秘密被侵犯,涉嫌侵权人应当证明权利人所主张的商业秘密不属于本法规定的商业秘密。

商业秘密权利人提供初步证据合理表明商业秘密被侵犯,且提供以下证据之一的,涉嫌侵权人应当证明其不存在侵犯商业秘密的行为:①有证据表明涉嫌侵权人有渠道或者机会获取商业秘密,且其使用的信息与该商业秘密实质上相同;②有证据表明商业秘密已经被涉嫌侵权人披露、使用或者有被披露、使用的风险;③有其他证据表明商业秘密被涉嫌侵权人侵犯。

第二节 反 垄 断 法

一、垄断的概念和类别

(一)垄断的概念

现代意义上垄断的概念首先来自经济学。垄断是指在生产集中和资本集中高度发展的基础上,一个大企业或少数几个大企业对相应部门产品的生产和销售的独占或联合控制。而在法学上,对于垄断的含义有不同的理解。法学上的垄断是指违反国家法律、法规、政策和社会公共利益,通过合谋性协议、安排和协同行动,或者通过滥用经济优势地位,排斥或控制其他经营者正当的经济活动,在某一领域内实质上限制竞争的行为。

(二)垄断的类别

垄断可以分为合法垄断与非法垄断两类。

(1)合法垄断。合法垄断是指国家为了保护整个国民经济的健康发展,在反垄断法中明确规定的不适用垄断禁止法律的垄断行为。如国家垄断、公用事业垄断、知识产权垄断,以及符合国家产业调整政策的某些垄断协议或企业合并行为。

(2)非法垄断。非法垄断是指那些违反《中华人民共和国反垄断法》的规定,具有违法性和危害性,限制市场自由竞争的状态或行为。

二、反垄断法的适用范围

反垄断法是调整国家对垄断和限制竞争行为进行规制过程中发生的社会关系的法律规范总称。反垄断法既包括形式意义上的反垄断法典,也包括具有反垄断内容的相关法律法规。我国在20世纪90年代初就开始酝酿起草反垄断法,历经14年,终于在2007年8月30日第十届全国人大常委会第二十九次会议通过了《反垄断法》,并于2008年8月1日起施行。在此之前,有关反垄断的法律规定散见于《价格法》(1997)、《招标投标法》(1999)、《国务院关于禁止在市场经济活动中实行地区封锁的规定》(2001)、《外国投资者并购境内企业暂行办法》(2003)、《对外贸易法》(2004年修订)等相关法律、法规中。我国《反垄断法》的适用范围见表8-1。

表8-1 《反垄断法》的适用范围

适用范围	具 体 规 定
地域范围	"属地+效果原则",我国反垄断适用于: ① 中华人民共和国境内经济活动中的垄断行为 ② 中华人民共和国境外的垄断行为,对境内市场竞争产生排除、限制影响的

续表

适用范围		具 体 规 定
适用的垄断行为	经营者	① 经营者达成垄断协议 ② 经营者滥用市场支配地位 ③ 具有或者可能具有排除、限制竞争效果的经营者集中
	行政主体	滥用行政权力排除、限制竞争
	行业协会	参与组织实施诸如价格联盟类的垄断行为
适用除外		① 知识产权的正当行使 ② 农业生产中的联合或者协同行为

三、反垄断法的基本内容

垄断是在某一领域内实质上限制竞争的行为。一般而言，限制竞争行为主要有三种表现形式：垄断协议（限制竞争协议）、滥用市场支配地位和经营者集中（企业合并）。这三种类型的垄断也被称为"经济性垄断"，是反垄断法的三大核心实体法制度。但值得注意的是，在经济转轨时期的中国还存在行政性垄断问题，这也是破坏市场自由竞争秩序的非法垄断形式，在《反垄断法》中也有相应的规定。

（一）垄断协议

1. 垄断协议的概念

垄断协议也称限制竞争协议、联合限制竞争行为，是指两个或者两个以上经营者排除、限制竞争的协议、决定或者其他协同行为。

2. 垄断协议的分类

根据参与垄断协议的经营者之间是否具有竞争关系，可以将垄断协议分为横向垄断协议和纵向垄断协议。

（1）横向垄断协议。横向垄断协议是指在生产或者销售过程中处于同一阶段的经营者之间（如生产商之间、批发商之间、零售商之间等）达成的协议。反垄断法禁止以下几种横向垄断协议。①固定或者变更商品价格；②限制商品的生产数量或者销售数量；③分割销售市场或者原材料采购市场；④限制购买新技术、新设备或者开发新技术、新产品；⑤联合抵制交易；⑥国务院反垄断执法机构认定的其他垄断协议。

案例聚焦 8-2

浙江省保险行业协会和 23 家省级财产保险公司垄断案

2014 年国家发改委调查发现，浙江省保险行业协会组织 23 家省级财产保险公司多次开会协商，约定新车折扣系数，并根据市场份额商定统一的商业车险代理手续费。发改委认为浙江省保险行业协会上述行为违反了《反垄断法》第 16 条"行业协会不得组织本行业的经营者从事本章禁止的垄断行为"的规定，涉案财产保险公司违反了《反垄断法》第

13条禁止具有竞争关系的经营者达成垄断协议"固定或者变更商品价格"的规定。因此发改委对浙江省保险行业协会处以50万元罚款，对涉案财产保险公司处以共计11 019.88万元罚款。这是国内保险行业垄断案中最大的罚单。其中，中国太平洋财产保险浙江分公司、中国平安财产保险浙江分公司和中华联合财产保险浙江分公司被分别处以2 070万元、1 599万元和1 029万元罚款。

（2）纵向垄断协议。纵向垄断协议是指在生产或是销售的过程中处于不同阶段的经营者之间（如生产商与批发商之间、批发商与零售商之间）达成的协议。反垄断法禁止经营者与交易相对人达成下列纵向垄断协议：①固定向第三人转售商品的价格；②限定向第三人转售商品的最低价格；③国务院反垄断执法机构认定的其他垄断协议。

案例思考8-1

2012年12月上旬，茅台曾为了稳定价格、维护品牌形象，对经销商的零售价格制定了严格的限价令，并且对6家低价和串货的经销商作出了严厉的惩罚措施。同样五粮液曾对全国市场进行了例行抽查，批评了15家低价、违规销售的经销商。

在上述两家白酒公司向其经销商发布限价令后不久，国家发改委对茅台、五粮液的行为进行调查。不久，茅台、五粮液相继撤销了对经销商的限制令。2013年2月22日，茅台和五粮液因实施价格垄断行为分别被处以2.47亿元与2.02亿元的罚款。均占其各自2012年度销售额的1%。

【问题】茅台、五粮液的限价令是否涉及纵向垄断协议？

【分析】茅台、五粮液限定其经销商最低转售价格的行为具有价格限制的特点，涉及纵向垄断协议。纵向垄断协议不仅包括限定价格的协议，还有其他多种表现形式，如独家购买协议、独家销售协议和搭售等，但之所以《反垄断法》第14条明确禁止"固定向第三人转售商品的价格"和"限定向第三人转售商品的最低价格"，正是因为此两种形式为纵向垄断协议的典型。因此，无须再证明上述行为具有"排除、限制竞争"效果。换言之，只要能证明经营者之间通过书面或口头形式约定"限定向第三人转售商品的最低价格"，并能证明该约定具有约束力，就应当足以认定该约定构成了《反垄断法》第13条第2款意义上的"限制竞争"。

3. 垄断协议的例外

经营者能够证明所达成的协议属于下列情形之一的，不适用反垄断法对垄断协议禁止的规定：①为改进技术、研究开发新产品；②为提高产品质量、降低成本、增进效率，统一产品规格、标准或者实行专业化分工；③为提高中小经营者经营效率，增强中小经营者竞争力的；④为实现节约能源、保护环境、救灾救助等社会公共利益的；⑤因经济不景气，为缓解销售量下降或者生产明显过剩的；⑥为保障对外贸易和对外经济合作中的正当利益的；⑦法律和国务院规定的其他情形。《反垄断法》第15条第2款规定了经营者承担垄断协议豁免的举证责任，即经营者应当证明所达成的协议不会严重地限制相关市场的竞争，并且能够使消费者分享由此产生的利益。

（二）滥用市场支配地位

1. 滥用市场支配地位的概念

反垄断法所称市场支配地位是指经营者在相关市场内具有能够影响控制商品价格、数量或者其他交易条件，或者能够阻碍、影响其他经营者进入相关市场能力的市场地位。滥用市场支配地位是指具有市场支配地位的经营者凭借其市场支配地位实施的排挤竞争对手或不公平交易行为。

2. 《反垄断法》禁止的滥用市场支配地位的行为

根据《反垄断法》的规定，该法禁止的滥用市场支配地位行为主要包括：①以不公平的高价销售商品或者以不公平的低价购买商品；②没有正当的理由，以低于成本的价格销售商品；③没有正当的理由，拒绝与交易相对人进行交易；④没有正当的理由，限定交易相对人只能与其进行交易或者只能与其指定的经营者进行交易；⑤没有正当的理由搭售商品，或者在交易时附加其他不合理的交易条件；⑥没有正当的理由，对条件相同的交易相对人在交易价格等交易条件上实施差别待遇；⑦国务院反垄断执法机构认定的其他滥用市场支配地位的行为。

高通公司滥用市场支配地位被罚 60.88 亿元人民币

2013 年 11 月，国家发改委根据举报启动了对高通公司的反垄断调查。经调查取证和分析论证，高通公司在 CDMA、WCDMA、LTE 无线通信标准必要专利许可市场和基带芯片市场具有市场支配地位，实施了滥用市场支配地位的行为，包括收取不公平的高价专利许可费，没有正当理由搭售非无线通信标准必要专利许可，在基带芯片销售中附加不合理条件。

高通公司的行为排除、限制了市场竞争，阻碍和抑制了技术创新和发展，损害了消费者利益，违反了我国反垄断法关于禁止具有市场支配地位的经营者以不公平的高价销售商品、没有正当理由搭售商品和在交易时附加不合理交易条件的规定。

在反垄断调查过程中，高通公司能够配合调查，主动提出了一揽子整改措施。此案高通公司支付了 9.75 亿美元的罚金，并为其手机芯片设定专利授权费用。

（三）经营者集中

1. 经营者集中的概念

经营者集中是指经营者之间通过合并、取得股份或者资产、委托经营或者联营以及人事兼任等方式形成的控制与被控制状态。通过经营者集中，可能导致的最直接后果就是同一竞争领域的经营者数量减少，竞争度降低。

2. 经营者集中的表现形式

我国《反垄断法》第 20 条规定了经营者集中的表现形式，是指下列情形：①经营者合并；②经营者通过取得股权或者资产的方式取得对其他经营者的控制权；③经营者通过合同等方式取得其他经营者的控制或者能够对其他经营者施加决定性的影响。

3. 经营者集中的申报制度

经营者集中达到国务院规定的申报标准的，经营者应当事先向国务院反垄断法执法机构申报，未申报的不得实施集中。经营者集中的申报标准是参与集中的经营者作为是否申报并接受反垄断审查的法律依据。我国反垄断法没有明确规定经营者集中的申报标准，而是授权国务院对经营者集中的申报标准作出规定。

经营者集中有下列情形之一的，可以不向国务院反垄断执法机构申报：①参与集中的一个经营者拥有其他每个经营者50%以上的表决权的股份或资产的；②参与集中的经营者50%以上有表决权的股份或者资产被同一个参与集中的经营者拥有的。

紫光集团收购锐迪科未依法进行反垄断申报而受到处罚案

2017年11月11日，紫光集团与锐迪科签署收购协议，以总价9.07亿美元收购锐迪科的全部股份。2017年7月18日，紫光集团完成上述收购。根据商务部公布的数据，该项交易达到了《国务院关于经营者集中申报标准的规定》第3条规定的申报标准。因此，该交易应该进行申报。但是紫光集团并未向商务部提交申报，而且，在没有获得商务部批准的情况下完成了交易。因此，商务部认为该交易违反了《反垄断法》第21条"经营者集中达到国务院规定的申报标准的，经营者应当事先向国务院反垄断法执法机构申报，未申报的不得实施集中"的规定，对紫光集团处以30万元人民币罚款。这是商务部针对未依法进行反垄断申报公开开出的首张罚单，也是商务部针对国有企业海外并购的反垄断违规行为的首张罚单。

很多国内企业，总是认为自己根本没有垄断地位，不需要进行反垄断申报，这是对我国反垄断申报制度的误解。在欧盟，反垄断申报制度又叫合并控制制度，该制度是针对企业合并时的一种制度，是否具有垄断地位不是决定是否需要申报的条件。此外，一项并购是否需要申报不取决于参与并购的企业是否在中国注册或者在中国有子公司或者代表处，也不取决于即将要设立的合资公司是否在中国注册，而是取决于参与并购的企业是否达到中国的申报标准。一项并购还可能引发在多个国家和地区的反垄断申报。

商务部禁止马士基、地中海航运、达飞设立网络中心经营者集中

2017年9月18日，商务部收到丹麦穆勒马士基集团（A. P. Møller-Maersk A/S，以下简称马士基）、地中海航运公司（Mediterranean Shipping Company S. A.，以下简称地中海航运）、法国达飞海运集团公司（CMACGM S. A.，以下简称达飞）设立网络中心的经营者集中反垄断申报。2017年6月17日，商务部禁止了该项集中，理由是该网络中心的设立导致马士基、地中海航运、达飞形成了紧密型联营，在亚洲——欧洲航线集装箱班轮运输服务市场可能具有排除、限制竞争效果。

（四）滥用行政权力排除、限制竞争

1. 滥用行政权力排除、限制竞争的概念

滥用行政权力排除、限制竞争，即通常所谓"行政性垄断"，是指行政机关和法律、

法规授权的具有管理公共事务职能的组织滥用行政权力,排除、限制竞争的行为。

2. 滥用行政权力排除、限制竞争的种类

(1) 强制交易。强制交易是指行政机关和法律、法规授权的具有管理公共事务职能的组织滥用行政权力,限定或者变相限定单位或者个人经营、购买、使用其指定的经营者提供的商品的行为。

(2) 地区封锁。行政机关和法律、法规授权的具有管理公共事务职能的组织不得滥用行政权力,实施下列行为,妨碍商品在地区之间的自由流通:①对外地商品设定歧视性收费项目、实行歧视性收费标准,或者规定歧视性价格;②对外地商品规定与本地同类商品不同的技术要求、检验标准,或者对外地商品采取重复检验、重复认证等歧视性技术措施,限制外地商品进入本地市场;③采取专门针对外地商品的行政许可,限制外地商品进入本地市场;④设置关卡或者采取其他手段,阻碍外地商品进入或者本地商品运出;⑤妨碍商品在地区之间自由流通的其他行为。

(3) 排斥或者限制外地经营者参加本地招标投标。行政机关和法律、法规授权的具有管理公共事务职能的组织不得滥用行政权力,以设定歧视性资质要求、评审标准或者不依法发布信息等方式,排斥或者限制外地经营者参加本地的招标投标活动。

(4) 排斥或者限制外地经营者在本地投资或者设立分支机构。行政机关和法律、法规授权的具有管理公共事务职能的组织不得滥用行政权力,采取与本地经营者不平等待遇等方式,排斥或者限制外地经营者在本地投资或者设立分支机构。

(5) 强制从事垄断行为。行政机关和法律、法规授权的具有管理公共事务职能的组织不得滥用行政权力,强制经营者从事《反垄断法》规定的垄断行为。

(6) 抽象行政性垄断行为。行政机关不得滥用行政权力,制定含有排除、限制竞争内容的规定。

案例思考 8-2

2014年年初,教育部首次将"工程造价基本技能"列为"2013—2015年全国职业院校技能大赛"赛项之一。业内习惯将由教育部组织的比赛称为"国赛",由各省组织的选拔比赛称为"省赛"。当年4月1日,以广东省教育厅、高职院校、行业企业等组成的工程造价广东"省赛"组委会发公布《赛项技术规范》和《竞赛规程》,明确赛事软件指定使用广联达独家的认证系统、广联达土建算量软件和广联达钢筋算量软件。

而工程造价技能的学习或比赛操作,都必须使用专业的软件程序及其操作平台,我国生产厂家主要有斯维尔、广联达、上海鲁班软件有限公司。斯维尔公司认为广东省教育厅指定独家赛事软件的做法,有滥用行政权力之嫌,违反了反垄断法,向广州中院提起行政诉讼。

【问题】广东省教育厅和第三人广联达是否构成"滥用行政权力""涉嫌行政垄断"?

【分析】本案是司法领域第一次受理行政垄断的行政诉讼。

如何认定"行政垄断行为"? 广州中院在判决中指出,根据《反垄断法》第32条规定:"行政机关和法律、法规授权的具有管理公共事务职能的组织不得滥用行政权力,限定或者变相限定单位或者个人经营、购买、使用其指定的经营者提供的商品。"省教育厅"指定独家参赛软件"行为符合构成行政垄断的要素条件,即在主体上,省教育厅是"行政机关和法律、法规授权的具有管理公共事务职能的组织";在行为上,其"指定独家参赛软件行为"符合"限定或者变相限定单位或者个人经营、购买、使用其指定的经营者提供的商品";至于"滥用行政权力",法院依据《行政诉讼法》规定"行政机关应对自己的具体行政行为负有举证责任",认定省教育厅对自己"指定独家参赛软件"行为不能提供证据证明其合法性,为此教育厅构成"滥用行政权力"。

四、违反《反垄断法》的法律责任

违反《反垄断法》的法律责任包括以下内容。

(1) 经营者违反垄断法规定,达成并实施垄断协议的,由反垄断执法机构责令停止违法行为,没收违法所得,并处上一年度销售额1%以上10%以下的罚款;尚未实施所达成的垄断协议的处50万元以下的罚款。经营者主动向反垄断执法机构报告达成垄断协议的有关情况并提供重要证据的,反垄断执法机构可以酌情减轻或者免除对该经营者的处罚。行业协会违反垄断法规定,组织本行业的经营者达成垄断协议的,反垄断执法机构可以处50万元以下的罚款;情节严重的,社会团体登记管理机关可以依法撤销登记。

(2) 经营者违反垄断法规定,滥用市场支配地位的,由反垄断执法机构责令停止违法行为,没收违法所得,并处上一年度销售额1%以上10%以下罚款。

(3) 经营者违反垄断法规定实施集中的,由国务院反垄断执法机构责令停止实施集中、限期处分股份或者资产、限期转让营业及采取其他必要措施恢复到集中前状态,可以处50万元以下的罚款。

经营者实施上述3种垄断行为,给他人造成损失的,依法承担民事责任。

(4) 行政机关和法律、法规授权的具有管理公共事务职能的组织滥用行政权力,实施排除、限制竞争行为的,由上级机关责令改正;对直接负责的主管人员和其他直接责任人员依法给予处分。反垄断执法机构可以向有关上级机关提出依法处理的建议另有规定的,依照其规定。

(5) 对反垄断执法机构依法实施的审查和调查,拒绝提供有关材料、信息,或者提供虚假材料、信息,或者隐匿、销毁、转移证据,或者有其他拒绝、阻碍调查行为的,由反垄断执法机构责令改正,对个人可以处2万元以下的罚款,对单位可以处20万元以下的罚款;情节严重的,对个人处2万元以上10万元以下的罚款,对单位处20万元以上100万元以下的罚款;构成犯罪的,依法追究刑事责任。

(6) 反垄断执法机构工作人员滥用职权、玩忽职守、徇私舞弊或者泄露执法过程中知悉的商业秘密,构成犯罪的,依法追究刑事责任;尚不构成犯罪的,依法给予处分。

练习题

一、单项选择题

1. 下列选项中,不属于不正当竞争行为的是(   )。
   A. 经营者采用财物或其他手段进行贿赂以销售商品
   B. 经营者以低于成本价销售商品
   C. 违反商业秘密约定,披露掌握的商业秘密

D. 广告经营者故意发布虚假广告

2. 某百货公司销售空调机，在门口广告牌上写明："凡在本处购买空调者，给付总价款30%的回扣，介绍推销者给付总价款19%的佣金。"被人发现后举报到有关部门，经调查发现该公司给付的回扣、佣金，账面上均有明确记载。该公司给付回扣的行为是（　　）。

A. 不正当竞争行为　　　　　　　B. 变相行贿行为
C. 正当促销交易行为　　　　　　D. 降价排挤行为

3. 李某长期加工茶叶出售，为增加销售量，他委托加工厂在包装袋上印上"绿色环保""高级饮品"等字样，并且将产地改为某省一著名茶乡。对这一行为的认定是（　　）。

A. 该行为虽违反商业道德，但不构成不正当竞争行为
B. 该行为违反了《反不正当竞争法》，构成虚假的表示行为
C. 该行为根据《民法典》的规定构成欺诈的民事行为
D. 该行为没有违反《反不正当竞争法》，不构成虚假的宣传行为

4. 下列选项中，不是垄断协议的是（　　）。

A. 家乐福和沃尔玛约定：前者占北京市场，后者占天津市场
B. 因为价格问题，甲、乙两家汽车厂口头约定都不购买丙钢铁公司的钢材
C. 甲药厂和乙医药连锁超市约定：后者出售前者的某种专利药品只能按某价格出售
D. 甲药厂和乙医药连锁超市约定：后者出售前者的某种专利药品最高按某价格出售

5. 依《反垄断法》规定，依据其在相关市场的市场份额，可以推定（　　）具有市场支配地位。

A. 合计份额达到3/4的三个经营者
B. 合计份额达到2/3的两个经营者
C. B选项情形下，其中份额不足1/10的经营者
D. 份额达到1/2的一个经营者

二、简答题

1. 简述不正当竞争手段。
2. 简述不属于不正当竞争的降价销售行为的种类。
3. 简述强制性交易行为的表现形式。
4. 简述回扣和折扣的区别。
5. 简述行政垄断的表现形式。

三、案例分析

案例一：2008年9月，可口可乐宣布计划以现金收购中国汇源果汁集团有限公司。可口可乐公司建议收购要约为每股122港元，并等价收购已发行的可换股债券及期权。可口可乐现已取得汇源三个股东签署的接受要约不可撤销承诺，三个股东合共拥有汇源66%的股份。汇源果汁2007年2月在香港上市，拥有汇源果汁在中国的全部业务。据媒体援引市场调研公司的数据，汇源果汁在中国纯果汁市场占有46%的市场份额，中浓度果汁也占

到39.8%的市场份额,是毫无争议的行业龙头,可口可乐旗下的果汁子品牌占有253%,位居第二。两者若合并,将占市场份额70%以上,将对统一等其他企业形成很大的竞争压力 2009年3月18日,商务部发布了公告,决定禁止可口可乐公司收购汇源果汁集团有限公司的交易。

问题:
(1) 可口可乐的收购行为涉及哪种垄断行为?
(2) 按照《反垄断法》的规定,可口可乐的收购行为应提交哪些资料?
(3) 反垄断调查机构在受理申报后该如何处理?

案例二:2012年5月10日,原告吴小秦前往陕西广电网络传媒(集团)股份有限公司(以下简称广电公司)缴纳数字电视基本收视维护费得知,该项费用由每月25元调至30元,吴小秦遂缴纳了3个月费用90元,其中数字电视基本收视维护费75元、数字电视节目费15元。之后,吴小秦获悉数字电视节目应由用户自由选择,自愿订购。吴小秦诉至法院,请求判令:确认被告2012年5月10日收取其数字电视节目费15元的行为无效,被告返还原告15元。

问题:
(1) 广电公司利用其市场支配地位将数字电视基本收视维护费和数字电视付费节目费一起收取的普遍做法是否合法?
(2) 广电公司是否侵犯了消费者的自主选择权以及知情权?
(3) 广电公司的销售行为能否认定为反垄断法所规制的没有正当理由的搭售?

第九章

产品质量法与消费者权益保护法

本章导读

  产品质量法是市场经济国家的一项重要法律制度。我国的产品质量法律制度已初步形成体系，在市场经济建设中发挥了重要作用。本章主要介绍产品质量法律制度中的基本问题，诸如产品的概念、产品质量监督管理、产品责任以及产品质量侵权后的损害赔偿等。通过本章学习，要求掌握产品质量监督管理制度的具体内容，理解并掌握产品生产者和销售者的产品质量责任和义务，明晰产品质量侵权的构成要件以及相关责任的法律规定。

  消费者权益保护主要介绍如何运用法律手段解决消费者权益保护的一般问题。通过本章的学习，要求了解消费者的基本概念、特征，我国消费者权益保护法的基本内容，掌握消费者权益的政府保护、社会保护法律制度，掌握消费者的权利、经营者义务，并能运用法律方式保护消费者权益。

第一节 产品质量法

一、产品质量法概述

（一）产品

  《产品质量法》所称的产品是指经过加工、制作，用于销售的产品。未经加工的天然形成的产品，如原矿、原煤、石油、天然气等；以及初级农产品，如农、林、牧、渔等产品，不适用本法规定。建设工程不属于产品的范畴。即建筑物、工程等不动产不适用本法规定。

（二）产品质量的概念

  产品质量是指产品满足需要的适用性、安全性、可用性、可靠性、维修性、经济性和环境等所具有的特征和特性的总和。不同的产品具有不同的特征和特性，其总和便构成了产品质量的内涵。

(三) 我国的产品质量法

1. 产品质量法的概念

狭义的产品质量法仅指第七届全国人大常委会第三十次会议于1993年2月22日通过,并于2018年12月29日第三次修订的《产品质量法》。广义的产品质量法包括所有的有关产品质量管理和产品质量责任内容的法律、法规。

2. 产品质量法的立法宗旨

产品质量法的立法宗旨包括以下几个方面。

(1) 加强国家对产品质量的监督管理,促使生产者、销售者保证产品质量。国家对产品质量采取必要的宏观管理和激励引导的措施,促使企业保证产品质量,并且通过加强对生产和流通领域的产品质量监督检查,建立运用市场公平竞争、优胜劣汰制约假冒伪劣产品的机制,维护社会经济秩序。

(2) 为了明确产品质量责任,严厉惩治生产、销售假冒伪劣产品的违法行为。

(3) 为了切实地保护用户、消费者的合法权益,完善我国的产品质量民事赔偿制度。"用户"是指将产品用于社会集团消费和生产消费的企业、事业单位,社会组织等。"消费者"是指将产品用于个人生活消费的公民。

(4) 为了遏制假冒伪劣产品的生产和流通,维护正常的社会经济秩序。

3. 产品质量法的调整对象

在我国境内从事产品生产、销售活动的公民、企业、事业单位、国家机关、社会组织以及个体工商业经营者等均必须遵守产品质量法。具体来说,产品质量法调整的法律关系包括以下三个方面。

(1) 产品质量监督管理关系,即各级技术质量监督部门、工商行政管理部门在产品质量的监督检查、行使行政惩罚权时与市场经营主体所发生的法律关系。

(2) 产品质量责任关系,即因产品质量问题引起的消费者与生产者、销售者之间的法律关系,包括因产品缺陷导致的人身、财产损害在生产者、销售者、消费者之间所产生的损害赔偿法律关系。

(3) 产品质量检验、认证关系,即因中介服务所产生的中介机构与市场经营主体之间的法律关系,因产品质量检验和认证不实损害消费者利益而产生的法律关系。

二、产品标准、产品质量与产品质量责任

(一) 产品标准和产品质量

1. 产品标准

产品标准是对产品所作的技术规定,是判断产品合格与否的主要依据。《产品质量法》规定,产品质量应当检验合格。产品质量合格是指产品的质量指标符合有关的标准和要求。作为合格产品,应当同时符合国家标准、行业标准和地方标准,不存在危及人身、财产安全的不合理的危险。

2. 产品质量

国际标准化组织(ISO)规定的产品质量的定义是,产品能满足规定的或者潜在需要

的特征和特性的总和。所谓总和，是指在标准中规定的产品的安全性、适用性、可靠性、维修性、有效性、经济性等质量指标。它反映、代表了产品的质量状况。根据产品标准进行检验，符合标准的即是合格产品，达到了质量要求。

（二）产品质量责任

产品质量责任是指产品的生产者、销售者违反《产品质量法》的规定，不履行法律规定的义务，应当依法承担的法律后果。在下列3种情况下，可判定上述主体应承担产品质量责任。

1. 违反明示担保义务

明示担保义务是指生产者、销售者通过标明采用的标准、产品标识、使用说明、实物样品等方式，对产品质量作出的明示承诺和保证。这些方式，如订立合同、体现于产品标识及说明书中、展示实物样品、作广告宣传等，一旦生产者、销售者以上述方式明确表示产品所依据和达到的质量标准，就产生了明示担保义务。如果产品质量不符合承诺的标准，必须承担相应的法律责任。

2. 违反默示担保义务

默示担保义务是指法律、法规对产品质量所作的强制性要求，即使当事人之间有合同约定，也不能够免除和限制这种义务。它要求生产和销售的产品应该具有安全性和普通公众期待的使用性能，因此是对产品质量的内在要求。违反该义务，无论是否造成消费者损失，均应当承担产品质量责任。

3. 产品存在缺陷

产品缺陷是指产品存在危及人身、财产安全的不合理的危险。合理的危险是不可避免的危险，不是产品缺陷，但要如实说明，如香烟一般都含有焦油，否则便无香味，包装上应明确注明"吸烟有害健康"。《产品质量法》不仅保留了安全性条款，还将产品标准条款引入产品缺陷领域，使产品缺陷认定在许多场合下变得更易行，也更有利于对消费者权益的保护。

案例聚焦 9-1

2006年1月12日，根据举报，浙江省质监局、杭州市质监局、拱墅区质监局三级质监部门联合行动，在拱墅区半山镇金星村一举查处了4个黑心棉加工作坊和一个无主仓库。这些加工作坊用霉烂的棉花和工业下脚料经过简单的开松工序后，用漂亮的外包装包就成了"精制棉胎"流向市场，现场查获棉被1 810条、内胎6 431条、枕头465个及黑心棉原料2吨。查获的黑心棉已依法予以销毁，黑心棉生产窝点已被依法取缔。

三、产品质量的监督

（一）产品质量监督体制

《产品质量法》规定了我国产品质量监督体制。国务院市场监督管理部门主管全国产品质量监督工作。国务院有关部门在各自的职责范围内负责产品质量监督工作。县级以上地方市场监督管理部门主管本行政区域内的产品质量监督工作。县级以上地方人民政府有关部门在各自的职责范围内负责产品质量监督工作。法律对产品质量的监督部门另有规定的，依照有关法律的规定执行。

（二）产品质量监督管理制度

1. 产品质量检验制度

根据《产品质量法》的规定，产品质量应当检验合格，不得以不合格产品冒充合格产品。可能危及人体健康和人身、财产安全的工业产品，必须符合保障人体健康和人身、财产安全的国家标准、行业标准；未制定国家标准、行业标准的，必须符合保障人体健康和人身、财产安全的要求。禁止生产、销售不符合保障人体健康和人身、财产安全的标准和要求的工业产品。具体管理办法由国务院规定。

2. 企业质量体系认证制度

国家根据国际通用的质量管理标准，推行企业质量体系认证制度。企业根据自愿原则可以向国务院市场监督管理部门认可的或者国务院市场监督管理部门授权的部门认可的认证机构申请企业质量体系认证。经认证合格的，由认证机构颁发企业质量体系认证证书。

3. 产品质量认证制度

国家参照国际先进的产品标准和技术要求，推行产品质量认证制度。企业根据自愿原则可以向国务院市场监督管理部门认可的或者国务院市场监督管理部门授权的部门认可的认证机构申请产品质量认证。经认证合格的，由认证机构颁发产品质量认证证书，准许企业在产品或者其包装上使用产品质量认证标志。

产品质量认证分为安全认证和合格认证。实行安全认证的产品，必须符合《产品质量法》和《标准化法》的有关规定；实行合格认证的产品，必须符合《标准化法》规定的国家标准或者行业标准的要求。

（三）产品质量监督检查制度

产品质量监督是指国家、消费者、社会对产品质量所做的检验、检查、评价等一系列活动的总称。产品质量监督可分为以下三种基本形式和途径。

1. 国家监督

（1）监督方式。国家对产品质量实行以抽查为主要方式的监督检查制度，对可能危及人体健康和人身、财产安全的产品，影响国计民生的重要工业产品以及消费者、有关组织反映有质量问题的产品进行抽查。抽查的样品应当在市场上或者企业成品仓库内的待销产品中随机抽取。监督抽查工作由国务院市场监督管理部门规划和组织。县级以上地方市场监督管理部门在本行政区域内也可以组织监督抽查。法律对产品质量的监督检查另有规定的，依照有关法律的规定执行。国家监督抽查的产品，地方不得另行重复抽查；上级监督抽查的产品，下级不得另行重复抽查。根据监督抽查的需要，可以对产品进行检验。检验抽取样品的数量不得超过检验的合理需要，并不得向被检查人收取检验费用。监督抽查所需检验费用按照国务院规定列支。生产者、销售者对抽查检验的结果有异议的，可以自收到检验结果之日起15日内向实施监督抽查的市场监督管理部门或者其上级市场监督管理部门申请复检，由受理复检的市场监督管理部门作出复检结论。

（2）监督结果。对依法进行的产品质量监督检查，生产者、销售者不得拒绝。依照《产品质量法》规定进行监督抽查的产品质量不合格的，由实施监督抽查的市场监督管理部门责令其生产者、销售者限期改正。逾期不改正的，由省级以上人民政府市场监督管理部门予以公告；公告后经复查仍不合格的，责令停业，限期整顿；整顿期满后经复查产品质量仍不合格的，吊销营业执照。监督抽查的产品有严重质量问题的，依照法律有关规定处罚。

（3）市场监督管理部门的职权。县级以上市场监督管理部门根据已经取得的违法嫌疑证据或者举报，对涉嫌违反本法规定的行为进行查处时，可以行使下列职权：①对当事人涉嫌从事违反本法的生产、销售活动的场所实施现场检查；②向当事人的法定代表人、主要负责人和其他有关人员调查、了解与涉嫌从事违反本法的生产、销售活动有关的情况；③查阅、复制当事人有关的合同、发票、账簿以及其他有关资料；④对有根据认为不符合保障人体健康和人身、财产安全的国家标准、行业标准的产品或者有其他严重质量问题的产品，以及直接用于生产、销售该项产品的原辅材料、包装物、生产工具，予以查封或者扣押。

2. 消费者监督

消费者有权就产品质量问题，向产品的生产者、销售者查询；向市场监督管理部门、工商行政管理部门及有关部门申诉，接受申诉的部门应当负责处理。

3. 社会监督

保护消费者权益的社会组织可以就消费者反映的产品质量问题建议有关部门负责处理，支持消费者对因产品质量造成的损害向人民法院起诉。

四、生产者、销售者的产品质量义务

（一）生产者产品质量义务

生产者应当对其生产的产品质量负责。

1. 产品质量

（1）不存在危及人身、财产安全的不合理的危险，有保障人体健康和人身、财产安全的国家标准、行业标准的，应当符合该标准。要求生产者不得生产"缺陷"产品。缺陷产品是具有"不合理危险"或不符合保障安全的国家标准、行业标准的产品。

（2）具备产品应当具备的使用性能，但是，对产品存在使用性能的瑕疵作出说明的除外。要求生产者应当尽合同义务、担保义务。保证产品使用性能，是最一般、最基本义务的要求。

（3）符合在产品或者其包装上注明采用的产品标准，符合以产品说明、实物样品等方式表明的质量状况。

2. 产品或者其包装上的标识

（1）有产品质量检验合格证明。

（2）有中文标明的产品名称、生产厂名称和厂址。

（3）根据产品的特点和使用要求，需要标明产品规格、等级、所含主要成分的名称和含量的，用中文相应予以标明；需要事先让消费者知晓的，应当在外包装上标明，或者预先向消费者提供有关资料。

（4）限期使用的产品，应当在显著位置清晰地标明生产日期和安全使用期或者失效日期。

(5) 使用不当，容易造成产品本身损坏或者可能危及人身、财产安全的产品，应当有警示标志或者中文警示说明。

裸装的食品和其他根据产品的特点难以附加标识的裸装产品，可以不附加产品标识。

3. 特殊产品包装

易碎、易燃、易爆、有毒、有腐蚀性、有放射性等危险物品以及储运中不能倒置和其他有特殊要求的产品，其包装质量必须符合相应要求，依照国家有关规定作出警示标志或者中文警示说明，标明储运注意事项。

4. 禁止性规定

生产者不得生产国家明令淘汰的产品。生产者不得伪造产地，不得伪造或者冒用他人的厂名、厂址。生产者不得伪造或者冒用认证标志等质量标志。生产者不得掺杂、掺假，不得以假充真、以次充好，不得以不合格产品冒充合格产品。

(二) 销售者产品质量义务

销售者对于产品的质量应当履行下列责任和义务。

1. 进货验收义务

销售者应当执行进货检查验收制度，验明产品的合格证明和其他标识。进货检查验收既是产品销售者应当严格执行的一项制度，也是销售者必须履行的法定义务，严格执行这项制度可以保证销售产品的质量，防止伪劣产品流入市场，也便于在发生纠纷时分清责任。产品销售者在执行进货检查验收时，主要应当查明该产品是否有产品的批准生产文号、合格证明、生产日期、保质期等，对于属于名优产品的，还需要查明该名优产品的标识是否真实，是否属于假冒伪劣产品。

2. 保持产品质量义务

销售者应当采取措施，保证销售产品的质量。产品的销售者应当根据产品的自身特点，采取相应的保护措施，如保湿、冷藏等措施，保证产品自验收入货时起至售出止，其品质不产生根本性的变化。销售者不得销售失效、变质的产品。所谓"失效"，是指产品已经失去了原有的效力或者功能。"变质"是指产品已经发生根本性的物理或化学变化，已经失去了原有的使用价值。失效、变质的产品由于其本身已经产生了本质性的变化，失去了原有的效力和使用价值，将此类产品销售到消费者手中必将危害消费者的人身及财产安全，因此《产品质量法》第53条明确规定，销售失效、变质产品的，责令停止销售，没收违法销售的产品，并处违法销售产品货值金额两倍以下的罚款；有违法所得的，并处没收违法所得；情节严重的，吊销营业执照。

3. 有关产品标志的义务

销售者在销售产品时，应保证产品标志符合《产品质量法》（第27条的规定）对产品标志的要求。

4. 不得违反禁止性规定

(1) 销售者不得销售国家明令淘汰并禁止销售的产品和失效、变质的产品。

(2) 销售者不得伪造产地，不得伪造或者冒用他人的厂名、厂址。

(3) 销售者不得伪造或者冒用认证标志等质量标志。

(4) 销售者生产产品，不得掺杂、掺假，不得以假充真、以次充好，不得以不合格产品冒充合格产品。

五、产品质量损害赔偿责任

(一) 产品质量责任制度的概念

产品质量责任是指生产者、销售者以及对产品质量有直接责任的责任者，因违反《产品质量法》所规定的产品质量义务所应承担的法律责任。产品质量责任制度既包括因产品缺陷而给消费者、使用者造成人身财产损失时，由生产者和销售者根据法律规定应承担的责任，也包括违反标准化法、计量法以及规范产品质量的其他法规应当承担的责任。

(二) 产品质量民事责任

产品质量民事责任是指违反产品质量义务所应当承担的民事法律后的主要方式。当生产者和销售者违法提供瑕疵产品或者存在缺陷的产品时，造成使用者和消费者损害的应当依法予以补偿。

1. 产品缺陷

产品缺陷是指产品存在危及人身、他人财产安全的、不合理的危险，产品不符合保障人体健康，人身、财产安全的国家标准、行业标准。根据产生原因的不同，产品缺陷分为设计缺陷、未事先通知缺陷和其他产品缺陷。

2. 生产者和销售者的损害赔偿责任

(1) 生产者的损害赔偿责任。根据《产品质量法》的规定，因产品存在缺陷造成人身、缺陷产品以外的其他财产（简称他人财产）损害的，生产者应当承担赔偿责任。生产者承担责任的条件是：产品存在缺陷；造成人身、缺陷产品以外的其他财产损害；产品自身的缺陷与损害之间存在因果关系。

《产品质量法》还规定，生产者能够证明下列情形之一的，不承担赔偿责任：未将产品投入流通的；产品投入流通时，引起损害的缺陷尚未存在的；将产品投入流通时的科学技术水平尚不能发现缺陷的存在的。

生产者因其产品缺陷承担损害赔偿责任不需要过失或过错证明，所以其所承担的是严格责任或无过错责任。产品质量责任采用由生产者负责举证的原则，这在很大程度上保护了现代社会弱小的消费者的合法权益。

(2) 销售者的损害赔偿责任。销售者的损害赔偿责任包括销售者的产品瑕疵责任和销售者的产品缺陷责任。销售者的产品瑕疵责任主要体现在《产品质量法》中，售出的产品有下列情形之一的，销售者应当负责修理、更换、退货；给购买产品的消费者造成损失的，销售者应当赔偿损失：①不具备产品应当具备的使用性能而事先未作说明的；②不符合在产品或者其包装上注明采用的产品标准的；③不符合以产品说明、实物样品等方式表明的质量状况的。销售者的产品缺陷责任主要体现在《产品质量法》中，由于销售者的过错使产品存在缺陷，造成人身、他人财产损害的，销售者应当承担赔偿责任；销售者不能指明缺陷产品的生产者，也不能指明缺陷产品的供货者的，销售者应当承担赔偿责任。

(3) 生产者与销售者之间的责任关系。《产品质量法》规定，因产品存在缺陷造成人身、他人财产损害的，受害人可以向产品的生产者要求赔偿，也可以向产品的销售者要求赔偿。属于产品生产者的责任，产品销售者赔偿的，产品销售者有权向产品生产者追偿。属于产品销售者的责任，产品生产者赔偿的，产品生产者有权向产品销售者追偿。

3. 损害赔偿的范围

(1) 人身损害赔偿范围。人身损害赔偿分为3种情况：第一，产品缺陷造成受害人人身伤害的，赔偿范围包括赔偿医疗费、治疗期的护理费、因误工减少的收入等费用。第二，致人残疾伤害的，赔偿范围包括支付医疗费、治疗期间的护理费、因误工减少的收入和残疾者生活自助具费、生活补助费、残疾赔偿金以及由其扶养的人所必需的生活费等费用。第三，致人死亡伤害的，赔偿范围除包括赔偿死亡人员在治疗、抢救过程中所支付的医疗费、因误工减少的收入、残疾者生活补助费等费用外，还应当支付丧葬费、死亡赔偿金、死者生前扶养的人所必需的生活费等费用。

(2) 财产损害赔偿范围。财产损害是指侵害人因产品缺陷给受害人财产权益造成的损害。《产品质量法》规定因产品缺陷造成受害人财产损害的，侵害人应当恢复原状或者折价赔偿。受害人因此遭受其他重大损害的，侵害人应当赔偿损失。

案例聚焦 9-2

自2012年春天以来，薛某伙同其妻焦某从张某（另案处理）处购进"风湿通胶囊"假药后对外销售牟利，销售金额14 000余元。2013年6月14日，A市公安局民警会同A市食品药品监督管理局工作人员在A市大信镇金家村薛如水经营的同方药店内当场查扣"风湿通胶囊"108盒。

法院最终以销售假药罪，分别判处被告人薛某和焦某有期徒刑1年6个月，并处罚金人民币1.5万元和有期徒刑6个月，缓刑1年，并处罚金人民币1万元的刑罚。

4. 产品责任时效

《产品质量法》明确规定，因产品存在缺陷造成损害要求赔偿的诉讼时效期间为2年，自当事人知道或者应当知道其权益受到损害时起计算。这样规定主要是因为产品缺陷致人损害有其特殊性，许多缺陷产品造成的损害很难立即发现，可能有一个潜伏期。此规定可以使受害人有较长时间观察自己受害的程度和危害后果，有充分的时间准备诉讼。

(三) 产品质量的行政责任

产品质量的行政责任是指产品的生产者、销售者因违反产品质量监督、管理的法律法规而应承担的法律后果。《产品质量法》规定，生产者、销售者有下述行为之一的，应承担行政责任：①生产、销售不符合保障人体健康和人身、财产安全的国家标准、行业标准的产品的；②在产品中掺杂、掺假，以假充真，以次充好，或者以不合格产品冒充合格产品的；③生产、销售国家明令淘汰的产品的；④伪造产地，伪造、冒用他人厂名、厂址，伪造、冒用认证标志等质量标志的；⑤产品标识不符合《产品质量法》的有关规定的。生产者、销售者的产品质量行政责任的形式主要有：责令停止生产；责令停止销售；没收违法生产或销售的产品；没收违法所得；责令公开更正；吊销营业执照等。

（四）产品质量刑事责任

1. 生产者、销售者的刑事责任条款

《产品质量法》第49条、第50条、第52条、第61条规定了生产者、销售者的刑事责任。

2. 国家工作人员的刑事责任

《产品质量法》第65条、第68条规定了国家工作人员的刑事责任。

3. 其他刑事责任

《产品质量法》第69条规定，以暴力、威胁方法阻碍市场监督管理部门或者工商行政管理部门的工作人员依法执行公务的，依法追究刑事责任。

案例聚焦 9-3

"SAMSUNG"是三星电子株式会社在中国注册的商标，有效期至2021年7月27日。三星（中国）投资有限公司是三星电子株式会社在中国投资设立，并经三星电子株式会社特别授权负责三星电子株式会社名下商标、专利、著作权等知识产权管理和法律事务的公司。2013年11月，被告人郭明升通过网络中介购买店主为"汪亮"，账号为play2011—1985的淘宝店铺，并改名为"三星数码专柜"，在未经三星（中国）投资有限公司授权许可的情况下，从深圳市华强北远望数码城、深圳福田区通天地手机市场批发假冒的三星8552手机裸机及配件进行组装，并通过"三星数码专柜"在淘宝网上以"正品行货"进行宣传、销售。被告人郭明锋负责该网店的客服工作及客服人员的管理，被告人孙淑标负责假冒的三星8552手机裸机及配件的进货、包装及联系快递公司发货。至2014年6月，该网店共组装、销售假冒三星8552手机2000余部，非法经营额2000余万元，非法获利200余万元。

江苏省宿迁市中级人民法院于2015年9月8日作出刑事判决：被告人郭明升犯假冒注册商标罪，判处有期徒刑5年，并处罚金人民币160万元；被告人孙淑标犯假冒注册商标罪，判处有期徒刑3年，缓刑5年，并处罚金人民币20万元；被告人郭明锋犯假冒注册商标罪，判处有期徒刑3年，缓刑4年，并处罚金人民币20万元。宣判后，3名被告人均没有提出上诉，该判决已经生效。

第二节　消费者权益保护法

一、消费者权益保护法概述

（一）消费者的概念和特征

1. 消费者的概念

从法律意义上讲，消费者应该是为个人的目的购买或使用商品和接受服务的社会成员。《消费者权益保护法》规定："消费者为生活消费需要购买、使用商品或者接受服务，其权益受本法保护；本法未作规定的，受其他有关法律、法规保护。"由此可见，消费者是指为满足生活消费需要购买、使用商品或者接受服务的社会成员。

2. 消费者的特征

我国消费者的法律特征主要体现在以下几个方面。

(1) 消费者的消费性质属于生活消费

生活消费包括商品的消费和服务的消费。近年来出现了汽车、旅游消费是否属于奢侈消费，而不属于生活必需消费行为，其权益是否不受《消费者权益保护法》保护的争议。中消协看法：生活消费品并不等于生活必需品，汽车、珠宝、首饰和出巨资购买的住房等物品，都属《消费者权益保护法》调整和保护范畴。

案例聚焦 9-4

杭州中升之星奔驰"退一赔三"赔偿 270 万元。

2017 年 3 月，王女士花 67 万元买的进口奔驰车 CLS 轿车，到车管所竟然无法上牌，原来奔驰 4S 店私自更换了配置，轮胎和轮毂都被换成小一号，而且轮胎也不是新的。车主王女士要求 4S 店将轮子重新换回原厂件，并赔偿 5 万元，4S 店并不同意。因协商无果，车主决定起诉 4S 店，要求退一赔三。一审法院根据相关规定，判决支持车主退一赔三的诉讼请求，也就是退还购车款 65.8 万元及服务费 1.4 万元，另外再赔偿三倍购车款 197.4 万元，车主缴纳的保险等服务费也一同赔偿。4S 店不服提起上诉。法院二审判决结果支持退一赔三处理，驳回上诉，维持原判。

(2) 消费者的消费客体是商品和服务

商品是指与生活消费有关的并通过流通过程推出的那部分商品，不管其是否经过加工制作，也不管其是否为动产或不动产。服务是指与生活消费有关的有偿提供的可供消费者利用的任何种类的服务。

(3) 消费者的消费方式包括购买、使用（商品）和接受（服务）

关于商品的消费，即购买和使用商品，既包括消费者购买商品用于自身的消费，也包括购买商品供他人使用或使用他人购买的商品。关于服务的消费，不仅包括自己付费自己接受服务，而且也包括他人付费自己接受服务。不论是商品的消费还是服务的消费，只要其有偿获得的商品和接受的服务是用于生活消费，就属于消费者。

(4) 消费者的主体是公民个人

生活消费主要是公民个人（含家庭）的消费，而且对公民个人的生活消费是保护的重点。但是，生活消费还包括单位的生活消费，因为在一般情况下，单位购买生活资料最后都是由个人使用，有些单位还为个人进行生活消费而购买商品和接受服务，这种情况，可提起集团诉讼。

案例聚焦 9-5

"知假买假"是消费者吗？
——孙银山诉南京欧尚超市江宁店买卖合同纠纷案
（最高人民法院第 23 号指导案例）

消费者购买到不符合食品安全标准的食品，要求销售者或者生产者依照食品安全法规定支付价款十倍赔偿金或者依照法律规定的其他赔偿标准赔偿的，不论其购买时是否明知食品不符合安全标准，人民法院都应予支持。

2012年5月1日，原告孙银山在被告南京欧尚超市江宁店购买"玉兔牌"香肠15包，其中价值558.6元的14包香肠已过保质期。孙银山到收银台结账后，即径直到服务台索赔，后因协商未果诉至法院，要求欧尚超市江宁店支付14包香肠售价十倍的赔偿金5 586元。

江苏省南京市江宁区人民法院于2012年9月10日作出（2012）江宁开民初字第646号民事判决：被告欧尚超市江宁店于判决发生法律效力之日起10日内赔偿原告孙银山5 586元。宣判后，双方当事人均未上诉，判决已发生法律效力。

法院生效裁判认为：关于原告孙银山是否属于消费者的问题。《中华人民共和国消费者权益保护法》第2条规定："消费者为生活消费需要购买、使用商品或者接受服务，其权益受本法保护；本法未作规定的，受其他有关法律、法规保护。"消费者是相对于销售者和生产者的概念。只要在市场交易中购买、使用商品或者接受服务是为了个人、家庭生活需要，而不是为了生产经营活动或者职业活动需要的，就应当认定为"为生活消费需要"的消费者，属于消费者权益保护法调整的范围。本案中，原、被告双方对孙银山从欧尚超市江宁店购买香肠这一事实不持异议，据此可以认定孙银山实施了购买商品的行为，且孙银山并未将所购香肠用于再次销售经营，欧尚超市江宁店也未提供证据证明其购买商品是为了生产经营。孙银山因购买到超过保质期的食品而索赔，属于行使法定权利。因此欧尚超市江宁店认为孙银山"买假索赔"不是消费者的抗辩理由不能成立。

关于被告欧尚超市江宁店是否属于销售明知是不符合食品安全标准食品的问题。《食品安全法》第2条规定："食品生产经营者应当依照法律、法规和食品安全标准从事生产经营活动，对社会和公众负责，保证食品安全，接受社会监督，承担社会责任。"该法第28条第（8）项规定，超过保质期的食品属于禁止生产经营的食品。食品销售者负有保证食品安全的法定义务，应当对不符合安全标准的食品自行及时清理。欧尚超市江宁店作为食品销售者，应当按照保障食品安全的要求储存食品，及时检查待售食品，清理超过保质期的食品，但欧尚超市江宁店仍然摆放并销售货架上超过保质期的"玉兔牌"香肠，未履行法定义务，可以认定为销售明知是不符合食品安全标准的食品。

关于欧尚超市江宁店的责任承担问题。《食品安全法》第96条第2款规定："生产不符合食品安全标准的食品或者销售明知是不符合食品安全标准的食品，消费者除要求赔偿损失外，还可以向生产者或者销售者要求支付价款十倍的赔偿金。"本案中，孙银山仅要求欧尚超市江宁店支付售价十倍的赔偿金，属于当事人自行处分权利的行为，应予支持。关于被告欧尚超市江宁店提出原告明知食品过期而购买，希望利用其错误谋求利益，不应予以十倍赔偿的主张，因前述法律规定消费者有权获得支付价款十倍的赔偿金，因该赔偿获得的利益属于法律应当保护的利益，且法律并未对消费者的主观购物动机作出限制性规定，故对其该项主张不予支持。

资料来源：人民法院网。

（二）消费者权益保护法的概念与立法宗旨

1. 消费者权益保护法的概念

广义的消费者权益保护法是调整在保护公民消费权益过程中所产生的社会关系的法律

规范的总称。狭义的消费者权益保护法一般是指《中华人民共和国消费者权益保护法》，该法于1993年10月31日颁布、1994年1月1日起施行、2009年8月27日第一次修订、2013年10月25日第二次修订、2014年3月15日起施行。

2. 消费者权益保护法的立法宗旨

消费者权益保护法的立法宗旨有以下几个方面。

（1）保护消费者的合法权益。通过《消费者权益保护法》的颁布，明确了消费者的权利，确立和加强了保护消费者权益的法律基础，弥补了原有法律、法规在保障消费者权益方面调整作用不全的缺陷。我国现有法律、法规中有不少内容涉及保护消费者权益，如民法典、产品质量法、食品卫生法等，但是对于因提供和接受服务而发生的消费者权益受损害的问题，只在《消费者权益保护法》中作出了全面而明确的规定。

（2）维护社会经济秩序。《消费者权益保护法》通过规范经营者应对维护消费者权益承担何种义务，特别是着重规范经营者与消费者的交易行为，即必须遵循自愿、平等、公平、诚实信用的原则，从而也对社会经济秩序产生重要的维护作用。

（3）促进社会主义市场经济健康发展。保护消费者权益不是消费者个人之事，当代社会的生产和消费的关系密不可分，结构合理、健康发展的消费无疑会促进生产的均衡发展。没有消费，也就没有市场。保护消费者权益成为贯彻消费政策的重要内容，因此有利于社会主义市场经济的健康发展。

3. 消费者权益保护法的适用范围

（1）消费者在购买、使用商品和接受服务的过程中，受本法的保护。这是从消费法律关系主体的一方消费者的角度来讲的。

（2）经营者为消费者提供其生产销售商品或提供服务，应遵守本法。这是从经营者的角度来讲的。

（3）农民购买、使用直接用于农业生产的生产资料参照本法执行，即消费者权益保护法也调整一部分因生产消费而产生的社会关系，但限定的范围有限，首先主体必须是农民，只有购买、使用，直接用于农业生产的生产资料而产生的社会关系。比如说农民购买食用种子、农机、化肥、农膜，这些直接用于农业生产，才适用于消费者权益保护法。

二、消费者的权利

消费者的权利是指消费者在消费领域中所具有的权利，即在法律的保障下，消费者有权作出一定的行为或者要求他人作出一定的行为，也可有权不作出一定行为或者要求他人不作出一定行为。它是消费者利益在法律上的体现。《消费者权益保护法》第二章对消费者的权利作了明确规定，具体包括以下九个方面的内容。

（一）安全保障权

安全保障权是消费者最重要、最基本的权利。安全保障权是指消费者购买、使用商品和接受服务时，享有人身、财产安全不受损害的权利。由于消费者取得产品和服务是用于生活消费，所以产品和服务必须绝对安全、可靠，必须绝对保证产品和服务不会损害消费者的生活与健康。消费者依法有权要求经营者在提供商品或服务时，必须满足保障人身、财产安全的基本要求。安全保障权包括人身安全权和财产安全权两项内容。

（二）知悉真情权

知悉真情权又称知情权，是指消费者享有知悉其购买、使用商品或接受服务的真实情况的权利。知情权是消费者正确选择商品或服务以及正确加以使用的前提。消费者有权根据商品或者服务的不同情况，要求经营者提供商品的价格、产地、生产者、用途、性能、规格、等级、主要成分、生产日期、有效期限、检验合格证明、使用方法说明书、售后服务，或者服务的内容、规格、费用等有关情况。

（三）自主选择权

自主选择权是指消费者享有的自主选择商品或者服务的权利。消费者有权自主选择提供商品或者服务的经营者，自主选择商品品种或者服务方式，自主决定购买或者不购买任何一种商品、接受或者不接受任何一项服务。消费者在自主选择商品或者服务时，有权进行比较、鉴别和挑选。

案例思考 9-1

北京的刘某约昔日同窗去酒店吃饭，点菜后，服务员说这些菜共 425 元，尚不够该店自定的 600 元的最低消费标准。尽管已点的菜肴足够一桌人吃了，刘某还是不得不又加了几道菜，凑足 600 元。饭毕，菜剩了许多，只好打包。

【问题】到底限定消费者最低消费对不对呢？

【分析】限定最低消费是错误的。《消费者权益保护法》第 7 条规定消费者有权利选择是否消费、在哪儿消费以及消费多少，"最低消费"强制消费者消费是与之相悖的，损害了消费者的自主选择权。经营者与消费者进行交易，应当遵循自愿、平等、公平、诚信的原则，消费自愿是根本，"最低消费"违反了这一原则。随着生活方式多样化，先前以公款为主的聚餐正逐渐减少，而私人聚餐一般讲求的是气氛和口味，而非就餐规模和排场，最低消费在量上的硬性规定与消费者的实际需求很难协调。餐饮业的毛利根据酒店级别可在 45%～60%，级别越高毛利越大。而定级时有关部门已将酒店规模、就餐环境的软硬件标准、饭菜质量乃至停车条件等综合计算进去，所谓"环境和服务"加价已分散到饭菜价格中了。因此取消"最低消费"是对的，如果商家要强制消费者消费，就带有欺诈行为，可按《消费者权益保护法》第 49 条进行处理。

（四）公平交易权

公平交易权是指消费者在与经营者交易中享有获得公平待遇的权利。消费者享有公平交易的权利。消费者在购买商品或者接受服务时，有权获得质量保障、价格合理、计量正确等公平交易条件，有权拒绝经营者的强制交易行为。

案例思考 9-2

2002 年 4 月 8 日，上海市光明律师事务所的吴卫明来到花旗银行上海浦西分行，准备将 800 美元存入该行，但工作人员说凡是存款总额低于 5 000 美元的客户，每月需交纳 6 美元或者 50 元人民币的理财服务费。吴认为其做法是对小储户的歧视，也是法律所不允许的限制消费行为。据此向浦东新区人民法院状告花旗银行，要求法院判令花旗银行赔礼道歉,并赔偿34元路费损失。

【问题】花旗银行的做法有无违反《消费者权益保护法》之处?

【分析】花旗银行的做法并无明显违反《消费者权益保护法》之处,因为它首先没有拒绝提供服务,其次其所执行之服务规则乃其国际通行规则,而并没有将我国公民加以区别对待,第三没有侵犯消费者的自由选择,公平交易等权利。花旗银行收取服务费,对客户区别对待,是其营销策略的反映,与歧视无关。无论金融企业还是一般工商企业,都有一个所谓"市场定位"问题,即根据特定的发展理念、发展目标和思路,选择、培育自己的客户群体。花旗银行向存款5 000美元以下的客户收取服务费,其意图也是如此。假如银行觉得一个100美元存款户带来的收益不抵该客户使用银行资源的成本,当然有理由收取合理费用。

案例思考9-3

《中国旅游饭店行业规范》规定:"饭店可以谢绝客人自带酒水和食品进入餐厅、酒吧、舞厅等场所享用,但应当将谢绝的告示设置于有关场所的显著位置以上。"

【问题】《中国旅游饭店行业规范》的内容有无侵犯消费者自由选择,公平交易等权利?

【分析】《中国旅游饭店行业规范》的内容侵犯了消费者自由选择,公平交易等权利。

《消费者权益保护法》两条规定了消费者"自主选择商品或者服务的权利"和"公平交易的权利"。消费者进入酒店消费,饭菜和酒水是两个完全不同的消费项目,当其选定其中的一项进行消费,也完全有权利选择自带酒水消费。酒店以告示的形式排除了消费者的自主选择权。

至于消费者公平交易权的被排除更显而易见,当消费者在酒店中需要消费酒水时,按酒店的规定只能从酒店购买,交易是必然的。可是这种交易并不公平。现在酒店中酒水的价格比市场上至少高出50%、1倍甚至几倍。如果酒店强行卖给消费者酒水就是一种强制交易行为,就会侵犯了消费者的公平交易权。"禁止自带酒水"作为行规,目的保护酒店行业在酒水销售上的暴利,成为行业不良行为的保护伞。

(五) 依法求偿权

依法求偿权即损害赔偿权,是指消费者在因购买、使用商品或者接受服务受到人身、财产损害时,依法享有的要求获得赔偿的权利。有权获得赔偿的主体,除了商品的购买者、使用者、接受服务者,还包括受损害的第三人。第三人是除商品的购买者、使用者和服务的接受者之外的,因为偶然原因而在事故现场受到损害的其他人。

(六) 依法结社权

依法结社权是指消费者享有的依法成立或参加维护自身合法权益的社会组织的权利。目前,我国的消费者社会团体主要是消费者协会和其他消费者组织。

(七) 获得知识权

获得知识权也称受教育权,是指消费者享有的获得有关消费和消费者权益保护方面的知识的权利。消费者享有获得有关消费和消费者权益保护方面的知识的权利。消费者应当努力掌握所需商品或者服务的知识和使用技能，正确使用商品，提高自我保护意识。

（八）受尊重和个人信息受保护权

消费者在购买、使用商品和接受服务时，享有人格尊严、民族风俗习惯得到尊重的权利，享有个人信息依法得到保护的权利。

（九）监督批评权

监督批评权是指消费者享有的对商品和服务以及保护消费者权益工作进行监督的权利。消费者有权检举、控告侵害消费者权益的行为和国家机关及其工作人员在保护消费者权益工作中的违法失职行为，有权对保护消费者权益工作提出批评、建议。

三、经营者的义务

在消费法律关系中，经营者的义务是与消费者的权利相对应的，消费者所享有的权利一般就是经营者应承担的义务。《消费者权益保护法》对经营者的义务作出了如下规定。

（一）依法定或约定履行义务

经营者向消费者提供商品或者服务，应当依照《消费者权益保护法》和其他有关法律、法规的规定履行义务。经营者和消费者有约定的，应当按照约定履行义务，但双方的约定不得违背法律、法规的规定。经营者向消费者提供商品或者服务，应当恪守社会公德，诚信经营，保障消费者的合法权益；不得设定不公平、不合理的交易条件，不得强制交易。

（二）听取意见和接受监督的义务

经营者应当听取消费者对其提供的商品或者服务的意见，接受消费者的监督。

（三）保障人身和财产安全的义务

经营者应当保证其提供的商品或者服务符合保障人身、财产安全的要求。对可能危及人身、财产安全的商品和服务，应当向消费者作出真实的说明和明确的警示，并说明和标明正确使用商品或者接受服务的方法以及防止危害发生的方法。宾馆、商场、餐馆、银行、机场、车站、港口、影剧院等经营场所的经营者，应当对消费者尽到安全保障义务。

经营者发现其提供的商品或者服务存在缺陷，有危及人身、财产安全危险的，应当立即向有关行政部门报告和告知消费者，并采取停止销售、警示、召回、无害化处理、销毁、停止生产或者服务等措施。采取召回措施的，经营者应当承担消费者因商品被召回支出的必要费用。

（四）提供真实信息的义务

经营者向消费者提供有关商品或者服务的质量、性能、用途、有效期限等信息，应当真实、全面，不得作虚假或者引人误解的宣传。经营者对消费者就其提供的商品或者服务的质量和使用方法等问题提出的询问，应当作出真实、明确的答复。经营者提供商品或者服务应当明码标价。经营者应当标明其真实名称和标记。租赁他人柜台或者场地的经营者，应当标明其真实名称和标记。

(五) 出具购货凭证或服务单据的义务

经营者提供商品或者服务，应当按照国家有关规定或者商业惯例向消费者出具发票等购货凭证或者服务单据；消费者索要发票等购货凭证或者服务单据的，经营者必须出具。

购货凭证是指消费者向经营者购买商品后从经营者处获得的发票或其他购物单据。服务单据是指消费者接受服务后从经营者处获得的发票或者其他书面凭据。发票、购货凭证、信誉卡、服务单据、价格单、保修单等都是购货凭证与服务单据的具体表现形式。购货凭证和服务单据的基本表现形式是发票。发票是财务收支的法定凭证，是会计核算的原始凭据，同时也是税务稽查的重要依据。购货凭证和服务单据是消费者与经营者进行交易活动的基本依据，具有重要的证据学意义。

案例思考 9-4

2004 年 9 月 16 日，郝劲松乘坐了北京开往上海的 T109 次列车，在列车餐车用餐，消费 100 元，当郝劲松付款后索要发票时，被告知："火车上哪有什么发票，我们只有列车段自己印制的收据。"郝劲松问："你给我的不是税务部门监制的正规发票，铁路系统自己印的收据和白条有什么区别？"收款员回答："我们根本就没有发票。全中国的列车上都没有发票，只有收据。"

【问题】火车上售货没有发票是否属于偷税漏税？有无违反法律规定？

【分析】火车上售货没有发票，就说明这一经营行为没有纳入税收征收监管范围，偷逃税款的可能性极大。而且这种行为侵犯了消费者的合法权益。《中华人民共和国发票管理办法》第 20 条规定，销售商品，提供服务以及从事其他经营活动的单位和个人，对外发生经营业务，收取款项，收款方应当向付款方开具发票。

2005 年 4 月 5 日，北京铁路运输中级人民法院终审判决驳回了郝劲松状告北京铁路局索要 100 元发票的诉讼请求。虽然法院驳回请求，不过，在他起诉火车购物无发票后，铁道部已向全国各铁路局发出通知，要求铁路车站和旅客列车开展餐饮或出售商品等经营活动时必须为旅客提供发票。旅客消费后需要发票时，餐饮和售货人员必须及时提供，不得推诿拒绝。

(六) 提供符合要求的商品和服务的义务

经营者应当保证在正常使用商品或者接受服务的情况下其提供的商品或者服务应当具有的质量、性能、用途和有效期限；但消费者在购买该商品或者接受该服务前已经知道其存在瑕疵，且存在该瑕疵不违反法律强制性规定的除外。

因为消费者在明知有瑕疵的情况下仍然愿意购买商品或者接受服务，表明消费者愿意承担由此产生的风险，经营者就不再承担品质担保的义务。需要说明的是，经营者除必须向消费者明示瑕疵外，还应当保证商品或者服务的瑕疵不影响其主要功能和用途，不会危及人身健康和安全。对于不符合保障人身健康和安全标准的商品或者服务，即使经营者明示其缺陷也不能出售。例如，已过保质期的食品，即使经营者明示而且打折出售也是法律所禁止的。

经营者以广告、产品说明、实物样品或者其他方式表明商品或者服务的质量状况的，应当保证其提供的商品或者服务的实际质量与表明的质量状况相符。经营者提供的机动车、计算机、电视机、电冰箱、空调器、洗衣机等耐用商品或者装饰装修等服务，消费者自接受商品或者服务之日起 6 个月内发现瑕疵，发生争议的，由经营者承担有关瑕疵的举证责任。

案例聚焦 9-6

张先生在某商场促销活动中购买了一台迷你小冰箱，使用两个月后，小冰箱内壁便出现了裂痕。张先生拿着发票找到商场，但商场认为小冰箱系张先生人为损坏，不同意帮张先生免费修理。张先生将商场告上了法庭，但最终因拿不出证据证明所购小冰箱存在质量问题而被判败诉。

"谁主张，谁举证"是我国《民事诉讼法》规定的一般证据规则。消费者要想证明某个商品是否存在瑕疵就必须拿出证据来，但因为不掌握相关技术等信息，消费者举证往往非常困难。《消费者权益保护法》第二次修订后，将消费者"拿证据维权"转换为经营者"自证清白"，实行举证责任倒置，破解了消费者的举证难问题。根据修改后的《消费者权益保护法》，上述案例中，冰箱有无质量问题，应由商家来举证。值得注意的是，该"举证责任倒置"规则仅适用于机动车等耐用品和装饰装修等服务，且仅限于购买或者接受服务之日起 6 个月内，超过 6 个月后，不再适用。

（七）承担"三包"责任及其他责任的义务

所谓"三包"，是指包修、包换、包退。对某些商品实行"三包"，是经营者对提供的商品或者服务承担质量保证的一种方法。"三包"的基本内容是：经营者对于实行"三包"的商品，如果质量在一定期限内发生问题，便有免费修理、更换、退货的义务，经营者如果不履行此义务，则应承担相应的民事责任。《消费者权益保护法》第 24 条规定："经营者提供的商品或者服务不符合质量要求的，消费者可以依照国家规定、当事人约定退货，或者要求经营者履行更换、修理等义务。没有国家规定和当事人约定的，消费者可以自收到商品之日起七日内退货；七日后符合法定解除合同条件的，消费者可以及时退货，不符合法定解除合同条件的，可以要求经营者履行更换、修理等义务。依照前款规定进行退货、更换、修理的，经营者应当承担运输等必要费用。"

经营者采用网络、电视、电话、邮购等方式销售商品，消费者有权自收到商品之日起七日内退货，且无须说明理由，但下列商品除外：①消费者定做的；②鲜活易腐的；③在线下载或者消费者拆封的音像制品、计算机软件等数字化商品；④交付的报纸、期刊。除上述所列商品外，其他根据商品性质并经消费者在购买时确认不宜退货的商品，不适用无理由退货。消费者退货的商品应当完好。经营者应当自收到退回商品之日起七日内返还消费者支付的商品价款。退回商品的运费由消费者承担；经营者和消费者另有约定的，按照约定。

（八）不得从事不公平、不合理交易的义务

经营者在经营活动中使用格式条款的，应当以显著方式提请消费者注意商品或者服务的数量和质量、价款或者费用、履行期限和方式、安全注意事项和风险警示、售后服务、民事责任等与消费者有重大利害关系的内容，并按照消费者的要求予以说明。经营者不得以格式条款、通知、声明、店堂告示等方式，作出排除或者限制消费者权利、减轻或者免除经营者责任、加重消费者责任等对消费者不公平、不合理的规定，不得利用格式条款并借助技术手

段强制交易。格式条款、通知、声明、店堂告示等含有前款所列内容的,其内容无效。

(九) 不得侵犯消费者人身权的义务

经营者不得对消费者进行侮辱、诽谤,不得搜查消费者的身体及其携带的物品,不得侵犯消费者的人身自由。

(十) 保护消费者信息的义务

个人信息的泄露已经成为困扰消费者的一个难题。《消费者权益保护法》对此作出了专门规定。采用网络、电视、电话、邮购等方式提供商品或者服务的经营者,以及提供证券、保险、银行等金融服务的经营者,应当向消费者提供经营地址、联系方式、商品或者服务的数量和质量、价款或者费用、履行期限和方式、安全注意事项和风险警示、售后服务、民事责任等信息。

经营者收集、使用消费者个人信息,应当遵循合法、正当、必要的原则,明示收集、使用信息的目的、方式和范围,并经消费者同意。经营者收集、使用消费者个人信息,应当公开其收集、使用规则,不得违反法律、法规的规定和双方的约定收集、使用信息。经营者及其工作人员对收集的消费者个人信息必须严格保密,不得泄露、出售或者非法向他人提供。经营者应当采取技术措施和其他必要措施,确保信息安全,防止消费者个人信息泄露、丢失。在发生或者可能发生信息泄露、丢失的情况时,应当立即采取补救措施。经营者未经消费者同意或者请求,或者消费者明确表示拒绝的,不得向其发送商业性信息。

案例聚焦 9-7

2015 年 6 月,上海市工商局检查总队对某 P2P 金融理财公司(以下称 A 公司)非法收集、使用消费者个人信息行为立案调查。经查,自 2013 年 4 月起,A 公司在日常经营活动中,为拓展业务,发展客户,由公司理财经理(业务员)通过向银行、房产信托行业购买,与从业人员交换等途径收集大量消费者个人信息(内容包括姓名、家庭地址、固定电话、手机号等),电话联系消费者,推销 A 公司的 P2P 理财产品。A 公司收集、使用消费者个人信息的行为,未取得消费者同意。检查总队认定,A 公司自 2014 年 3 月 15 日新《消费者权益保护法》施行后继续实施上述行为,违反了《消费者权益保护法》第 29 条第 1 款"经营者收集、使用消费者个人信息,应当遵循合法、正当、必要的原则。明示收集、使用信缩放比例息,应尚遵循合法、正当、必要的原则,明示收集、使用信息的目的、方式和范围,并经消费者同意。经营者收集、使用消费者个人信息,应当公开其收集、使用规则,不得违反法律、法规的规定和双方的约定收集、使用信息"的规定依法对 A 公司作出行政处罚。

四、消费者权益的保护

(一) 国家对消费者合法权益的保护

国家在保护消费者合法权益过程中的职责如下。

(1) 国家制定有关消费者权益的法律、法规、规章和强制性标准,应当听取消费者和消费者协会等组织的意见。

(2) 各级人民政府应当加强领导,组织、协调、督促有关行政部门做好保护消费者合法权益的工作，落实保护消费者合法权益的职责。各级人民政府应当加强监督，预防危害消费者人身、财产安全行为的发生，及时制止危害消费者人身、财产安全的行为。

（3）各级人民政府工商行政管理部门和其他有关行政部门应当依照法律、法规的规定，在各自的职责范围内，采取措施，保护消费者的合法权益。有关行政部门应当听取消费者和消费者协会等组织对经营者交易行为、商品和服务质量问题的意见，及时调查处理。

（4）有关行政部门在各自的职责范围内，应当定期或者不定期对经营者提供的商品和服务进行抽查检验，并及时向社会公布抽查检验结果。有关行政部门发现并认定经营者提供的商品或者服务存在缺陷，有危及人身、财产安全危险的，应当立即责令经营者采取停止销售、警示、召回、无害化处理、销毁、停止生产或者服务等措施。

（5）有关国家机关应当依照法律、法规的规定，惩处经营者在提供商品和服务中侵害消费者合法权益的违法犯罪行为。

（6）人民法院应当采取措施，方便消费者提起诉讼。对符合起诉条件的消费者权益争议，必须受理，及时审理。

（二）消费者组织

1. 消费者组织的性质

消费者协会和其他消费者组织是依法成立的对商品和服务进行社会监督的保护消费者合法权益的社会组织。消费者组织在保护消费者合法权益过程中发挥着重要的作用。

2. 消费者协会的公益性职责

消费者协会的公益性职责包括：①向消费者提供消费信息和咨询服务，提高消费者维护自身合法权益的能力，引导文明、健康、节约资源和保护环境的消费方式；②参与制定有关消费者权益的法律、法规、规章和强制性标准；③参与有关行政部门对商品和服务的监督、检查；④就有关消费者合法权益的问题，向有关部门反映、查询、提出建议；⑤受理消费者的投诉，并对投诉事项进行调查、调解；⑥投诉事项涉及商品和服务质量问题的，可以委托具备资格的鉴定人鉴定，鉴定人应当告知鉴定意见；⑦就损害消费者合法权益的行为，支持受损害的消费者提起诉讼或者依照本法提起诉讼；⑧对损害消费者合法权益的行为，通过大众传播媒介予以揭露、批评。

案例聚焦 9-8

杜先生请朋友到某餐馆吃饭，结账时，发现餐馆多收了 24 元。经杜先生询问得知，这 24 元系杜先生和朋友就餐时使用的一次性餐具费用，所有顾客都收了，杜先生认为餐馆这种强制性消费违法，向当地消协投诉，但经调解后，消协也表示爱莫能助，让杜先生到法院起诉。为了 24 元钱到法院打官司太划不来了，于是杜先生只得作罢。

近几年来，我国不断出现侵犯消费者权益的群体性消费事件，对于消费纠纷数额较小的事件，相当多的消费者衡量维权成本后，出于各种原因不愿意维权。在诸如三鹿奶粉问题等群体性消费事件中，消费者往往势单力薄，举证困难，消费维权常常陷入尴尬境地。修改后的《消费者权益保护法》明确了消协的诉讼主体地位，对于群体性消费事件，消费者可以请求消协提起公益诉讼。上述案例中，根据修改后的《消费者权益保护法》，杜先生可以请求当地的消协提起公益诉讼。公益诉讼针对的是群体性消费事件，对于单一消费事件，消费者只能自行提起民事诉讼。

3. 消费者组织的经费保障及工作

各级人民政府对消费者协会履行职责应当予以必要的经费等支持。消费者协会应当认真履行保护消费者合法权益的职责，听取消费者的意见和建议，接受社会监督。依法成立的其他消费者组织依照法律、法规及其章程的规定，开展保护消费者合法权益的活动。消费者组织不得从事商品经营和营利性服务，不得以收取费用或者其他牟取利益的方式向消费者推荐商品和服务。

（三）消费争议的解决

1. 消费争议的解决途径

消费者和经营者发生消费者权益争议的，可以通过下列途径解决：①与经营者协商和解；②请求消费者协会或者依法成立的其他调解组织调解；③向有关行政部门投诉；④根据与经营者达成的仲裁协议提请仲裁机构仲裁；⑤向人民法院提起诉讼。

2. 消费争议的求偿主体及赔偿主体

为保证在发生消费争议时，能够准确确定责任承担者，我国《消费者权益保护法》就求偿主体以及最终赔偿主体的确定，作出了如下规定。

（1）消费者在购买、使用商品时，其合法权益受到损害的，可以向销售者要求赔偿。销售者赔偿后，属于生产者的责任或者属于向销售者提供商品的其他销售者的责任的，销售者有权向生产者或者其他销售者追偿。

消费者或者其他受害人因商品缺陷造成人身、财产损害的，可以向销售者要求赔偿，也可以向生产者要求赔偿。属于生产者责任的，销售者赔偿后，有权向生产者追偿。属于销售者责任的，生产者赔偿后，有权向销售者追偿。消费者在接受服务时，其合法权益受到损害的，可以向服务者要求赔偿。

（2）消费者在购买、使用商品或者接受服务时，其合法权益受到损害，因原企业分立、合并的，可以向变更后承受其权利义务的企业要求赔偿。

（3）使用他人营业执照的违法经营者提供商品或者服务，损害消费者合法权益的，消费者可以向其要求赔偿，也可以向营业执照的持有人要求赔偿。

（4）消费者在展销会、租赁柜台购买商品或者接受服务，其合法权益受到损害的，可以向销售者或者服务者要求赔偿。展销会结束或者柜台租赁期满后，也可以向展销会的举办者、柜台的出租者要求赔偿。展销会的举办者、柜台的出租者赔偿后，有权向销售者或者服务者追偿。

（5）消费者通过网络交易平台购买商品或者接受服务，其合法权益受到损害的，可以向销售者或者服务者要求赔偿。网络交易平台提供者不能提供销售者或者服务者的真实名称、地址和有效联系方式的，消费者也可以向网络交易平台提供者要求赔偿；网络交易平台提供者作出更有利于消费者的承诺的，应当履行承诺。网络交易平台提供者赔偿后，有权向销售者或者服务者追偿。

网络交易平台提供者明知或者应知销售者或者服务者利用其平台侵害消费者合法权益，未采取必要措施的，依法与该销售者或者服务者承担连带责任。

（6）消费者因经营者利用虚假广告或者其他虚假宣传方式提供商品或者服务，其合法权益受到损害的,可以向经营者要求赔偿。广告经营者、发布者发布虚假广告的,消费者可以请求行政主管部门予以惩处。广告经营者、发布者不能提供经营者的真实名称、地址和有效联系方式的,应当承担赔偿责任。广告经营者、发布者设计、制作、发布关系消费者生命健康商品或者服务的虚假广告,造成消费者损害的,应当与提供该商品或者服务的经营者承担连带责任。社会团体或者其他组织、个人在关系消费者生命健康商品或者服务的虚假广告或者其他虚假宣传中向消费者推荐商品或者服务,造成消费者损害的,应当与提供该商品或者服务的经营者承担连带责任。

对侵害众多消费者合法权益的行为,中国消费者协会以及在省、自治区、直辖市设立的消费者协会,可以向人民法院提起消费公益诉讼。

五、法律责任

(一) 民事责任

1. 承担民事责任的概括性规定

经营者提供商品或者服务有下列情形之一的,除《消费者权益保护法》另有规定外,应当依照其他有关法律、法规的规定,承担民事责任:①商品或者服务存在缺陷的;②不具备商品应当具备的使用性能而出售时未作说明的;③不符合在商品或者其包装上注明采用的商品标准的;④不符合商品说明、实物样品等方式表明的质量状况的;⑤生产国家明令淘汰的商品或者销售失效、变质的商品的;⑥销售的商品数量不足的;⑦服务的内容和费用违反约定的;⑧对消费者提出的修理、重作、更换、退货、补足商品数量、退还货款和服务费用或者赔偿损失的要求,故意拖延或者无理拒绝的;⑨法律、法规规定的其他损害消费者权益的情形。

2. 关于侵犯人身权的民事责任

(1) 经营者提供商品或者服务,造成消费者或者其他受害人人身伤害的,应当赔偿医疗费、护理费、交通费等为治疗和康复支出的合理费用,以及因误工减少的收入。造成残疾的,还应当赔偿残疾生活辅助具费和残疾赔偿金。造成死亡的,还应当赔偿丧葬费和死亡赔偿金。

(2) 经营者侵害消费者的人格尊严、侵犯消费者人身自由或者侵害消费者个人信息依法得到保护的权利的,应当停止侵害、恢复名誉、消除影响、赔礼道歉,并赔偿损失。

(3) 经营者有侮辱诽谤、搜查身体、侵犯人身自由等侵害消费者或者其他受害人人身权益的行为,造成严重精神损害的,受害人可以要求精神损害赔偿。

3. 关于侵犯财产权的民事责任

(1) 经营者提供商品或者服务,造成消费者财产损害的,应当依照法律规定或者当事人约定承担修理、重作、更换、退货、补足商品数量、退还货款和服务费用或者赔偿损失等民事责任。

(2) 经营者以预收款方式提供商品或者服务的,应当按照约定提供。未按照约定提供的,应当按照消费者的要求履行约定或者退回预付款,并应当承担预付款的利息、消费者必须支付的合理费用。

(3) 依法经有关行政部门认定为不合格的商品,消费者要求退货的,经营者应当负责退货。

(4) 经营者提供商品或者服务有欺诈行为的,应当按照消费者的要求增加赔偿其受到的损失,增加赔偿的金额为消费者购买商品的价款或者接受服务的费用的 3 倍;增加赔偿的金额不足 500 元的,为 500 元。法律另有规定的,依照其规定。

经营者明知商品或者服务存在缺陷,仍然向消费者提供,造成消费者或者其他受害人死亡或者健康严重损害的,受害人有权要求经营者依照《消费者权益保护法》规定赔偿损失,并有权要求所受损失 2 倍以下的惩罚性赔偿。

案例思考 9-5

"王海买假'索尼'耳机双倍赔偿争议"案。1995 年 3 月 25 日,王海在北京隆福大厦电讯商场,花 170 元买了两副"索尼"耳机,后又加买了 10 副耳机。经鉴定为假货。王海按"双倍赔偿"的规定向隆福大厦索赔。时隔半年后,王海又在北京其他十家商场买假双倍索赔获得成功,在一个月内获赔偿金近 8 000 元。1995 年 12 月 5 日,北京隆福大厦终于同意加倍赔偿王海购买的 10 副假冒"索尼"耳机。

【问题】商场售假是否构成欺诈?消费者的购买动机是否属于法律调整的范畴?

【分析】这个案件并没有进行诉讼,但它确实是我国自《消费者权益保护法》施行以来第一个依据该法第 49 条主张双倍赔偿,是依法向商品欺诈行为开的第一枪。王海打假行为的意义,就在于实践《消费者权益保护法》惩罚性赔偿金制度。王海因"索尼"耳机打假索赔而成为获得中国保护消费者基金会设立的"消费者打假奖"(奖金 5 000 元)第一人。那么"知假买假"是否属于《消费者权益保护法》第 2 条规定的消费者?消费者的动机不属法律调整的范畴,而是道德调整的范畴,即使是王海式的打假者,只要他们从经营者处购买了商品或接受了服务,就应当是消费者,不能将其排斥在《消费者权益保护法》保护之外。最后,隆福大厦经过思考,主动承担双倍赔偿的义务。

(二) 行政责任

经营者有下列情形之一,除承担相应的民事责任外,其他有关法律、法规对处罚机关和处罚方式有规定的,依照法律、法规的规定执行;法律、法规未作规定的,由工商行政管理部门或者其他有关行政部门责令改正,可以根据情节单处或者并处警告、没收违法所得、处以违法所得 1 倍以上 10 倍以下的罚款,没有违法所得的,处以 50 万元以下的罚款;情节严重的,责令停业整顿、吊销营业执照:①提供的商品或者服务不符合保障人身、财产安全要求的;②在商品中掺杂、掺假,以假充真,以次充好,或者以不合格商品冒充合格商品的;③生产国家明令淘汰的商品或者销售失效、变质的商品的;④伪造商品的产地,伪造或者冒用他人的厂名、厂址,篡改生产日期,伪造或者冒用认证标志等质量标志的;⑤销售的商品应当检验、检疫而未检验、检疫或者伪造检验、检疫结果的;⑥对商品或者服务作虚假或者引人误解的宣传的;⑦拒绝或者拖延有关行政部门责令对缺陷商品或者服务采取停止销售、警示、召回、无害化处理、销毁、停止生产或者服务等措施的;⑧对消费者提出的修理、重作、更换、退货、补足商品数量、退还货款和服务费用或者赔偿损失的要求,故意拖延或者无理拒绝的;⑨侵害消费者人格尊严、侵犯消费者人身自由或者侵害消费者个人信息依法得到保护的权利的;⑩法律、法规规定的对损害消费者权益应当予以处罚的其他情形。

经营者有上述规定情形的，除依照法律、法规规定予以处罚外，处罚机关应当记入信用档案，向社会公布。经营者对行政处罚决定不服的，可以依法申请行政复议或者提起行政诉讼。

（三）刑事责任

经营者违反《消费者权益保护法》规定提供商品或者服务，侵害消费者合法权益，构成犯罪的，依法追究刑事责任。以暴力、威胁等方法阻碍有关行政部门工作人员依法执行职务的，依法追究刑事责任；拒绝、阻碍有关行政部门工作人员依法执行职务，未使用暴力、威胁方法的，由公安机关依照《治安管理处罚法》的规定处罚。国家机关工作人员玩忽职守或者包庇经营者侵害消费者合法权益的行为的，由其所在单位或者上级机关给予行政处分；情节严重，构成犯罪的，依法追究刑事责任。

练习题

一、单项选择题

1. 下列关于产品缺陷责任的表述，符合《产品质量法》规定的是（　　）。
   A. 基于产品缺陷的更换、退货等义务属于合同责任，因产品缺陷致人损害的赔偿义务属于侵权责任
   B. 产品缺陷责任的主体应当与受害者有合同关系
   C. 产品缺陷责任一律适用过错责任原则
   D. 产品质量缺陷责任一律适用举证责任倒置

2. 根据《产品质量法》规定，下列说法正确的是（　　）。
   A. 《产品质量法》对生产者、销售者的产品缺陷责任均实行严格责任
   B. 《产品质量法》对生产者产品缺陷实行严格责任，对销售者实行过错责任
   C. 产品缺陷造成损害要求赔偿的诉讼时效期间为两年，从产品售出之日起计算
   D. 产品缺陷造成损害要求赔偿的请求权在缺陷产品生产日期满十年后丧失

3. 违反《产品质量法》规定应承担民事赔偿责任或缴纳罚款、罚金，其财产不足以同时支付的，先承担（　　）。
   A. 民事责任　　　B. 罚款　　　C. 罚金　　　D. 平均支付各种费用

4. 钟某为其3岁儿子购买某品牌的奶粉，小孩喝后上吐下泻，住院7天才恢复健康。钟某之子从此见任何奶类制品都拒食，经鉴定，该品牌奶粉属劣质品。为此，钟某欲采取维权行动。钟某亲友们提出的下列建议中缺乏法律依据的是（　　）。
   A. 请媒体曝光，并要求工商管理机关严肃查处
   B. 向出售该奶粉的商场索赔，或向生产该奶粉的厂家索赔
   C. 直接提起诉讼，要求商场赔偿医疗费、护理费、误工费、交通费等
   D. 直接提起仲裁，要求商场和厂家连带赔偿钟某全家所受的精神损害

5. 一日，李女士在家中做饭时高压锅突然爆炸，李女士被炸飞的锅盖击中头部，抢救无效死亡。后据质量检测专家鉴定，高压锅发生爆炸的直接原因是设计不尽合理，使用时造成排气孔堵塞而发生爆炸，本案中，可以以下列（　　）为依据判

定生产者承担责任。

  A. 产品买卖合同约定   B. 产品存在的缺陷

  C. 产品默示担保条件   D. 产品明示担保条件

6. 赵某从某商场购买某厂生产的高压锅，烹饪时邻居钱某到其厨房聊天，高压锅爆炸致2人受伤。下列说法中错误的是（   ）。

  A. 钱某不得依据《消费者权益保护法》请求赔偿

  B. 如高压锅被认定为缺陷产品，赵某可向该厂也可向该商场请求赔偿

  C. 如高压锅未被认定为缺陷产品，该厂不承担赔偿责任

  D. 如该商场证明目前的科技水平尚不能发现缺陷存在，不承担赔偿责任

7. 有关《消费者权益保护法》的适用范围，以下说法正确的是（   ）。

  A. 《消费者权益保护法》只调整因生活消费而产生的法律关系

  B. 《消费者权益保护法》调整因购买、使用商品或者接受服务而产生的所有法律关系

  C. 《消费者权益保护法》只调整生活消费者与经营者之间的法律关系

  D. 《消费者权益保护法》主要调整因生活消费而产生的法律关系，也调整农民直接用于农业生产而购买、使用商品所产生的生产消费法律关系

8. 消费者李某在购物中心购买了一台音响设备，依法经有关行政部门认定为不合格商品，李某找到购物中心要求退货。下列处理方法，正确的是（   ）。

  A. 该购物中心认为可以通过更换使李某得到合格产品，因而拒绝退货

  B. 该购物中心认为该产品经过修理能达到合格，因而拒绝退货

  C. 该购物中心应按照消费者的要求无条件负责退货

  D. 该购物中心可以依法选择修理、更换、退货中的任一方式

9. 某公司生产销售一款新车，该车在有些新设计上不够成熟，导致部分车辆在驾驶中出现故障，甚至因此造成交通事故。事后，该公司拒绝就故障原因作出说明，也拒绝对受害人提供赔偿。下列不属于该公司行为侵犯的消费者权利的是（   ）。

  A. 安全保障权   B. 知悉真情权   C. 公平交易权   D. 获取赔偿权

10. 经营者提供商品或者服务有欺诈行为的，应当按照消费者的要求增加赔偿其受到的损失，增加赔偿的金额为消费者购买商品的价款或接受服务的费用的（   ）。

  A. 一倍   B. 二倍   C. 三倍   D. 四倍

二、多项选择题

1. 下列产品中，不是存在《产品质量法》所称"缺陷"的产品的有（   ）。

  A. 损伤皮肤的化妆品   B. 制冷效果不好的空调机

  C. 图像效果不佳的电视机   D. 保温效果不良的暖水瓶

2. 孙某从某超市买回的跑步机在使用中出现故障并致其受伤，经查询得知，该型号跑步机数年前已被认定为不合格产品，超市从总经销商煌煌商贸公司依正规渠道进货。下列选项，正确的有（   ）。

  A. 孙某有权向该跑步机生产商索赔

  B. 孙某有权向煌煌商贸公司、超市索赔

  C. 超市向孙某赔偿后，有权向该跑步机生产商索赔

D. 超市向孙某赔偿后，有权向煌煌商贸公司索赔

3. 下列关于产品责任的表述中，正确的有（   ）。

A. 缺陷产品的生产者应对因该产品造成的他人人身、财产损害承担无过错责任

B. 缺陷产品造成他人人身、财产损害的，该产品的销售者和生产者承担连带责任

C. 因缺陷产品造成损害要求赔偿的诉讼时效为 1 年

D. 销售者不能指明缺陷产品的生产者也不能指明其供货者的，应承担赔偿责任

4. 甲在百货大楼购买一枚价值上万元的钻戒，标明产地为南非，后经检验，被告知是国产钻戒，甲欲索赔，下列说法正确的有（   ）。

A. 百货大楼构成欺诈，甲可获三倍赔偿

B. 百货大楼的行为违反《消费者权益保护法》规定，侵犯了消费者的知情权

C. 百货大楼有权以"从某工艺品公司进货，不知其为假冒"为由，得以免责

D. 甲只能先找百货大楼赔，索赔不成的，再到法院起诉

三、简答题

1. 简述我国产品质量立法所遵循的原则。
2. 简述产品质量法、买卖法及消费者权益保护法的关系。
3. 简述构成产品质量法律责任的要件。
4. 试述消费者享有的权利和经营者依法定或约定履行的义务。
5. 试述消费者和经营者之间争议的解决途径。

四、案例分析题

案例一：某年 3 月 8 日晚，方某等 5 人，在热海火锅餐厅就餐。突然桌上的卡式炉燃气罐爆炸，造成方某脸部和双手深度烧伤。虽然经过精心治疗，方某面部仍然被毁。事件发生后，方某的父亲向某人民法院起诉，要求生产"环和"牌卡式炉的某厨房配套设备用具厂和生产"奇峰"牌边炉石油气气罐的某气雾剂有限公司以及热海餐厅共同赔偿方某受到的损害。

问题：

(1) 什么是消费者的权利？本案侵犯了方某什么消费权利？

(2) 方某能得到哪些损害赔偿？

案例二：某年，高先生在北京某书店买了一本书，回到酒店后开始阅读刚买的新书，却发现缺页共有 18 页。随后，高先生返回书店，要求书店换书并补偿他因换书从酒店到书店乘坐出租车所花费的 28 元钱。书店同意换书或退书，但不同意支付车费。理由是：第一，相关法律、书店都没有应当支付顾客退换商品的交通费用的规定。第二，书店无法确认这 28 元钱确实是为换书而支付的。第三，如果开此先例，可能会出现与换书无关的交通费（如火车票、动车票、飞机票等）顾客都让书店支付的情况。由于双方争执不下，高先生回家后便向北京市中级人民法院起诉，诉讼标的是 28 元。为打这个官司，高先生先后花费 3 000 多元，并从中学教师岗位脱岗。一年后，法院作出终审判决：书店退还书款；书店赔偿高先生损失 1 300 元；二审诉讼费共 100 元由书店负担。

问题：

(1) 消费者与经营者之间发生纠纷时，如何运用法律的公平与效率原则解决？

(2) 该判决将对利害关系人的行为导向产生哪些现实和潜在的影响？

第十章

金 融 法

本章导读

了解中国人民银行、商业银行的立法概况，掌握商业银行的组织机构、经营原则、业务范围和法律责任。了解我国证券法律体系，熟悉证券市场主体、信息披露、投资者保护、上市公司收购及其程序，掌握证券发行及交易的条件、禁止的证券交易行为。理解票据的概念、特征、种类，汇票的概念及其与本票、支票的异同。能灵活地运用、分析和处理各种金融实务问题，运用金融法知识来维护个人或公司的合法权益。

第一节 银 行 法

一、中国人民银行法

（一）中国人民银行的法律地位

中国人民银行是我国的中央银行，具有三个主要职能：①发行的银行，中国人民银行发行的人民币是我国唯一的法定货币，并负责控制信用，调节货币流通；②银行的银行，中国人民银行不经营普通银行业务，以商业银行等为业务对象，对商业银行进行贷款并监控其支付能力和风险能力；③政府的银行，即国家的银行，中国人民银行受国务院领导，并通过货币政策的制定和执行来调控国民经济，不受地方政府、各级政府部门、社会团体和个人的干涉，向全国人大常委会提出有关货币政策情况和金融监督管理情况的报告。

（二）中国人民银行的职责

中国人民银行有以下职责：①发布与履行其职责有关的命令和规章；②依法制定和执行货币政策；③发行人民币，管理人民币流通；④监督管理银行间同业拆借市场和银行间债券市场；⑤实施外汇管理，监督管理银行间外汇市场；⑥监督管理黄金市场；⑦持有、管理、经营国家外汇储备、黄金储备；⑧经理国库；⑨维护支付、清算系统的正常运行；⑩指导、部署金融业反洗钱工作，负责反洗钱的资金监测；⑪负责金融业的统计、调查、分析和预测；⑫作为国家的中央银行，从事有关的国际金融活动；⑬国务院规定的其他职责。

（三）中国人民银行的组织机构

中国人民银行实行行长负责制。行长负责领导中国人民银行的全面工作，副行长协助行长工作。中国人民银行设行长一人，副行长若干人。中国人民银行可以根据履行职责的需要设立分支机构，作为中国人民银行的派出机构。中国人民银行对分支机构实行统一领导和管理。

（四）中国人民银行的业务

中国人民银行的业务活动是以执行货币政策、保证货币政策目标的实现为指导原则，不以营利为目的，其业务范围受到严格限制。

1. 运用货币政策工具

中国人民银行为执行货币政策，可以运用下列货币政策工具：①要求银行业金融机构按照规定的比例交存存款准备金；②确定中央银行基准利率；③为在中国人民银行开立账户的银行业金融机构办理再贴现；④向商业银行提供贷款；⑤在公开市场上买卖国债、其他政府债券和金融债券及外汇；⑥国务院确定的其他货币政策工具。

2. 中国人民银行的其他金融业务

中国人民银行的其他金融业务包括：①经理国库；②发行、兑付国债和其他政府债券；③为金融机构开立账户；④组织金融机构之间的清算。

3. 中国人民银行的禁止性业务

中国人民银行不得向政府财政透支，政府财政出现赤字应通过发行国债弥补。因此，中国人民银行也不得直接认购、包销国债和其他政府债券，即不得成为国债一级市场的买主。中国人民银行不得向地方政府、各级政府部门提供贷款，不得向银行金融机构以及其他单位和个人提供贷款，但国务院决定中国人民银行可以向特定的非银行金融机构提供贷款的除外。此外，中国人民银行不得向任何单位和个人提供担保。

（五）中国人民银行对金融业的监管

中国人民银行对金融业实施监管的主要内容如下。

(1) 依法监测金融市场的运行情况，对金融市场实施宏观调控，促进其协调发展。

(2) 有权对金融机构以及其他单位和个人的下列行为进行检查监督：执行有关存款准备金管理规定的行为；与中国人民银行特种贷款有关的行为；执行有关人民币管理规定的行为；执行有关银行间同业拆借市场、银行间债券市场管理规定的行为；执行有关外汇管理规定的行为；执行有关黄金管理规定的行为；代理中国人民银行经理国库的行为；执行有关清算管理规定的行为；执行有关反洗钱规定的行为。

(3) 中国人民银行根据执行货币政策和维护金融稳定的需要，可以建议国务院银行业监督管理机构对银行业金融机构进行检查监督。

(4) 当银行业金融机构出现支付困难，可能引发金融风险时，为了维护金融稳定，中国人民银行经国务院批准，有权对银行业金融机构进行检查监督。

(5) 中国人民银行根据履行职责的需要，有权要求银行业金融机构报送必要的资产负债表、利润表以及其他财务会计、统计报表和资料。

(6) 中国人民银行负责统一编制全国金融统计数据、报表，并按照国家有关规定予以公布。

二、商业银行法

(一) 商业银行的概念

商业银行是指依照《商业银行法》和《公司法》设立的经营吸收公众存款、发放贷款、办理转账结算等金融服务业务的企业法人。

(二) 商业银行的设立

设立商业银行，应当经国务院银行业监督管理委员会审查批准，否则任何单位和个人不得从事吸收公众存款等商业银行业务，任何单位不得在名称中使用"银行"字样。设立商业银行应当具备下列条件。

(1) 有符合《商业银行法》和《公司法》规定的章程。

(2) 有符合规定的注册资本最低限额。设立全国性商业银行的注册资本最低限额为10亿元人民币。城市商业银行的注册资本最低限额为1亿元人民币，农村商业银行的注册资本最低限额为5 000万元人民币。注册资本应当是实缴资本。

(3) 有具备任职专业知识和业务工作经验的董事长（行长）、总经理和其他高级管理人员。

(4) 有健全的组织机构和管理制度。

(5) 有符合要求的营业场所、安全防范措施和与业务有关的其他设施。

商业银行根据业务需要可以在中华人民共和国境内外设立分支机构。设立分支机构必须经国务院银行业监督管理委员会审查批准。

(三) 对存款人的保护

商业银行办理个人储蓄存款业务，应当遵循存款自愿、取款自由、存款有息、为存款人保密的原则。对个人储蓄存款、对单位存款，商业银行有权拒绝任何单位或者个人查询、冻结、扣划，但法律另有规定的除外。

商业银行应当按照中国人民银行的规定，向中国人民银行交存存款准备金，留足备付金。商业银行应当保证存款本金和利息的支付，不得拖延、拒绝支付存款本金和利息。

根据《存款保险条例》，在中华人民共和国境内设立的商业银行、农村合作银行、农村信用合作社等吸收存款的银行业金融机构，应当依照本条例的规定投保存款保险。存款保险实行限额偿付，最高偿付限额为50万元人民币。同一存款人在同一家投保机构所有被保险存款账户的存款本金和利息合并计算的资金数额在最高偿付限额以内的，实行全额偿付；超出最高偿付限额的部分，依法从投保机构的清算财产中受偿。

案例思考 10-1

2003年12月10日，原告周某到被告江东农行下属的火车站分理处，持卡在柜台要求取款。营业员建议周某到自动取款机上取款，告知其"屏幕上有提示，你跟着提示办理就行了"，周某遂到自动取款机前。取款机上方贴有"您的密码如同钱包，注意保密，以防被窃"的警示纸条。周某在自动取款机上操作后不久,再次持卡到柜台要求取款。营业员告知其该卡为外地卡,周某才发现自己的卡被调包,要求挂失,因其不能提供存折号码和卡号,营业员没有为其办理挂失,周某遂离开火车站分理处,赶到开户行乐群里分理处口头挂失时,其账户内已被盗取 53 006 元。

【问题】江东农行下属的火车站分理处有哪些违法之处?为什么?

【分析】《商业银行法》第 23 条规定:"商业银行应当保证存款本金和利息的支付,不得拖延、拒绝支付存款本金和利息。"该条规定了商业银行的保证支付义务。保证支付不仅是指银行不得拖延、拒绝支付,还包括银行应当以适当的方式履行支付义务商业银行应当无条件履行保证支付义务。当周某持卡第一次在江东农行下属的火车站分理处柜台前要求取款时,无论其是否说出取款数额,营业员都不得以任何理由拒绝为其提供适当服务。特别是周某不会使用自动取款机,营业员只是简单告知"屏幕上有提示,你跟着提示办理就行了",未再主动提供任何服务,没有履行保证支付的法定义务。

为存款人保密,保障存款人的合法权益不受任何单位和个人的侵犯,是商业银行的法定义务。银行的保密义务不仅是指银行对储户已经提供的个人信息保密,也包括要为到银行办理交易的储户提供必要的安全、保密的环境。被告江东农行下属的火车站分理处,将自动取款机置于人员众多且流动性大的营业大厅内,只在取款机上方张贴一张警示纸条,周围无任何安全防范措施,不能保证旁人无法接近正在使用自动取款机的储户,无法偷窥储户在自动取款机上的密码,客观上使储户无法在保密状态下安全地使用自动取款机。

综上所述,江东农行没有履行保证支付、为存款人保密、保障存款人的合法权益不受任何单位和个人侵犯的法定义务,在得知原告周某的借记卡被人调包后,又没有按周某的要求和《金穗借记卡章程》的规定办理凭个人密码挂失的业务。江东农行这一系列违约行为,是造成周某巨额存款被盗取的主要原因,该行对此应负主要赔偿责任。在交易活动中,周某不慎遗失银行卡和密码,对巨额存款被盗取也应承担相应责任,法院最终判决被告赔偿原告周某损失 4 万元人民币。

(四) 商业银行的业务范围

商业银行可以经营下列部分或者全部业务:①吸收公众存款;②发放短期、中期和长期贷款;③办理国内外结算;④办理票据承兑与贴现;⑤发行金融债券;⑥代理发行、代理兑付、承销政府债券;⑦买卖政府债券、金融债券;⑧从事同业拆借;⑨买卖、代理买卖外汇;⑩从事银行卡业务;⑪提供信用证服务及担保;⑫代理收付款项及代理保险业务;⑬提供保管箱服务;⑭经国务院银行业监督管理机构批准的其他业务。经营范围由商业银行章程规定,报国务院银行业监督管理机构批准。商业银行经中国人民银行批准,可以经营结汇、售汇业务。

(五) 商业银行业务基本规则

1. 贷款业务规则

(1) 贯彻国家产业政策规则。商业银行根据国民经济和社会发展的需要,在国家产业政策指导下开展贷款业务。

(2) 贷款审查规则。商业银行贷款,应当对借款人的借款用途、偿还能力、还款方式等情况进行严格审查。商业银行贷款,应当实行审贷分离、分级审批的制度。

（3）贷款担保规则。商业银行贷款，借款人应当提供担保。商业银行应当对保证人的偿还能力，抵押物、质物的权属和价值以及实现抵押权、质权的可行性进行严格审查。经商业银行审查、评估，确认借款人资信良好，确能偿还贷款的，可以不提供担保。

（4）借款合同规则。商业银行贷款，应当与借款人订立书面合同。合同应当约定贷款种类、借款用途、金额、利率、还款期限、还款方式、违约责任和双方认为需要约定的其他事项。

（5）贷款利率规则。商业银行应当按照中国人民银行规定的贷款利率的上下限，确定贷款利率。

（6）资产负债比例管理规则。商业银行贷款，应当遵守下列资产负债比例管理的规定：①资本充足率不得低于8％；②流动性资产余额与流动性负债余额的比例不得低于25％；③对同一借款人的贷款余额与商业银行资本余额的比例不得超过10％；④国务院银行业监督管理机构对资产负债比例管理的其他规定。

（7）关系人贷款规则。商业银行不得向关系人发放信用贷款；向关系人发放担保贷款的条件不得优于其他借款人同类贷款的条件。关系人是指：①商业银行的董事、监事、管理人员、信贷业务人员及其近亲属；②前项所列人员投资或者担任高级管理职务的公司、企业和其他经济组织。

（8）自主贷款规则。任何单位和个人不得强令商业银行发放贷款或者提供担保。商业银行有权拒绝任何单位和个人强令要求其发放贷款或者提供担保。

2. 有关其他业务的法律规定

（1）同业拆借管理。同业拆借是指银行、非银行金融机构之间相互融通短期资金的行为。同业拆借应当遵守中国人民银行规定的期限。拆借的期限最长不得超过4个月。禁止利用拆入资金发放固定资产贷款或者用于投资。拆出资金限于存款准备金、留足备付金和归还中国人民银行到期贷款之后的闲置资金。拆入资金用于弥补票据结算、联行汇差头寸的不足和解决临时性周转资金的需要。

（2）账户管理。存款人开立人民币存款账户必须按中国人民银行《人民币银行结算账户管理办法》办理。基本存款账户是存款人办理日常转账结算和现金支付的账户。存款人的工资、奖金等现金账户的支取，只能通过本账户办理。一般存款账户是存款人在基本存款账户以外的银行借款转存，与基本存款账户的存款人不在同一地点的附属非独立核算单位开立的账户，存款人可以通过本账户办理转账结算和现金缴存，但是不能办理现金支取。

临时存款账户是存款人因临时经营活动需要而开立的账户，存款人可以通过本账户办理转账结算和根据国家现金管理的规定办理现金收付。专用存款账户则是存款人因特定用途的需要而开立的账户。

根据2016年12月1日开始实施的《关于加强支付结算管理防范电信网络新型违法犯罪有关事项的通知》，自2016年12月1日起个人在银行开立账户时，每人在同一家银行，只能开立一个Ⅰ类户，如果已经有Ⅰ类户的，再开户时只能是Ⅱ、Ⅲ类账户。Ⅰ类户是全功能账户，目前人们手里具有实体介质的借记卡、活期一本通等均为Ⅰ类户。Ⅰ类户可办理存款、转账、消费缴费、购买投资理财产品等，使用范围和金额不受限制。个人的工资收入、大额转账、银证转账，以及缴纳和支付医疗保险、社会保险、养老金、公积金等业务应当通过Ⅰ类户办理。Ⅱ类户需与Ⅰ类户绑定使用，资金来源于Ⅰ类户，可以办理存款、购买银行投资理财产品,以及用于消费缴费等日常稍大的开支。Ⅲ类户主要用于网络支付线下手机支付等小额支付。支付机构在为单位和个人开立支付账户时,应当与单位和个人签订协议,约定支付账户与支付账户、支付账户与银行账户之间的日累计转账限额和笔数,超出限额和笔数的,不得再办理转账业务。

(3) 结算管理。结算是指由于商品交易、劳务供应及其他经济行为而发生的货币收付行为和债务的清算。它包括两种形式:一种是现金结算,即直接使用现金清算了结债权债务的货币收付行为;另一种是转账结算,是指不直接使用现金,而采用结算工具通过银行将款项从付款人账户划到收款人账户的货币收付行为。

(六) 商业银行的监督管理

我国商业银行的监管体制由以下三方面组成。

1. 商业银行内部监督

商业银行应当按照有关规定,制定本行的业务规则,建立健全本行的风险管理和内部控制制度。商业银行应当建立健全本行对存款、贷款、结算、呆账等各项情况的稽核、检查制度。商业银行对分支机构应当进行经常性的稽核和检查监督。

2. 国务院银行业监督管理机构和中国人民银行的监督

商业银行应当按照规定向国务院银行业监督管理机构、中国人民银行报送资产负债表、利润表以及其他财务会计、统计报表和资料。国务院银行业监督管理机构和中国人民银行有权依照法律的规定,随时对商业银行的存款、贷款、结算、呆账等情况进行检查监督。检查监督时,检查监督人员应当出示合法的证件。商业银行应当按照国务院银行业监督管理机构的要求,提供财务会计资料、业务合同和有关经营管理方面的其他信息。

3. 审计机关的监督

国家审计机关有权对国有金融机构的资产、负债、损益等事项进行审计监督。

第二节 证 券 法

一、证券法概述

(一) 证券的概念和种类

1. 证券的概念

证券是指载有一定金额,作为持券人享有某种权利或利益的证明凭证。最早的证券应该追溯到1603年,荷兰联合东印度公司成立。它是历史上第一个联合的股份公司,为了向社会和政府融资,公司开始发行"股票",人们来到公司的办公室,在本子上记下自己借出的钱,公司承诺对这些股票进行分红。

2. 证券的分类

按其性质不同,证券可以分为凭证证券和有价证券两大类。凭证证券是表明某种固定权益的凭证,包括活期存款单、借据、收据等。有价证券是一种具有一定票面金额,证明持券人有权按期取得一定收入,并可以自由转让的所有权或债权的证书,如股票、债券、存托凭证、国库券、商业本票、承兑汇票、银行定期存单等。

有价证券具体可分为以下三种：①货币证券。作为支付工具的证券，权利标的物是确定的或可以确定的货币额，如支票、汇票、本票等。②货物证券。作为商品流转工具的证券，权利标的物是特定的商品，如货运单、提单、仓储单等。③资本证券。作为投资工具的证券，权利的标的物也是货币额，但它侧重于对于一定的本金所带来的收益的请求权。如股票、债券、存托凭证、基金等。

《证券法》所规范的证券仅指资本证券。其他证券可以适用《民法典》《票据法》等法律制度。

（二）证券法的概念、基本原则及适用范围

1. 证券法的概念

证券法是规范证券发行和交易行为，保护投资者的合法权益，维护社会经济秩序和社会公共利益，促进社会主义证券市场经济健康发展的法律规范的总称。狭义的证券法，是指1998年12月颁布的《证券法》，广义的证券法还包括《证券基金投资法》以及其他法律、行政法规和规章中有关证券发行和交易的内容。2019年12月28日《证券法》第二次修订。本次证券法修订内容非常全面，涉及全面推行证券发行注册制、显著提高证券违法违规成本、完善投资者保护制度、强化信息披露要求、完善证券交易制度、建立健全多层次资本市场体系、强化证券执法和风险防控等多个方面。

2. 《证券法》的基本原则

（1）"三公"原则。证券的发行、交易活动，必须遵循公开、公平、公正的原则。尤其是公开原则，它要求公司以及相关信息披露义务人必须依法将与证券有关的一切情况真实、准确、完整、及时地予以公开，不得有任何虚假记载、误导性陈述或重大遗漏。公开原则是证券发行和交易的核心，只有以公开为基础，才能实现公平和公正。

（2）诚信原则。证券发行、交易活动的当事人具有平等的法律地位，应当遵守自愿、有偿、诚实信用的原则。

（3）合法原则。证券的发行、交易活动，必须遵守法律、行政法规；禁止欺诈、内幕交易和操纵证券市场的行为。

（4）分业原则。证券业和银行业、信托业、保险业实行分业经营、分业管理，证券公司与银行、信托、保险业务机构分别设立。国家另有规定的除外。

（5）监管和自律相结合的原则。国务院证券监督管理机构依法对全国证券市场实行集中统一监督管理，《证券法》第11章单列了证券业协会的自律管理。

3. 《证券法》的适用范围

（1）股票。股票是一种由股份有限公司签发的用以证明股东所持股份的凭证，由于股票包含有经济利益，且可以上市流通转让，所以股票也是一种有价证券。按持有者不同，股票可以分为国家股、法人股和个人股三种；按股东权利不同，股票可以分为普通股和优先股；按发行范围不同，股票可以分为A股、B股、H股和S股；按上市公司业绩和成长性，股票可以分为红筹股和蓝筹股。

（2）债券。债券是指政府、金融机构、工商企业等直接向社会借债筹措资金时，向投资者发行，同时承诺按一定利率支付利息并按约定条件偿还本金的债权债务凭证。它是一

种金融契约，债券购买者或投资者与发行者之间是一种债权债务关系，债券发行人即债务人，投资者（债券购买者）即债权人。按照发行主体不同，债券可以分为政府债券、企业债券和公司债券。

（3）存托凭证。存托凭证（Depository Receipt，DR）又称存券收据或存股证，是指在一国证券市场流通的代表外国公司有价证券的可转让凭证，属公司融资业务范畴的金融衍生工具。例如，阿里巴巴在美国上市，不是严格意义上 IPO，按美国法律规定只能发行 ADS，即美国存托股份或美国存托凭证（ADRs）。阿里巴巴集团的 ADR 以 BABA 代码在纽约证券交易所挂牌交易。证监会 2018 年发布有《关于开展创新企业境内发行股票或存托凭证试点的若干意见》，作为境内开展存托凭证的法律基础。

（4）基金券。基金券是指证券投资信托基金组织发给投资者的，记载投资者所持基金单位数量的有价凭证。投资者按其所持基金券在基金中所占的比例分享收益，分担亏损。

此外，资产支持证券、资产管理产品发行、交易的管理办法，由国务院依照证券法的原则规定。

二、证券市场主体

（一）证券交易场所

1. 证券交易场所的概念

新修订的《证券法》增加了关于多层次证券交易场所的规定。证券交易场所是指证券交易所和国务院批准的其他全国性证券交易场所，为证券集中交易提供场所和设施，组织和监督证券交易，实行自律管理，依法登记的法人。我国有四家证券交易所：1990 年 12 月开业的上海证券交易所、1991 年 7 月开业的深圳证券交易所、1986 年成立的香港联合交易所（现为香港交易及结算所有限公司）和 1961 年成立的台湾证券交易所。证券交易所、国务院批准的其他全国性证券交易场所可以根据证券品种、行业特点、公司规模等因素设立不同的市场层次。按照国务院规定设立的区域性股权市场为非公开发行证券的发行、转让提供场所和设施，具体管理办法由国务院规定。

2. 证券交易场所管理和组织机构

（1）证券交易所、国务院批准的其他全国性证券交易场所的设立、变更和解散由国务院决定。国务院批准的其他全国性证券交易场所的组织机构、管理办法等，由国务院规定。国务院批准的其他全国性证券交易场所的组织机构、管理办法等，由国务院规定。

（2）证券交易所履行自律管理职能，应当遵守社会公共利益优先原则，维护市场的公平、有序、透明。凡是进入会员制的证券交易所参与集中交易的，必须是证券交易所的会员。证券交易所不得允许非会员直接参与股票的集中交易。投资者可以以委托交易的形式，委托会员代其买卖证券。证券交易所的财产积累归会员所有，其权益由会员共同享有，在其存续期间，不得将其财产积累分配给会员。

（3）实行会员制的证券交易所设理事会、监事会。会员大会是最高权力机构；理事会是执行机构；监事会为监督机构；总经理是理事会的附属机构，负责交易所的日常管理工作，人数为一人，由国务院证券监督管理机构任免。

3. 证券交易所的职能

（1）为组织公平的集中交易提供保障，公布证券交易即时行情，并按交易日制作证券市场行情表,予以公布。证券交易即时行情的权益由证券交易所依法享有。

(2) 按照业务规则的规定,决定上市交易股票的停牌或者复牌。

(3) 因不可抗力、意外事件、重大技术故障、重大人为差错等突发性事件而影响证券交易的正常进行时,为维护证券交易正常秩序和市场公平,证券交易所可以按照业务规则采取技术性停牌的措施、临时停市等处置措施,并应当及时向国务院证券监督管理机构报告。

(4) 因前款规定的突发性事件导致证券交易结果出现重大异常,按交易结果进行交收将对证券交易正常秩序和市场公平造成重大影响的,证券交易所按照业务规则可以采取取消交易、通知证券登记结算机构暂缓交收等措施,并应当及时向国务院证券监督管理机构报告并公告。

(5) 证券交易所应当加强对证券交易的风险监测,出现重大异常波动的,证券交易所可以按照业务规则采取限制交易、强制停牌等处置措施,并向国务院证券监督管理机构报告;严重影响证券市场稳定的,证券交易所可以按照业务规则采取临时停市等处置措施并公告。

(6) 在证券交易所从事证券交易,应当遵守证券交易所依法制定的业务规则。违反业务规则的,由证券交易所给予纪律处分或者采取其他自律管理措施。

(二) 证券公司

1. 证券公司的概念

证券公司是指依照《公司法》和《证券法》规定设立的经营证券业务的有限责任公司或者股份有限公司。设立证券公司,必须经国务院证券监督管理机构批准。未经国务院证券监督管理机构批准,任何单位和个人不得以证券公司名义开展证券业务活动。

2. 证券公司设立条件

按照《证券法》的规定,设立证券公司,应当具备下列条件。

(1) 有符合法律、行政法规规定的公司章程。

(2) 主要股东及公司的实际控制人具有良好的财务状况和诚信记录,最近三年无重大违法、违规记录。

(3) 有符合法律规定的注册资本。

(4) 董事、监事、高级管理人员具备任职资格,从业人员具有证券从业资格。

(5) 有完善的风险管理与内部控制制度。

(6) 有合格的经营场所和业务设施与信息技术系统。

(7) 法律、行政法规规定的和经国务院批准的国务院证券监督管理机构规定的其他条件。

3. 证券公司经营范围

经国务院证券监督管理机构核准,取得经营证券业务许可证,证券公司可以经营下列部分或者全部业务:①证券经纪;②证券投资咨询;③与证券交易、证券投资活动有关的财务顾问;④证券承销与保荐;⑤证券融资融券;⑥证券做市交易;⑦证券自营;⑧其他证券业务。

证券公司经营证券资产管理业务的,应当符合《证券投资基金法》等法律、行政法规的规定。除证券公司外,任何单位和个人不得从事证券承销、证券保荐、证券经纪和证券融资融券业务。证券公司从事证券融资融券业务,应当采取措施,严格防范和控制风险,不得违反规定向客户出借资金或者证券。

证券公司经营第①项至第③项业务的,注册资本最低限额为5 000万元人民币;经营第④项至第⑦项业务之一的,注册资本最低限额为1亿元人民币;经营第④项至第⑦项业务中两项以上的,注册资本最低限额为5亿元人民币。证券公司的注册资本应当是实缴资本。

国务院证券监督管理机构根据审慎监管原则和各项业务的风险程度,可以调整注册资本最低限额,但不得少于前款规定的限额。

4. 证券公司的禁止规定

(1) 证券公司不得为其股东或者股东的关联人提供融资或者担保。

(2) 证券公司必须将其证券经纪业务、证券承销业务、证券做市业务和证券资产管理业务分开办理,不得混合操作。

(3) 证券公司的自营业务必须以自己的名义进行,不得假借他人名义或者以个人名义进行,也不得将其自营账户借给他人使用。

(4) 证券公司客户的交易结算资金应当存放在商业银行,以每个客户的名义单独立户管理。证券公司不得将客户的交易结算资金和证券归入其自有财产。禁止任何单位或者个人以任何形式挪用客户的交易结算资金和证券。

(5) 证券公司办理经纪业务,不得接受客户的全权委托而决定证券买卖、选择证券种类、决定买卖数量或者买卖价格。不得以任何方式对客户证券买卖的收益或者赔偿证券买卖的损失作出承诺。

(6) 证券公司为投资者开立账户,应当按照规定对投资者提供的身份信息进行核对。证券公司不得将投资者的账户提供给他人使用。投资者应当使用实名开立的账户进行交易。

(三) 证券登记结算机构

证券登记结算机构是指为证券交易提供集中登记、存管与结算服务,不以营利为目的的法人。2001年3月30日,经国务院同意,中国证监会批准,中国证券登记结算有限责任公司组建成立。同年9月,分别在上海、深圳设立分公司。这标志着全国集中统一的证券登记结算体制的组织架构基本形成。

(四) 证券业协会

证券业协会是证券业的自律性组织,是社会团体法人。证券公司应当加入证券业协会。证券业协会的权力机构为全体会员组成的会员大会,章程由会员大会制定,并报国务院证券监督管理机构备案。设理事会为执行机构,成员依章程的规定由选举产生。

(五) 证券服务机构

证券服务机构就是在证券发行和交易中为发行人、上市公司提供专业化中介服务,收取服务费用的社会组织,如会计师事务所、律师事务所以及从事证券投资咨询、资产评估、资信评级、财务顾问、信息技术系统服务的证券服务机构。从事证券投资咨询服务业务,应当经国务院证券监督管理机构核准。从事其他证券服务业务,应当报国务院证券监督管理机构和国务院有关主管部门备案。

三、证券的发行

(一) 证券发行概述

1. 证券发行的概念

证券发行是证券市场形成的基础环节。通常所说的证券发行,是指符合发行条件的证券发行人(政府、金融机构、工商企业等组织),以筹集资金为目的,按照一定的程序向公众投资者出售证券的行为。

2. 证券发行的类型

(1) 公开发行和非公开发行

按照发行对象的不同,可以将证券发行分为公开发行和非公开发行。有下列情形之一的,为公开发行。

① 向不特定对象发行证券。

② 向特定对象发行证券累计超过 200 人,但依法实施员工持股计划的员工人数不计算在内。

③ 法律、行政法规规定的其他发行行为。

公开发行证券,必须符合法律、行政法规规定的条件,并依法报经国务院证券监督管理机构或者国务院授权的部门注册。未经依法注册,任何单位和个人不得公开发行证券。证券发行注册制的具体范围、实施步骤,由国务院规定。非公开发行证券也称为私募证券,是指向特定对象发行证券。非公开发行证券,不得采用广告、公开劝诱和变相公开方式,否则触犯法律。

(2) 平价发行、溢价发行和折价发行

按照发行价格划分,可以将证券发行分为平价发行、溢价发行和折价发行。证券发行价格按照票面金额视为平价发行,超过票面金额视为溢价发行,低于票面金额视为折价发行。我国为了保障公司资本的充足,禁止折价发行。

(3) 股票发行、债券发行和基金发行

按照发行证券的不同,可以将证券发行分为股票发行、债券发行、基金发行,这是证券发行的三种主要形式。

3. 保荐制度

发行人申请公开发行股票、可转换为股票的公司债券,依法采取承销方式的,或者公开发行法律、行政法规规定实行保荐制度的其他证券的,应当聘请证券公司担任保荐人。保荐人应当遵守业务规则和行业规范,诚实守信,勤勉尽责,对发行人的申请文件和信息披露资料进行审慎核查,督导发行人规范运作。

(二) 股票发行

1. 股票发行的条件

(1) 首次发行股票的条件

首次发行股票是指股份有限公司为筹措经营资本,公开发行股票来成立股份有限公司的行为。首次发行股票除应当符合《公司法》和国务院证券监督管理机构规定的其他条件,公司还应向国务院证券监督管理机构报送募股申请和下列文件:①公司章程;②发起人协议；③发起人姓名或者名称，发起人认购的股份数、出资种类及验资证明；④招股说明书；⑤代收股款银行的名称及地址；⑥承销机构名称及有关的协议。

（2）公开发行新股的条件

所谓公开发行新股，是指股份有限公司在成立后为了募集资金再次发行股票的行为。根据法律规定，要公开发行新股，必须符合下列条件。

① 具备健全且运行良好的组织机构。

② 具有持续经营能力。

③ 最近三年财务会计报告被出具无保留意见审计报告。

④ 发行人及其控股股东、实际控制人最近三年不存在贪污、贿赂、侵占财产、挪用财产或者破坏社会主义市场经济秩序的刑事犯罪。

⑤ 经国务院批准的国务院证券监督管理机构规定的其他条件。

上市公司发行新股，应当符合经国务院批准的国务院证券监督管理机构规定的条件，具体管理办法由国务院证券监督管理机构规定。

公开发行存托凭证的，应当符合首次公开发行新股的条件以及国务院证券监督管理机构规定的其他条件。

公司对公开发行股票所募集资金，必须按照招股说明书或者其他公开发行募集文件所列资金用途使用。改变招股说明书所列资金用途，必须经股东大会作出决议。擅自改变用途，未作纠正的，或者未经股东大会认可的，不得公开发行新股。

2. 股票发行的程序

（1）申请

发行人申请首次公开发行股票的，在提交申请文件后，应当按照国务院证券监督管理机构的规定预先披露有关申请文件。

发行人报送的证券发行申请文件，应当充分披露投资者作出价值判断和投资决策所必需的信息，内容应当真实、准确、完整。

（2）注册制的审核

① 国务院证券监督管理机构或者国务院授权的部门依照法定条件负责证券发行申请的注册。证券公开发行注册的具体办法由国务院规定。按照国务院的规定，证券交易所等可以审核公开发行证券申请，判断发行人是否符合发行条件、信息披露要求，督促发行人完善信息披露内容。

② 国务院证券监督管理机构或者国务院授权的部门应当自受理证券发行申请文件之日起3个月内，依照法定条件和法定程序作出予以注册或者不予注册的决定，发行人根据要求补充、修改发行申请文件的时间不计算在内；不予注册的，应当说明理由。

③ 国务院证券监督管理机构或者国务院授权的部门对已作出的证券发行注册的决定，发现不符合法定条件或者法定程序，尚未发行证券的，应当予以撤销，停止发行。已经发行尚未上市的，撤销发行注册决定，发行人应当按照发行价并加算银行同期存款利息返还证券持有人；发行人的控股股东、实际控制人以及保荐人，应当与发行人承担连带责任，但是能够证明自己没有过错的除外。

（3）公开信息

证券发行申请经注册后，发行人应当依照法律、行政法规的规定，在证券公开发行前，公告公开发行募集文件，并将该文件置备于指定场所供公众查阅。

(4) 承销

① 承销的概念和方式。承销是指公开发行的股票应当由证券经营机构负责销售，发行人应当同证券公司签订承销协议。承销方式有代销和包销两种。所谓代销，是指证券公司代发行人发售证券，在承销期结束时，将未售出的证券全部退还给发行人的承销方式。所谓包销，是指证券公司将发行人的证券按照协议全部购入或者在承销期结束时将售后剩余证券全部自行购入的承销方式。

证券公司承销证券，应当对公开发行募集文件的真实性、准确性、完整性进行核查；发现有虚假记载、误导性陈述或者重大遗漏的，不得进行销售活动；已经销售的，必须立即停止销售活动，并采取纠正措施。

证券公司承销证券，不得有下列行为：进行虚假的或者误导投资者的广告宣传或者其他宣传推介活动；以不正当竞争手段招揽承销业务；其他违反证券承销业务规定的行为。证券公司有前款所列行为，给其他证券承销机构或者投资者造成损失的，应当依法承担赔偿责任。

② 相关规定。向不特定对象发行证券聘请承销团承销的，承销团应当由主承销和参与承销的证券公司组成。证券公司在代销、包销期内，对所代销、包销的证券应当保证先行出售给认购人，证券公司不得为本公司预留所代销的证券和预先购入并留存所包销的证券。股票发行采用代销方式，代销期限届满，向投资者出售的股票数量未达到拟公开发行股票数量的70%的，为发行失败。发行人应当按照发行价并加算银行同期存款利息返还股票认购人。证券的代销、包销期限最长不得超过90日。

(5) 向证券管理机构报告

证券经营机构在承销期结束后，将其持有的发行人的股票向发行人以外的社会公众作出要约邀请、要约或者销售，应当经证监会批准，按照规定的程序办理。公开发行股票，代销、包销期限届满，发行人应当在规定的期限内将股票发行情况报国务院证券监督管理机构备案。

(三) 债券发行

1. 政府债券

政府债券的发行主体是政府，包括中央政府和地方政府。政府债券由政府承担还本付息的责任，是国家信用的体现。各国政府发行债券通常是为了满足弥补国家财政赤字、进行大型工程项目建设、偿还旧债本息等方面的资金需要。

在各类债券中，政府债券的信用等级是最高的，通常被称为金边债券。政府债券主要包括国库券和公债两大类。政府债券可以直接发行和上市，不需要审核。

2. 公司债券

(1) 公司债券公开发行的条件

按照法律规定，公司公开发行债券必须符合下列条件：①具备健全且运行良好的组织机构；②最近三年平均可分配利润足以支付公司债券一年的利息；③国务院规定的其他条件。

公开发行公司债券筹集的资金，必须按照公司债券募集办法所列资金用途使用；改变资金用途，必须经债券持有人会议作出决议。公开发行公司债券筹集的资金，不得用于弥补亏损和非生产性支出。

（2）不得再次公开发行公司债券的情形

公司存在下列情形之一的，不得再次公开发行公司债券：①对已公开发行的公司债券或者其他债务有违约或者延迟支付本息的事实，仍处于继续状态；②违反本法规定，改变公开发行公司债券所募资金的用途。

（3）可转换债券的发行条件

上市公司发行可转换为股票的公司债券，除应当符合债券发行规定的条件外，还应当符合证券法关于公司公开发行股票"具有持续经营能力"的条件。但是，按照公司债券募集办法，上市公司通过收购本公司股份的方式进行公司债券转换的除外。在2018年修改的《公司法》第42条规定，专门允许股份公司收购本公司股份，可以"将股份用于转换上市公司发行的可转换为股票的公司债券"。

案例聚焦 10-1

2000年3月16日，虹桥机场可转换债券上市的第一天，习惯了以股为单位买卖股票的投资者，对可转换债券的交易单位张或手懵懵懂懂。早上，每张面值为100元的虹桥机场可转债以1.88元开盘成交，随后是1.30元、1.20元、1.70元……反应快的人，迅速加入了"捡皮夹子"的行列中；反应慢的人则还在迟疑。两元、三元、十元……买入价不断上升，此时还有成交。一下，有人出价90元，这时几乎所有人都明白了怎么回事，不再有抛单出现。9时36分，机场转债的成交价回到了100元附近。

某营业部一中年女股民，将花了4000元买来的4手虹桥机场可转债，以1.2元抛出后只剩下48元而在营业部痛哭流涕。那天晚上，中国证监会首席顾问梁定邦向大家宣告：这是一起非正常交易的事件，中国证监会将研究和采取相应对策。之后，人们一直没有看到一个明确的处理结果，但大家猜前6分钟的交易是作废了。

针对类似情况的处理，新修订的《证券法》第111条第2款规定：因不可抗力、意外事件、重大技术故障、重大人为差错等突发性事件导致证券交易结果出现重大异常，按交易结果进行交收将对证券交易正常秩序和市场公平造成重大影响的，证券交易所按照业务规则可以采取取消交易、通知证券登记结算机构暂缓交收等措施，并应当及时向国务院证券监督管理机构报告并公告。证券交易所对其依照本条规定采取措施造成的损失，不承担民事赔偿责任，但存在重大过错的除外。

提示：债券交易的单位为手，1手=10张，1张=100元面值，申报数量必须为1手或其整数倍。

（4）公司债券公开发行的程序

① 公司股东大会就发行债券作出决议，向国务院授权的部门或者国务院证券监督管理机构报送下列文件：公司营业执照；公司章程；公司债券募集办法；国务院授权的部门或者国务院证券监督管理机构规定的其他文件；聘请保荐人的，还应当报送保荐人出具的发行保荐书。

② 国务院证券监督管理机构或者国务院授权的部门应当自受理证券发行申请文件之

日起3个月内,依照法定条件和法定程序作出予以核准或者不予核准的决定,发行人根据要求补充、修改发行申请文件的时间不计算在内;不予注册的,应当说明理由。

③ 发行公司债券的申请经国务院授权的部门核准后,公告公司债券募集办法。募集办法中应载明下列主要事项:公司名称;债券募集资金的用途;债券总额和债券的票面金额;债券利率的确定方式;还本付息的期限和方式;债券担保情况;债券的发行价格、发行的起止时间;公司净资产额;已发行的尚未到期的公司债券总额;公司债券的承销机构。

四、证券的交易

(一) 证券交易概述

1. 证券交易的概念

证券交易主要是指证券买卖,即依法公开发行的股票、公司债券及其他证券,在证券交易所上市交易或者在国务院批准的其他证券交易场所转让的行为。

2. 证券交易的类型

(1) 现货交易。现货交易是证券交易双方在成交后即时清算交割证券和价款的交易方式。现货交易双方,分别为持券待售者和持币待购者。持券待售者意欲将所持证券转变为现金,持币待购者则希望将所持货币转变为证券。现货交易是目前场内交易和场外交易中广泛采用的证券交易形式。

(2) 期货交易。期货交易对象不是证券本身,而是期货合约,即未来购买或出卖证券并交割的合约。根据期货合约,一方当事人应于交割期限内,向持有期货合约的另一方交付期货合约指定数量的金融资产,具有预先成交、定期交割和价格独立的特点。

(3) 信用交易。信用交易是投资者凭借自己提供的保证金和信誉,取得经纪人信用,在买进证券时由经纪人提供贷款,在卖出证券时由经纪人贷给证券而进行的。

(4) 期权交易。期权交易是当事人为获得证券市场价格波动带来的利益,约定交易。在一定时间内,以特定价格买进或卖出指定证券,或者放弃买进或卖出指定证券的交易。

3. 证券交易的一般规定

(1) 交易的证券合法。证券交易当事人依法买卖的证券,必须是依法发行并交付的证券,非依法发行的证券不得买卖。

(2) 交易的期限合法。依法发行的证券,《公司法》和其他法律对其转让期限有限制性规定的,在限定的期限内不得转让。

(3) 交易的场所合法。依法公开发行的证券,应当在依法设立的证券交易所上市交易或者在国务院批准的其他全国性证券交易场所转让。非公开发行的证券,可以在证券交易所、国务院批准的其他全国性证券交易场所、按照国务院规定设立的区域性股权市场转让。

(4) 交易的方式合法。证券在证券交易所上市交易,应当采用公开的集中交易方式或者国务院证券监督管理机构批准的其他方式;证券交易当事人买卖的证券可以采用纸面形式或者国务院证券监督管理机构规定的其他形式。

（二）证券的上市交易、终止交易

1. 证券的上市交易

申请证券上市交易，应当向证券交易所提出申请，由证券交易所依法审核同意，并由双方签订上市协议。申请证券上市交易，应当符合证券交易所上市规则规定的上市条件。

证券交易所上市规则规定的上市条件，应当对发行人的经营年限、财务状况、最低公开发行比例和公司治理、诚信记录等提出要求。

2. 证券的终止交易

上市交易的证券，不再符合上市条件的，或者有上市规则规定的其他情形的，由证券交易所按照业务规则终止其上市交易。证券交易所决定终止证券上市交易的，应当及时公告，并报国务院证券监督管理机构备案。

（三）信息披露

1. 信息披露的概念

信息披露制度是指证券发行人及法律、行政法规和国务院证券监督管理机构规定的其他信息披露义务人，按照法律规定的要求，将公司及证券的有关信息真实、准确、完整、及时地公开，以供证券投资者作出投资判断的法律制度。

2. 信息披露的内容

（1）公开文件。

经国务院证券监督管理机构核准依法公开发行股票，或者经国务院授权的部门核准依法公开发行公司债券，应当公告招股说明书、公司债券募集办法。依法公开发行新股或者公司债券的，还应当公告财务会计报告。

（2）公开报告。

① 定期报告。上市公司和公司债券上市交易的公司，应当在每一会计年度的上半年结束之日起 2 个月内，向国务院证券监督管理机构和证券交易所报送中期报告；4 个月内，报送年度报告并予以公告。

② 临时发生重大事件的报告。当发生可能对上市公司、股票在国务院批准的其他全国性证券交易场所交易的公司的股票交易价格产生较大影响的重大事件，投资者尚未得知时，公司应当立即将有关该重大事件的情况向国务院证券监督管理机构和证券交易所报送临时报告，并予公告，说明事件的起因、目前的状态和可能产生的法律后果。

重大事件包括：公司的经营方针和经营范围的重大变化；公司的重大投资行为，公司在一年内购买、出售重大资产超过公司资产总额的 30%，或者公司营业用主要资产的抵押、质押、出售或者报废一次超过该资产的 30%；公司订立重要合同，可能对公司的资产、负债、权益和经营成果产生重要影响；公司发生重大债务和未能清偿到期重大债务的违约情况；公司发生重大亏损或者重大损失；公司生产经营的外部条件发生的重大变化；公司的董事、1/3 以上监事或者经理发生变动，董事长或者经理无法履行职责；持有公司的 5% 以上股份的股东或者实际控制人，其持有股份或者控制公司的情况发生较大变化，公司的实际控制人及其控制的其他企业从事与公司相同或者相似业务的情况发生较大变化；公司分配股利、增资的计划，公司股权结构的重要变化，公司减资、合并、分立、解散及申请破产的决定,或者依法进入破产程序、被责令关闭;涉及公司的重大诉讼、仲裁,股东大会、董事会决议被依法撤销或者宣告无效;公司涉嫌犯罪被依法立案调查,公司的控股股东、实际控制人、董事、监事、高级管理人员涉嫌犯罪被依法采取强制措施;国务院证券监督管理机构规定的其他事项。《证券法》第81条另外规定了上市债券临时报告的重大事件要求。

3. 信息披露的要求

(1) 信息披露义务人披露的信息,应当真实、准确、完整,简明清晰,通俗易懂,不得有虚假记载、误导性陈述或者重大遗漏。证券同时在境内境外公开发行、交易的,其信息披露义务人在境外披露的信息,应当在境内同时披露。

(2) 公司的控股股东或者实际控制人对重大事件的发生、进展产生较大影响的,应当及时将其知悉的有关情况书面告知公司,并配合公司履行信息披露义务。

(3) 发行人的董事、高级管理人员应当对证券发行文件和定期报告签署书面确认意见。发行人的监事会应当对董事会编制的证券发行文件和定期报告进行审核并提出书面审核意见。

(4) 信息披露义务人披露的信息应当同时向所有投资者披露,不得提前向任何单位和个人泄露。但是,法律、行政法规另有规定的除外。

任何单位和个人不得非法要求信息披露义务人提供依法需要披露但尚未披露的信息。任何单位和个人提前获知的前述信息,在依法披露前应当保密。

4. 信息披露不实的法律后果

信息披露义务人未按照规定披露信息,或者公告的证券发行文件、定期报告、临时报告及其他信息披露资料存在虚假记载、误导性陈述或者重大遗漏,致使投资者在证券交易中遭受损失的,信息披露义务人应当承担赔偿责任;发行人的控股股东、实际控制人、董事、监事、高级管理人员和其他直接责任人员以及保荐人、承销的证券公司及其直接责任人员,应当与发行人承担连带赔偿责任,但是能够证明自己没有过错的除外。

(四) 限制和禁止的证券交易行为

1. 限制的证券交易行为

(1) 对证券交易主体的限制

① 对证券交易场所从业人员的限制。证券交易场所、证券公司和证券登记结算机构的从业人员、证券监督管理机构的工作人员以及法律、行政法规禁止参与股票交易的其他人员,在任期或者法定限期内,不得直接或者以化名、借他人名义持有、买卖股票或者其他具有股权性质的证券,也不得收受他人赠送的股票或者其他具有股权性质的证券。任何人在成为前款所列人员时,其原已持有的股票或者其他具有股权性质的证券,必须依法转让。

② 对证券服务场所和人员的限制。为证券发行出具审计报告或者法律意见书等文件的证券服务机构和人员,在该证券承销期内和期满后6个月内,不得买卖该种证券;为发行人及其控股股东、实际控制人,或者收购人、重大资产交易方出具审计报告、资产评估报告或者法律意见书等文件的证券服务机构和人员,自接受委托之日起至上述文件公开后5日内,不得买卖该证券。实际开展上述有关工作之日早于接受委托之日的,自实际开展上述有关工作之日起至上述文件公开后5日内,不得买卖该证券。

③ 对公司董事，监事、高级管理人员的限制。公司董事、监事、高级管理人员应当向公司申报所持有的本公司的股份及其变动情况，在任职期间每年转让的股份不得超过其所持有本公司股份总数的 25％；所持本公司股份自公司股票上市交易日起 1 年内不得转让。上述人员离职后半年内，不得转让其所持有的本公司股份。

（2）对证券交易客体的限制

发起人持有的本公司股份，自公司成立之日起 1 年内不得转让。公司公开发行股份前已经发行的股份，自公司股票在交易所上市交易之日起 1 年内不得转让。

（3）对短线交易的限制

上市公司、股票在国务院批准的其他全国性证券交易场所交易的公司的董事、监事、高级管理人员（包括其配偶、父母、子女），持有或者通过协议、其他安排与他人共同持有该公司股份 5％以上的股东，将其持有的该公司的股票或者其他具有股权性质的证券在买入后 6 个月内卖出，或者在卖出后 6 个月内又买入，由此所得收益归该公司所有，公司董事会应当收回其所得收益。但是，证券公司因包销购入售后剩余股票而持有 5％以上股份的，以及有国务院证券监督管理机构规定的其他情形除外。

（4）对于计算机交易、高频交易的限制

通过计算机程序自动生成或者下达交易指令进行程序化交易的，应当符合国务院证券监督管理机构的规定，并向证券交易所报告，不得影响证券交易所系统安全或者正常交易秩序。

2. 禁止的证券交易行为

（1）禁止内幕交易行为

在证券交易活动中，涉及发行人的经营、财务或者对该发行人证券的市场价格有重大影响的尚未公开的信息，为内幕信息。《证券法》信息披露要求中所列重大事件，都属于内幕信息的范围。

掌握了内幕信息，就意味着知情人可以利用内幕信息获得更大利润或减少损失，意味着交易的不公平性。因此，我国法律禁止证券交易内幕信息的知情人和非法获取内幕信息的人，在内幕信息公开前，买卖该公司的证券，或者泄露该信息，或者建议他人买卖该证券。内幕交易行为给投资者造成损失的，行为人应当依法承担赔偿责任。

禁止证券交易场所、证券公司、证券登记结算机构、证券服务机构和其他金融机构的从业人员、有关监管部门或者行业协会的工作人员，利用因职务便利获取的内幕信息以外的其他未公开的信息，违反规定，从事与该信息相关的证券交易活动，或者明示、暗示他人从事相关交易活动。这是《证券法》新增关于"老鼠仓"的规定。

（2）禁止操纵证券市场行为

操纵证券市场是指以获取利益或者减少损失为目的，利用资金，信息等优势或者滥用权力，影响或者意图影响证券交易价格或者证券交易量，诱导或者致使投资者在不了解事实真相的情况下作出投资决定，扰乱证券市场秩序的行为。

操纵证券市场行为具体包括：①单独或者通过合谋，集中资金优势、持股优势或者利用信息优势联合或者连续买卖；②与他人串通，以事先约定的时间、价格和方式相互进行证券交易；③在自己实际控制的账户之间进行证券交易；④不以成交为目的，频繁或者大量申报并撤销申报；⑤利用虚假或者不确定的重大信息，诱导投资者进行证券交易；⑥对证券、发行人公开作出评价、预测或者投资建议，并进行反向证券交易；⑦利用在其他相关市场的活动操纵证券市场；⑧操纵证券市场的其他手段。

（3）禁止虚假陈述和信息误导行为

按照信息公开制度的要求，证券市场的信息必须公开、真实、客观，因此我国法律禁止任何单位和个人编造、传播虚假信息，扰乱证券市场；禁止证券交易场所、证券公司、证券登记结算机构、证券服务机构及其从业人员，证券业协会、证券监督管理机构及其工作人员，在证券交易活动中作出虚假陈述或者信息误导；各种传播媒介传播证券市场信息必须真实、客观，禁止误导。传播媒介及其从事证券市场信息报道的工作人员不得从事与其工作职责发生利益冲突的证券买卖。

案例聚焦 10-2

苏三山案。苏三山是江苏一家以化纤和针织为主业的公司，1993年上市时称苏三山A，1998年5月变为ST苏三山，1999年7月变为PT苏三山，1999年9月更名为PT振新，2000年4月变为ST振新，2001年1月变为振新股份，2001年3月更名为*ST生物，是内地股市第一家暂停上市公司。几度更名已经让其冠绝A股，而一个小股民为它末路疯狂的往事，更让人叹绝。

1993年11月，一个叫李定兴的湖南郴州物资局干部布了个惊天骗局。由于挪用的100多万元公款被死死套在苏三山中，李定兴私刻了一枚北海正大置业公司的公章，还将一封北海正大置业拟收购苏三山以及拟向社会大众收购苏三山股票的函件传真给了《特区证券报》等媒体，11月6日，海南《特区证券报》发布了李定兴捏造的收购重组消息，11月8日（星期一）开盘后，苏三山买盘汹涌而来，从8.3元开盘价蹿至11.5元收盘，成交金额2.2亿元，换手率高达42%，当日飙升39.88%。

当苏三山股价疯狂时，深圳交易所却表现出了分外的冷静，11月9日，深交所郑重声明，收购苏三山不排除系欺诈行为的可能性。是日，就正大置业大量购股事件，中国证监会发言人在召开的紧急新闻发布会上说，证监会尚未收到正大置业口头或书面报告，《特区证券报》应承担由此引起的相应法律责任。

11月10日，广西北海市工商局说明当地并无北海正大置业这家注册公司。深圳证券交易所和深圳证券登记公司也均没有北海正大置业公司开户和交易的记录。很显然，这是一场大骗局，骗局的始作俑者被依法逮捕。

（4）禁止欺诈客户行为

代理人在证券交易及相关活动中，如果违背了被代理人真实意思表示进行代理或者诱导客户委托其代理进行证券交易的行为视为欺诈客户行为。欺诈客户行为具体包括：①违背客户的委托为其买卖证券；②不在规定时间内向客户提供交易的书面确认文件；③未经客户的委托，擅自为客户买卖证券，或者假借客户的名义买卖证券；④为牟取佣金收入，诱使客户进行不必要的证券买卖；⑤其他违背客户真实意思表示，损害客户利益的行为。

五、上市公司的收购

（一）上市公司收购的概念

上市公司收购是指投资者通过购买上市公司的股份，或者通过协议、其他方式与他人共同持有上市公司的股份,从而达到控股甚至兼并该上市公司目的的活动。

(二) 上市公司收购的方式

根据《证券法》的规定,投资者可以自由选择采取要约收购、协议收购及其他合法方式收购上市公司。

1. 要约收购程序和规则

(1) 作出报告、公告。投资者持有或者通过协议、其他安排与他人共同持有一个上市公司已发行的有表决权股份达到5%时,应当在该事实发生之日起3日内,向国务院证券监督管理机构、证券交易所作出书面报告,通知该上市公司,并予公告,在上述期限内不得再行买卖该上市公司的股票,但国务院证券监督管理机构规定的情形除外。投资者持有或者通过协议、其他安排与他人共同持有一个上市公司已发行的有表决权股份达到5%后,其所持该上市公司已发行的有表决权股份比例每增加或者减少5%,应当依照前款规定进行报告和公告,在该事实发生之日起至公告后3日内,不得再行买卖该上市公司的股票,但国务院证券监督管理机构规定的情形除外。

(2) 增加1%报告的要求,但不限制买卖。投资者持有或者通过协议、其他安排与他人共同持有一个上市公司已发行的有表决权股份达到5%后,其所持该上市公司已发行的有表决权股份比例每增加或者减少1%,应当在该事实发生的次日通知该上市公司,并予公告。

(3) 对于违反权益披露超比例持股,作出惩罚性规定。在买入后的36个月内,对该超过规定比例部分的股份不得行使表决权。

2. 强制要约收购规则

通过证券交易所的证券交易,投资者持有或者通过协议、其他安排与他人共同持有一个上市公司已发行的有表决权股份达到30%时,继续进行收购的,应当依法向该上市公司所有股东发出收购上市公司全部或者部分股份的要约。

收购要约约定的收购期限不得少于30日,并不得超过60日。在收购要约确定的承诺期限内,收购人不得撤销其收购要约。收购人需要变更收购要约的,应当及时公告,载明具体变更事项,且不得存在下列情形:降低收购价格;减少预定收购股份数额;缩短收购期限;国务院证券监督管理机构规定的其他情形。

3. 协议收购规则

采取协议收购方式的,收购人可以依照法律、行政法规的规定同被收购公司的股东以协议方式进行股份转让。以协议方式收购上市公司时,达成协议后,收购人必须在三日内将该收购协议向国务院证券监督管理机构及证券交易所作出书面报告,并予公告。在公告前不得履行收购协议。采取协议收购方式的,协议双方可以临时委托证券登记结算机构保管协议转让的股票,并将资金存放于指定的银行。

采取协议收购方式的,收购人收购或者通过协议、其他安排与他人共同收购一个上市公司已发行的有表决权股份达到30%时,继续进行收购的,应当依法向该上市公司所有股东发出收购上市公司全部或者部分股份的要约。但是,按照国务院证券监督管理机构的规定免除发出要约的除外。

(三) 上市公司收购的法律后果

收购期限届满,被收购公司股权分布不符合证券交易所规定的上市交易要求的,该上市公司的股票应当由证券交易所依法终止上市交易；其余仍持有被收购公司股票的股东，有权向收购人以收购要约的同等条件出售其股票，收购人应当收购。收购行为完成后，收购人与被收购公司合并，并将该公司解散的，被解散公司的原有股票由收购人依法更换。收购行为完成后，收购人应当在15日内将收购情况报告国务院证券监督管理机构和证券交易所，并予公告。

收购行为完成后，被收购公司不再具备股份有限公司条件的，应当依法变更企业形式。

在上市公司收购中，收购人持有的被收购的上市公司的股票，在收购行为完成后的18个月内不得转让。

六、投资者保护

（一）投资者适当性原则

投资者适当性原则要求证券公司向投资者销售证券、提供服务时，应当按照规定充分了解投资者的基本情况、财产状况、金融资产状况、投资知识和经验、专业能力等相关信息；如实说明证券、服务的重要内容，充分揭示投资风险；销售、提供与投资者上述状况相匹配的证券、服务。证券公司违反规定导致投资者损失的，应当承担相应的赔偿责任。

投资者在购买证券或者接受服务时，应当按照证券公司明示的要求提供前款所列真实信息。拒绝提供或者未按照要求提供信息的，证券公司应当告知其后果，并按照规定拒绝向其销售证券、提供服务。

（二）对普通投资者的保护

根据财产状况、金融资产状况、投资知识和经验、专业能力等因素区分专业投资者和普通投资者。专业投资者的标准由国务院证券监督管理机构规定。普通投资者与证券公司发生纠纷的，证券公司应当证明其行为符合法律、行政法规以及国务院证券监督管理机构的规定，不存在误导、欺诈等情形。证券公司不能证明的，应当承担相应的赔偿责任。

（三）征集代理投票权制度

上市公司董事会、独立董事、持有1%以上有表决权股份的股东或者依照法律、行政法规或者国务院证券监督管理机构的规定设立的投资者保护机构（以下简称投资者保护机构），可以作为征集人，自行或者委托证券公司、证券服务机构，公开请求上市公司股东委托其代为出席股东大会，并代为行使提案权、表决权等股东权利。依照规定征集股东权利的，征集人应当披露征集文件，上市公司应当予以配合。禁止以有偿或者变相有偿的方式公开征集股东权利。公开征集股东权利违反法律、行政法规或者国务院证券监督管理机构有关规定，导致上市公司或者其股东遭受损失的，应当承担损害赔偿责任。

（四）促进现金股利的制度

上市公司应当在章程中明确分配现金股利的具体安排和决策程序，依法保障股东的资产收益权。上市公司当年税后利润，在弥补亏损及提取法定公积金后有盈余的，应当按照公司章程的规定分配现金股利。

（五）债券持有人会议制度和债券受托人制度

公开发行公司债券的，应当设立债券持有人会议，并应当在募集说明书中说明债券持有人会议的召集程序、会议规则和其他重要事项。

公开发行公司债券的，发行人应当为债券持有人聘请债券受托管理人，并订立债券受托管理协议。受托管理人应当由本次发行的承销机构或者其他经国务院证券监督管理机构认可的机构担任，债券持有人会议可以决议变更债券受托管理人。债券受托管理人应当勤勉尽责，公正履行受托管理职责，不得损害债券持有人利益。

债券发行人未能按期兑付债券本息的，债券受托管理人可以接受全部或者部分债券持有人的委托，以自己名义代表债券持有人提起、参加民事诉讼或者清算程序。

（六）先行赔付制度

发行人因欺诈发行、虚假陈述或者其他重大违法行为给投资者造成损失的，发行人的控股股东、实际控制人、相关的证券公司可以委托投资者保护机构，就赔偿事宜与受到损失的投资者达成协议，予以先行赔付。先行赔付后，可以依法向发行人以及其他连带责任人追偿。

（七）证券纠纷调解和诉讼

投资者与发行人、证券公司等发生纠纷的，双方可以向投资者保护机构申请调解。普通投资者与证券公司发生证券业务纠纷，普通投资者提出调解请求的，证券公司不得拒绝。

发行人的董事、监事、高级管理人员执行公司职务时违反法律、行政法规或者公司章程的规定给公司造成损失，发行人的控股股东、实际控制人等侵犯公司合法权益给公司造成损失，投资者保护机构持有该公司股份的，可以为公司的利益以自己的名义向人民法院提起诉讼，持股比例和持股期限不受《公司法》规定的限制。

投资者提起虚假陈述等证券民事赔偿诉讼时，诉讼标的是同一种类，且当事人一方人数众多的，可以依法推选代表人进行诉讼。

对按照前款规定提起的诉讼，可能存在有相同诉讼请求的其他众多投资者的，人民法院可以发出公告，说明该诉讼请求的案件情况，通知投资者在一定期间向人民法院登记。人民法院作出的判决、裁定，对参加登记的投资者发生效力。

投资者保护机构受50名以上投资者委托，可以作为代表人参加诉讼，并为经证券登记结算机构确认的权利人依照前款规定向人民法院登记，但投资者明确表示不愿意参加该诉讼的除外。

第三节　票　据　法

一、票据概述

（一）票据的概念与特点

1. 概念

票据是出票人依法签发的，约定自己或者委托付款人在见票时或指定的日期向收款人或持票人无条件支付一定金额的有价证券。广义的票据，泛指商业活动中的一切票证，包括各种有价证券和凭证等，如股票、提货单、存款单、车票等；狭义的票据是指汇票、本票和支票。

2. 特点

票据的特点主要有以下四个。

(1) 票据是完全有价证券。有价证券有完全与不完全之分。作为不完全证券，权利的发生是不以做成证券为必要的，权利的行使在特定情况下是可以离开证券的，如记名股票，即使失去对股票的占有也没有关系，在股份有限公司的股东名册里依然记载有姓名或名称。票据则不同，是完全证券，权利的发生、转移和行使都以证券的存在为必要。失去证券，无论证据多么充分都无法主张权利。票据的这个特点要求持票人必须妥善地保管票据。

(2) 票据是要式证券。票据非常注重外观。在我国，票据的格式由中国人民银行统一设计，票据凭证的印制由中国人民银行统一管理，票据上要记载的具体事项由票据法规定，甚至行为人在票据上如何签章都作出了非常严格具体的规定。票据法不允许当事人以合意而作出改变，如果当事人不遵守票据法关于票据格式的规定，票据的效力会受到影响。

(3) 票据是无因证券。这里的"因"是原因的意思，无因并不是说没有原因，而是讲不问原因。任何票据的签发、流转肯定有原因，没有原因谁也不会签发票据给自己设定责任而给他人以权利。

票据签发、流转的原因可以多种多样，如买卖、借贷、赠与、租赁等。但票据是不问原因的，票据一经签发或流转便与其背后的原因关系发生了分离。

(4) 票据是文义证券。票据上权利义务，全凭票据这张纸上记载的文字意义来断定。持票人持有票据，其权利有多大，就看这张纸怎么记载；签章于票据的人，要负什么责任，也是看他签章的时候这张纸是怎样记载的，所有签章人都是以签章时的文义来承担票据责任的。

(二) 票据的功能

1. 汇兑功能

票据最初的功能是汇兑，即异地输送现金和兑换货币的工具。商品交易当事人通过货币经营者（现为银行）的汇款业务和货币兑换业务，在本地将现金交付货币经营者，并取得票据作为汇款和货币兑付凭证，并凭该票据在异地向货币经营者兑换现金，从而克服了现金支付的空间困难。

2. 支付功能

由于票据有汇兑功能，可异地兑换现金，是一种金钱给付的债权凭证，因而它逐渐发展为具有支付功能，即可以通过法定流通转让程序，代替现金在交易中进行支付。

3. 结算功能

结算功能是指票据作为货币给付的手段，可以用它在同城或异地的经济往来中，抵销不同当事人之间相互的收款、欠款或相互的支付关系，即通过票据交换，使各方收付相抵，相互债务冲减。这种票据结算的方式和使用现金相比，更加便捷、安全、经济。因而，成为现代经济中银行结算的主要方式。

4. 流通功能

票据既是一种金钱债权证券，它表示的是一定数量的货币，同时又是一种流通证券，具有流通转让的属性。一方面，票据可以作为信用货币代替现金用于异地支付和流通，从而节约商品流通环节中的货币资金，加快商品周转速度；另一方面，由于依照背书制度，背书人对票据付款负有担保义务，因此背书的次数越多，对票据负责的人数也越多，该票据可靠性也越高，这样就提高了票据的流通性，使票据的流通日益频繁和广泛。

5. 信用功能

票据可作为信用工具，在商业和金融中发挥融资等作用。其中，在商品交易中，票据可作为预付货款或延期付款的工具，发挥商业信用功能。

6. 融资功能

票据的融资功能就是利用票据筹集、融通或调度资金之功能，它主要通过票据流通来实现，具体表现为票据贴现、转贴现和再贴现。贴现是指持有未到期的票据的人卖出票据以取得现款。在我国，贴现和转贴现多由商业银行经营，再贴现则由中国人民银行进行。现在国际票据市场之所以繁荣，在一定程度上是因为它经营未到期票据的交换和买卖。如今，票据贴现业务是商业银行经营的一项重要业务，该业务在本质上就是向持有未到期票据而又急需使用现金的人提供资金，充分说明了票据具有融资功能。

（三）票据的种类

我国票据分为汇票、本票和支票三种。

1. 汇票

汇票是出票人签发的，委托付款人在见票时或者在指定日期无条件支付确定的金额给收款人或者持票人的票据。根据汇票签发人的不同，可将汇票分为银行汇票和商业汇票。根据汇票制定的付款日期不同，可将汇票分为即期汇票与远期汇票。根据汇票当事人的身份是否有兼任，可将汇票分为一般汇票和变式汇票。

2. 本票

本票是出票人签发的，承诺自己在见票时无条件支付确定的金额给收款人或者持票人的票据。根据出票人的标准不同，可将本票分为银行本票和商业本票。根据指定的到期日的方式不同，可将本票分为即期本票和远期本票。根据记载权利人的方式不同，可将本票分为记名本票、指示本票和无记名本票。我国《票据法》只承认银行本票；银行本票属于见票即付本票；本票必须记载收款人名称，即记名式本票。

3. 支票

支票是出票人签发的，委托办理支票存款业务的银行或者其他金融机构在见票时无条件支付确定的金额给收款人或者持票人的票据。依付款方式不同，可将支票分为现金支票和转账支票；依记载权利的方式不同，可将支票分为记名式支票、指示式支票和无记名式支票；依支票当事人是否兼任为标准，可将支票分为一般支票和变式支票。

（1）汇票关系有三个基本当事人。所谓基本当事人，是指随出票行为而出现的当事人，是票据发行时的主体。这三方当事人是指出票人、付款人和收款人。其中出票人和付款人为票据义务人，收款人为票据权利人。一般来说，汇票的出票人和付款人不是同一人，这与本票中的出票人与付款人是同一人不同。另外，汇票对付款人是不是金融机构没有特定的限制，但支票的付款人必须是能够办理支票存款业务的银行或其他金融机构，这是汇票区别于支票的重要特征之一。

（2）汇票和支票是委托他人进行支付的票据。而本票属于自付证券。本票是由出票人自己对收款人支付并承担绝对付款责任的票据，这是本票区别于汇票、支票的根本所在。

（3）本票和支票是见票即付的票据，没有即期与远期之分。汇票不以见票即付为限，远期汇票必须由付款人进行承兑。承兑是指付款人确认其愿意承担绝对的付款义务。在付款人未承兑时，汇票上所载的付款人并无绝对的付款义务。承兑是远期汇票独有的制度。

（4）支票的无因性受到一定限制。出票人签发的支票金额超过其付款时在付款人处实有的存款金额的，为空头支票。禁止签发空头支票。

（四）票据法的概念

票据法是指调整票据关系以及与票据关系有关的其他社会关系的法律法规的总称。我国于1995年5月10日第八届全国人大常委会第十三次会议通过了《票据法》，从1996年1月1日起施行。2004年8月第十届全国人大常委会第十一次会议予以修正。

二、票据法律关系

票据法律关系是指当事人之间基于票据行为所发生的票据权利和义务关系，是《票据法》的调整对象，包括票据上的法律关系（简称票据关系）和票据法上的非票据关系（简称非票据关系）。

（一）票据关系

1. 票据关系的主体

票据关系的主体是指票据关系的当事人。根据《票据法》的规定，票据当事人是指在票据上签名、盖章并享受票据权利，承担票据责任的主体，既可能是个人，也可能是法人和国家。它包括出票人、收款人、持票人等。根据当事人是否随票据的出票行为而出现将其分为基本当事人和非基本当事人。基本当事人构成票据关系的必要主体，包括出票人、付款人和收款人。非基本当事人是不随票据出票行为出现，通过一定票据行为加入票据关系的当事人，如承兑人、背书人、保证人等。

2. 票据关系的客体

票据关系的客体是指票据关系主体享受权利、承担义务所共同指向的对象，即票据金额货币。

3. 票据关系的内容

这是根据主体因持有票据或者作出票据行为而产生的依法享有票据的权利和应承担的票据义务。票据权利主要是持票人向债务人请求支付票据金额的权利，包括付款请求权和追索权。票据义务是指票据债务人向持票人支付票据金额的责任，包括付款义务和偿还义务。

（二）非票据关系

非票据关系是指与票据有密切关系，又不是基于票据行为而产生的法律关系。它包括票据法上的非票据关系和民法上的非票据关系两大类，后者也称为票据关系的基础关系。

1. 票据法上的非票据关系

出票据法上的非票据关系是指由票据法规定，与票据行为有联系，但不是票据行为本身所产生的法律关系。

（1）汇票回单签发关系。即持票人将汇票交给付款人时，有权要求付款人签发收到汇票的回单，以证明持票人因提示承兑而向付款人交付了票据。

（2）票据返还关系。它包括票据债务人履行票据义务后请求持票人返还票据，以消灭票据关系或据以行使追索权的权利义务关系；持票人因获得承兑或者不获承兑、不获付款后请求付款人退还票据的权利义务关系；正当权利人请求因恶意或重大过失而取得票据的人返还票据的权利义务关系。

（3）利益偿还关系。即持票人因未在票据权利时效之内主张权利或因手续的欠缺而使票据权利消灭的，请求出票人或承兑人在其实际所受利益限度之内予以偿还的权利义务关系。

（4）损害赔偿关系。即票据当事人因违反票据法的规定致他人损失，受害人请求赔偿的权利义务关系。

2. 票据关系的基础关系

票据关系的基础关系是指票据关系赖以产生的民事基础法律关系，不属于票据法规范的对象，但又基于产生和接收票据的原因或实质形成，也称为"票据实质关系"。票据关系的基础关系包括以下三种。

（1）票据的原因关系。它是指存在于票据直接当事人之间授受票据的理由。例如，票据的出票人与收款人之间因购买货物而签发并交付票据，其原因关系即是买卖。

（2）票据的资金关系。它一般是指汇票或者支票的付款人与出票人或者其他资金关系。义务人之间的委托付款法律关系。例如，出票人在付款人处存有可由付款人处分的资金，双方订立委托付款的合同后，出票人就可以开具支票，付款人与出票人之间就产生了票据资金关系。

（3）票据的预约关系。它是指票据的直接当事人之间就授受票据的种类、金额、付款地等事项所达成的合意。票据预约不仅存在于票据的出票人与付款人之间，同样也存在于票据的背书人与被背书人之间票据关系与其基础关系之间，存在着既相互独立、互不牵连而又在一定情况下相互牵连的关系，以彼此分离、各自独立为原则，以特殊情况下的相互牵连为例外。例如，票据权利人行使权利不必证明票据原因关系，债务人也不得以票据原因关系欠缺对抗持票人；票据关系中的权利义务内容只应按票载文义确定，而不能以票载文义之外的票据原因关系来改变等行为就是独立性的体现，而在授受票据的直接当事人之间，票据原因关系的有效性，直接影响着他们之间票据关系的效力；在汇票关系中，当持票人是出票人时，承兑人可以资金关系不存在为由对抗之等行为就是其相互牵连的表现。一般情况下，当事人之间先有原因关系，再有票据预约，然后根据预约发出票据，才能发生票据关系。

三、汇票的行为

（一）汇票的出票

汇票的出票又称汇票的发票、汇票的签发。《票据法》第 20 条规定："出票是指出票人签发票据并将其交付给收款人的票据行为。"

出票是基本票据行为,又称主票据行为,是构成其他票据行为的基础。出票实际包括两个行为:一是出票人依照票据法的规定作成票据,即在原始票据上记载法定事项并签章;二是交付票据,即将作成的票据交付给他人占有。这两者相辅相成,缺一不可。

1. 汇票出票的款式

汇票出票的款式也称为汇票出票的格式,是指汇票的出票人按照票据法的规定,在汇票上应该记载的各种事项,具体如下。

(1) 绝对必要记载事项。绝对必要记载事项是汇票签发时《票据法》明文规定必须记载的,如不记载,票据即为无效的事项。汇票必须记载的事项包括表明"汇票"字样、无条件支付的委托、确定的金额、付款人名称、收款人名称、出票日期、出票人签章等。

(2) 相对必要记载事项。相对必要记载事项是指出票人应当在汇票上记载,但是如果没有记载,也不影响汇票的效力,而是按照票据法的规定推定其内容的事项。它主要包括付款日期、付款地和出票地三项。汇票上未记载付款日期的,为见票即付;汇票上未记载付款地的,付款人的营业场所、住所或者经常居住地为付款地;汇票上未记载出票地的,出票人的营业场所、住所或者经常居住地为出票地。

(3) 任意记载事项。任意记载事项又称可以记载事项,是指法律允许当事人自由选择记载,不记载并不影响汇票的效力,但一经记载,即发生票据法上的效力的事项。我国票据法主要规定了以下两项:禁止转让文句和有关汇票支付货币种类的约定条款。禁止转让文句是指如果出票人在汇票上记载"不得转让"字样的,汇票不得转让。

(4) 禁止记载事项。禁止记载事项是指记载违反票据法的有关规定,导致汇票无效的事项。例如,票据金额应该以中文大写和数字同时记载,二者必须一致,如果二者不一致的,票据无效。

2. 汇票出票的效力

出票是以创设票据权利为目的的票据行为,一经签发即对汇票当事人产生票据法上的权利与义务,对出票人、付款人、收款人或持票人均会产生一定的效力。

(1) 对出票人的效力。汇票的出票使出票人成为汇票上的义务人,其义务的内容是对其签发的汇票能够获得承兑和付款承担担保责任,当汇票不获承兑或者付款时则承担清偿责任。

(2) 对收款人的效力。出票人作成汇票并将汇票实际交付给收款人后,收款人便取得了汇票上的权利,包括付款请求权和追索权。此外,除非汇票上记载有"不得转让"字样,否则收款人还是有权依法将汇票背书转让。

(3) 对付款人的效力。即期汇票的出票,使付款人成为汇票的债务人,负有对汇票付款的义务。而在远期汇票,情况则大不相同。付款人仅因出票而取得一种地位或资格,即取得对汇票进行承兑和付款的资格。在付款人对汇票进行承兑之前其并未真正成为汇票关系的当事人。付款人一旦承兑汇票后,则成为汇票的第一债务人,应当承担到期付款的责任。

(二) 汇票的背书

背书是指在票据背面或者粘单上记载有关事项并签章的票据行为。持票人背书是指以转让票据权利为目的,在汇票背面或粘单上记载有关事项并签章的附属票据行为。背书成立后,该持票人成为背书人,该第三人成为被背书人。

1. 背书的记载要件

《票据法》对于汇票的背书有明确的记载要求,主要包括以下内容。

(1) 背书是一种要式行为,必须记载被背书人名称与背书人签章,否则背书无效。背书应当记载背书日期,未记载的视为在票据到期日前背书。

(2) 以背书转让的汇票,背书应当连续。所谓连续,是指在票据转让中,转让汇票的背书人与受让汇票的被背书人在汇票上的签章依次前后衔接。持票人以背书的连续,证明其汇票权利;非经背书转让,而以其他合法方式取得汇票的,依法举证,证明其汇票权利。

(3) 背书不得附有条件。背书时附有条件的,所附条件不具有汇票的效力。将汇票金额的一部分转让的背书或者将汇票金额分别转让给二人以上的背书无效。

2. 背书的种类

依照背书的目的,可以将背书分为转让背书与非转让背书。

(1) 转让背书。转让背书是指持票人以转让汇票权利为目的而为的背书,是通常意义上的背书。转让背书中,依背书是否存在特殊性,可进一步分为一般转让背书与特殊转让背书;在一般转让背书中,依是否记载被背书人,可进一步分为完全背书与空白背书;在特殊转让背书中,依背书的特殊性不同,可进一步分为限制背书、回头背书和期后背书。我国不承认空白背书。

(2) 非转让背书。非转让背书是指持票人非以转让汇票权利为目的,而是以授予他人一定的汇票权利为目的的背书,是特殊意义上的背书。依背书目的的不同,可进一步分为委托收款背书与质押背书。

3. 背书的效力

(1) 一般转让背书的效力。一般转让背书有效成立后,在票据法上产生权利转移、权利担保、权利证明及切断抗辩四个方面的效力。权利转移效力是指一般转让背书以票据权利转让为目的,当背书行为有效成立以后,即发生票据权利转移的效力,被背书人取得票据权利。权利担保效力是指背书人对其所有后手均承担担保承兑和担保付款的责任。当其后手所持汇票不获承兑或者不获付款时,背书人应根据其要求予以偿还。权利证明效力是指持票人所持票据上的背书,只要具有形式上的连续性,法律就推定他为正当的票据权利人。切断抗辩的效力是指被背书人经背书受让汇票权利后,原则上不承受背书人在汇票权利上存在的瑕疵,这是由票据行为的独立性决定的。

(2) 特殊转让背书的效力。背书人在背书时记载了"不得转让"字样,被背书人再次转让背书,转让有效,产生权利转移的效力,后一次转让的被背书人取得票据权利。但是在背书时记载了"不得转让"字样的背书人,对其被背书人的后手不承担保证承兑和付款的责任。

案例思考 10-2

2013 年 7 月 5 日,某建设公司接受了本市某水泥厂转让的一张银行承兑汇票,金额为 2 万元;建设公司因为与自然人郝某的债权债务关系,随即将该汇票转让给了郝某。郝某因为家庭装修欠某广告公司装修费用 2 万元，因此又将该汇票转让给了某广告公司。

【问题】广告公司能否接受该汇票？

【分析】不能。银行承兑汇票是我国商业汇票的一种，而商业汇票的使用主体，目前在我国仅限于在银行开立存款账户的法人以及其他组织，自然人不能使用商业汇票。本案例中，郝某作为自然人接受并转让了银行承兑汇票，不符合上述关于商业汇票使用主体的规定，因此广告公司不宜接受该银行承兑汇票，否则容易产生提示付款或背书转让的麻烦。广告公司可以要求郝某采用其他支付方式。

（三）汇票的承兑

承兑是指汇票付款人承诺在汇票到期，日支付汇票金额的票据行为。承兑是票据法特有的一种制度。承兑行为具有以下法律特征：承兑是一种附属的票据行为，承兑行为是远期汇票的付款人所为的票据行为，承兑行为是以无条件支付汇票金额的意思表示为内容的票据行为，承兑行为是一种要式行为。票据承兑前，付款人并不会因为出票人的委托而必须承担付款义务。票据承兑后，付款人成为票据的债务人，负付款义务。

1. 承兑的程序

（1）承兑提示。承兑提示又称提示承兑，是指持票人向付款人出示汇票，并要求付款人承诺付款的行为。定日付款或者出票后定期付款的汇票，持票人应当在汇票到期日前向付款人提示承兑。见票后定期付款的汇票，持票人应当自出票日起一个月内向付款人提示承兑。汇票未按照规定期限提示承兑的，持票人丧失对其前手的追索权。

（2）承兑和拒绝承兑。付款人对向其提示承兑的汇票，应当自收到提示承兑的汇票之日起 3 日内承兑或者拒绝承兑。如果付款人应当自收到提示承兑的汇票之日起 3 日未作表示，视为拒绝承兑。对汇票承兑的，必须按票据法规定的款式进行记载，在汇票的正面记载"承兑"字样并签章。汇票承兑时，不得记载与汇票的性质相违背的事项。付款人承兑汇票，不得附有条件；承兑附有条件的，视为拒绝承兑。

（3）回单与交付。提示承兑时，汇票须临时交给付款人，付款人应当向持票人签发收到汇票的回单。回单上应当记明汇票提示承兑日期并签章。付款人在汇票正面记载完"承兑"字样后，应当在规定时间内将汇票交付给持票人。未在规定时间交付的，视为拒绝承兑。

2. 承兑的效力

汇票的付款人一经承兑，即由汇票的关系人变成汇票的债务人，而且是汇票上的第一债务人，承担汇票到期无条件付款的义务。对汇票的持票人来说，承兑具有确认和保全其票据权利的效力，使持票人所享有的票据权利由期待权转变为现实权。付款人一经承兑，出票人和背书人均免于受由于汇票被拒绝承兑而引起的期前追索。

案例思考 10-3

1997 年 8 月，我国某市 A 公司与新加坡 B 商签订了一份进口胶合板的合同。合同总金额为 700 万美元，支付方式为托收项下付款交单。合同写明，允许分批装运胶合板。按照合同规定，第一批价值为 60 万美元的胶合板准时到货。经检验 A 公司认为质量良好，对双方合作很满意。但在第二批交货期前，新加坡 B 商向 A 公司提出："鉴于 A 公司资金周转困难,允许 A 公司对 B 商开出汇票远期付款,汇票的支付条款为:见票后一年付款 700 万美元。但要求该汇票要请中国某国有商业银行的某市分行承兑。承兑后,B 商保证将 700 万美元的胶合板在一年内交货。A 公司全部收货后,再付 B 商 700 万美元货款。"A 公司表示接受。A 公司认为只要承兑了一张远期汇票,就可以得到货物,并在国内市场销售,这是一笔无本生意,而且货款还可以做投资。但让 A 公司始料不及的是,B 商将这张由中国某国有商业银行某市分行承兑的远期汇票在新加坡的一家美国银行贴现了 600 万美元,从此一张胶合板都不交给 A 公司了。事实上,B 商将这笔巨额骗到手后就消失得无影无踪了。一年后,新加坡该美国银行将这张承兑的远期票据请中国某国有商业银行某市分行付款。

【问题】中国某国有商业银行某市分行还需要付款吗?

【分析】对于这张由新加坡 B 商作为出票人和收款人的汇票,经中国某国有商业银行的某市分行承兑后成为汇票的付款人。A 公司与 B 商之间的胶合板买卖合同是该票据的原因关系。因此,B 商向 A 公司开出远期付款命令。而 A 公司与某国有商业银行某市分行有账户往来关系,即存款于该银行。它们之间的这种资金关系使该行某市分行愿意向 A 公司提供信用,承兑了这张远期汇票。美国银行与 B 商之间有对价关系,美国银行善意地付了 600 万美元的对价而成为受让,从而成为这张汇票的善意持票人。但票据的最大特点就是,票据法律关系一经形成,即与基础关系相分离。票据基础关系的存在和有效与否并不对善意持票人的票据权利产生影响。因此,B 商实际上没有交货,或者 A 公司没有足够的美元存在银行,都不影响美国银行对承兑人的付款请求权。对美国银行来说,这张票据上并没有写什么胶合板,只有一句话:"见票后一年付 700 万美元。"票据法律关系应依《票据法》的规定加以解决,票据基础关系则应以民法规定加以解决。B 商正是利用了票据的特性。尽管 B 商没有交货,承兑银行却不得以此为由拒绝向善意持票人美国银行支付票据金额。本票金额巨大,中国某国有商业银行报请上级批准,由我方承兑银行付给美国银行 600 万美元而结案。

(四) 汇票的保证

汇票的保证是指汇票债务人以外的第三人为担保特定汇票债务人履行债务,以负担同一内容的汇票债务为目的的附属票据行为。汇票的债务可以由保证人承担保证责任。保证人由汇票债务人以外的他人担当。法律对保证人的资格并无实质性限制,当然依法不能充当保证人的除外。被保证人是汇票的债务人,包括出票人、背书人和承兑人等。

1. 保证的记载要求

汇票保证是要式票据行为。汇票保证的款式是票据法要求保证人在进行保证行为时,在汇票或粘单上的记载事项。我国票据法将保证的记载事项分为绝对应当记载的事项、相对应当记载的事项与记载不生票据法上效力的事项三种。

(1) 绝对应当记载的事项。绝对应当记载的事项是指保证人必须在汇票或者粘单上记载,否则保证行为无效的事项,包括"保证"字样、保证人签章两项内容。

(2) 相对应当记载的事项。相对应当记载的事项是指保证人应当在汇票或者粘单上记载,但如果没有记载也不会使保证行为无效,而是由法律进行推定的事项。它主要包括被保证人的名称、保证日期两项内容。

(3) 记载不生票据法上效力的事项。记载不生票据法上效力的事项是指保证人记载在汇票上不影响保证行为的效力，但也不产生票据法上效力的事项。这类事项必须是票据法上没有禁止记载的事项，否则将会使记载无效或票据无效。

2. 保证的效力

难保证行为一经合法成立即独立发生效力，不受被保证债务效力的影响。只有当被保证人的债务因汇票欠缺记载事项而无效时，保证人的责任才因此无效。若保证行为本身并不能免除任何票据债务人的票据责任，因此，保证成立后，对汇票的被保证人及其前、后手的票据责任并无影响，保证人与被保证人对持票人承担连带责任。汇票到期后得不到付款的，持票人有权向保证人请求付款，保证人应当足额付款。当然，一旦保证人承担了保证责任，履行了付款或清偿义务，则被保证人的后手即可免责；而保证人因为承担了保证责任而取得了持票人的资格，对被保证人及其前手则享有追索权。

（五）汇票的付款

汇票的付款是指汇票承兑人或付款人及其代理付款人无条件履行付款义务，消灭票据债权债务关系的票据行为。付款是消灭票据关系的行为，并且只以票据上记载的金额为限，一经付款，票据关系得以消灭。

1. 汇票付款的程序

（1）付款提示。付款提示是持票人行使付款请求权的必要前提。

持票人应当在规定期限内提示付款。对于见票即付的汇票，自出票日起一个月内向付款人提示付款；而定日付款、出票后定期付款或者见票后定期付款的汇票，自到期日起10日内向承兑人提示付款。持票人未按前款规定期限提示付款的，在作出说明后，承兑人或者付款人仍应当继续对持票人承担付款责任。

（2）付款人审查。形式审查包括两方面：一是对票据进行形式审查，即从外观上审查票据格式是否合法，记载事项是否完备，有无伪造、变造情形等；二是对持票人进行形式审查，这主要是指审查汇票背书的连续性，只有连续背书的最后的被背书人才能成为形式上合法的持票人。

（3）付款人付款。持票人直接向付款人提示付款的，付款人必须在当日足额付款；对于商业承兑汇票的持票人通过委托收款银行以邮寄提示方式异地委托收款的，付款人的开户银行应通知付款人，付款人应在接到通知的当日通知银行付款；付款人在接到通知之日起3日内未通知银行付款，银行于第4日支付票款。

（4）交回汇票。持票人获得付款的，应当在汇票上签收，并将汇票交给付款人。持票人委托银行收款的，受委托的银行将代收的汇票金额转账收入持票人账户，视同签收。

2. 汇票付款的标的

汇票是一种金钱证券，付款的标的只能是票面金额。依我国法律的规定，付款人付款时，以支付人民币为原则，以支付外币为例外。付款人付款时必须是足额付款，即全部付款，不允许部分付款。

3. 汇票付款的效力

合法有效的付款行为主要发生以下两方面的效力：汇票法律关系消灭；付款人取得向出票人求偿的权利。

(六) 汇票的追索权

1. 汇票追索权的概念

所谓汇票追索权，是指汇票到期不获付款或期前不获承兑或有其他法定原因出现时，持票人在依法履行了保全手续以后，向其前手请求偿还汇票、利息及其他法定款项的一种票据上的权利。

2. 汇票追索权的特点

（1）选择性。由于汇票上的所有债务人对持票人承担连带责任，所以，持票人既可以向票据债务人中的一人或者数人进行追索，也可以同时向全体票据债务人进行追索。

（2）变更性。这是指持票人对于汇票债务人中的一人或者数人已经进行了追索的，对于其他尚未被追索的汇票债务人仍可以行使追索权。

（3）转移性。持票人行使追索权在获得相应清偿后，追索权移转给了被追索人。被追索人在清偿了追索债务后，即与持票人享有同一权利，可以继续进行追索。

3. 汇票追索权行使的原因

汇票到期被拒绝付款的，持票人可以对背书人、出票人以及汇票的其他债务人行使追索权。汇票到期日前，有下列情形之一的，持票人也可以行使追索权：①汇票被拒绝承兑的；②承兑人或者付款人死亡、逃匿的；③承兑人或者付款人被依法宣告破产的或者因违法被责令终止业务活动的。

4. 汇票追索权的行使程序

（1）拒绝事实的通知。持票人应当自收到被拒绝承兑或者被拒绝付款有关证明之日起3日内，将被拒绝的事由书面通知其前手；其前手应当自收到通知之日起3日内书面通知其再前手。

（2）确定追索对象。汇票的出票人、背书人、承兑人和保证人对持票人承担连带责任。持票人可以不按照汇票债务人的先后顺序，对其中任何一人、数人或者全体行使追索权。持票人对汇票债务人中的一人或者数人已经进行追索的，对其他汇票债务人仍可以行使追索权。被追索人清偿债务后，与持票人享有同一权利。汇票的持票人确定追索对象时，也要受到一定的限制。持票人为出票人的，对其前手无追索权。持票人为背书人的，对其后手无追索权。

（3）被追索人清偿。最初追索权的追索金额包括：被拒绝付款的汇票金额；汇票金额自到期日或者提示付款日起至清偿日止，按中国人民银行规定的利率计算的利息；取得有关拒绝证明和发出通知书的费用。被追索人清偿后，行使再追索权的追索金额包括：已清偿的全部金额；已清偿的全部金额自清偿日起至再追索清偿日止，按中国人民银行规定的利率计算的利息；发出通知书的费用。

（4）追索权人受领。追索权人在受领追索金额时，负有交出汇票、拒绝证明及出具收据的义务，这也是被追索人的一项权利。

5. 汇票追索权行使的效力

汇票追索权行使的效力是指行使追索权对票据有关当事人所发生的法律后果。主要体现在两个方面：一方面，对追索权人而言，追索权人因行使追索权而受清偿后，其票据权利消灭。但汇票上的权利并不一定绝对消灭，而可能产生被追索人的代位权。另一方面，对被追索人而言，被追索人对追索人履行清偿义务后，其票据债务消灭，同时基于清偿取得汇票，与持票人享有同一权利，可以行使再追索权。

四、本票行为的特殊规则

本票的出票、背书、保证、付款行为和追索权的行使，适用汇票的有关规定。本票行为的特殊规则如下。

1. 本票的出票

本票的出票与汇票一样，包括作成票据和交付票据给收款人的两个基本票据行为。但汇票的出票是出票人委托付款人向收款人支付一定金额的票据行为，而本票的出票则是指出票人表示自己承担支付本票金额债务的票据行为。

根据《票据法》与《支付结算办法》的有关规定，我国本票的出票人只能是银行，银行必须具有支付本票金额的可靠资金来源，且必须为经中国人民银行当地分支银行批准办理银行本票业务的银行机构，除此之外，任何企业和个人都不能成为本票的出票人。

2. 本票出票的款式

本票的绝对必要记载事项包括：①表明"本票"的字样；②无条件支付的承诺；③确定的金额；④收款人名称；⑤出票日期；⑥出票人签章。如果本票上未记载这些事项中的任何一项，则本票无效。就相对必要记载事项而言，《票据法》将本票的付款地和出票地确立为相对必要记载事项。如果本票上未记载付款地，则出票人的营业场所为付款地；如果本票上未记载出票地，则出票人的营业场所为出票地。

3. 本票出票的效力

同汇票一样，本票的出票行为也会发生法律效力。

对于出票人来说，其必须承担对本票持票人的付款责任。出票人的这种付款责任是第一次的责任，即出票人是第一债务人。这种责任又是一种无条件的责任，即本票到期日届满出票人对持票人的付款不得附任何条件。这种责任还是一种绝对的责任，出票人的付款义务不因持票人对其权利的行使或保全手续的欠缺而免除。对于收款人来说，出票人签发本票之后，收款人或之后的持票人就取得本票上的权利，包括付款请求权和追索权。本票无承兑制度，所以一经出票，收款人或持票人取得的权利是一种现实的权利。

五、支票行为的特殊规则

根据法律规定，支票的出票、背书、付款行为和追索权的行使，均与汇票相同。其特殊性体现如下。

1. 禁止签发空头支票

在支票关系中，法律要求票据关系与基础关系中的资金关系不能相分离，这是票据无因性的特殊例外。支票是见票即付，没有承兑制度，持票人不可能知道所持支票能否兑付，因此要求出票人必须有得以处置的资金在付款人处。

2. 支票出票的款式

支票的绝对必要记载事项包括：①表明"支票"的字样；②无条件支付的委托；③确

定的金额;④付款人名称;⑤出票日期;⑥出票人签章。如果支票上未记载这些事项中的任何一项,支票无效。支票的付款地和出票地确立为相对必要记载事项。支票上未记载付款地的,付款人的营业场所为付款地;支票上未记载出票地的,出票人的营业场所、住所或者经常居住地为出票地。

3. 支票的付款

支票持票人在请求付款时,必须有付款提示。《票据法》第 91 条规定:"支票的持票人应当自出票日起十日内提示付款;异地使用的支票,其提示付款的期限由中国人民银行另行规定。超过提示付款期限的,付款人可以不予付款;付款人不付款的,出票人仍应当对持票人承担票据责任。"

另外,付款人在支付金额时,应对支票上的签名或印鉴是否与预留签名和印鉴相符进行审查。因出票人签发空头支票或者签发与其预留本名的签名式样或印鉴不符的支票,给他人造成损失的,支票的出票人和背书人应当依法承担民事责任。

4. 支票出票的效力

支票出票人一经签发支票,就应承担担保支票付款的责任。出票人必须按照签发的支票金额承担保证向该持票人付款的责任。即使支票因超过提示付款期限等原因而不获付款,出票人仍应当对持票人承担票据责任。

对于付款人来说,出票人签发的支票对付款人没有强制约束力,付款人是否接受出票人的委托向持票人付款,由付款人自己决定。《票据法》规定,出票人在付款人处的存款足以支付支票金额时,付款人应当在当日足额付款。这是《票据法》规定的义务,而汇票付款人则不受此约束。

对收款人来说,支票一经签发便取得向付款人请求付款的权利。但如前述分析持票人无法确定付款人是否会付款,因此收款人因出票行为享有的票据权利仅是一种期待权。

练习题

一、单项选择题

1. 中国人民银行不能从事的业务是( )。
   A. 再贴现　　　　　　　　　B. 经理国库
   C. 公开市场业务　　　　　　D. 向地方政府贷款

2. 甲、乙签订买卖合同后,甲向乙背书转让 3 万元的汇票作为价款。后乙又将该汇票背书转让给丙。如果在乙履行合同前,甲、乙协议解除合同。甲的下列行为中,符合《票据法》规定的是( )。
   A. 请求乙返还汇票　　　　　B. 请求乙返还 3 万元价款
   C. 请求丙返还汇票　　　　　D. 请求付款人停止支付汇票上的款项

3. 出票人在汇票上记载"不得转让"字样,其后手再背书转让的,将产生的法律后果是( )。
   A. 人民法院予以支持
   B. 出票人对受让人不承担票据责任

C. 原背书人对后手的被背书人承担保证责任
D. 原背书人对后手的被背书人不承担付款责任

4. 根据《票据法》的规定，下列关于本票的表述中，正确的是（　　）。
   A. 本票的基本当事人为出票人、付款人和收款人
   B. 未记载付款地的本票无效
   C. 本票包括银行本票和商业本票
   D. 本票无须承兑

5. 证券公司经营下列业务的：证券经纪；证券投资咨询；与证券交易、证券投资活动有关的财务顾问，证券公司注册资金最低限额为（　　）。
   A. 3 000万元　　　B. 5 000万元　　　C. 1亿元　　　D. 5亿元

6. 根据《证券法》的规定，投资者持有或者通过协议、其他安排与他人共同持有一个上市公司已发行的有表决权股份达到（　　）时，应当在该事实发生之日起3日内，向国务院证券监督管理机构、证券交易所作出书面报告，通知该上市公司，并予公告。
   A. 1%　　　B. 5%　　　C. 10%　　　D. 30%

7. 证券法关于投资者保护的规定，下列表述不正确的是（　　）。
   A. 投资者拒绝提供信息的，证券公司应当拒绝服务
   B. 普通投资者与证券公司的纠纷，举证责任在证券公司
   C. 征集代理投票权的主体限定为上市公司董事会、独立董事、1%以上股东和投资者保护机构
   D. 投保机构持股行权时的派生诉讼可以不受公司法有关持股比例和持股期限的限制
   E. 允许自发的代理投票权征集活动，允许有偿征集投票权，付费更合理

二、多项选择题

1. 票据丧失后，失票人可以采取的补救措施包括（　　）。
   A. 向付款银行申请挂失止付　　　B. 要求付款人立即付款
   C. 向人民法院申请公示催告　　　D. 向人民法院提起普通诉讼

2. 康辉公司在与海亚公司交易中获汇票一张，付款人为某银行。康辉公司请求承兑时，该银行在汇票上签注："承兑。海亚公司款到后支付。"根据《票据法》的规定，该银行的行为后果是（　　）。
   A. 该银行已经承兑，应承担付款责任
   B. 如果该银行事后拒绝付款，应当承担票据责任
   C. 应视为该银行拒绝承兑，该银行不承担付款责任
   D. 海亚公司向该银行付款后，该银行才承担付款责任

3. 2018年4月27日，甲签发支票向乙支付货款，但甲填写的出票日期为2018年5月8日。由于货物数量未最终核定，支票金额未填写。乙将支票背书给丙，嘱咐丙补填金额不可超过12万元。丙将金额记载为25万元，后背书转让给丁。丁向银行提示付款。银行以甲的账户余额不足支付为由退票。丁以甲、乙、丙为被告向法院起诉，要求他们连带承担票据责任。根据《票据法》的规定，下列说法中正确的是（　　）。

    A. 丙无权将金额填写为25万元
    B. 虽然甲签发出票日期与实际不符，但该支票有效
    C. 乙将金额空白支票背书转让给丙，该转让行为有效
    D. 虽然甲交付给乙金额空白的支票，但该出票行为有效
4. 经国务院证券监督管理机构核准，取得经营证券业务许可证，证券公司可以经营部分或者全部业务的是（　　）。
    A. 证券经纪、证券投资咨询
    B. 与证券交易、证券投资活动有关的财务顾问
    C. 证券承销与保荐、证券融资融券
    D. 证券做市交易、证券自营、其他证券业务
5. 关于上市公司的收购，下列表述正确的是（　　）。
    A. 将收购的股份限制为有表决权的股份，因为优先股可能没有表决权
    B. 将增减5%的限售期扩大到该事实发生之日起至公告后3日内，提高了权益披露的成本
    C. 增持1%要求报告，但不限制买卖
    D. 对于违反权益披露超比例持股，作出惩罚性规定，在36个月内限制表决权
6. 《证券法》信息披露要求中属于内幕信息的范围是（　　）。
    A. 公司的经营方针和经营范围的重大变化
    B. 公司在一年内购买、出售重大资产超过公司资产总额的20%
    C. 公司发生重大债务和未能清偿到期重大债务的违约情况
    D. 公司发生重大亏损或者重大损失

三、简答题

1. 分析汇票、本票和支票的异同。
2. 试述证券交易的概念和方式。
3. 试述上市公司收购制度的概念和相关规定。

四、案例分析题

案例一：建设银行甲市分行某办事处李某与同学刘某密谋，盗用该行已公告作废的业务印鉴和银行现行票据格式凭证，于2013年12月签署了金额为80万元的银行承兑汇票1张。汇票上记载的付款人及承兑人均为该办事处，收款人为刘某所开办的沙发厂。刘某找到某电力公司请求其在票据上签署了保证。之后，刘某持票向某农村信用合作银行申请贴现，得到贴现款77万元。汇票到期，某农村信用合作银行向该办事处提示付款，遭到拒绝。

问题：
(1) 李某签署汇票的行为是票据伪造还是票据变造？
(2) 本案有哪些票据行为？说明其效力。
(3) 某农村信用合作银行是否享有票据权利？如何行使？
(4) 李某应承担什么责任？

案例二：刘某为甲公司的董事。甲公司与乙公司签订一购销合同，甲公司在预先支付了数额巨大的货款后得知，乙公司已经严重亏损，资不抵债，没有任何履约能力，且甲公

司的预付款已被当地银行划走抵充银行欠款。刘某得知这一消息，认为此次公司损失巨大，必定会影响本公司股票价格。他首先将自己手中的本公司股票抛售，还建议好友王某等人也抛出该股票。半个月后，甲、乙公司购销合同事宜通过媒体向社会公布，消息一出，甲公司股价跌落50%。

问题：

(1) 刘某的行为属于什么违法行为？
(2) 我国法律规定的该违法行为的主体包括哪些人？
(3) 依据证券法，应对刘某如何处理？

第十一章

税　法

本章导读

本章从税收的概念和特征入手，阐述了税法的概念和构成要素；介绍了我国税收的分类和主要税种，重点阐述了增值税、消费税、营业税、企业所得税和个人所得税；围绕税务管理、税款征收和税务检查等内容阐述了税收征收管理的基本法律制度。本章引入了有关税收的典型案例、介绍了税收立法背景，以便学生对税收和税收征收管理的理论与实践有较全面的了解。

第一节　税法概述

一、税收的概念和特征

税收是国家为实现其职能，凭借政治权力参与社会产品和国民收入分配，依照法定的标准和程序，无偿地、强制地取得财政收入的分配关系，这种分配关系的主体是国家，客体是劳动人民创造的国民收入和积累的社会财富，以实现国家职能。

税收不同于其他财政收入，其特点如下。

(1) 强制性。税收是国家凭借其政治权力，基于法律规定，对社会产品进行的强制性分配，而非纳税人的自愿缴纳。纳税人未依法缴纳税款的，将承担相应的法律责任。

(2) 无偿性。税收的无偿性是指国家征税后，税款一律纳入国家财政预算，由财政统一分配，而不直接向具体纳税人返还或支付报酬。税收的无偿性表现为个体的无偿性、整体的有偿性。税收的无偿性是对个体纳税人而言的，其享有的公共利益与其缴纳的税款并非一对一的对等，但就纳税人的整体而言则是对等的，政府使用税款的目的是向社会全体成员包括具体纳税人提供社会需要的公共产品和公共服务。

(3) 固定性。税收的固定性是指国家征税必须通过法律的形式，预先规定征税对象、纳税人和征税标准等征税规范，按照预定的标准征税。税收的三个特征是统一的整体，相互联系，缺一不可。无偿性是税收这种特殊分配手段本质的体现，强制性是实现税收无偿

征收的保证，固定性是无偿性和强制性的必然要求。三者相互配合，保证了政府财政收入的稳定。

二、税收法律关系

（一）税收法律关系的概念

税收法律关系是税法所调整的国家与纳税人之间在税收征纳过程中所形成的权利义务关系。

（二）税收法律关系的构成要素

1. 税收法律关系的主体

税收法律关系的主体是指参加税收法律关系，享有权利和承担义务的当事人。税收法律关系的主体分为征税主体和纳税主体，征税主体包括税务机关、海关和财政机关，纳税主体包括自然人、法人和其他组织。

2. 税收法律关系的内容

税收法律关系的内容是指税收法律关系的主体所享有的权利和承担的义务。包括纳税人所享有的权利和承担的义务，以及征税机关所享有的权利和承担的义务。

3. 税收法律关系的客体

税收法律关系的客体是指税收法律关系主体的权利和义务所共同指向的对象，即征税对象。以所得税法律关系为例，其客体为生产经营所得和其他所得。

三、税法要素和税收分类

（一）税法要素

（1）税法主体。税法主体包括征税机关和纳税主体。征税机关包括各级税务机关、财政机关和海关；纳税主体包括纳税人和扣缴义务人。法律、行政法规规定负有纳税义务的单位和个人为纳税人，负有代扣代缴、代收代缴税款义务的单位和个人为扣缴义务人。纳税人、扣缴义务人必须依照法律、行政法规的规定缴纳税款、代扣代缴、代收代缴税款。

（2）征税对象。征税对象又称课税对象，是征纳税双方权利义务所共同指向的标的，包括物和行为。征税对象是区别一种税与另一种税的重要标志。征税对象体现着征税的界限，决定着各税种的征税范围和名称，是税法最基本的要素。

（3）税目。税目是各税种所规定的具体征税项目，是对征税范围的具体化。

（4）税率。税率是对征税对象的征收比例或征收额度，是计算税额的尺度和衡量税负轻重的重要标志。税率的形式主要分为比例税率、累进税率和定额税率。

（5）纳税环节。纳税环节是指在商品生产和流转过程中应当缴纳税款的环节。以流转税和所得税为例，前者在生产和流通环节纳税，而后者则在分配环节纳税。按照纳税环节的多少，可将税种划分为一次课征制或多次课征制。

（6）纳税期限。纳税期限是指纳税人缴纳税款的期限。纳税人按照法律、行政法规规定或者税务机关依法确定的期限缴纳税款。纳税人因有特殊困难，不能按期缴纳税款的，经批准，可以延期缴纳税款。纳税人未按照规定期限缴纳税款的，税务机关除责令限期缴纳外，从滞纳税款之日起，依法加收滞纳金。

（7）纳税地点。纳税地点是纳税人申报缴纳税款的具体地点。纳税地点主要是基于各税种的纳税环节以及有利于对税款的源泉控制而规定。

（8）税收优惠。税收优惠是国家为了体现鼓励和扶持政策而采取的税收激励和照顾措施，包括减免税、退税、税收抵免等形式。

（9）违法处理。违法处理是对纳税人和征税机关工作人员违反税法的行为所采取的追责和处理措施。

（二）税收分类

税收的分类是以一定的目的和要求出发，按照一定的标准，对各不同税种隶属税类所做的一种划分。我国税收的分类如下。

1. 以课税对象为标准分类

（1）流转税。流转税是以商品生产流转额和非生产流转额为课税对象征收的一类税。流转税是我国税制结构中的主体税类，目前包括增值税、消费税和关税等。

（2）所得税。所得税又称收益税，是指以各种所得额为课税对象的一类税。所得税也是我国税制结构中的主体税类，目前包括企业所得税、个人所得税等。

（3）财产税。财产税是指以纳税人所拥有或支配的财产为课税对象的一类税，包括遗产税、房产税、契税、车辆购置税和车船税等。

（4）行为税。行为税是指以纳税人的某些特定行为为课税对象的一类税。我国现行税制中的城市维护建设税、印花税、屠宰税（2006年2月17日起废止）等属于行为税。

（5）资源税。资源税是指对在我国境内从事资源开发的单位和个人征收的一类税。我国现行税制中的资源税、土地增值税、耕地占用税和城镇土地使用税都属于资源税。

2. 以税收的管理和使用权限为标准分类

（1）中央税。中央税是指由中央政府征收和管理使用或由地方政府征收后全部划归中央政府所有并支配使用的一类税，如我国现行的关税和消费税等。这类税一般收入较大，征收范围广泛。

（2）地方税。地方税是指由地方政府征收和管理使用的一类税，如房产税。这类税一般收入稳定，并与地方经济利益关系密切。

（3）中央与地方共享税。中央与地方共享税是指税收的管理权和使用权属中央政府和地方政府共同拥有的一类税。如我国现行的增值税和资源税等。这类税直接涉及中央与地方的共同利益。

拓展阅读 11-1

国税系统负责征收管理的税种包括增值税，消费税，铁道、各银行总行、保险总公司集中缴纳的增值税、企业所得税、城市维护建设税，中央企业所得税，地方银行和外资银行及非银行金融企业所得税，海洋石油企业所得税、资源税、印花税（证券交易部分），境内外商投资企业和外国企业所得税，中央税的滞补罚收入，车辆购置税。

地税系统负责征收管理的税种包括个人所得税、土地增值税、城市维护建设税、车船税、房产税、烟叶税、资源税、城镇土地使用税、耕地占用税、企业所得税（除国税征管部分）、印花税（除国税征管部分）、地方税的滞补罚收入、教育费附加等。

3. 以税收的计算依据为标准分类

（1）从量税。从量税是指以课税对象的数量（重量、面积、件数）为依据，按固定税额计征的一类税。

从量税实行定额税率，具有计算简便等优点，如我国现行的车船税和城镇土地使用税等。

（2）从价税。从价税是指以课税对象的价格为依据，按一定比例计征的一类税。从价税实行比例税率和累进税率，税收负担比较合理，如我国现行的增值税、关税和各种所得税等税种。

拓展阅读 11-2

①价内税。价内税是指税款在应税商品价格内，作为商品价格一个组成部分的一类税，如我国现行的消费税和关税等税种。②价外税。价外税是指税款不在商品价格之内，不作为商品价格的一个组成部分的一类税，如我国现行的增值税（目前商品的价税合一并不能否认增值税的价外税性质）。

第二节 税收实体法

一、增值税和消费税法

（一）增值税法

我国现行增值税的基本规范是国务院 2017 年 11 月 19 日公布的《中华人民共和国增值税暂行条例》以及财政部和国家税务总局发布的《中华人民共和国增值税暂行条例实施细则》。

1. 增值税的含义

增值税是指以在中华人民共和国境内销售货物或者提供加工、修理修配劳务和销售服务、无形资产、不动产以及进口货物的单位和个人取得的增值额为课税对象计算税款，并实行税款抵扣制的一种税。增值税以增值额为课税对象，以销售额或营业额为计税依据，同时实行税款抵扣制的计税方式，决定其属于流转税性质的税种。

拓展阅读 11-3

营业税改增值税简称营改增，是指以前缴纳营业税的应税项目改成缴纳增值税。营改增的最大特点是减少重复征税，可以促使社会形成更好的良性循环，有利于企业降低税负。2011 年 11 月 16 日，经国务院批准，财政部、国家税务总局联合下发《营业税改征增值税试点方案》。从 2012 年 1 月 1 日起，在上海交通运输业和部分现代服务业开展营业税改征增值税试点。自 2012 年 8 月 1 日起至年底，国务院将扩大营改增试点至 8 省市。2013 年 8 月 1 日，营改增范围已推广到全国试行，将广播影视服务业纳入试点范围。2014 年 1 月 1 日起，将铁路运输和邮政服务业纳入营业税改征增值税试点。2016 年 3 月 24 日，经国务院批准,财政部、国家税务总局发布了《关于全面推开营业税改征增值税试点的通知》,自2016年5月1日起,在全国范围内全面推开营业税改征增值税试点(简称营改增),建筑业、房地产业、金融业、生活服务业等全部营业税纳税人,纳入试点范围,由缴纳营业税改为缴纳增值税。与此同时,财政部、国家税务总局发布了《营业税改征增值税试点实施办法》《营业税改征增值税试点有关事项的规定》《营业税改征增值税试点过渡政策的规定》和《跨境应税行为适用增值税零税率和免税政策的规定》。2017年10月30日国务院第191次常务会议通过了《关于废止〈中华人民共和国营业税暂行条例〉和修改〈中华人民共和国增值税暂行条例〉的决定》,并于2017年11月19日公布施行。

2. 纳税人

增值税的纳税人为在中国境内销售货物或者加工、修理修配劳务,销售服务、无形资产、不动产以及进口货物的单位和个人。其中,单位是指企业、行政单位、事业单位、军事单位、社会团体和其他单位;个人是指个体工商户和其他个人。

我国将增值税纳税人分为小规模纳税人和一般纳税人。

(1) 小规模纳税人

小规模纳税人是指年销售额在规定标准以下,并且会计核算不健全,不能按规定报送有关税务资料的增值税纳税人。自2018年5月1日起,增值税小规模纳税人标准统一为年应征增值税销售额500万元及以下。

(2) 一般纳税人

一般纳税人是指年应税销售额超过规定的小规模纳税人标准的企业和企业性单位。

增值税纳税人(以下简称纳税人)年应税销售额超过财政部、国家税务总局规定的小规模纳税人标准的,除税法另有规定外,应当向其机构所在地主管税务机关办理一般纳税人登记。

自2015年4月1日起,增值税一般纳税人资格实行登记制,登记事项由增值税纳税人向其主管税务机关办理。

除国家税务总局另有规定外,纳税人一经登记为一般纳税人后,不得再转为小规模纳税人。按照《增值税暂行条例实施细则》第28条规定,已登记为增值税一般纳税人的单位和个人,在2018年12月31日前,可转登记为小规模纳税人,其未抵扣的进项税额作转出处理。

除财政部、国家税务总局另有规定外,纳税人自其选择的一般纳税人资格生效之日起,按照增值税一般计税方法计算应纳税额,并按照规定领用增值税专用发票。

3. 征税范围

根据我国现行相关规定,在一般情况下,增值税的征税范围如下。

(1) 销售货物。货物是指有形动产,包括电力、热力、气体在内。销售货物是指有偿转让货物的所有权。

(2) 提供加工、修理修配劳务。加工是指受托加工货物,即委托方提供原料及主要材料,受托方按照委托方的要求,制造货物并收取加工费的业务。修理修配是指受托对损伤和丧失功能的货物进行修复使其恢复原状和功能的业务。单位或者个体工商户聘用的员工为本单位或者雇主提供加工、修理修配劳务,不包括在内。

（3）进口货物。进口货物是指申报进入中国海关境内的货物。

（4）销售服务。销售服务是指提供交通运输服务、邮政服务、电信服务、建筑服务、金融服务、现代服务、生活服务。

（5）销售无形资产。销售无形资产是指转让无形资产所有权或者使用权的业务活动。无形资产包括专利、商标、著作权、商誉、自然资源使用权和其他权益性无形资产。

（6）销售不动产。销售不动产是指转让不动产所有权的业务活动。

4. 税率

自2017年7月1日起，简并增值税税率结构，取消原来的13%的增值税税率；自2018年5月1日起，纳税人发生增值税应税销售行为或者进口货物，原适用17%和11%税率分别调整为16%、10%。

根据2019年政府工作任务，普惠性减税与结构性减税并举，重点降低制造业和小微企业税收负担。深化增值税改革，将制造业等行业现行16%的税率降至13%，将交通运输业、建筑业等行业现行10%的税率降至9%，确保主要行业税负明显降低；保持6%一档的税率不变，但通过采取对生产、生活性服务业增加税收抵扣等配套措施，确保所有行业税负只减不增，继续向推进税率三档并两档、税制简化方向迈进。

5. 我国增值税的计算方法

增值税分为生产型、收入型和消费型3种，主要依据对外购固定资产处理方式的不同而划分。

（1）一般纳税人

一般纳税人发生应税行为（销售货物，提供加工修理修配劳务，销售服务、不动产或转让无形资产），应纳税额为当期销项税额抵扣当期进项税额后的余额。其应纳税额计算公式为：

$$应纳税额 = 当期销项税额 - 当期进项税额$$
$$销项税额 = 销售额 \times 税率$$
$$进项税额 = 买价 \times 扣除率$$

纳税人发生应税行为，按照销售额和相应税率计算并向购买方收取的增值税额，为销项税额。销售额为纳税人发生应税行为向购买方收取的全部价款和价外费用，但是不包括收取的销项税额。

（2）小规模纳税人

小规模纳税人发生应税行为，实行按照销售额和征收率计算应纳税额的简易办法，并不得抵扣进项税额。其应纳税额计算公式为：

$$应纳税额 = 销售额 \times 征收率$$

在实际中，小规模纳税人发生应税行为一般多采用销售额和应纳税额合并定价方法，按下列公式计算销售额：

$$销售额 = 含税销售额 \div (1 + 征收率)$$

6. 减免税

增值税制度实行价外征收而且多环节多次征收，中间环节减免税没有任何意义，为此增值税的减免税是指最终环节的减免。

免征增值税的项目有：农业生产者销售的自产农产品；避孕药品和用具；古旧图书；直接用于科学研究、科学试验和教学的进口仪器、设备；外国政府、国际组织无偿援助的进口物资和设备；由残疾人的组织直接进口供残疾人专用的物品；销售的自己使用过的物品。

（二）消费税法

消费税是对应税消费品和特定的消费行为按消费流转额征收的一种流转税。

现行消费税的基本规范是国务院于2008年11月5日修改颁布的《中华人民共和国消费税暂行条例》（以下简称《消费税暂行条例》）。

消费税的征收范围是有选择的，这种选择性能够更好地体现国家的产业政策、消费政策，对产业结构的调整，对于引导消费能起到积极作用。

1. 消费税的纳税人

消费税的纳税人是在我国境内生产、委托加工和进口应税消费品的单位和个人。

2. 消费税的税目和税率

（1）消费税的税目。消费税的税目共15个，包括烟、酒、高档化妆品、贵重首饰及珠宝玉石、鞭炮焰火、成品油、摩托车、小汽车、高尔夫球及球具、高档手表、游艇、木制一次性筷子、实木地板、电池、涂料。

（2）消费税的税率。消费税的税率分为比例税率和定额税率两种形式。

3. 消费税应纳税额的计算

消费税实行从价定率、从量定额，或者从价定率和从量定额复合计税的办法计算应纳税额。

（1）从价定率计征。其计算公式为

$$应纳税额＝销售额\times 比例税率$$

销售额为纳税人销售应税消费品向购买方收取的全部价款和价外费用。

（2）从量定额计征。其计算公式为

$$应纳税额＝销售数量\times 定额税率$$

黄酒、啤酒、成品油实行从量定额计征。其销售数量是指应税消费品的数量，具体包括：①销售应税消费品的，为应税消费品的销售数量；②自产自用应税消费品的，为应税消费品的移送使用数量；③委托加工应税消费品的，为纳税人收回的应税消费品数量；④进口应税消费品的，为海关核定的应税消费品进口征税数量。

（3）复合计征。其计算公式为

$$应纳税额＝销售额\times 比例税率＋销售数量\times 定额税率$$

卷烟和白酒实行复合计征。

（4）应纳税额计算的特殊规定。具体包括：

①自产自用应税消费品应纳税额的计算。纳税人自产自用的应税消费品，按照纳税人生产的同类消费品的销售价格计算纳税；没有同类消费品销售价格的，按照组成计税价格

计算纳税。

实行从价定率办法计算纳税的计算公式为

$$组成计税价格＝(成本＋利润)\div(1－比例税率)$$
$$应纳税额＝组成计税价格\times比例税率$$

实行复合计税办法计算纳税的计算公式为

$$组成计税价格＝(成本＋利润＋自产自用数量\times定额税率)\div(1－比例税率)$$
$$应纳税额＝组成计税价格\times比例税率＋自产自用数量\times定额税率$$

②委托加工应税消费品应纳税额的计算。委托加工的应税消费品，按照受托方的同类消费品的销售价格计算纳税；没有同类消费品销售价格的，按照组成计税价格计算纳税。

实行从价定率办法计算纳税的计算公式为

$$组成计税价格＝(材料成本＋加工费)\div(1－比例税率)$$
$$应纳税额＝组成计税价格\times比例税率$$

实行复合计税办法计算纳税的计算公式为

$$组成计税价格＝(材料成本＋加工费＋委托加工数量\times定额税率)\div(1－比例税率)$$
$$应纳税额＝组成计税价格\times比例税率＋委托加工数量\times定额税率$$

③进口应税消费品应纳税额的计算。进口的应税消费品，按照组成计税价格计算纳税。

实行从价定率办法计算纳税的计算公式为

$$组成计税价格＝(关税完税价格＋关税)\div(1－比例税率)$$
$$应纳税额＝组成计税价格\times比例税率$$

实行复合计税办法计算纳税的计算公式为

$$组成计税价格＝(关税完税价格＋关税＋进口数量\times定额税率)\div(1－比例税率)$$
$$应纳税额＝组成计税价格\times比例税率＋应税消费品进口数量\times定额税率$$

二、所得税法

(一) 企业所得税法

企业所得税是以企业为纳税人，以企业一定期间的纯所得额为计税依据而征收的一种税。现行的企业所得税法是全国人大常委会于2018年12月29日公布的《中华人民共和国企业所得税法》，与其配套的实施条例是国务院于2019年4月23日修订的《中华人民共和国企业所得税法实施条例》。

1. 企业所得税的纳税人

企业所得税的纳税人是在我国境内的企业和其他取得收入的组织。个人独资企业和合伙企业不是企业所得税的纳税人。企业所得税的纳税人分为居民企业和非居民企业。

(1) 居民企业。居民企业是指依法在中国境内成立，或者依照外国（地区）法律成立但实际管理机构在中国境内的企业。实际管理机构是指对企业的生产经营、人员、账务、财产等实施实质性全面管理和控制的机构。居民企业应当就其来源于中国境内、境外的所得缴纳企业所得税。

(2) 非居民企业。非居民企业是指依照外国（地区）法律成立且实际管理机构不在中国境内，但在中国境内设立机构、场所的，或者在中国境内未设立机构、场所，但有来源于中国境内所得的企业。非居民企业在中国境内设立机构、场所的，应当就其所设机构、场所取得的来源于中国境内的所得以及发生在中国境外但与其所设机构、场所有实际联系的所得缴纳企业所得税；在中国境内未设立机构、场所的，或者虽设立机构、场所但取得的所得与其所设机构、场所没有实际联系的，应当就其来源于中国境内的所得缴纳企业所得税。

2. 企业所得税的征税对象

企业所得税的征税对象为企业的生产经营所得和其他所得，具体包括销售货物所得、提供劳务所得、转让财产所得、股息红利等权益性投资所得、利息所得、租金所得、特许权使用费所得、接受捐赠所得和其他所得。

3. 企业所得税的税率

企业所得税的税率为25%。非居民企业在中国境内未设立机构、场所的，或者虽设立机构、场所但取得的所得与其所设机构、场所没有实际联系的，就其来源于中国境内的所得缴纳企业所得税适用的税率为20%。符合条件的小型微利企业，减按20%的税率征收企业所得税。国家需要重点扶持的高新技术企业，减按15%的税率征收企业所得税。

4. 企业所得税的应纳税所得额

企业每一纳税年度的收入总额，减除不征税收入、免税收入、各项扣除以及允许弥补的以前年度亏损后的余额，为应纳税所得额。应纳税所得额的计算公式为

$$应纳税所得额 = 收入总额 - 不征税收入 - 免税收入 - 各项扣除 - 允许弥补的以前年度亏损$$

(1) 收入总额。收入总额是企业以货币和非货币形式从各种来源取得的收入，包括销售货物收入、提供劳务收入、转让财产收入、股息和红利等权益性投资收益、利息收入、租金收入、特许权使用费收入、接受捐赠收入以及其他收入。

(2) 不征税收入。不征税收入包括财政拨款、依法收取并纳入财政管理的行政事业性收费和政府性基金以及国务院规定的其他不征税收入。

(3) 免税收入。企业的下列收入为免税收入：①国债利息收入；②符合条件的居民企业之间的股息、红利等权益性投资收益；③在中国境内设立机构、场所的非居民企业从居民企业取得与该机构、场所有实际联系的股息、红利等权益性投资收益；④符合条件的非营利组织的收入。

(4) 准予扣除项目。企业实际发生的与取得收入有关的、合理的支出，包括成本、费用、税金、损失和其他支出，准予在计算应纳税所得额时扣除。企业发生的合理的工资薪金支出，准予扣除。企业发生的职工福利费支出，不超过工资薪金总额14%的部分，准予扣除；企业拨缴的工会经费，不超过工资薪金总额2%的部分，准予扣除；企业发生的职工教育经费支出，不超过工资薪金总额8%的部分，准予扣除，超过部分，准予在以后纳

税年度结转扣除。企业发生的与生产经营活动有关的业务招待费支出，按照发生额的60%扣除，但最高不得超过当年销售（营业）收入的5‰。企业发生的符合条件的广告费和业务宣传费支出，不超过当年销售（营业）收入15%的部分，准予扣除，超过部分，准予在以后纳税年度结转扣除。企业发生的公益性捐赠支出，在年度利润总额12%以内的部分，准予在计算应纳税所得额时扣除；超过年度利润总额12%的部分，准予结转以后三年内在计算应纳税所得额时扣除。在计算应纳税所得额时，下列支出不得扣除：①向投资者支付的股息、红利等权益性投资收益款项；②企业所得税税款；③税收滞纳金；④罚金、罚款和被没收财物的损失；⑤不符合《企业所得税法》规定的捐赠支出；⑥赞助支出；⑦未经核定的准备金支出；⑧与取得收入无关的其他支出。

(5) 亏损的弥补。企业纳税年度发生的亏损，准予向以后年度结转，用以后年度的所得弥补，但结转年限最长不得超过5年。

5. 企业所得税应纳税额的计算

企业所得税应纳税额的计算公式为

$$应纳税额＝应纳税所得额×适用税率－减免税额－抵免税额$$

减免税额和抵免税额是指依照税收优惠规定，减征、免征和抵免的税额。居民企业来源于中国境外的应税所得以及非居民企业在中国境内设立机构、场所，取得发生在中国境外但与该机构、场所有实际联系的应税所得，已在境外缴纳的所得税税额可以从其当期应纳税额中抵免，抵免限额为该项所得依照我国《企业所得税法》规定计算的应纳税额；超过抵免限额的部分，可以在以后5个年度内，用每年度抵免限额抵免当年应抵税额后的余额进行抵补。

（二）个人所得税法

个人所得税是指以个人所得为征税对象，并且由获得所得的个人缴纳税款的一项制度。此税的征收是财政收入的重要来源，能更好地发挥税收的自动稳定机能，促进社会公平目标的实现。2018年8月31日，第十三届全国人大常委会第五次会议对《中华人民共和国个人所得税法》作了第七次修正。

1. 个人所得税的纳税人

个人所得税的纳税义务人包括中国公民、个体工商业户、个人独资企业、合伙企业投资者、在中国有所得的外籍人员（包括无国籍人员，下同）和香港、澳门、台湾同胞。上述纳税义务人依据住所和居住时间两个标准，区分为居民和非居民，分别承担不同的纳税义务。

居民个人：在中国境内有住所，或者无住所而一个纳税年度内在中国境内居住累计满183天的个人。

非居民个人：在中国境内无住所又不居住，或者无住所而一个纳税年度内在中国境内居住累计不满183天的个人。非居民个人从中国境内取得的所得，缴纳个人所得税。

中国境内有住所是指因户籍、家庭、经济利益关系而在中国境内习惯性居住（住所≠住房＝习惯性居住地）。纳税年度是自公历1月1日至12月31日。

个人独资企业和合伙企业不缴纳企业所得税，只对投资者个人或个人合伙人取得的生产经营所得征收个人所得税。个人独资企业以投资者个人为纳税义务人,合伙企业以每一个合伙人为纳税义务人。

2. 个人所得税的税目

下列各项个人所得应纳个人所得税:①工资、薪金所得;②经营所得;③偶然所得;④劳务报酬所得;⑤稿酬所得;⑥特许权使用费所得;⑦利息、股息、红利所得;⑧财产租赁所得;⑨财产转让所得。

3. 个人所得税的税率

个人所得税的税率分为超额累进税率和比例税率两种形式。具体为:①综合所得适用的超额累进税率为3%至45%。②经营所得适用5%至35%的超额累进税率。利息、股息、红利所得,财产租赁所得,财产转让所得和偶然所得适用比例税率,税率为20%。

4. 个人所得税应纳税额的计算

(1) 综合所得计算公式为

应纳税额＝应纳税所得额×适用税率－速算扣除数
　　　＝(每一纳税年度的收入额－费用60 000元－专项扣除－专项附加扣除
　　　－依法确定的其他扣除)×适用税率－速算扣除数

根据《个人所得税专项附加扣除暂行办法》和《个人所得税专项附加扣除操作办法(试行)》的规定,纳税人享受专项附加扣除的项目如下:①子女教育;②继续教育;③大病医疗;④住房贷款利息;⑤住房租金;⑥赡养老人。

(2) 经营所得的计算公式分为两种:

个体工商户的生产、经营所得应纳税所得额的计算公式为

应纳税额＝应纳税所得额×税率－速算扣除数
　　　＝(收入总额－成本－费用－损失－税金－其他支出
　　　－允许弥补以前年度亏损)×税率－速算扣除数

上述公式中的"成本、费用"是指纳税义务人从事生产、经营所发生的各项直接支出和分配计入成本的间接费用以及销售费用、管理费用、财务费用;"损失"是指纳税义务人在生产、经营过程中发生的各项营业外支出。

对企事业单位的承包经营、承租经营所得应纳税额的计算公式为

应纳税额＝应纳税所得额×适用税率－速算扣除数
　　　＝(纳税年度收入总额－必要费用)×适用税率－速算扣除数

上述公式中的"每一纳税年度的收入总额"是指纳税义务人按照承包经营、承租经营合同规定分得的经营利润和工资、薪金性质的所得;减除的"必要费用"是指按月减除5 000元。

(3) 财产租赁所得应纳税额的计算。财产租赁所得应纳税额的计算公式为

每次收入不超过4 000元的:

应纳税额＝应纳税所得额×适用税率
　　　＝[每次收入额－准予扣除项目－修缮费用(800元为限)－800]×20%

每次收入4 000元以上的:

应纳税额＝应纳税所得额×适用税率

＝[每次收入额－准予扣除项目－修缮费用(800元为限)]×(1－20%)×20%

财产租赁所得,以一个月内取得的收入为一次。

(4) 财产转让所得应纳税额的计算。财产转让所得应纳税额的计算公式为

应纳税额＝应纳税所得额×适用税率＝(转让财产的收入额－财产原值－合理费用)×20%

(5) 利息、股息、红利所得,偶然所得和其他所得应纳税额的计算。利息、股息、红利所得,偶然所得和其他所得应纳税额的计算公式为

应纳税额＝应纳税所得额×适用税率＝每次收入额×20%

利息、股息、红利所得,以支付利息、股息、红利时取得的收入为一次;偶然所得,以每次取得该项收入为一次。

5. 个人所得税的税收优惠

(1) 免税项目。下列各项个人所得,免纳个人所得税:①省级人民政府、国务院部委和中国人民解放军军以上单位,以及外国组织、国际组织颁发的科学、教育、技术、文化、卫生、体育、环境保护等方面的奖金;②国债和国家发行的金融债券利息;③按照国家统一规定发给的补贴、津贴;④福利费、抚恤金、救济金;⑤保险赔款;⑥军人的转业费、复员费、退役金;⑦按照国家统一规定发给干部、职工的安家费、退职费、基本养老金或者退休费、离休费、离休生活补助费;⑧依照我国有关法律规定应予免税的各国驻华使馆、领事馆的外交代表、领事官员和其他人员的所得;⑨中国政府参加的国际公约、签订的协议中规定免税的所得;⑩国务院规定的其他免税所得。前款第10项免税规定,由国务院报全国人民代表大会常务委员会备案。

(2) 减税项目。有下列情形之一的,可以减征个人所得税,具体幅度和期限,由省、自治区、直辖市人民政府规定,并报同级人民代表大会常务委员会备案:①残疾、孤老人员和烈属的所得;②因严重自然灾害造成重大损失的。国务院可以规定其他减税情形,报全国人民代表大会常务委员会备案。

6. 个人所得税的纳税申报

个人所得税以所得人为纳税义务人,以支付所得的单位或者个人为扣缴义务人。纳税义务人有下列情形之一的,纳税人应当依法办理纳税申报:①取得综合所得需要办理汇算清缴;②取得应税所得没有扣缴义务人;③取得应税所得,扣缴义务人未扣缴税款;④取得境外所得;⑤因移居境外注销中国户籍;⑥非居民个人在中国境内从两处以上取得工资、薪金所得;⑦国务院规定的其他情形。扣缴义务人应当按照国家规定办理全员全额扣缴申报,并向纳税人提供其个人所得和已扣缴税款等信息。

三、其他税法

(一) 房产税法律制度

1. 房产税的纳税人

房产税的纳税人是在我国城市、县城、建制镇和工矿区内的房屋产权人,包括产权所

有人、经营管理单位、承典人、房产代管人或使用人。

2. *房产税应纳税额的计算*

房产税依照房产原值一次减除10%至30%后的余值计算缴纳，具体扣减比例由省、自治区、直辖市人民政府确定；税率为1.2%。

$$从价计征的房产税应纳税额＝应税房产原值\times(1-扣除比例)\times1.2\%$$

房产出租的，以房产租金收入为房产税的计税依据，税率为12%。

$$从租计征的房产税应纳税额＝租金收入\times12\%(或4\%)$$

3. *房产税的税收优惠*

下列房产免纳房产税：①国家机关、人民团体、军队自用的房产。②由国家财政部门拨付事业经费的单位自用的房产。③宗教寺庙、公园、名胜古迹自用的房产。④个人所有非营业用的房产；个人所有的非营业用房主要是指居民住房，不分面积多少，一律免征房产税。⑤经财政部批准免税的其他房产。

(二) 契税法律制度

1. *契税的纳税人*

契税的纳税人是在我国境内承受土地、房屋权属转移的单位和个人。土地、房屋权属是指土地使用权、房屋所有权；承受是指以受让、购买、受赠、交换等方式取得土地、房屋权属的行为。

2. *契税应纳税额的计算*

契税应纳税额的计算公式为

$$应纳税额＝计税依据\times税率$$

契税的计税依据为：国有土地使用权出让、土地使用权出售、房屋买卖，为成交价格；土地使用权赠与、房屋赠与，由征收机关参照土地使用权出售、房屋买卖的市场价格核定；土地使用权交换、房屋交换，为所交换的土地使用权、房屋的价格的差额。成交价格明显低于市场价格并且无正当理由的，或者所交换土地使用权、房屋的价格的差额明显不合理并且无正当理由的，由征收机关参照市场价格核定。契税的税率为3%～5%，具体适用税率由省、自治区、直辖市人民政府在此幅度内按照本地区的实际情况确定，并报财政部和国家税务总局备案。

3. *契税的税收优惠*

有下列情形之一的，减征或者免征契税：①国家机关、事业单位、社会团体、军事单位承受土地、房屋用于办公、教学、医疗、科研和军事设施的，免征契税；②城镇职工按规定第一次购买公有住房的，免征契税；③因不可抗力灭失住房而重新购买住房的，酌情准予减征或者免征契税；④土地、房屋被县级以上人民政府征用、占用后，重新承受土地、房屋权属的，是否减征或者免征契税，由省、自治区、直辖市人民政府确定；⑤纳税人承受荒山、荒沟、荒丘、荒滩土地使用权，用于农、林、牧、渔业生产的，免征契税；⑥依照我国有关法律规定以及我国缔结或参加的双边和多边条约或协定的规定应当予以免税的外国驻华使馆、领事馆、联合国驻华机构及其外交代表、领事官员和其他外交人员承受土地、房屋权属的，经外交部确认，可以免征契税；⑦财政部规定的其他减征、免征契税的项目。

经批准减征、免征契税的纳税人，改变有关土地、房屋的用途的，就不再属于减征免征契税范围，并且应当补缴已经减征、免征的税款。

（三）印花税法律制度

1. 印花税的纳税人

印花税的纳税人是在我国境内书立、领受税法所列举凭证的单位和个人。下列凭证为应纳税凭证：①购销、加工承揽、建设工程承包、财产租赁、货物运输、仓储保管、借款、财产保险、技术合同或者具有合同性质的凭证；②产权转移书据；③营业账簿；④权利、许可证照；⑤经财政部确定征税的其他凭证。

2. 印花税应纳税额的计算

印花税的税率分为比例税率和定额税率两种形式，纳税人根据应纳税凭证的性质，分别按比例税率或者按件定额计算应纳税额。具体计算公式如下。

实行比例税率的凭证，应纳税额的计算公式为

$$应纳税额＝应税凭证计税金额\times 比例税率$$

实行定额税率的凭证，应纳税额的计算公式为

$$应纳税额＝应税凭证件数\times 定额税率$$

营业账簿中记载资金的账簿按固定资产原值与自有流动资金总额万分之二点五贴花，其他账簿免印花税。

3. 印花税的税收优惠

下列凭证免纳印花税：①已缴纳印花税的凭证的副本或者抄本；②财产所有人将财产赠给政府、社会福利单位、学校所立的书据；③经财政部批准免税的其他凭证。

（四）资源税法律制度

1. 资源税的纳税人

资源税的纳税人是在我国领域及管辖的其他海域开发应税资源的单位和个人。中外合作开采陆上、海上石油资源的企业依法缴纳资源税。2019年8月26日通过的《资源税法》将应税资源产品扩大和细化到了164种，涵盖了所有已经发现的矿种和盐。具体包括能源矿产、金属矿产、非金属矿产、水汽矿产和海盐。

2. 资源税应纳税额的计算

资源税的应纳税额按照从价定率或者从量定额的办法。实行从价计征的，应纳税额按照应税资源产品（以下称应税产品）的销售额乘以具体适用税率计算。实行从量计征的，应纳税额按照应税产品的销售数量乘以具体适用税率计算。

大部分税目将实施从价计征，少部门实施从量计征。同时，大部分税目将实施幅度税率，省级人民政府可在《税目税率表》规定的幅度内自行提出具体税率，仅有原油、天然气、中重稀土等少数资源实施固定税率。幅度税率的最高和最低幅度差距巨大，如地热税

率可以1%～20%，或是每立方米1～30元，具体税率决定的权限在同级人大常委会，并需报全国人大常委会和国务院备案。

3. 资源税的税收优惠

有下列情形之一的，免征或者减征资源税：①免征资源税：开采原油以及在油田范围内运输原油过程中用于加热的原油、天然气；煤炭开采企业因安全生产需要抽采的煤成（层）气；②减征资源税：从低丰度油气田开采的原油、天然气，减征20%资源税；高含硫天然气、三次采油和从深水油气田开采的原油、天然气，减征30%资源税；稠油、高凝油减征40%资源税；从衰竭期矿山开采的矿产品，减征30%资源税。③由省、自治区、直辖市决定免征或减征的项目：纳税人开采或者生产应税产品过程中，因意外事故或者自然灾害等原因遭受重大损失免征或者减征资源税；纳税人开采共伴生矿、低品位矿、尾矿免征或者减征资源税。④国务院根据国民经济和社会发展需要，针对有利于促进资源节约集约利用、保护环境等情形规定减税、免税。

（五）土地增值税法律制度

1. 土地增值税的纳税人

土地增值税的纳税人为转让国有土地使用权、地上建筑物及其附着物并取得收入的单位和个人。转让国有土地使用权、地上建筑物及其附着物并取得收入，是指以出售或者其他方式有偿转让房地产的行为，不包括以继承、赠与方式无偿转让房地产的行为。

2. 土地增值税应纳税额的计算

土地增值税应纳税额的计算公式为

$$应纳税额 = 增值额 \times 适用税率 - 扣除项目金额 \times 速算扣除系数$$

增值额为纳税人转让房地产所取得的收入减除扣除项目金额后的余额。其中，转让房地产所取得的收入，包括货币收入、实物收入和其他收入；扣除项目包括：①取得土地使用权所支付的金额；②开发土地的成本、费用；③新建房及配套设施的成本、费用，或者旧房及建筑物的评估价格；④与转让房地产有关的税金；⑤财政部规定的其他扣除项目。土地增值税实行四级超率累进税率。

3. 土地增值税的税收优惠

有下列情形之一的，免征土地增值税：①纳税人建造普通标准住宅出售，增值额未超过扣除项目金额20%的；②因国家建设需要依法征收、收回的房地产。

第三节 税收程序法

一、税收征收管理

（一）税务管理

1. 税务登记

（1）税务登记的概念。税务登记是指税务机关对纳税人的基本情况以及纳税人的生产经营事项进行登记管理的制度，包括设立登记、变更登记、停业复业登记、注销登记、外出经营报验登记等。

（2）税务登记的申请。企业在外地设立的分支机构和从事生产、经营的场所，个体工商户和从事生产、经营的事业单位在领取"一照一码"营业执照后15日内，将其财务、会计制度或处理办法报送主管税务机关备案，并向税务机关报告企业全部存款账号。从事生产、经营的纳税人，税务登记内容发生变化的，自工商行政管理机关办理变更登记之日起30日内或者在向工商行政管理机关申请办理注销登记之前向税务机关申报办理变更或者注销税务登记。

自2015年10月1日起，实施"三证合一，一照一码"，"多证合一"登记制度改革。自2016年10月1日起，进一步整合社会保险登记证和统计登记证，实现"五证合一、一照一码"。

其中三证是指工商营业执照、组织机构代码证、税务登记证；五证是指工商营业执照、组机构代码证、税务登记证、社会保险登记证、统计登记证。

2017年4月，国务院常务会议审议通过《关于加快推进"多证合一"改革的指导意见》；2017年4月28日，国家工商行政管理总局表示，要求2017年10月底前，在全国全面推行"多证合一"。

（3）税务登记证件的使用。除按规定不需要发给税务登记证件的外，纳税人办理下列事项时，必须持税务登记证件：①开立银行账户；②申请减税、免税、退税；③申请办理延期申报、延期缴纳税款；④领购发票；⑤申请开具外出经营活动税收管理证明；⑥办理停业、歇业；⑦其他有关税务事项。

2. 账簿、凭证管理

（1）账簿的设置。从事生产、经营的纳税人应当自领取营业执照或者发生纳税义务之日起15日内按照国家有关规定设置账簿，包括总账、明细账、日记账以及其他辅助性账簿。扣缴义务人应当自税收法律、行政法规规定的扣缴义务发生之日起10日内按照所代扣、代收的税种分别设置代扣代缴、代收代缴税款账簿。

（2）涉税资料的保管。除法律、行政法规另有规定外，账簿、记账凭证、报表、完税凭证、发票、出口凭证以及其他有关涉税资料应当保存10年。

3. 纳税申报

（1）纳税申报的内容。纳税人、扣缴义务人的纳税申报或者代扣代缴、代收代缴税款报告表的主要内容包括：税种、税目，应纳税项目或者应代扣代缴、代收代缴税款项目，计税依据，扣除项目及标准，适用税率或者单位税额，应退税项目及税额、应减免税项目及税额，应纳税额或者应代扣代缴、代收代缴税额，税款所属期限、延期缴纳税款、欠税、滞纳金等。

（2）纳税申报的方式。税务机关应当建立健全纳税人自行申报纳税制度；经税务机关批准，纳税人可以采取邮寄、数据电文方式办理纳税申报。纳税人采取邮寄方式办理纳税申报的，应当使用统一的纳税申报专用信封，并以邮政部门收据作为申报凭据，邮寄申报以寄出的邮戳日期为实际申报日期；纳税人采取电子方式办理纳税申报的，应当按照税务机关规定的期限和要求保存有关资料，并定期书面报送主管税务机关。

（二）税款征收

1. 应纳税额的核定

（1）应纳税额核定的情形。纳税人有下列情形之一的，税务机关有权核定其应纳税额：①依照法律、行政法规的规定可以不设置账簿的；②依照法律、行政法规的规定应当设置账簿但未设置的；③擅自销毁账簿或者拒不提供纳税资料的；④虽设置账簿，但账目混乱或者成本资料、收入凭证、费用凭证残缺不全，难以查账的；⑤发生纳税义务，未按照规定的期限办理纳税申报，经税务机关责令限期申报，逾期仍不申报的；⑥纳税人申报的计税依据明显偏低，又无正当理由的。

（2）应纳税额核定的方法。税务机关采用下列方法核定纳税人的应纳税额：①参照当地同类行业或者类似行业中经营规模和收入水平相近的纳税人的税负水平核定；②按照营业收入或者成本加合理的费用和利润的方法核定；③按照耗用的原材料、燃料、动力等推算或者测算核定；④按照其他合理方法核定。

2. 税款征收的要求

（1）依法征税。税务机关依照法律、行政法规的规定征收税款，不得违反规定开征、停征、多征、少征、提前征收、延缓征收或者摊派税款。除税务机关、税务人员以及经税务机关依照法律、行政法规委托的单位和人员外，任何单位和个人不得进行税款征收活动。

（2）纳税期限。纳税人、扣缴义务人按照法律、行政法规规定或者税务机关依法确定的期限缴纳或者解缴税款；纳税人因有特殊困难不能按期缴纳税款的，经省、自治区、直辖市国家税务局、地方税务局批准，可以延期缴纳税款，但最长不得超过3个月。

（3）加收滞纳金。纳税人未按照规定期限缴纳税款的，扣缴义务人未按照规定期限解缴税款的，税务机关除责令限期缴纳外，从滞纳税款之日起，按日加收滞纳税款万分之五的滞纳金。

（4）税收优先权。税务机关征收税款，税收优先于无担保债权，法律另有规定的除外；纳税人欠缴的税款发生在纳税人以其财产设定抵押、质押或者纳税人的财产被留置之前的，税收应当先于抵押权、质权、留置权执行。纳税人欠缴税款，同时又被行政机关决定处以罚款、没收违法所得的，税收优先于罚款、没收违法所得。

（5）税收代位权和撤销权。欠缴税款的纳税人因怠于行使到期债权，或者放弃到期债权，或者无偿转让财产，或者以明显不合理的低价转让财产而受让人知道该情形，对国家税收造成损害的，税务机关可以依照民法典合同编的规定行使代位权、撤销权。税务机关行使代位权、撤销权的，不免除欠缴税款的纳税人尚未履行的纳税义务和应承担的法律责任。

（6）多缴税款的退还。纳税人超过应纳税额缴纳的税款，税务机关发现后应当立即退还；纳税人自结算缴纳税款之日起3年内发现的，可以向税务机关要求退还多缴的税款并加算银行同期存款利息，税务机关及时查实后应当立即退还。

（7）税款的补缴与追征。因税务机关的责任，致使纳税人、扣缴义务人未缴或者少缴税款的，税务机关在3年内可以要求纳税人、扣缴义务人补缴税款，但是不得加收滞纳金。因纳税人、扣缴义务人计算错误等失误，未缴或者少缴税款的，税务机关在3年内可以追征税款、滞纳金，有特殊情况的，追征期可以延长到 5 年；对偷税、抗税、骗税的，税务机关追征其未缴或者少缴的税款、滞纳金或者所骗取的税款，不受期限限制。

(三) 税务检查

1. 税务检查要求

税务机关派出的人员进行税务检查时，应当出示税务检查证和税务检查通知书，并有责任为被检查人保守秘密；未出示税务检查证和税务检查通知书的，被检查人有权拒绝检查。

2. 被检查人及相关人员的义务

（1）被检查人的义务。纳税人、扣缴义务人必须接受税务机关依法进行的税务检查，如实反映情况，提供有关资料，不得拒绝、隐瞒。

（2）相关人员的义务。税务机关依法进行税务检查时，有权向有关单位和个人调查纳税人、扣缴义务人和其他当事人与纳税或者代扣代缴、代收代缴税款有关的情况，有关单位和个人有义务向税务机关如实提供有关资料及证明材料。

二、税务行政处罚、行政复议和行政诉讼

(一) 税务行政处罚

税务行政处罚是指公民、法人或者其他经济组织有违反税收征收管理秩序的违法行为，尚未构成犯罪，依法应当承担行政责任的，由税务机关给予相应的行政处罚。税务行政处罚的种类有罚款、没收非法所得、停止出口退税权。

(二) 税务行政复议

税务行政复议是指纳税人和其他税务当事人对税务机关的具体行政行为不服，依法向该税务机关的上一级税务机关（复议机关）提出申诉，由上一级税务机关对引起争议的具体行政行为依法作出维持、变更、撤销等决定的活动。

(三) 税务行政诉讼

税务行政诉讼是指公民、法人和其他组织认为税务机关及其工作人员的具体税务行政行为违法或不当，侵犯了其合法权益，依法向人民法院提出行政诉讼，由人民法院对具体税务行政行为的合法性和适当性进行审理并作出裁决的司法活动。

(四) 税务行政处罚、行政复议和行政诉讼的关系

纳税人、扣缴义务人、纳税担保人同税务机关在纳税上发生争议时，必须先依照法律、行政法规的规定缴纳或者解缴税款及滞纳金，或提供相应的担保，然后可以依法申请行政复议；对行政复议决定不服的，可以依法向法院起诉。

当事人对税务机关的处罚决定、强制执行措施或者税收保全措施不服的，可以依法申请行政复议，也可以依法向法院起诉。

三、法律责任

违反税法的行为包括违反税收征收管理法的行为和危害税收征管罪两大类，前者为违法行为，后者为犯罪行为。

违反税收征收管理法的法律责任包括纳税人违反税法行为的法律责任、扣缴义务人违反税法行为的法律责任、开户银行及金融机构违反税法行为的法律责任和税务机关及其税务人员违反税法行为的法律责任等。

危害税收征管罪的种类有：偷税罪；抗税罪；逃避追缴欠税罪；骗取出口退税罪；虚开增值税专用发票或者虚开用于骗取出口退税、抵扣税款专用发票罪；伪造、出售伪造的增值税专用发票罪；非法出售增值税专用发票罪；非法购买增值税专用发票、购买伪造的增值税专用发票罪非法制造、出售非法制造的用于骗取出口退税、抵扣税款发票罪；非法制造、出售非法制造的发票罪；非法出售用于骗取出口退税、抵扣税款发票罪；非法出售发票罪。

练习题

一、单项选择题

1. 下列各项中，不属于以企业所得税征税对象的是（　　）。
   A. 居民企业来源于境外的所得
   B. 设立机构、场所的非居民企业，其机构、场所来源于中国境内的所得
   C. 未设立机构、场所的非居民企业来源于中国境外的所得
   D. 居民企业来源于中国境内的所得

2. 纳税人未按照规定期限缴纳税款的，税务机关除责令限期缴纳税款外，从滞纳税款之日起，按日加收滞纳税款（　　）的滞纳金。
   A. 千分之五　　B. 千分之十　　C. 万分之五　　D. 万分之十

3. 根据企业所得税法律制度的规定，下列项目中，享受税额抵免优惠政策的是（　　）。
   A. 企业的赞助支出
   B. 企业向残疾职工支付的工资
   C. 企业购置并实际使用国家相关目录规定的环境保护专用设备投资额10％的部分
   D. 创业投资企业采取股权投资方式投资于未上市的中小高新技术企业2年以上的投资额70％的部分

4. 根据个人所得税法律制度的规定，下列所得中，应缴纳个人所得税的是（　　）。
   A. 加班工资　　B. 独生子女补贴　　C. 差旅费津贴　　D. 国债利息收入

5. 企业所得税的应纳税所得额等于纳税人每一纳税年度的（　　）减去税法准予扣除项目的金额。
   A. 利润总额　　B. 生产经营所得　　C. 收入总额　　D. 营业利润

二、多项选择题

1. 根据个人所得税法律制度的规定，下列所得中，缴纳个人所得税的有（　　）。
   A. 保险赔偿　　B. 劳动分红　　C. 退休工资　　D. 军人转业费

2. 我国企业所得税的税收优惠包括（　　）。
   A. 免税收入　　B. 加计扣除　　C. 减计收入　　D. 税额抵免

3. 根据税收征收管理法律制度的规定，纳税人办理的下列事项中，必须提供税务登记证件的有（　　）。

A. 纳税申报　　　　　　　　B. 开立银行账户
　　C. 领购发票　　　　　　　　D. 缴纳税务罚款

4. 根据消费税法律制度的规定，下列消费品中，实行从量定额与从价定率相结合的复合计征办法征收消费税的有（　　）。
　　A. 卷烟　　　B. 成品油　　　C. 白酒　　　D. 小汽车

5. 依据企业所得税法律制度的相关规定，下列资产中，可采用加速折旧方法的有（　　）。
　　A. 常年处于强震动状态的固定资产
　　B. 常年处于高腐蚀状态的固定资产
　　C. 单独估价作为固定资产入账的土地
　　D. 由于技术进步原因产品更新换代较快的固定资产

三、计算分析题

某手表厂为增值税一般纳税人，生产销售各类手表。2017年6月销售A牌手表40只，每只零售价为15 210元；销售B牌手表25只，每只零售价为10 530元；销售C牌手表200只，每只零售价为234元。

已知高档手表的消费税税率为20%。假设该手表厂无其他业务。

问题： 该手表厂2017年6月应缴纳多少消费税？

第十二章

会计法与审计法

本章导读

通过本章的学习，了解会计法和审计法的概念和立法宗旨，违反《会计法》和《审计法》的法律责任，审计的基本程序。理解会计监督中的内部监督和外部监督，会计机构和会计人员的相关要求，审计机关和审计人员的相关要求。掌握会计核算的基本内容和要求，审计机关的职责与权限。

第一节 会 计 法

一、会计及会计法概述

（一）会计的概念和特征

会计是以货币为主要的计量单位，以凭证为主要的依据，借助专门的技术方法，对单位的资金运动进行全面、综合、连续、系统的核算与监督，向有关方面提供会计信息、参与经营管理、旨在提高经济效益的一种经济管理活动。

会计的基本特征：会计是一种经济管理活动；会计是一个经济信息系统；会计以货币作为主要计量单位；会计具有核算和监督的基本职能；会计采用一系列专门的方法。

（二）会计法概述

会计法是调整会计关系的法律规范的总称。会计关系包括会计机构、会计人员在办理会计事务过程中发生的经济关系，以及国家在监督管理会计工作中发生的会计管理关系。

《会计法》于1985年1月21日由第六届全国人大常委会第九次会议通过，经1993年12月29日第八届全国人大常委会第五次会议、1999年10月31日第九届全国人大常委会第十二次会议和2017年11月4日第十二届全国人大常委会第三十次会议三次修订。该法对会计工作总的原则、会计核算、会计监督、会计机构、会计人员和法律责任等作了详细规定。《会计法》适用于在中华人民共和国领域内办理会计业务的自然人和法人。

(三)《会计法》的适用范围

根据《会计法》的规定,国家机关、社会团体、公司、企业、事业单位和其他组织必须依法办理会计事务。

(四) 会计工作的管理体制

会计工作管理体制是指国家管理会计工作的组织形式和基本制度,包括管理机构的设置、职责范围划分和管理职权的确定。

1. 会计工作的管理机构

《会计法》规定,国务院财政部主管全国的会计工作,县级以上各级人民政府财政部门管理本行政区域内的会计工作。我国的会计管理工作自上而下实行"统一领导,分级管理"的原则。

2. 会计工作的基本制度

国家实行统一的会计制度。国家统一的会计制度由国务院财政部门根据《会计法》制定并公布。国务院有关部门可以依照《会计法》和国家统一的会计制度制定对会计核算和会计监督有特殊要求的行业实施国家统一的会计制度的具体办法或者补充规定,报国务院财政部门审核批准。中国人民解放军总后勤部可以依照《会计法》和国家统一的会计制度制定军队实施国家统一的会计制度的具体办法,报国务院财政部门备案。

二、会计核算

(一) 会计核算的含义

会计核算是指以货币为计量单位,运用专门的会计方法对单位的经济活动进行连续、系统、全面的记录并通过计算分析定期编制财务会计报告和其他会计资料,从而为管理提供依据的会计活动。

(二) 会计核算的内容

根据《会计法》第10条对会计核算的内容的规定,下列经济业务事项,应当办理会计手续,进行会计核算:①款项和有价证券的收付;②财物的收发、增减和使用;③债权债务的发生和结算;④资本、基金的增减;⑤收入、支出、费用、成本的计算;⑥财务成果的计算和处理;⑦需要办理会计手续、进行会计核算的其他事项。

(三) 会计核算的原则

为解决会计核算虚假的突出问题,《会计法》第9条规定:"各单位必须根据实际发生的经济业务事项进行会计核算,填制会计凭证,登记会计账簿,编制财务会计报告。任何单位不得以虚假的经济业务事项或者资料进行会计核算。"因此,会计核算必须遵循真实性原则。

会计人员在进行账务处理时,所记录的科目、登入的账户,以及数字计算应当准确无误,做到账证相符、账账相符、账表相符。三是会计报告的可验证性。会计报告必须根据账簿记录如实反映情况,不得加以粉饰。

(四) 会计核算的具体要求

1. 对会计凭证的基本要求

会计凭证是记录经济业务发生和完成情况的书面证明,是登记账簿的重要依据。会计凭证依据其内容和作用划分，可分为原始凭证和记账凭证两大类。《会计法》规定，单位办理相关经济业务事项，必须填制或者取得原始凭证并及时送交会计机构。会计机构、会计人员必须按照国家统一的会计制度的规定对原始凭证进行审核，对不真实、不合法的原始凭证有权不予接受，并向单位负责人报告；对记载不准确、不完整的原始凭证予以退回，并要求按照国家统一的会计制度的规定更正、补充。原始凭证记载的各项内容均不得涂改；原始凭证有错误的，应当由出具单位重开或者更正，更正处应当加盖出具单位印章。原始凭证金额有错误的，应当由出具单位重开，不得在原始凭证上更正。记账凭证应当根据经过审核的原始凭证及有关资料编制。

2. 会计账簿登记的要求

会计账簿是指按会计制度规定的结构、程序和方式，持续记载会计单位活动和财产及其变动状况的簿册。会计账簿是由具有专门格式而又相互联结的若干账页所组成的，分类地记载各项经济业务的簿籍，包括总账明细账、日记账和其他辅助性账。《会计法》规定，会计账簿登记，必须以经过审核的会计凭证为依据，并符合有关法律、行政法规和国家统一的会计制度的规定。会计账簿应当按照连续编号的页码顺序登记使用电子计算机进行会计核算的，其会计账簿的登记、更正，应当符合国家统一的会计制度的规定。

3. 账簿核对的规定

账簿核对简称对账，包括账证核对、账账核对和账实核对。《会计法》规定各单位应当定期将会计账簿记录与实物、款项及有关资料相互核对，保证会计账簿记录与实物、款项的实有数额相符、会计账簿记录与会计凭证的有关内容相符、会计账簿之间相对应的记录相符、会计账簿记录与会计报表的有关内容相符。

4. 财务会计报告的规定

财务会计报告应当根据经过审核的会计账簿记录和有关资料编制，并符合《会计法》和国家统一的会计制度关于财务会计报告的编制要求、提供对象和提供期限的规定；其他法律行政法规另有规定的，从其规定。

财务会计报告由会计报表、会计报表附注和财务情况说明书组成，并应由单位负责人和主管会计工作的负责人、会计机构负责人（会计主管人员）签名并盖章；设置总会计师的单位，还须由总会计师签名并盖章。单位负责人应当保证财务会计报告真实、完整。向不同的会计资料使用者提供的财务会计报告，其编制依据应当一致。有关法律、行政法规规定须经注册会计师审计的，注册会计师及其所在的会计师事务所出具的审计报告应当随同财务会计报告一并提供。

5. 会计档案

各单位对会计凭证、会计账簿、财务会计报告和其他会计资料应当建立档案，妥善保管。会计档案的保管期限和销毁办法，由国务院财政部门会同有关部门制定。

（五）对公司、企业会计核算的特别要求

《会计法》针对公司、企业会计核算的特殊性作了若干特殊规定。公司、企业必须根据实际发生的经济业务事项，按照国家统一的会计制度的规定确认、计量和记录资产、负债、所有者权益、收入、费用、成本和利润。

公司、企业进行会计核算不得有下列行为：①随意改变资产负债、所有者权益或者计量方法，虚列、多列、不列或者少列资产、负债、所有者权益；②虚列或者隐瞒收入，推迟或者提前确认收入；③随意改变费用、成本的确认标准或者计量方法，虚列、多列、不列或者少列费用、成本；④随意调整利润的计算、分配方法，编造虚假利润或者隐瞒利润；⑤违反国家统一的会计制度规定的其他行为。

案例思考 12-1

某有限责任公司（国有企业）赵某自2010年起担任总经理。2016年8月，该公司主管部门接到举报说赵某在任职期间有打击压制坚持原则的会计人员等问题。经调查，赵某因不满会计郑某多次不听从做违法会计账的指令，尤其不满其向上级主管部门反映真实情况，将其调回车间。

【问题】赵某所作所为有哪些违法之处？

【分析】"赵某因不满会计郑某多次不听从做违法会计账的指令，尤其不满其向上级主管部门反映真实情况，将其调回车间"属于单位负责人对依法履行职责、抵制违反《会计法》规定行为的会计人员实行打击报复的行为，根据《会计法》的规定，单位负责人对依法履行职责、抵制违反《会计法》规定行为的会计人员实行打击报复，构成犯罪的，依法追究刑事责任；尚不构成犯罪的，由所在单位或者有关单位依法给予行政处分。对受打击报复的会计人员，应当恢复其名誉和原有职务、级别。

三、会计监督

会计监督是指运用会计方法，对经济业务事项中资金运用的合理性、合法性和有效性进行事前、事中和事后的监督，它是会计的基本职能之一。会计监督可以分为内部监督和外部监督。

（一）内部会计监督制度

1. 内部会计监督的主体和对象

单位内部会计监督的主体是各单位内部的会计机构和会计人员，监督的对象是本单位的经济活动，包括对原始凭证、会计账簿的监督，对实物、款项的监督，对财务报告、财务收支的监督等。

2. 内部会计监督的要求

《会计法》对各单位建立健全内部会计监督制度提出了四项要求：①记账人员与经济业务事项和会计事项的审批人员、经办人员、财物保管人员的职责权限应当明确，并相互分离、相互制约；②重大对外投资、资产处置、资金调度和其他重要经济业务事项的决策和执行的相互监督、相互制约程序应当明确；③财产清查的范围、期限和组织程序应当明确；④对会计资料定期进行内部审计的办法和程序应当明确。

3. 单位负责人的义务和会计机构、会计人员的责任

为保障会计人员依法进行会计监督，《会计法》新增加了单位负责人义务的规定。单位负责人在会计监督方面的义务主要有两方面：①应当保证会计机构、会计人员依法履行职责；②不得授意、指使、强令会计机构、会计人员违法办理会计事项。会计机构、会计

人员在会计监督方面的职权主要是发现会计账簿记录与实物、款项及有关资料不相符的,按照国家统一的会计制度的规定有权自行处理的,应当及时处理;无权处理的,应当立即向单位负责人报告,请求查明原因,作出处理。

(二) 外部监督

1. 国家监督

国家监督除财政部门的监督外,还包括审计、税务、人民银行、证券监管、保险监管、金融监管等部门的会计监督。其中财政部门对各单位的会计监督主要包括以下内容:①各单位是否依法设置会计账簿;②各单位的会计凭证、会计账簿、财务会计报告和其他会计资料是否真实、完整;③各单位的会计核算是否符合《会计法》和国家统一的会计制度的规定;④从事会计工作的人员是否具备专业能力、遵守职业道德。

2. 社会监督

社会监督即会计中介机构的会计监督。《会计法》规定,有关法律、行政法规规定,必须经注册会计师进行审计的,应当向受委托的会计师事务所提供会计凭证、会计账簿、财务会计报告和其他会计资料及有关情况。任何单位或者个人不得以任何方式要求或者示意注册会计师及其所在的会计师事务所出具不实或者不当的审计报告。同时,财政部门有权对会计师事务所出具报告的程序和内容进行监督。

四、违反《会计法》的法律责任

(一) 违反《会计法》的行为

违反《会计法》的行为主要表现有:①不依法设置会计账簿的;②私设会计账簿的;③未按照规定填制、取得原始凭证或者填制、取得的原始凭证不符合规定的;④以未经审核的会计凭证为依据登记会计账簿或者登记会计账簿不符合规定的;⑤随意变更会计处理方法的;⑥向不同的会计资料使用者提供的财务会计报告编制依据不一致的;⑦未按照规定使用会计记录文字或者记账本位币的;⑧未按照规定保管会计资料,致使会计资料毁损、灭失的;⑨未按照规定建立并实施单位内部会计监督制度或者拒绝依法实施的监督或者不如实提供有关会计资料及有关情况的;⑩任用会计人员不符合《会计法》规定的。

(二) 法律责任

违反上述第①到第⑩项规定的,由县级以上人民政府财政部门责令限期改正,可以对单位并处3 000元以上5万元以下的罚款;对其直接负责的主管人员和其他直接责任人员,可以处2 000元以上2万元以下的罚款;属于国家工作人员的,还应当由其所在单位或者有关单位依法给予行政处分,构成犯罪的,依法追究刑事责任。会计人员有违法行为的,情节严重的,5年内不得从事会计工作。有关法律另有规定的,依照有关法律的规定办理。

伪造、变造会计凭证、会计账簿,编制虚假财务会计报告或者隐匿或者故意销毁依法应当保存的会计凭证、会计账簿、财务会计报告构成犯罪的,依法追究刑事责任。尚不构成犯罪的,由县级以上人民政府财政部门予以通报,可以对单位并处5 000元以上10万元以下的罚款;对其直接负责的主管人员和其他直接责任人员,可以处3 000元以上5万元以下的罚款；属于国家工作人员的，还应当由其所在单位或者有关单位依法给予撤职直至开除的行政处分；对其中的会计人员，5年内不得从事会计工作。

伪造、变造会计资料应承担的法律责任

某市国有东英机械公司，因市场变化，产品销售不畅，大量积压，厂长李某为了粉饰企业经营业绩，会同会计科长张某、会计王某多次伪造会计凭证、变造会计账簿，虚增利润80万元，并以此编制当年财务会计报告，经厂长李某等有关人员签字并盖章后报出。事后财政部门调查时，厂长李某、会计科长张某、会计王某对上述行为均供认不讳。

【问题】

(1) 上述行为属于《会计法》规定的哪种违法行为？
(2) 如上述行为尚不构成犯罪，将如何处罚？

【分析】

(1) 伪造、变造会计凭证、会计账簿，编制虚假财务会计报告的严重违法行为。
(2) 上述行为的处罚方法有：①通报；②县级以上人民政府财政部门可以对单位并处5 000元以上10万元以下的罚款，对其直接负责的主管人员和其他直接责任人员，可以处3 000元以上5万元以下的罚款；③行政处分；④5年内不得从事会计工作。

授意、指使、强令会计机构、会计人员及其他人员伪造、变造会计凭证、会计账簿，编制虚假财务会计报告或者隐匿、故意销毁依法应当保存的会计凭证、会计账簿、财务会计报告，构成犯罪的，依法追究刑事责任；尚不构成犯罪的，可以处5 000元以上5万元以下的罚款；属于国家工作人员的，还应当由其所在单位或者有关单位依法给予降级、撤职、开除的行政处分。

案例聚焦 12-1

杨某离任本村会计职务后，将本村会计资料"科目余额表"移交给本村新任会计李某，但并未移交会计凭证。杨某在该乡人民政府工作人员多次督促下，仍不移交。该乡人民政府委托会计事务所对该村账目审计监督时，杨某仍不提供会计账簿、会计凭证。公安机关传唤杨某询问该事后，其才将隐藏在家中的本村会计凭证、会计账簿移交给会计师事务所。经会计师事务所审计，该村近年来财务收入324.2万元，支出286.2万元。

法院审理后认为被告杨某故意隐藏本村会计凭证、会计账簿拒不交出，涉及金额在50万元以上，情节严重，已构成隐匿会计凭证、会计账簿罪。依照《中华人民共和国刑法修正案》之规定，杨某被判处拘役2个月，并处罚金2万元。

单位负责人对依法履行职责、抵制违反本法规定行为的会计人员以降级、撤职、调离工作岗位、解聘或者开除等方式实行打击报复，构成犯罪的，依法追究刑事责任；尚不构成犯罪的，由其所在单位或者有关单位依法给予行政处分。对受打击报复的会计人员，应当恢复其名誉和原有职务、级别。

财政部门及有关行政部门的工作人员在实施监督管理中滥用职权、玩忽职守、徇私舞弊或者泄露国家秘密、商业秘密，构成犯罪的，依法追究刑事责任；尚不构成犯罪的，依法给予行政处分。将检举人姓名和检举材料转给被检举单位和被检举人个人的，由所在单位或者有关单位依法给予行政处分。

违反《会计法》的规定，同时违反其他法律规定的，由有关部门在各自职权范围内依法进行处罚。

第二节 审 计 法

一、审计法概述

（一）审计法的概念及制定

审计是指由专设机关依照法律对国家各级政府及金融机构、企业事业组织的重大项目和财务收支进行事前和事后的审查。审计是审计机关依法独立检查被审计单位的会计凭证、会计账簿、财务会计报告以及其他与财政收支、财务收支有关的资料和资产，监督财政收支、财务收支真实、合法和效益的行为。审计具有独立性、客观性和强制性的特点。

我国的审计体系包括国家审计、内部审计和社会审计三个组成部分，其中国家审计是主体，内部审计和社会审计是重要组成部分。

我国于1994年8月31日第八届全国人大常委会第九次会议通过《审计法》。2006年2月28日，第十届全国人大常委会第二十次会议通过了《关于修改〈中华人民共和国审计法〉的决定》，对《审计法》进行了修订。《审计法》共7章54条，于2006年6月1日起实施。2010年2月2日，国务院第一百次常务会议修订通过了《中华人民共和国审计法实施条例》（以下简称《审计法实施条例》），自2010年5月1日起施行。

国家审计的基本原则是《宪法》和《审计法》确定的，贯穿于审计工作的始终，对全部审计活动都具有指导意义。国家审计机关在执行审计公务活动中必须遵循以下5项基本原则：①依法审计守则；②审计独立原则；③客观公正原则；④职业谨慎原则；⑤廉洁奉公原则。

（二）审计监督

国家实行审计监督制度。国务院和县级以上地方人民政府设立审计机关。

国务院各部门和地方各级人民政府及其各部门的财政收支，国有的金融机构和企业事业组织的财务收支，以及其他依照本法规定应当接受审计的财政收支、财务收支，依照《审计法》规定接受审计监督。审计机关对所列财政收支或者财务收支的真实、合法和效益，依法进行审计监督。审计机关依照法律规定的职权和程序，进行审计监督。审计机关依据有关财政收支、财务收支的法律、法规和国家其他有关规定进行审计评价，在法定职权范围内作出审计决定。

审计机关依照法律规定独立行使审计监督权，不受其他行政机关、社会团体和个人的干涉。审计机关和审计人员办理审计事项，应当客观公正，实事求是，廉洁奉公，保守秘密。

二、审计机关和审计人员

(一) 审计机关

1. 中央审计机关

国务院设立审计署,在国务院总理领导下,主管全国的审计工作。审计长是审计署的行政首长。

2. 地方审计机关

省、自治区、直辖市、设区的市、自治州、县、自治县、不设区的市、市辖区的人民政府的审计机关,分别在省长、自治区主席、市长、州长、县长、区长和上一级审计机关的领导下,负责本行政区域内的审计工作。地方各级审计机关对本级人民政府和上一级审计机关负责并报告工作,审计业务以上级审计机关领导为主。

审计机关根据工作需要,经本级人民政府批准,可以在其审计管辖范围内设立派出机构。派出机构根据审计机关的授权,依法进行审计工作。

(二) 审计人员

审计人员应当具备与其从事的审计工作相适应的专业知识和业务能力。审计人员办理审计事项,与被审计单位或者审计事项有利害关系的,应当回避。审计人员对其在执行职务中知悉的国家秘密和被审计单位的商业秘密,负有保密的义务。审计人员依法执行职务,受法律保护。任何组织和个人不得拒绝、阻碍审计人员依法执行职务,不得打击报复审计人员。审计机关负责人依照法定程序任免。审计机关负责人没有违法失职或者其他不符合任职条件的情况的,不得随意撤换。地方各级审计机关负责人的任免,应当事先征求上一级审计机关的意见。

三、审计机关的职责与权限

(一) 审计机关的职责

审计机关的职责具体表现在以下几个方面。

(1) 审计机关对本级各部门(含直属单位)和下级政府预算的执行情况和决算以及其他财政收支情况,进行审计监督。

(2) 审计署在国务院总理领导下,对中央预算执行情况和其他财政收支情况进行审计监督,向国务院总理提出审计结果报告。地方各级审计机关分别在省长、自治区主席、市长、州长、县长、区长和上一级审计机关的领导下,对本级预算执行情况和其他财政收支情况进行审计监督,向本级人民政府和上一级审计机关提出审计结果报告。

(3) 审计署对中央银行的财务收支,进行审计监督。审计机关对国有金融机构的资产、负债、损益,进行审计监督。

(4) 审计机关对国家的事业组织和使用财政资金的其他事业组织的财务收支,进行审计监督。

(5) 审计机关对国有企业的资产、负债、损益,进行审计监督。

(6) 对国有资本占控股地位或者主导地位的企业、金融机构的审计监督,由国务院规定。

(7) 审计机关对政府投资和以政府投资为主的建设项目的预算执行情况和决算，进行审计监督。

(8) 审计机关对政府部门管理的和其他单位受政府委托管理的社会保障基金、社会捐赠资金以及其他有关基金、资金的财务收支，进行审计监督。

(9) 审计机关对国际组织和外国政府援助、贷款项目的财务收支，进行审计监督。

(10) 审计机关按照国家有关规定，对国家机关和依法属于审计机关审计监督对象的其他单位的主要负责人，在任职期间对本地区、本部门或者本单位的财政收支、财务收支以及有关经济活动应负经济责任的履行情况，进行审计监督。

(11) 除《审计法》规定的审计事项外，审计机关对其他法律、行政法规规定应当由审计机关进行审计的事项，依照《审计法》和有关法律、行政法规的规定进行审计监督。

(二) 审计机关的权限

根据《审计法》的有关规定，审计机关进行审计时，具有下列权限。

(1) 审计机关有权要求被审计单位按照审计机关的规定提供预算或者财务收支计划、预算执行情况、决算、财务会计报告，运用电子计算机储存、处理的财政收支、财务收支电子数据和必要的电子计算机技术文档，在金融机构开立账户的情况，社会审计机构出具的审计报告，以及其他与财政收支或者财务收支有关的资料，被审计单位不得拒绝、拖延、谎报。被审计单位负责人对本单位提供的财务会计资料的真实性和完整性负责。

(2) 审计机关进行审计时，有权检查被审计单位的会计凭证、会计账簿、财务会计报告和运用电子计算机管理财政收支、财务收支电子数据的系统，以及其他与财政收支、财务收支有关的资料和资产，被审计单位不得拒绝。

(3) 审计机关进行审计时，有权就审计事项的有关问题向有关单位和个人进行调查，并取得有关证明材料。有关单位和个人应当支持、协助审计机关工作，如实向审计机关反映情况，提供有关证明材料。审计机关经县级以上人民政府审计机关负责人批准，有权查询被审计单位在金融机构的账户。审计机关有证据证明被审计单位以个人名义存储公款的，经县级以上人民政府审计机关主要负责人批准，有权查询被审计单位以个人名义在金融机构的存款。

(4) 审计机关进行审计时，被审计单位不得转移、隐匿、篡改、毁弃会计凭证、会计账簿、财务会计报告以及其他与财政收支或者财务收支有关的资料，不得转移、隐匿所持有的违反国家规定取得的资产。审计机关对被审计单位违反前款规定的行为，有权予以制止；必要时，经县级以上人民政府审计机关负责人批准，有权封存有关资料和违反国家规定取得的资产；对其中在金融机构的有关存款需要予以冻结的，应当向人民法院提出申请。审计机关对被审计单位正在进行的违反国家规定的财政收支、财务收支行为，有权予以制止；制止无效的，经县级以上人民政府审计机关负责人批准，通知财政部门和有关主管部门暂停拨付与违反国家规定的财政收支、财务收支行为直接有关的款项，已经拨付的，暂停使用。审计机关采取前两款规定的措施不得影响被审计单位合法的业务活动和生产经营活动。

(5) 审计机关认为被审计单位所执行的上级主管部门有关财政收支、财务收支的规定与法律、行政法规相抵触的,应当建议有关主管部门纠正;有关主管部门不予纠正的,审计机关应当提请有权处理的机关依法处理。

(6) 审计机关可以向政府有关部门通报或者向社会公布审计结果。审计机关通报或者公布审计结果,应当依法保守国家秘密和被审计单位的商业秘密,遵守国务院的有关规定。

(7) 审计机关履行审计监督职责,可以提请公安、监察、财政、税务、海关、价格、工商行政管理等机关予以协助。

四、审计程序

(一) 审计准备

审计机关应当根据法律、法规和国家其他有关规定,按照本级人民政府和上级审计机关的要求,确定年度审计工作重点,编制年度审计项目计划。审计机关在年度审计项目计划中确定对国有资本占控股地位或者主导地位的企业、金融机构进行审计的,应当自确定之日起7日内告知列入年度审计项目计划的企业、金融机构。审计机关应当根据年度审计项目计划,组成审计组,调查了解被审计单位的有关情况,编制审计方案,并在实施审计3日前,向被审计单位送达审计通知书。

(二) 实施审计

审计人员实施审计时,应当按照下列规定办理:①通过检查、查询、监督盘点、发函询证等方法实施审计;②通过收集原件、原物或者复制、拍照等方法取得证明材料;③对与审计事项有关的会议和谈话内容作出记录,或者要求被审计单位提供会议记录材料;④记录审计实施过程和查证结果。审计人员向有关单位和个人调查取得的证明材料,应当有提供者的签名或者盖章;不能取得提供者签名或者盖章的,审计人员应当注明原因。

(三) 提出审计报告

审计组对审计事项实施审计后,应当向审计机关提出审计组的审计报告。审计组向审计机关提出审计报告前,应当书面征求被审计单位意见。被审计单位应当自接到审计组的审计报告之日起10日内,提出书面意见;10日内未提出书面意见的,视同无异议。审计组应当针对被审计单位提出的书面意见,进一步核实情况,对审计组的审计报告作必要修改,连同被审计单位的书面意见一并报送审计机关。

(四) 出具审计意见书

审计机关按照审计署规定的程序对审计组的审计报告进行审议,并对被审计对象对审计组的审计报告提出的意见一并研究后,提出审计机关的审计报告;对违反国家规定的财政收支、财务收支行为,依法应当给予处理、处罚的,在法定职权范围内作出审计决定或者向有关主管机关提出处理、处罚的意见。上级审计机关认为下级审计机关作出的审计决定违反国家有关规定的,可以责成下级审计机关予以变更或者撤销,必要时也可以直接作出变更或者撤销的决定。

(五) 审计文书的送达

审计机关送达审计文书,可以直接送达,也可以邮寄送达或者以其他方式送达。

五、违反《审计法》的法律责任

(一) 被审计单位及有关人员的法律责任

被审计单位违反审计法和本条例的规定，拒绝、拖延提供与审计事项有关的资料，或者提供的资料不真实、不完整，或者拒绝、阻碍检查的，由审计机关责令改正，可以通报批评，给予警告；拒不改正的，对被审计单位可以处5万元以下的罚款，对直接负责的主管人员和其他直接责任人员，可以处2万元以下的罚款，审计机关认为应当给予处分的，向有关主管机关、单位提出给予处分的建议；构成犯罪的，依法追究刑事责任。

对本级各部门（含直属单位）和下级政府违反预算的行为或者其他违反国家规定的财政收支行为，审计机关、人民政府或者有关主管部门在法定职权范围内，依照法律、行政法规的规定，区别情况采取下列处理措施：①责令限期缴纳应当上缴的款项；②责令限期退还被侵占的国有资产；③责令限期退还违法所得；④责令按照国家统一的会计制度的有关规定进行处理；⑤其他处理措施。

对被审计单位违反国家规定的财务收支行为，审计机关在法定职权范围内，区别情况采取《审计法》第45条规定的处理措施，可以通报批评，给予警告；有违法所得的，没收违法所得，并处违法所得1倍以上5倍以下的罚款；没有违法所得的，可以处5万元以下的罚款；对直接负责的主管人员和其他直接责任人员，可以处2万元以下的罚款，审计机关认为应当给予处分的，向有关主管机关、单位提出给予处分的建议；构成犯罪的，依法追究刑事责任。

法律、行政法规对被审计单位违反国家规定的财务收支行为处理、处罚另有规定的，从其规定。

审计机关在作出较大数额罚款的处罚决定前，应当告知被审计单位和有关人员有要求举行听证的权利。较大数额罚款的具体标准由审计署规定。

审计机关提出的对被审计单位给予处理、处罚的建议以及对直接负责的主管人员和其他直接责任人员给予处分的建议，有关主管机关、单位应当依法及时作出决定，并将结果书面通知审计机关。

被审计单位对审计机关作出的有关财务收支的审计决定不服的，可以依法申请行政复议或者提起行政诉讼。被审计单位对审计机关作出的有关财政收支的审计决定不服的，可以提请审计机关的本级人民政府裁决，本级人民政府的裁决为最终决定。

被审计单位应当将审计决定执行情况书面报告审计机关。审计机关应当检查审计决定的执行情况。被审计单位不执行审计决定的，审计机关应当责令限期执行；逾期仍不执行的，审计机关可以申请人民法院强制执行，建议有关主管机关、单位对直接负责的主管人员和其他直接责任人员给予处分。

(二) 审计人员的法律责任

审计人员滥用职权、徇私舞弊、玩忽职守，或者泄露所知悉的国家秘密、商业秘密的，依法给予处分；构成犯罪的，依法追究刑事责任。审计人员违法、违纪取得的财物，依法予以追缴、没收或者责令退赔。

练习题

一、单项选择题

1. 被审计单位拒绝提供与审计事项有关的资料的,有权决定责令改正的是( )。
   A. 审计机关　　　　　　　　　B. 上级人民政府
   C. 本级人民政府　　　　　　　D. 上级主管机关

2. 审计工作的基本法律依据( )。
   A.《国家审计准则》　　　　　B.《审计法》
   C.《审计法实施细则》　　　　D.《审计法实施条例》

3. 某单位会计甲在审查业务员乙交来的一张购买原材料的发票时,发现该发票在产品及规格等栏目中所填内容与实际采购情况有较大差异。甲、乙二人到仓库进行核对后,由乙在发票上进行更正并写了书面说明,甲将这张发票和乙的书面说明一起作为原始凭证入账。下列关于此事的说法错误的是( )。
   A. 乙无权对原始凭证记载的内容加以更正
   B. 乙应将这张发票拿回出票单位要求重开或更正
   C. 甲有权拒绝接受这张发票,并向单位负责人报告
   D. 甲应将发票连同乙的书面说明交单位负责人审查签字后才能入账

4. 根据《会计法》的规定,某公司的下列人员中,应当对本公司会计工作和会计资料的真实性、完整性负责的单位负责人是( )。
   A. 董事长张某　　　　　　　　B. 总经理王某
   C. 总会计师李某　　　　　　　D. 财务部经理赵某

5. 下列属于内部监督的是( )。
   A. 财政机关的监督　　　　　　B. 税务机关的监督
   C. 会计人员对于违法收支不予受理　　D. 审计机关的监督

二、简答题

1. 什么是会计?什么是会计法?
2. 我国《会计法》的适用范围有哪些?
3. 简述会计核算的基本内容和要求。

三、案例分析题

审计机关对某股份有限公司2017年财务情况进行审计时,发现有以下问题:①公司作为一般纳税人,在未发生存货购入业务的情况下,从其他企业买入空白增值税发票,并在发票上注明购入商品,买价2 000万元,增值税额340万元。财务部门以该发票为依据,编制购入商品的记账凭证;纳税申报时作为增值税进项税额抵扣税款。②会计人员有充分证据证明以上行为属公司总经理强令会计人员所为。③公司销售商品开出发票时,"发票联"内容真实,但本单位"记账联"和"存根联"的金额比真实金额小。会计以"记账联"编制记账凭证,登记账簿,导致少记销售收入900万元,少记增值税153万元。

问题:公司是否存在违法行为?说明理由。

第十三章

劳动合同法

本章导读

劳动、资本和技术是市场的三大基本要素,通过本章学习,学生应了解劳动合同的基本内容和劳动合同法适用范围及规定的基本制度;掌握劳动合同的订立、履行、变更、解除及终止的法律规定;掌握劳动合同法中保护劳动者合法权益的制度及权利救济的措施。

第一节 劳动合同法概述

一、劳动合同

劳动合同又称劳动契约、劳动协议,是指劳动者与用人单位之间确立劳动关系,明确双方权利和义务的书面协议。劳动合同是市场经济体制下用人单位与劳动者进行双向选择,确定劳动关系,明确双方权利和义务的协议,是保护劳动者合法权益的基本依据。

二、劳动合同法立法概况

劳动合同是规范劳动关系最基本的法律形式,我国从 20 世纪 80 年代中期就开始进行劳动合同制度改革试点,1995 年 1 月 1 日施行的《劳动法》正式确立了劳动合同制度。2007 年全国人大常委会审议通过了《劳动合同法》,自 2008 年 1 月 1 日起施行(修订方案于 2012 年 12 月 28 日通过,自 2014 年 7 月 1 日起施行)。

拓展阅读 13-1

《劳动法》是劳动领域里的基本法,其主要内容是一些原则规定,其主要条款反映的是立法精神、立法原则。《劳动法》下面要有若干个配套的法律,才能构成劳动领域里的一个整体法律。《劳动合同法》就是《劳动法》的子法,它跟《劳动法》构成下位法和上位法的关系。

三、《劳动合同法》的适用范围

（1）中华人民共和国境内的企业、个体经济组织、民办非企业单位、依法成立的会计师事务所、律师事务所等合伙组织和基金会等组织（简称用人单位）与劳动者建立劳动关系，订立、履行、变更、解除或者终止劳动合同，适用《劳动合同法》。

（2）国家机关、事业单位、社会团体和与其建立劳动关系的劳动者，订立、履行、变更、解除或者终止劳动合同，依照《劳动合同法》执行。

（3）事业单位与实行聘用制的工作人员订立、履行、变更、解除或者终止劳动合同，法律、行政法规或者国务院另有规定的，依照其规定；未作规定的，依照《劳动合同法》有关规定执行。

（4）非全日制用工和劳务派遣工的订立、履行、变更、解除或者终止劳动合同，依照《劳动合同法》执行。

拓展阅读 13-2

民办非企业单位是指企业事业单位、社会团体和其他社会力量以及公民个人利用非国有资产举办的，从事非营利性社会服务活动的社会组织。明显特征：不是由政府或者政府部门举办的。

第二节 劳动合同的订立和内容

一、劳动合同订立的法律原则

订立劳动合同，应当遵循合法、公平、平等自愿、协商一致、诚实信用的原则。依法订立的劳动合同具有约束力，用人单位与劳动者应当履行劳动合同约定的义务。

二、劳动合同订立的主体

（一）劳动者

劳动者是为用人单位提供劳动力的自然人，也被称为职工、工人和雇员。作为劳动者，必须具备法律规定的下列条件：年满16周岁（只有文艺、体育、特种工艺单位录用人员可以例外）；有劳动权利能力和行为能力。

（二）用人单位

用人单位又称用工单位，也被称为企业主、资方、雇主、雇佣人等，在我国法律上被统称为用人单位，是指依法招用和管理劳动者，对劳动者承担有关义务者。用人单位应有用人权利能力和行为能力。

用人单位应当依法建立和完善劳动规章制度，保障劳动者享有劳动权利、履行劳动义务。

规章制度制定与公示瑕疵

用人单位在制定、修改或者决定有关劳动报酬、工作时间、休息休假、劳动安全卫生、保险福利、职工培训、劳动纪律以及劳动定额管理等直接涉及劳动者切身利益的规章制度或者重大事项时,应当经职工代表大会或者全体职工讨论,提出方案和意见,与工会或者职工代表平等协商确定。

在规章制度和重大事项决定实施过程中,工会或者职工认为不适当的,有权向用人单位提出,通过协商予以修改完善。

用人单位应当将直接涉及劳动者切身利益的规章制度和重大事项决定公示,或者告知劳动者。直接涉及劳动者切身利益的规章制度和重大事项未公示、未告知劳动者。或者即使有公示或告知劳动者,但由于公示或告知方法使用不当而导致无法向仲裁庭或法庭举证。

实践中用人单位应当严格履行"民主程序",并保留已经履行民主程序的相关书面证据;严格履行"公示程序",在规章制度公示或告知时选择易于举证的公示或告知方式,并保留已公示或告知的书面证据。

用人单位招用劳动者时,应当如实告知劳动者工作内容、工作条件、工作地点、职业危害、安全生产状况、劳动报酬,以及劳动者要求了解的其他情况。

用人单位招用劳动者,不得扣押劳动者的居民身份证和其他证件,不得要求劳动者提供担保或者以其他名义向劳动者收取财物。

拓展阅读 13-4

在实践中,有些用人单位为防止劳动者在工作中给用人单位造成损失,不赔偿就不辞而别的情况,利用自己的强势地位,在招用劳动者时要求劳动者提供担保或者向劳动者收取风险抵押金的行为。劳动监察部门对这种情况进行了大量查处,执法力度较大,使大多数用人单位不敢再明目张胆地向劳动者收取抵押金,转而采取了一些变相的方法或手段,达到向员工收取抵押金的目的。如收取服装费、电脑费、住宿费、培训费、集资款(股金)等,变相获取风险抵押金。甚至有一些犯罪分子利用劳动者求职心切,收取高额抵押金后逃之夭夭,造成社会不安定因素。此外,用人单位还通过扣押劳动者的居民身份证或者其他证件,如暂住证、资格证书和其他证明个人身份的证件等,以达到掌控劳动者的目的。无论是在建立劳动关系之前或之后,用人单位都不得要求劳动者提供担保或以其他名义向劳动者收取财物。

用人单位有权了解劳动者与劳动合同直接相关的基本情况,劳动者应当如实说明。

三、劳动合同订立的形式

用人单位自用工之日起即与劳动者建立劳动关系。建立劳动关系,应当订立书面劳动合同。对于已建立劳动关系,未同时订立书面劳动合同的,应当自用工之日起 1 个月内订立书面劳动合同。用人单位与劳动者在用工前订立劳动合同的,劳动关系自用工之日起建立。非全日制用工双方当事人可以订立口头协议。根据《劳动合同法》第 7 条、第 10 条第 2 款、第 82 条和《劳动合同法实施条例》第 5 条至第 7 条的规定，用人单位订立书面劳动合同的义务以及不履行此义务的法律后果，见表 13-1。

表 13-1　用人单位订立书面劳动合同的义务以及不履行此义务的法律后果

义务起点	第 1 阶段：自用工之日起 1 个月内	第 2 阶段：自用工之日起超过 1 个月不满 1 年	第 3 阶段：自用工之日起满 1 年后
用人单位自用工之日起即与劳动者建立劳动关系	用人单位未与劳动者订立书面劳动合同		
	用人单位诚信协商的义务		用人单位诚信成立合同的义务
	①用人单位应书面通知劳动者订立书面劳动合同。②劳动者不与用人单位订立书面劳动合同的，用人单位应书面通知劳动者终止劳动关系，无须支付经济补偿。③用人单位应依法向劳动者支付劳动报酬	①用人单位应与劳动者补订书面劳动合同。②劳动者不与用人单位订立书面劳动合同的，用人单位应书面通知劳动者终止劳动关系，并依法支付经济补偿。③用人单位未履行此义务应依照《劳动合同法》第 82 条第 1 款的规定向劳动者每月支付 2 倍的工资	①视为已与劳动者订立无固定期限劳动合同。②用人单位应立即与劳动者补订书面无固定期限劳动合同。③用人单位未履行此义务，应依照《劳动合同法》第 82 条第 2 款的规定向劳动者每月支付 2 倍的工资

四、劳动合同的种类

根据我国《劳动合同法》的规定，我国劳动合同以劳动期限为标准分为以下 3 大类。

（一）固定期限劳动合同

固定期限劳动合同又称为定期劳动合同，是指劳动者与用人单位约定了合同终止时间的劳动合同。期限届满，劳动合同即行终止。用人单位与劳动者协商一致可以订立固定期限劳动合同。

（二）无固定期限劳动合同

无固定期限劳动合同又称不定期劳动合同，是指用人单位与劳动者约定无确定终止时间的劳动合同。用人单位与劳动者协商一致可以订立无固定期限劳动合同。

为更好保障劳动者合法权益，《劳动合同法》规定，有下列情形之一，劳动者提出或者同意续订、订立劳动合同的，除劳动者提出订立固定期限劳动合同外，应当订立无固定期限劳动合同：①劳动者在该用人单位连续工作满 10 年的；②用人单位初次实行劳动合同制度或者国有企业改制重新订立劳动合同时，劳动者在该用人单位连续工作满 10 年且距法定退休年龄不足 10 年的；③连续订立两次固定期限劳动合同，且劳动者没有《劳动合同法》规定的情形，续订劳动合同的。用人单位自用工之日起满 1 年不与劳动者订立书面劳动合同的，视为用人单位与劳动者已订立无固定期限劳动合同。

（三）以完成一定工作任务为期限的劳动合同

以完成一定工作任务为期限的劳动合同，是指用人单位与劳动者约定以某项工作的完成为合同期限的劳动合同。用人单位与劳动者协商一致可以订立以完成一定工作任务为期限的劳动合同。它一般适用于完成单项工作任务、项目承包方式完成承包任务、季节性原因临时用工的劳动合同等。

五、劳动合同的内容

劳动合同的内容可分为必备条款和约定条款。必备条款是劳动合同一般应当具有的条款；约定条款是当事人可以选择适用的条款。

（一）必备条款

（1）用人单位的名称、住所和法定代表人或者主要负责人。

（2）劳动者的姓名、住址和居民身份证或者其他有效身份证件号码。

（3）劳动合同期限。劳动合同期限分为固定期限、无固定期限和以完成一定工作任务为期限 3 种。

（4）工作内容和工作地点。

（5）工作时间和休息休假。

（6）劳动报酬。

（7）社会保险。社会保险的主要项目包括养老社会保险、医疗社会保险、失业保险、工伤保险、生育保险等。

（8）劳动保护、劳动条件和职业危害防护。

（9）法律、法规规定应当纳入劳动合同的其他事项。

需要注意的是，劳动合同中缺少必备条款中的一些条款并不必然无效。

（二）约定条款

根据《劳动合同法》的规定，劳动合同除必备条款外，用人单位与劳动者还可以在法律、法规规定的框架下约定以下事项。

1. 试用期

试用期是指劳动关系处于非正式状态，劳动者对用人单位是否符合自己要求进行了解的期限。试用期包含在劳动合同期限内，劳动合同仅约定试用期的，试用期不成立，该期限为劳动合同期限；同一用人单位与同一劳动者只能约定一次试用期，以完成一定工作任务为期限的劳动合同或者劳动合同期限不满 3 个月的，不得约定试用期；劳动者在试用期的工资不得低于本单位相同岗位最低档工资或者劳动合同约定工资的 80%，并不得低于用人单位所在地的最低工资标准。

案例思考 13-1

2017 年 7 月 1 日，大学毕业生李某被一家网络游戏公司聘用，该公司与其签订了为期 1 年的劳动合同，约定试用期为 1 个月。试用期到期前 5 天，该公司表示还要对其考察，要求与李某续签 1 个月的试用期。李某虽然对此持有异议，但为了能得到这份工作遂同意该公司的要求。2017 年 9 月 29 日，该公司通知李某，认为其在试用期内的工作情况达不到录用条件，故对其不予录用。

【问题】李某能要求公司补发其 2017 年 9 月工资的差额，并给予其 1 个月工资的经济补偿金吗？

【分析】根据《劳动合同法》，案例中的网络游戏公司与李某试用期的约定上存在问题：第一，该公司与李某之间为期 1 年的劳动合同中约定的试用期不得超过 1 个月，续签的 1 个月应当视为双方履行正式的劳动合同；第二，《劳动合同法》明确约定，单位与劳动者之间只能约定一次试用期，并且对于该试用期内的工资水平做了明确限制，不得低于合同约定工资的 80% 或者本单位相同岗位最低档工资。

2. 服务期与培训

用人单位为劳动者提供专项培训费用，对其进行专业技术培训的，可以与该劳动者订立协议，约定服务期。

劳动者违反服务期约定提前终止劳动合同的，应当按照约定向用人单位支付违约金。违约金的数额不得超过用人单位提供的培训费用。对已经履行部分服务期限的，用人单位要求劳动者支付的违约金不得超过服务期尚未履行部分所应分摊的培训费用。

3. 保守秘密

保守秘密是指在劳动中约定由劳动者对用人单位的秘密负保密义务的合同条款。《劳动合同法》规定了保密义务，用人单位与劳动者可以在劳动合同中约定保守用人单位的商业秘密和与知识产权相关的保密事项。对负有保密义务的劳动者，用人单位可以在劳动合同或者保密协议中与劳动者约定竞业限制条款，并约定在解除或者终止劳动合同后，在竞业限制期限内按月给予劳动者经济补偿。劳动者违反竞业限制约定的，应当按照约定向用人单位支付违约金。

第三节　劳动合同的履行、变更、解除和终止

一、劳动合同的履行和变更

（一）劳动合同的履行

劳动合同履行是指劳动合同双方当事人依照劳动合同约定的内容，完成各自义务的过程。劳动合同履行包括以下原则。

（1）实际履行原则。
（2）全面履行原则。
（3）协作履行原则。
（4）亲自履行原则。

（二）劳动合同的变更

1. 劳动合同变更的概念

劳动合同的变更是指劳动者与用人单位对依法成立的、尚未履行或尚未履行完成的劳

动合同内容所作的修改或增删的法律行为。

2. 劳动合同变更的原因

（1）基于劳动合同双方当事人的协商一致。

（2）基于情势变更。情势变更是引起劳动合同变更的另一个重要原因，主要包括以下情形：订立劳动合同所依据的法律法规被依法修改或废止；用人单位由于政策原因或是企业产业调整等内部原因发生变化；劳动者由于健康状况、职业技能水平或其他原因，导致履行原合同内容对劳动者已形成负担；不可抗力或客观经济情况发生重大变化等。

3. 劳动合同的变更形式

变更劳动合同，应当采取书面形式，必须由双方当事人签字或盖章后生效。变更后的劳动合同文本由用人单位和劳动者各执一份。对劳动合同中约定的条款进行变更，一般经过提议、答复、协议3个步骤。

二、劳动合同的解除和终止

（一）劳动合同的解除

劳动合同的解除是指当事人双方在劳动合同期限届满之前，因当事人一方或双方的意思表示而终止劳动合同关系的法律行为。根据解除劳动合同的方式不同，劳动合同的解除可分为单方解除和协商解除。单方解除又分劳动者单方解除和用人单位单方解除。《劳动合同法》规定了解除劳动合同的如下3种情况。

1. 协商解除劳动合同

《劳动合同法》规定，用人单位与劳动者协商一致，可以解除劳动合同。协商解除劳动合同需符合以下条件：①劳动合同依法成立生效、尚未全部履行前；②双方自愿、平等协商达成一致意见在合同履行过程中，主动提起解除劳动合同的一方当事人应尽到提前通知的义务，如果是用人单位提出解除劳动合同并经劳动者同意的，用人单位还要向劳动者支付相应的经济补偿金。

2. 劳动者单方解除劳动合同

劳动者提前30日以书面形式通知用人单位，可以解除劳动合同。劳动者在试用期内提前3日通知用人单位，可以解除合同。

（1）劳动者立即解除劳动合同的情形。这包括：如果用人单位以暴力、威胁或者非法限制人身自由的手段强迫劳动者劳动的，或者用人单位违章指挥、强令冒险作业危及劳动者人身安全的，劳动者可以立即解除劳动合同，不需事先告知用人单位。

（2）劳动者随时解除劳动合同的情形。这包括：用人单位未按照劳动合同约定提供劳动保护或者劳动条件的；用人单位未及时足额支付劳动报酬的；用人单位未依法为劳动者缴纳社会保险费的；用人单位的规章制度违反法律、行政法规的规定，损害劳动者权益的；因《劳动合同法》规定的情形致使劳动合同无效的；法律、行政法规规定劳动者可以解除劳动合同的其他情形。

3. 用人单位单方解除劳动合同

（1）用人单位即时解除劳动合同的情形。这包括：劳动者在试用期间被证明不符合录用条件的；劳动者严重违反用人单位的规章制度的；劳动者严重失职，营私舞弊，给用人单位造成重大损害的；劳动者同时与其他用人单位建立劳动关系，对完成本单位的工作任务造成严重影响，或者经用人单位提出，拒不改正的；因劳动者采取欺诈、胁迫的手段或者乘人之危，使用人单位在违背真实意思的情况下订立或者变更劳动合同，致使劳动合同无效的；劳动者被依法追究刑事责任的。

(2) 用人单位预告解除劳动合同的情形。这包括：劳动者患病或者非因工负伤，在规定的医疗期满后不能从事原工作，也不能从事由用人单位另行安排的工作的；劳动者不能胜任工作，经过培训或者调整工作岗位，仍不能胜任工作的；劳动合同订立时所依据的客观情况发生重大变化，致使劳动合同无法履行，经用人单位与劳动者协商，未能就变更劳动合同内容达成协议的。有以上情形之一，用人单位提前30日以书面形式通知劳动者本人或者额外支付劳动者1个月工资后，可以解除劳动合同。

案例思考 13-2

中兴通讯（杭州）有限责任公司诉王鹏劳动合同纠纷案

2005年7月，王鹏进入中兴通讯（杭州）有限责任公司工作，劳动合同约定王鹏从事销售工作，基本工资每月3 840元。该公司的《员工绩效管理办法》规定：员工半年、年度绩效考核分别为S、A、C1、C2四个等级，分别代表优秀、良好、价值观不符、业绩待改进；S、A、C（C1、C2）等级的比例分别为20％、70％、10％；不胜任工作原则上考核为C2。王鹏原在该公司分销科从事销售工作，2009年1月后因分销科解散等原因，转岗至华东区从事销售工作。2008年下半年、2009年上半年及2010年下半年，王鹏的考核结果均为C2。中兴通讯认为，王鹏不能胜任工作，经转岗后，仍不能胜任工作，故在支付了部分经济补偿金的情况下解除了劳动合同。

【问题】劳动者在用人单位等级考核中居于末位等次，是否等同于"不能胜任工作"？用人单位能不能据此单方解除劳动合同？

【分析】为了保护劳动者的合法权益，构建和发展和谐稳定的劳动关系，《劳动合同法》对用人单位单方解除劳动合同的条件进行了明确限定。原告中兴通讯以被告王鹏不胜任工作，经转岗后仍不胜任工作为由，解除劳动合同，对此应负举证责任。根据《员工绩效管理办法》的规定，"C（C1、C2）考核等级的比例为10％"，虽然王鹏曾经考核结果为C2，但是C2等级并不完全等同于"不能胜任工作"，中兴通讯仅凭该限定考核等级比例的考核结果，不能证明劳动者不能胜任工作，不符合据此单方解除劳动合同的法定条件。虽然2009年1月王鹏从分销科转岗，但是转岗前后均从事销售工作，并存在分销科解散导致王鹏转岗这一根本原因，故不能证明王鹏系因不能胜任工作而转岗。因此，中兴通讯主张王鹏不胜任工作，经转岗后仍然不胜任工作的依据不足，存在违法解除劳动合同的情形，应当依法向王鹏支付经济补偿标准二倍的赔偿金。

（资料来源：最高人民法院指导案例第18号，中国法院网2013年11月8日发布。）

(3) 用人单位经济性裁员解除劳动合同的情形。这包括：用人单位依照企业破产法规定进行重整的；生产经营发生严重困难的；企业转产、重大技术革新或者经营方式调整，经变更劳动合同后，仍需裁减人员的；其他因劳动合同订立时所依据的客观经济情况发生重大变化，致使劳动合同无法履行的。

(4) 解除劳动合同的消极条件。劳动者有以下情形的，用人单位不得解除劳动合同：从事接触职业病危害作业的劳动者未进行离岗前职业健康检查，或者疑似职业病病人在诊断或者医学观察期间的；在本单位患职业病或者因工负伤并被确认丧失或者部分丧失劳动能力的；患病或者非因工负伤，在规定的医疗期内的；女职工在孕期、产期、哺乳期的；在本单位连续工作满15年，且距法定退休年龄不足5年的；法律行政法规规定的其他情形。

（二）劳动合同的终止

《劳动合同法》规定，有下列情形之一的，劳动合同终止：①劳动合同期届满的；②劳动者开始依法享受基本养老保险待遇的；③劳动者死亡，或者被人民法院宣告死亡或者宣告失踪的；④用人单位被依法宣告破产的；⑤用人单位被吊销营业执照、责令关闭、撤销或者用人单位决定提前解散的；⑥法律、行政法规规定的其他情形。

（三）劳动合同解除和终止的经济补偿

1. 经济补偿

经济补偿是按照《劳动合同法》的规定，在劳动者无过错的情况下，用人单位与劳动者解除或者终止劳动合同而依法应给予劳动者的经济上的补助，也称经济补偿金。

2. 用人单位应当向劳动者支付经济补偿的情形

(1) 由用人单位提出解除劳动合同并与劳动者协商一致而解除劳动合同的。

(2) 劳动者符合随时通知解除和不需事先通知即可解除劳动合同的规定情形而解除劳动合同的。

(3) 用人单位符合提前30日以书面形式通知劳动者本人或者额外支付劳动者1个月工资后可以解除劳动合同的规定情形而解除劳动合同的。

(4) 用人单位符合可裁减人员规定而解除与劳动者的劳动合同的。

(5) 除用人单位维持或者提高劳动合同约定条件续订劳动合同劳动者不同意续订的情形外，劳动合同期满终止固定期限劳动合同的。

(6) 以完成一定工作任务为期限的劳动合同因任务完成而终止的。

(7) 用人单位被依法宣告破产终止劳动合同的。

(8) 用人单位被吊销营业执照、责令关闭、撤销或者用人单位决定提前解散而终止劳动合同的。

(9) 法律、行政法规规定解除或终止劳动合同应当向劳动者支付经济补偿的其他情形。

3. 经济补偿的支付标准

经济补偿一般根据劳动者在用人单位的工作年限和工资标准来计算具体金额，并以货币形式支付给劳动者。

(1) 经济补偿按劳动者在本单位工作的年限，每满1年支付1个月工资的标准向劳动者支付。6个月以上不满1年的，按1年计算；不满6个月的，向劳动者支付半个月工资的经济补偿。

(2) 劳动者在劳动合同解除或者终止前12个月的平均工资低于当地最低工资标准的，按照当地最低工资标准计算。劳动者工作不满12个月的，按照实际工作的月数计算平均工资。

(3) 劳动者月工资高于用人单位所在直辖市、设区的市级人民政府公布的本地区上年度职工月平均工资 3 倍的，向其支付经济补偿的标准按职工月平均工资 3 倍的数额支付，向其支付经济补偿的年限最高不超过 12 年。

第四节　集体合同、劳务派遣与非全日制用工

一、集体合同

（一）集体合同的一般规定

集体合同又称集体协约，是指用人单位与企业职工一方为规范劳动关系而订立的，以全体劳动者的共同利益为中心内容的书面协议。

《劳动合同法》规定，企业职工一方与用人单位通过平等协商，可以就劳动报酬、工作时间、休息休假、劳动安全卫生、保险福利等事项订立集体合同。集体合同草案应当提交职工代表大会或者全体职工讨论通过。集体合同由工会代表企业职工一方与用人单位订立；尚未建立工会的用人单位，由上级工会指导劳动者推举的代表与用人单位订立。

集体合同与劳动合同相比具有以下特点：①当事人不同。集体合同的双方当事人分别是代表职工的工会和用人单位，而劳动合同当事人为单个劳动者和用人单位。②内容不同。集体合同内容针对用人单位内的全体劳动者的共同权利义务。③目的不同。集体合同的目的是在其效力范围内规范劳动关系。④效力不同。集体合同的法律效力一般高于劳动合同的效力。⑤二者在形式和适用范围等方面也有区别。

（二）集体合同的特殊规定

1. 专项集体合同

我国《劳动合同法》规定，企业职工一方与用人单位可以订立劳动安全卫生、女职工权益保护、工资调整机制等专项集体合同。专项集体合同的订立程序、合同期限、解除或变更依照集体合同的同类规定。

2. 行业性集体合同和区域性集体合同

行业性集体合同主要是指在一定地域的一定行业内，由地方工会或者其他行业性工会联合组织与一定行业的企业代表，为保护行业内的全体劳动者合法权益就劳动安全卫生、工作时间、休息休假等事项所协商订立的集体合同。区域性集体合同主要是指在县级以下区域内，由区域工会与该区域内的企业方面代表，就劳动报酬、工作时间、保险福利等事项所协商订立的集体合同。目前，区域性集体合同主要适用于县级以下的区域内。

二、劳务派遣

（一）劳务派遣的概念和特征

劳务派遣又称人才派遣、人才租赁、劳动派遣、劳动力租赁，是指由劳务派遣机构与派遣劳工订立劳动合同，由要派企业（实际用工单位）向派遣劳工给付劳务报酬，劳动合同关系存在于劳务派遣机构与派遣劳工之间，但劳动力给付的事实则发生于派遣劳工与要

派企业（实际用工单位）之间。

劳动合同用工是我国的企业基本用工形式。劳务派遣用工是补充形式，只能在临时性、辅助性或者替代性工作岗位上实施。

临时性工作岗位是指存续时间不超过6个月的岗位；辅助性工作岗位是指为主营业务岗位提供服务的非主营业务岗位；替代性工作岗位是指用工单位的劳动者因脱产学习、休假等原因无法工作的一定期间内可以由其他劳动者替代工作的岗位。

劳务派遣与（个别）劳动合同相比，具有如下特征：①劳务派遣中有3个主体，劳动者的雇佣和使用相分离。3个主体是劳务派遣单位（用人单位）、劳动者及用工单位。劳动者与劳务派遣单位建立劳动关系，但实际使用劳动者的是用工单位，用工单位与劳务派遣单位签订劳务派遣协议。②劳动合同的期限为2年以上的固定期限合同，按月支付报酬，在无工作期间，也应按照最低工资标准支付。

（二）对劳务派遣的法律规制

1. 劳务派遣单位（用人单位）

经营劳务派遣业务应当具备的条件包括：注册资本不得少于200万元人民币；有与开展业务相适应的固定的经营场所和设施等。经营劳务派遣业务，应当向劳动行政部门依法申请行政许可。

劳务派遣单位派遣劳动者应当与接受以劳务派遣形式用工的单位订立劳务派遣协议。劳务派遣单位应当将劳务派遣协议的内容告知被派遣劳动者。劳务派遣单位不得克扣用工单位按照劳务派遣协议支付给被派遣劳动者的劳动报酬。劳务派遣单位和用工单位不得向被派遣劳动者收取费用。

2. 用工单位

《劳动合同法》规定，用工单位应当履行下列义务：①执行国家劳动标准，提供相应的劳动条件和劳动保护；②告知被派遣劳动者的工作要求和劳动报酬；③支付加班费、绩效奖金，提供与工作岗位相关的福利待遇；④对在岗被派遣劳动者进行工作岗位所必需的培训；⑤连续用工的，实行正常的工资调整机制。用工单位不得将被派遣劳动者再派遣到其他用人单位。

3. 劳动者

《劳动合同法》第63条规定，被派遣劳动者享有与用工单位的劳动者同工同酬的权利。用工单位无同类岗位劳动者的，参照用工单位所在地相同或者相近岗位劳动者的劳动报酬确定。《劳动合同法》第64条规定，被派遣劳动者有权在劳务派遣单位或者用工单位依法参加或者组织工会，维护自身的合法权益。《劳动合同法》第65条规定，被派遣劳动者可以依照《劳动合同法》第36条、第38条的规定与劳务派遣单位解除劳动合同。

三、非全日制用工

（一）非全日制用工的界定

非全日制用工是指以小时计酬为主，劳动者在同一用人单位一般平均每日工作时间不超过4小时，每周工作时间累计不超过24小时的用工形式。

非全日制用工是全日制用工的一种补充形式，它可以建立多重劳动关系。从事非全日制用工的劳动者可以与一个或者一个以上用人单位订立劳动合同，但是，后订立的劳动合同不得影响先订立的劳动合同的履行。

（二）对非全日制用工的法律规制

1. 劳动合同的形式

《劳动合同法》规定，非全日制用工双方当事人可以订立口头协议。

2. 工资标准

非全日制用工小时计酬标准不得低于用人单位所在地人民政府规定的最低小时工资标准。非全日制用工劳动报酬结算支付周期最长不得超过15日。

3. 特殊规定

非全日制用工双方当事人不得约定试用期。非全日制用工双方当事人任何一方都可以随时通知对方终止用工。终止用工时用人单位不向劳动者支付经济补偿。

第五节　劳动争议的解决

一、劳动争议解决机制概述

劳动争议解决机制是由劳动争议处理机构和相互衔接的争议处理程序共同构成的解决劳动争议的制度体系。我国现行的劳动争议解决体制大致概括为"一调一裁二审"，对部分劳动争议案件实行有限制的"裁终局"。

二、劳动争议协商和解制度

发生劳动争议后，劳动者可以与用人单位自行协商和解，也可以请工会或者第三方共同与用人单位协商，达成和解协议。如果协商不成，可以直接进入劳动争议的法定解决程序。和解协议不具备法律约束力，但就支付工资报酬、加班费、经济补偿或赔偿金等特定事项达成的协议具有法律效力。

三、劳动争议调解制度

劳动争议调解是指基层群众组织对发生的劳动争议以协商方式，使劳动者和用人单位达成协议，从而解决纠纷。劳动争议调解由基层群众组织负责。

调解的程序是当事人提出调解申请，调解组织审查后，由调解组织主持召开调解会议，基于事实依法在当事人之间调和。

当事人申请劳动争议调解可以书面申请，也可以口头申请。

经调解达成协议后，调解协议书对双方当事人具有约束力，当事人应当履行。一方当事人在协议约定期限内不履行调解协议的，另一方当事人可以依法申请仲裁。因支付拖欠劳动报酬、工伤医疗费、经济补偿或者赔偿金事项达成调解协议，用人单位在协议约定期限内不履行的，劳动者可以持调解协议书依法向人民法院申请支付令。

自劳动争议调解组织收到调解申请之日起 15 日内未达成调解协议的,当事人可以依法申请仲裁。

四、劳动争议仲裁

(一)劳动争议仲裁概述

劳动争议仲裁是指当事人将劳动争议提交劳动争议仲裁委员会,由其对双方的争议进行处理,并作出具有约束力的裁决,从而解决劳动争议。

劳动争议仲裁具有公正性、及时性和强制性的特点。

劳动争议仲裁是人民法院受理劳动争议案件的前提条件,如果不经过劳动争议仲裁委员会的仲裁,法院是不予受理的。

(二)劳动争议仲裁机构

1. 劳动争议仲裁机构组成

劳动争议仲裁机构包括劳动(人事)争议仲裁委员会及其办事机构、仲裁庭以及仲裁员。劳动争议仲裁委员会由劳动行政部门代表、工会代表和企业方面代表组成,其组成人员应当是单数。

2. 劳动争议仲裁案件管辖

劳动争议由劳动合同履行地或者用人单位所在地的劳动争议仲裁委员会管辖;双方当事人分别向劳动合同履行地和用人单位所在地的劳动争议仲裁委员会申请仲裁的,由劳动合同履行地的劳动争议仲裁委员会管辖。

3. 劳动争议仲裁案件受理范围

该范围包括:因确认劳动关系发生的争议;因订立、履行、变更解除和终止劳动合同发生的争议;因除名、辞退和辞职、离职发生的争议;因工作时间、休息休假、社会保险、福利、培训以及劳动保护发生的争议;因劳动报酬、工伤医疗费、经济补偿或者赔偿金等发生的争议;法律、法规规定的其他劳动争议。

五、劳动争议诉讼

劳动争议诉讼是指劳动争议当事人不服劳动争议仲裁委员会的裁决,在规定的期限内向人民法院起诉,人民法院依照民事诉讼程序,依法对劳动争议案件进行审理的活动。

劳动争议诉讼是解决劳动争议的最终程序,用人单位所在地或者劳动合同履行地的基层人民法院享有对劳动争议的诉讼管辖权。在我国,劳动争议案件适用民事诉讼的简易程序审理,一般案件适用普通一审程序审理,实行二审终审制。法院审理的对象主要是劳动权利义务。

第六节　违反劳动合同的法律责任

一、用人单位的法律责任

(1) 用人单位直接涉及劳动者切身利益的规章制度违反法律、法规规定的,由劳动行政部门责令改正，给予警告；给劳动者造成损害的，应当承担赔偿责任。

（2）用人单位提供的劳动合同文本未载明《劳动合同法》规定的劳动合同必备条款或者用人单位未将劳动合同文本交付劳动者的，由劳动行政部门责令改正；给劳动者造成损害的，应当承担赔偿责任。

（3）用人单位自用工之日起超过1个月不满1年未与劳动者订立书面劳动合同的，应当向劳动者每月支付2倍的工资。用人单位违反《劳动合同法》的规定不与劳动者订立无固定期限劳动合同的，自应当订立无固定期限劳动合同之日起向劳动者每月支付2倍的工资。

（4）用人单位违反《劳动合同法》的规定与劳动者约定试用期的，由劳动行政部门责令改正；违法约定的试用期已经履行的，由用人单位以劳动者试用期满月工资为标准，按已经履行的超过法定试用期的期间向劳动者支付赔偿金。

（5）用人单位违反《劳动合同法》的规定，扣押劳动者居民身份证等证件的，由劳动行政部门责令限期退还劳动者本人，并依照有关法律规定给予处罚。

用人单位违反《劳动合同法》的规定，以担保或者其他名义向劳动者收取财物的，由劳动行政部门责令限期退还劳动者本人，并以每人500元以上2 000元以下的标准处以罚款；给劳动者造成损害的，应当承担赔偿责任。

劳动者依法解除或者终止劳动合同，用人单位扣押劳动者档案或者其他物品的，依照上述规定处罚。

（6）用人单位有下列情形之一的，由劳动行政部门责令限期支付劳动报酬、加班费或者经济补偿；劳动报酬低于当地最低工资标准的，应当支付其差额部分；逾期不支付的，责令用人单位按应付金额50%以上100%以下的标准向劳动者加付赔偿金。

① 未按照劳动合同的约定或者国家规定及时足额支付劳动者劳动报酬的；

② 低于当地最低工资标准支付劳动者工资的；

③ 安排加班不支付加班费的；

④ 解除或者终止劳动合同，未依照《劳动合同法》的规定向劳动者支付经济补偿的。

（7）劳动合同依照《劳动合同法》的规定被确认无效，给对方造成损害的，有过错的一方应当承担赔偿责任。

（8）用人单位违反《劳动合同法》的规定解除或者终止劳动合同的，应当依照劳动合同法规定的经济补偿标准的2倍向劳动者支付赔偿金。

（9）用人单位违反《劳动合同法》的规定未向劳动者出具解除或者终止劳动合同的书面证明，由劳动行政部门责令改正；给劳动者造成损害的，应当承担赔偿责任。

（10）用人单位招用与其他用人单位尚未解除或者终止劳动合同的劳动者，给其他用人单位造成损失的，应当承担连带赔偿责任。

二、劳动者的法律责任

劳动者承担赔偿责任的情形如下。

（1）劳动者的过错导致合同无效给用人单位造成损失的。

（2）劳动者违反《劳动合同法》的规定解除劳动合同，或者违反劳动合同中约定的保密义务或者竞业限制，给用人单位造成损失的。

(3) 劳动者尚未与用人单位解除或者终止劳动合同，又与其他用人单位建立劳动关系，给其他用人单位造成损失的，等等。

练习题

一、单项选择题

1. 郑某于 2017 年 6 月 15 日与甲公司签订劳动合同，约定试用期为 1 个月。7 月 2 日郑某上班，郑某与甲公司建立劳动关系的时间是（　　）。
   A. 2017 年 6 月 15 日　　　　　　　　B. 2017 年 7 月 2 日
   C. 2017 年 7 月 15 日　　　　　　　　D. 2017 年 8 月 2 日

2. 以下条款中（　　）不是劳动合同的必备条款。
   A. 劳动合同期限
   B. 用人单位的名称、住所和法定代表人或者主要负责人
   C. 劳动报酬和社会保险
   D. 试用期

3. 甲某在一企业工作，试用期未满便想解除劳动合同，则下列各项表述中正确的是（　　）。
   A. 甲应当提前 30 日以口头或书面形式通知企业解除合同
   B. 甲应当提前 30 日以书面形式通知企业解除合同
   C. 甲可以提前 3 日通知企业解除合同
   D. 甲可以随时通知企业解除合同

4. 用人单位自用工之日起满 1 年不与劳动者订立书面劳动合同的，视为用人单位与劳动者（　　）。
   A. 已订立无固定期限劳动合同
   B. 已订立为期 1 年的固定期限劳动合同
   C. 未订立劳动合同
   D. 未建立劳动关系

5. 王某与甲公司签订的劳动合同有效期到 2018 年 4 月 30 日。乙公司因业务需要高薪招揽人员，在 2018 年 2 月 1 日与王某签订了劳动合同，王某在未与甲公司解除劳动合同的情况下于 2 月 15 日到乙公司上班，由此给甲公司造成了经济损失。下列说法，不正确的是（　　）。
   A. 王某应赔偿甲公司的损失
   B. 乙公司应承担连带赔偿责任
   C. 如果王某提前 30 日向甲公司提出辞职，则王某不应承担责任
   D. 这是正常的"跳槽"现象，甲公司不应阻拦，王某也不该承担法律责任

二、多项选择题

1. 用人单位与劳动者终止劳动合同的下列情形中，用人单位需要支付劳动者经济补偿的有（　　）。
   A. 用人单位被依法宣告破产而终止劳动合同的

B. 用人单位被吊销营业执照而终止劳动合同的
C. 用人单位被责令关闭而终止劳动合同的
D. 用人单位决定提前解散而终止劳动合同的

2. 根据法律规定，下列纠纷属于劳动争议的是（　　）。
   A. 因企业开除、除名职工而发生的争议
   B. 职工李某因单位未准其探亲假而与单位发生的纠纷
   C. 退休职工郑某与原单位因退休费用的发放而发生的争议
   D. 职工王某与工伤认定机关因工伤认定结论而发生的争议

3. 劳动者因用人单位拖欠劳动报酬发生劳动争议申请仲裁的，应当在仲裁时效期间内提出。关于仲裁时效期间的下列表述中，正确的有（　　）。
   A. 从用人单位拖欠劳动报酬之日起 1 年
   B. 从用人单位拖欠劳动报酬之日起 2 年
   C. 劳动关系存续期间无仲裁时效期间限制
   D. 劳动关系终止的自劳动关系终止之日起 1 年

4. 用人单位招用劳动者时，不得有以下（　　）行为。
   A. 扣押劳动者的居民身份证和其他证件
   B. 要求劳动者提供担保或者以其他名义向劳动者收取财物
   C. 了解劳动者与劳动合同直接相关的基本情况
   D. 不如实告知劳动者工作内容、工作条件、工作地点、职业危害、安全生产状况、劳动报酬

5. 根据《劳动合同法》的规定，下列关于试用期的说法正确的是（　　）。
   A. 试用期的约定不超过 1 年
   B. 同一用人单位和同一劳动者能多次约定试用期
   C. 试用期内，劳动者提前 3 日通知用人单位可解除劳动合同
   D. 劳动者在试用期的工资不得低于本单位相同岗位最低档工资或者劳动合同约定工资的 80%

三、案例分析题

2017 年 2 月，刘某经某宾馆考核，招收为服务员，在该宾馆餐厅工作，并与宾馆签了为期 5 年的劳动合同。该合同约定："鉴于宾馆服务行业的特殊要求，凡在本宾馆工作的女性服务员合同期内不得怀孕。否则，宾馆有权解除劳动合同。"当时，刘某对这一条款没太注意，就在合同上签了字。2017 年 10 月，因刘某男友工作单位正在筹建家属楼。为了能分得住房，刘某与男友结了婚，不久怀了孕。该宾馆得知后，以刘某违反劳动合同为由，于 2018 年 5 月 15 日作出了解除与刘某所订劳动合同的决定，并没收了刘某签订劳动合同时缴纳的抵押金 2 000 元人民币。

刘某不服，欲向当地劳动争议仲裁委员会申请仲裁。

问题：
(1) 该宾馆的做法有哪些违反了《劳动合同法》的规定？
(2) 本案中，刘某申请仲裁的时效是多少？
(3) 本案中，刘某可以提出的仲裁请求有哪些？

第十四章

经济纠纷的解决

本章导读

在经济法律关系中，当事人之间就其权利义务发生争议，可以通过协商、调解、仲裁或司法诉讼等方式解决纠纷。本章围绕仲裁法律制度和民事诉讼法律制度，着重介绍了仲裁的基本原则、仲裁机构设置和管辖、仲裁程序、诉讼管辖、民事案件审批程序以及执行程序等内容。通过本章学习，要求学生了解仲裁和仲裁法的概念、仲裁机构设置、仲裁程序、民事诉讼法的概念和审判、执行程序。掌握仲裁法的基本原则和基本制度、仲裁协议、民事诉讼案件的管辖、举证责任和财产保全、起诉条件、上诉期限、申请执行期限等法律规定。

第一节 经济仲裁

一、仲裁法概述

（一）仲裁的概念和特征

1. 仲裁的概念

仲裁是指当事人依据仲裁协议，将其争议提交给仲裁机构以解决合同纠纷和其他财产权益纠纷的非诉争议解决机制。

2. 仲裁的特征

（1）自愿性。采取仲裁方式解决纠纷，当事人必须自愿。即当事人应当自愿达成仲裁协议。没有仲裁协议，一方申请仲裁的，仲裁委员会不予受理。有仲裁协议，一方向法院起诉的，法院不予受理；当事人可以选定仲裁机构，仲裁机构不实行级别管辖和地域管辖；当事人可以选定仲裁员和共同约定仲裁庭的组成形式、审理方式等事项。

（2）独立性。仲裁依法独立进行，不受任何机关、社会团体和个人的干涉。仲裁独立，包括从仲裁机构的设置，到仲裁纠纷的整个程序，都依法具有独立性。

(3) 专业性。仲裁属于专家裁判。仲裁委员会的主任、副主任和委员由法律、经济贸易专家和有实际工作经验的人员担任。仲裁委员会的组成人员中，法律、经济贸易专家不得少于 2/3。

(4) 保密性。仲裁不公开进行。

（二）仲裁法的适用范围

平等主体的公民、法人和其他组织之间发生的合同纠纷和其他财产权益纠纷，可以仲裁。但下列纠纷不能仲裁：①婚姻、收养、监护、扶养、继承纠纷；②依法应当由行政机关处理的行政争议。

（三）仲裁法的基本制度

仲裁又称"公断"，是指当事人双方根据事前或者事后达成的仲裁协议，自愿将纠纷提交给仲裁机构处理，仲裁机构作出的裁决对双方当事人具有约束力的一种法律制度。在我国，仲裁制度正在逐步发挥重要作用。1994 年 8 月 31 日，第八届全国人大常委会通过了《中华人民共和国仲裁法》（以下简称《仲裁法》），于 1995 年 9 月 1 日起施行。我国仲裁法根据多年来的实践经验，借鉴国际上通行的做法，确立了下列基本制度。

1. 协议仲裁制度

协议仲裁制度是自愿原则的集中体现。仲裁机构受理案件，必须基于当事人的共同授权，对没有仲裁协议的仲裁申请，仲裁机构不予受理。

2. 或裁或审制度

当事人达成仲裁协议，一方向人民法院起诉，人民法院不予受理，但仲裁协议无效的除外。一方向人民法院起诉未声明有仲裁协议，人民法院受理后，另一方在首次开庭前提交仲裁协议的，人民法院应当驳回起诉，但仲裁协议无效的除外；另一方在首次开庭前未对人民法院受理该案提出异议的，视为放弃仲裁协议，人民法院应当继续审理。

3. 一裁终局制度

仲裁实行一裁终局的制度。仲裁裁决作出后，当事人就同一纠纷再申请仲裁或者向人民法院起诉的，仲裁委员会或者人民法院不予受理。

二、仲裁协议

（一）仲裁协议的概念

仲裁协议是指双方当事人在自愿、平等的基础之上达成的，将当事人之间已发生或者可能发生的商事争议提交仲裁机构裁决的书面协议。仲裁协议是申请仲裁的必备材料。

（二）仲裁协议的效力

1. 生效要件

(1) 主体合法。仲裁协议当事人应该为完全民事行为能力人，才能具备缔约能力。

(2) 形式合法。仲裁协议应该是在纠纷发生前或者纠纷发生后达成的请求仲裁的书面协议，包括合同中订立的仲裁条款、合同书、信件和数据电文等形式达成的请求仲裁的协议。

(3) 内容合法。仲裁协议的内容应当包括：①请求仲裁的意思表示；②仲裁事项；③选定的仲裁委员会。

2. 仲裁协议的无效

有下列情形之一的，仲裁协议无效：①约定的仲裁事项超出法律规定的仲裁范围的；②无民事行为能力人或者限制民事行为能力人订立的仲裁协议；③一方采取胁迫手段，迫使对方订立仲裁协议的；④未对仲裁事项或者仲裁委员会达成补充协议的仲裁协议；⑤口头方式订立的仲裁协议；⑥无民事行为能力人或者限制民事行为能力人订立的仲裁协议无效。

三、仲裁机构

(一) 仲裁机构的概念和特征

1. 仲裁机构的概念

仲裁机构是指依据当事人的仲裁协议，依法受理、裁决民商事争议的专门机构。

2. 仲裁机构的特征

(1) 独立性。仲裁委员会可以在直辖市和省、自治区人民政府所在地的市设立，也可以根据需要在其他设区的市设立，不按行政区划层层设立。仲裁机构依照法律和章程独立开展活动。

(2) 民间性。仲裁机构是民间组织，非行政机关。

(3) 非营利性。仲裁委员会是中国仲裁协会的会员。中国仲裁协会是仲裁委员会的自律性组织，是社会团体法人。仲裁案件的受理费用于给付仲裁员报酬、维持仲裁委员会正常运转的必要开支。

(二) 仲裁机构的设立

1. 设立条件

(1) 有自己的名称、住所和章程。

(2) 有必要的财产。是指仲裁工作所必需的设施、设备和独立的经费等。

(3) 有必要的组成人员。仲裁委员会由主任1人、副主任2~4人和委员7~11人组成。仲裁委员会的主任、副主任和委员由法律、经济贸易专家和有实际工作经验的人员担任。仲裁委员会的组成人员中，法律、经济贸易专家不得少于2/3。

(4) 有聘任的仲裁员。仲裁委员会应当从公道正派的人员中聘任仲裁员，并按照不同专业设仲裁员名册。仲裁员应当符合下列条件之一：①从事仲裁工作满8年的；②从事律师工作满8年的；③曾任审判员满8年的；④从事法律研究、教学工作并具有高级职称的；⑤具有法律知识、从事经济贸易等专业工作并具有高级职称或者具有同等专业水平的。

2. 设立登记

仲裁委员会由直辖市和省、自治区人民政府所在地的市人民政府组织有关部门和商会统一组建。设立仲裁委员会,应当经省、自治区、直辖市的司法行政部门登记。

四、仲裁程序

(一)仲裁申请

1. 仲裁申请的条件

当事人申请仲裁应当符合下列条件:①有仲裁协议;②有具体的仲裁请求和事实、理由;③属于仲裁委员会的受理范围。

2. 仲裁申请的方式

当事人申请仲裁,应当向仲裁委员会递交仲裁协议、仲裁申请书及副本。仲裁申请书应当载明下列事项:①当事人的基本情况;②仲裁请求和所根据的事实、理由;③证据和证据来源、证人姓名和住所。

(二)仲裁受理

1. 仲裁受理决定

仲裁委员会收到仲裁申请书之日起5日内,认为符合受理条件的,应当受理,并通知当事人;认为不符合受理条件的,应当书面通知当事人不予受理,并说明理由。

2. 送达材料

仲裁委员会受理仲裁申请后,应当在仲裁规则规定的期限内将仲裁规则和仲裁员名册送达申请人,并将仲裁申请书副本和仲裁规则、仲裁员名册送达被申请人。

3. 仲裁答辩

被申请人收到仲裁申请书副本后,应当在仲裁规则规定的期限内向仲裁委员会提交答辩书。仲裁委员会收到答辩书后,应当在仲裁规则规定的期限内将答辩书副本送达申请人。被申请人未提交答辩书,不影响仲裁程序的进行。

(三)组成仲裁庭

1. 仲裁庭的概念

仲裁庭是指由仲裁员组成的,独立、公正地审理与裁决商事争议的临时性组织。依据仲裁庭组成人员的数量,仲裁庭有独任仲裁庭与合议仲裁庭两种。独任仲裁庭,即由1名仲裁员组成。合议仲裁庭,即三人仲裁庭,由3名仲裁员组成的,设首席仲裁员。

2. 仲裁庭的产生

仲裁庭由当事人约定产生。当事人约定由一名仲裁员成立仲裁庭的,应当由当事人共同选定或者共同委托仲裁委员会主任指定仲裁员。当事人约定由3名仲裁员组成仲裁庭的,应当各自选定或者各自委托仲裁委员会主任指定一名仲裁员,第三名仲裁员由当事人共同选定或者共同委托仲裁委员会主任指定。第三名仲裁员是首席仲裁员。当事人没有在仲裁规则规定的期限内约定仲裁庭的组成方法或者选定仲裁员的,由仲裁委员会主任指定。

4. 仲裁员的回避

仲裁员有下列情形之一的,必须回避,当事人也有权提出回避申请:①是本案当事人或者当事人、代理人的近亲属；②与本案有利害关系；③与本案当事人、代理人有其他关系，可能影响公正仲裁的；④私自会见当事人、代理人，或者接受当事人、代理人的请客送礼的。

当事人提出回避申请，应当说明理由，在首次开庭前提出。回避事由在首次开庭后知道的，可以在最后一次开庭终结前提出。仲裁员是否回避，由仲裁委员会主任决定；仲裁委员会主任担任仲裁员时，由仲裁委员会集体决定。仲裁员因回避不能履行职责的，应当依法重新选定或者指定仲裁员。

(四) 仲裁审理

1. 书面审理

仲裁应当开庭进行。当事人协议不开庭的，仲裁庭可以根据仲裁申请书、答辩书以及其他材料作出裁决。适用简易仲裁程序的案件，仲裁庭依据案件的具体情况，认为不需要开庭审理的，决定书面审理。书面审理的仲裁案件，仲裁庭可以通过书面的方式向当事人提出问题，当事人也可以通过书面的方式陈述和辩论。仲裁庭在保障双方当事人充分陈述意见的权利后，作出裁决书结案。

2. 开庭审理

（1）庭前准备。仲裁庭前准备工作主要有：①确定仲裁审理公开与否，仲裁不公开进行，当事人协议公开的，可以公开进行，但涉及国家秘密的除外。②仲裁委员会应当在开庭10日前将通知当事人。当事人有正当理由的，可以在开庭前7日内请求延期开庭。是否延期，由仲裁庭决定。

（2）审理开始。仲裁审理开始的顺序为：①首席仲裁员或者独任仲裁员宣布开庭；②首席仲裁员或者独任仲裁员核对案件当事人及其代理人的基本情况，宣布案由；③宣布仲裁庭的组成人员和记录人员名单，告知当事人有关的权利与义务，并询问当事人是否申请仲裁庭的组成人员回避。

（3）庭审调查。庭审调查应当按照下列顺序进行：①当事人陈述；②证人出庭作证，宣读未到庭证人的证言；③出示书证、物证和视听资料；④宣读鉴定意见；⑤宣读勘验笔录。

（4）庭审辩论。当事人在仲裁过程中有权进行辩论。辩论终结时，首席仲裁员或者独任仲裁员应当征询当事人的最后意见。

（5）仲裁庭评议与裁决。仲裁裁决应当按照多数仲裁员的意见作出，少数仲裁员的不同意见可以记入笔录；仲裁庭不能形成多数意见时，裁决应当按照首席仲裁员的意见作出。在裁决作出前，当事人可以自行和解或先行调解。达成和解协议或者调解协议的，可以请求仲裁庭根据和解协议或者调解协议制作裁决书，也可以撤回仲裁申请。裁决书应当写明仲裁请求、争议事实、裁决理由、裁决结果、仲裁费用的负担和裁决日期。当事人协议不愿写明争议事实和裁决理由的，可以不写。裁决书由仲裁员签名，加盖仲裁委员会印章。对裁决持不同意见的仲裁员，可以签名，也可以不签名。

（6）庭审笔录。仲裁庭应当将开庭情况记入笔录。当事人和其他仲裁参与人认为对自己陈述的记录有遗漏或者有差错的，有权申请补正。如果不予补正，应当记录该申请。笔录由仲裁员、记录人员、当事人和其他仲裁参与人签名或者盖章。

五、申请撤销裁决

（一）申请撤销裁决的情形

当事人提出证据证明裁决有下列情形之一的，可以向仲裁委员会所在地的中级人民法院申请撤销裁决：①没有仲裁协议的；②裁决的事项不属于仲裁协议的范围或者仲裁委员会无权仲裁的；③仲裁庭的组成或者仲裁的程序违反法定程序的；④裁决所根据的证据是伪造的；⑤对方当事人隐瞒了足以影响公正裁决的证据的；⑥仲裁员在仲裁该案时有索贿受贿，徇私舞弊，枉法裁决行为的。

（二）申请撤销裁决的程序

人民法院经组成合议庭审查核实裁决有上述情形之一的，应当裁定撤销。人民法院认定该裁决违背社会公共利益的，应当裁定撤销。当事人申请撤销裁决的，应当自收到裁决书之日起6个月内提出。人民法院应当在受理撤销裁决申请之日起2个月内作出撤销裁决或者驳回申请的裁定。人民法院受理撤销裁决的申请后，认为可以由仲裁庭重新仲裁的，通知仲裁庭在一定期限内重新仲裁，并裁定中止撤销程序。仲裁庭拒绝重新仲裁的，人民法院应当裁定恢复撤销程序。仲裁裁决被人民法院依法撤销后，当事人可以重新达成仲裁协议申请仲裁解决纠纷，或者向人民法院提起诉讼。

六、仲裁裁决的执行

（一）人民法院执行仲裁裁决

当事人应当履行裁决。一方当事人不履行的，另一方当事人可以依照民事诉讼法的有关规定向人民法院申请执行。受申请的人民法院应当执行。被申请人提出证据证明裁决有下列情形之一的，经人民法院组成合议庭审查核实，裁定不予执行：①当事人在合同中没有订有仲裁条款或者事后没有达成书面仲裁协议的；②被申请人没有得到指定仲裁员或者进行仲裁程序的通知，或者由于其他不属于被申请人负责的原因未能陈述意见的；③仲裁庭的组成或者仲裁的程序与仲裁规则不符的；④裁决的事项不属于仲裁协议的范围或者仲裁机构无权仲裁的；⑤人民法院认定执行该裁决违背社会公共利益的，裁定不予执行。

（二）仲裁裁决执行的中止与终结

一方当事人申请执行裁决，另一方当事人申请撤销裁决的，人民法院应当裁定中止执行。人民法院裁定撤销裁决的，应当裁定终结执行。撤销裁决的申请被裁定驳回的，人民法院应当裁定恢复执行。

第二节 经济纠纷诉讼

一、经济诉讼的概念

经济诉讼是指人民法院与当事人以及其他诉讼参与人按照法定程序解决经济纠纷时所进行的诉讼活动。

经济诉讼的任务是保护当事人行使诉讼权利，保证人民法院查明事实，分清是非，正确适用法律,及时审理经济纠纷案件,确认经济权利义务关系,制裁经济违法行为,保护当事人的合法经济权益,维护社会秩序、经济秩序,保障社会主义建设事业的顺利进行。

二、我国诉讼法的现状

我国目前无专门的经济诉讼法,尽管经济纠纷有其自身的特点,在解决经济纠纷过程中的某些环节应有特有的诉讼手段,但由于经济纠纷仍属于广义上的民事纠纷,因此,我国目前在调整经济诉讼时适用有关调整民事诉讼的法律规范。

三、经济纠纷案件的主管和管辖

(一)经济审判机构及其收案范围

在我国,经济审判机关包括最高人民法院和地方各级人民法院设立的经济审判庭,部分法院设立的知识产权审判庭,铁路运输法院和海事法院等专门人民法院设立的经济审判庭。经济审判机关在其职权范围内依法对经济纠纷案件行使审判权。

其中,各级人民法院经济审判庭的收案范围包括:①经济合同纠纷案件;②技术合同纠纷案件;③涉外及涉港澳台经济纠纷案件;④农村承包合同纠纷案件;⑤经济损害赔偿纠纷案件;⑥工业产权纠纷案件;⑦企业破产案件;⑧企业承包经营合同和企业租赁经营合同纠纷案件;⑨股票、债券、票据纠纷案件;⑩其他经济纠纷案件。

(二)级别管辖

级别管辖是指各级人民法院在审判第一审经济纠纷案件的权限上的分工。它解决的问题是哪些案件应由哪一级人民法院进行第一审审判。

1. 基层人民法院

基层人民法院管辖第一审经济纠纷案件,法律另有规定的除外。

2. 中级人民法院

中级人民法院管辖下列第一审经济纠纷案件。

(1)重大涉外案件(包括涉港、澳、台地区的案件)。所谓涉外案件,是指具有外国因素的民事案件,如原告或被告是外国人、涉及的财产在外国等。所谓重大涉外案件,是指争议标的额大、案情复杂,或者居住在国外的当事人人数众多或当事人分属多国国籍的涉外案件。

(2)在本辖区有重大影响的案件。所谓在本辖区有重大影响的案件,一般是指在政治上或经济上有重大影响的案件。在经济上有重大影响的案件,主要是指诉讼标的金额较大、争议的法律关系涉及国家经济政策的贯彻等类案件。

(3)最高人民法院确定由中级人民法院管辖的案件。目前这类案件主要有海事和海商案件、专利纠纷案件、商标侵权案件。

3. 高级人民法院

高级人民法院管辖的案件是在本辖区内有重大影响的第一审民事案件。

4. 最高人民法院

最高人民法院管辖在全国范围内有重大影响的案件以及它认为应当由自己审理的案件。

(三) 地域管辖

地域管辖是指同级人民法院之间受理第一审民事案件的分工和权限。地域管辖与级别管辖不同。级别管辖从纵向划分上、下级人民法院之间受理第一审民事案件的权限和分工,解决某一经济纠纷案件应由哪一级人民法院管辖的问题;而地域管辖从横向划分同级人民法院之间受理第一审经济纠纷案件的权限和分工,解决某一民事案件应由哪一个人民法院管辖的问题。地域管辖可分为一般地域管辖和特殊地域管辖。

1. 一般地域管辖

一般地域管辖又称为普通地域管辖,通常是由被告所在地人民法院管辖,也就是我们通常所说的原告就被告。

2. 特殊地域管辖

特殊地域管辖又叫特别地域管辖,是指由被告住所地人民法院管辖有困难或者不方便时,按与诉讼标的有联系的原则来确定地域管辖。

(四) 专属管辖

专属管辖是指法律强制规定某类案件只能由特定法院管辖,其他法院无权管辖,也不允许当事人协议变更管辖。与其他法定管辖相比,专属管辖具有优先性、排他性与强制性。专属管辖是法院管辖独有的制度,仲裁没有专属管辖。

(五) 移送管辖

移送管辖是指人民法院受理案件后,发现本法院对该案无管辖权,依照法律规定将案件移送给有管辖权的人民法院审理。移送管辖就其实质而言,是对案件的移送,而不是对案件管辖权的移送。它是对管辖发生错误所采用的一种纠正措施。移送管辖通常发生在同级人民法院之间,但也不排除在上、下级人民法院之间适用。

(六) 指定管辖

指定管辖是指上级人民法院以裁定方式,指定下级人民法院对某一案件行使管辖权。指定管辖的实质,是法律赋予上级人民法院在特殊情况下有权变更和确定案件管辖法院,以适应审判实践的需要,保证案件及时正确地裁判。

四、经济诉讼的程序

经济诉讼的程序包括第一审程序与简易程序、第二审程序、审判监督程序以及执行程序。

(一) 第一审程序与简易程序

1. 起诉和受理

起诉必须符合下列条件:①原告必须是与本案有直接利害关系的公民、法人或其他组织;②有明确的被告;③有具体的诉讼请求、事实和理由;④属于人民法院受理经济诉讼的范围和受诉人民法院管辖。起诉应在诉讼时效内进行。

人民法院接到起诉状后,应当在7日内决定是否受理。原告对法院不予受理或驳回起诉的裁定不服的,可以提起上诉。

2. 开庭审理

人民法院应当在立案之日起 5 日内将起诉状副本送达被告,被告应当在收到起诉状副本之日起 15 日内提出答辩状。人民法院在收到答辩状之日起 5 日内将答辩状副本送达原告。

人民法院适用普通程序审理案件应当组成合议庭,合议庭组成人员确定后,应当在 3 日内告知当事人。开庭日期确定后,应当在开庭 3 日前将传票送达当事人,将开庭通知书送达当事人的诉讼代理人及其他诉讼参与人。对于公开审理的案件,还应在开庭审理前 3 日发布公告。

人民法院审理经济案件,除涉及国家秘密、个人隐私或者法律另有规定的以外,应当公开进行。涉及商业秘密的案件,当事人申请不公开审理的,可以不公开审理。

开庭审理的阶段包括宣布开庭、法庭调查、法庭辩论、法庭辩论后的调解、合议庭评议和判决等环节。原告经传票传唤,无正当理由拒不到庭的,或者未经法庭许可中途退庭的,可以按撤诉处理;被告反诉的,可以缺席判决。被告经传票传唤,无正当理由拒不到庭的,或者未经法庭许可中途退庭的,可以缺席判决。人民法院适用第一审普通程序审理的案件,在立案之日起 6 个月内审结。

3. 简易程序

简易程序是指基层人民法院及其派出法庭审理简单经济纠纷案件所适用的程序。在简易程序中可以口头起诉、口头答辩。简易程序中由审判员一人独任审判,不需实行合议制,但要有书记员作记录。在开庭通知、法庭调查、法庭辩论上不受普通程序有关规定的限制。人民法院适用简易程序审理案件,在立案之日起 3 个月内审结。

(二) 第二审程序

第二审程序是指由于诉讼当事人不服地方各级人民法院生效的第一审裁判而在法定期间内向上一级人民法院提起上诉而引起的诉讼程序,是第二审的人民法院审理上诉案件所适用的程序。

1. 提起上诉的条件

当事人提起上诉的,必须具备以下条件:①提起上诉必须是享有上诉权和可依法行使上诉权的人;②提起上诉的对象必须是依法允许上诉的判决和裁定;③必须在法定期限内提起上诉;④上诉必须递交上诉状。

2. 审查与处理

第二审案件的审理应当围绕当事人上诉请求的范围进行,当事人没有提出请求的,不予审查。但判决违反法律禁止性规定,侵害社会公共利益或者他人利益的除外。被上诉人在答辩中要求变更或者补充第一审判决内容的,第二审人民法院可以不予审查。

第二审人民法院对上诉案件,经过审理,按照不同情况,作如下处理。

(1) 认为原判决认定事实清楚,适用法律正确的,判决驳回上诉,维持原判。

(2) 认为原判决适用法律错误的,依法改判。

(3) 认为原判决认定事实错误,或认定事实不清,证据不足,裁定撤销原判决,发回原审人民法院重审,或者查清事实后改判。

(4) 认为原判决违反法定程序,可能影响案件正确判决的,裁定撤销原判决,发回原审人民法院重审。当事人对重审案件的判决、裁定，可以上诉。

审理对判决的上诉案件，在第二审立案之日起3个月内审结。

(三) 审判监督程序

审判监督程序也称为再审程序，是指人民法院对已经发生法律效力的判决、裁定，发现确有错误，依法对案件进行再审的程序。

(四) 执行程序

执行程序又叫作强制执行程序，是指在负有义务的一方当事人拒绝履行法律文书确定的义务的情况下，人民法院根据对方当事人的请求或依照职权，强制其履行义务时所适用的程序。对已经发生法律效力的判决、裁定，当事人必须执行。

申请执行的期限，双方或者一方当事人是公民的为1年，双方是法人或者其他组织的为6个月。

练习题

一、单项选择题

1. 甲公司长期拖欠乙公司货款，双方发生纠纷，期间一直未约定纠纷的解决方式，为解决该纠纷，乙公司可采取的法律途径是（   ）。
   A. 提起行政诉讼   B. 提请仲裁
   C. 提起民事诉讼   D. 申请行政复议

2. 下列有关仲裁事项的表述中，不符合仲裁法律制度规定的是（   ）。
   A. 申请仲裁的当事人必须有仲裁协议 B. 仲裁庭由1名或3名仲裁员组成
   C. 仲裁庭可以自行收集证据   D. 仲裁均公开进行

3. 根据《仲裁法》的规定，下面描述不正确的是（   ）。
   A. 当事人对仲裁协议的效力有异议，应当在仲裁庭首次开庭前提出
   B. 仲裁实行级别管辖和地域管辖
   C. 仲裁应当开庭进行
   D. 仲裁庭可以由3名仲裁员或者1名仲裁员组成

4. 根据《仲裁法》的规定，关于仲裁裁决书生效时间的下列表述中，正确的是（   ）。
   A. 自送达之日起发生法律效力   B. 自签发之日起发生法律效力
   C. 自开庭之日起发生法律效力   D. 自作出之日起发生法律效力

5. 甲、乙因合同纠纷达成仲裁协议，甲选定A仲裁员，乙选定B仲裁员，另由仲裁委员会主任指定一名首席仲裁员，3人组成仲裁庭，仲裁庭在作出裁决时产生了两种不同意见。根据《仲裁法》的规定，仲裁庭应当采取的正确做法是（   ）。
   A. 按多数仲裁员的意见作出裁决   B. 按首席仲裁员的意见作出裁决
   C. 提请仲裁委员会作出裁决   D. 提请仲裁委员会主任作出裁决

二、多项选择题

1. 下列争议解决方式中，适用于解决平等民事主体当事人之间发生的经济纠纷的有（   ）。

A. 仲裁　　　　B. 民事诉讼　　　　C. 行政复议　　　　D. 行政诉讼

2. 下列各项中，属于仲裁适用范围的有（　　）。

　A. 自然人之间因继承财产发生的纠纷

　C. 纳税企业与税务机关因纳税发生的争议

　D. 公司之间因买卖合同发生的纠纷

3. 根据《仲裁法》的规定，下列关于一裁终局原则的表述中，正确的有（　　）。

　A. 仲裁裁决作出后，当事人就同一纠纷向人民法院起诉的，人民法院不予受理

　B. 仲裁裁决作出后，当事人可就同一纠纷向原仲裁委员会申请复议

　C. 仲裁裁决作出后，当事人可就同一纠纷向司法行政机关申请复议

　D. 仲裁裁决作出后，当事人就同一纠纷再申请仲裁的，仲裁委员会不予受理

4. 根据《仲裁法》的规定，下列关于仲裁协议的表述中，正确的有（　　）。

　A. 合同的变更、解除、终止或者无效，不影响仲裁协议的效力

　B. 仲裁协议应当以书面形式订立

　C. 仲裁协议可以在纠纷发生后达成

　D. 仲裁协议由当事人自愿达成

5. 根据《仲裁法》的规定，下列各项中，属于仲裁协议必备内容的有（　　）。

　A. 仲裁事项　　　　　　　　　　B. 选定的仲裁委员会

　C. 选定的仲裁员　　　　　　　　D. 请求仲裁的意思表示

三、简答题

1. 经济纠纷的解决方式有几种？
2. 列举仲裁协议无效的情形。
3. 列举仲裁协议失效的情形。
4. 仲裁协议的概念及其类型。
5. 简述民事诉讼的回避制度基本原则。

四、案例分析题

甲、乙、丙、丁四人在一起谈论仲裁。他们的言论如下：

甲说：当事人之间发生合同纠纷、继承纠纷和其他财产权益纠纷，无论是否有仲裁协议，一方均可向被申请人所在地的仲裁委员会申请仲裁。

乙说：裁决应当按照仲裁庭多数仲裁员的意见作出，仲裁庭形不成多数意见时，报仲裁委员会决定。

丙说：当事人对裁决不服的，可以上诉。裁决发生法律效力后，任何单位无权撤销。

丁说：一方不履行的，另一方可以向作出此裁决的仲裁委员会申请执行。

问题：甲、乙、丙、丁的表述是否正确？请自上而下地找出上面表述中存在的法律错误，并逐一简要说明理由。

参考文献

[1] 刘建明. 新编经济法实用指南［M］. 上海：上海交通大学出版社，2017.
[2] 杨紫烜，等. 经济法［M］. 北京：北京大学出版社，2015.
[3] 郑海味. 经济法［M］. 2版. 北京：清华大学出版社，2017.
[4] 殷洁. 经济法［M］. 北京：法律出版社，2018.
[5] 甘培忠. 企业与公司法学［M］. 北京：北京大学出版社，2014.
[6] 刘春田. 知识产权法［M］. 5版. 北京：中国人民大学出版社，2016.
[7] 马强. 合同法新问题判解研究［M］. 北京：人民法院出版社，2005.
[8] 王利明. 合同法要义与案例解析（总则）［M］. 北京：中国人民大学出版社，2001.
[9] 郝胜林，等. 经济法［M］. 2版. 北京：清华大学出版社，2016.
[10] 刘泽海. 经济法基础［M］. 2版. 北京：清华大学出版社，2018.
[11] 中国注册会计师协会. 经济法［M］. 北京：中国财政经济出版社，2020.
[12] 屈玉霞. 经济法概论［M］. 重庆：重庆大学出版社，2015.
[13] 沈树明. 经济法［M］. 北京：清华大学出版社，2018.
[14] 孔令秋. 经济法基础［M］. 大连：东北财经大学出版社，2017.
[15] 蔡四清. 经济法［M］. 3版. 成都：西南财经大学出版社，2018.
[16] 张秀芳，等. 经济法［M］. 成都：西南交通大学出版社，2016.
[17] 刘文华. 经济法［M］. 北京：中国人民大学出版社，2017.
[18] 郭若愚. 经济法［M］. 2版. 北京：清华大学出版社，2018.
[19] 吕景胜. 经济法实务［M］. 5版. 北京：中国人民大学出版社，2015.
[20] 徐孟洲. 经济法原理与案例教程［M］. 3版. 北京：中国人民大学出版社，2016.
[21] 王卫国，等. 经济法学［M］. 北京：中国政法大学出版社，2016.